MICHEL-MARIE ZANOTTI-SORKINE

AU DIABLE LA TIÉDEUR

suivi de

Petit traité de l'essentiel

ROBERT LAFFONT

ISBN 978-2-221-13314-9

À moi-même, et à ceux qui veulent savoir ce que je me dis.

«Le Bon Dieu n'a pas écrit que nous étions le miel de la terre mais le sel.»

Georges Bernanos

«À la tête de ma cité, j'installerai des prêtres et des poètes ; ils feront s'épanouir le cœur des hommes.»

Antoine de Saint-Exupéry

J'entends déjà le cliquetis des armes, le bruissement des mots, l'énervement des esprits contre le mien – inévitable sort – car il n'est jamais admis qu'un semblable ouvre un chemin par où de la lumière s'est pourtant posée. « Mais pour qui se prend-il ce simple curé de ville ? Voudrait-il réformer l'Église en son visage français, brisant l'interne cohésion que depuis cinquante ans nous construisons et revoyons au rythme de nos assemblées ? Mais comment donc peut-il se maintenir réservé face à nos vues, à nos plans, à nos credo sagement définis en tour de table ? Mais pour qui se prend-il ? » Pour qui ? Pour un homme, et un homme libre.

Sans forcer l'esprit d'ouverture de certains clercs aux gonds rouillés à force de ne pas s'ouvrir, de certains chrétiens capitonnés dans leurs canons, engoncés dans des principes fabriqués de main d'homme, faites un effort : la charité, s'il vous plaît, vous qui donnez à la différence le statut de richesse, accordez-moi le droit d'écrire ce que je pense, de dire ce que je crois. Comme tout homme, je suis capable du pire et du meilleur, du tiède et de l'ardent, cependant donnez-moi donc ma chance et laissez-moi vous dire mon tourment !

Prêtre de l'Église catholique, je suis préoccupé de l'avenir de Dieu dans les âmes, et au port comme en pleine mer, autant dire en pasteur et en apôtre, et, c'est ce qui me sauve, je ne saurais m'éloigner de la barque de Pierre, des Léon, des Pie, des Paul, des Jean, des deux Jean-Paul et de Benoît. Mais peut-être ce dernier point ne vous rassure-t-il pas entièrement... Quoi qu'il en soit, dans l'ordre établi par *vos* plans qui pensent chez nous à longueur de jour, il semblerait que jamais l'enfant ne puisse avoir raison contre le père, l'agneau contre le loup, le serviteur contre le maître, le prêtre contre l'évêque, le singulier contre le collectif, sauf, permettez, dans l'Évangile, le Christ malicieux qui porte en tête et dans ses propos la triple couronne de l'illogisme, de l'inversion et du paradoxe.

Ô sainte tiare, vous qui nous sauvez de toute allégeance aux lois du temps et du monde, que tous les prêtres et leurs fidèles vous coiffent, et c'est là mon premier appel. Aussi, je ne quitterai pas le lac de Tibériade, le Verbe y coule à flots, le mont Thabor, puisque Dieu s'y fit Beauté, et en souterrain, la maison d'Élisabeth où Marie par son Magnificat donna le coup d'envoi à la révolution, la véritable, qui consiste à remettre en cause et soi et les autres et les systèmes édifiés par de pauvres humains toujours tentés d'éterniser leurs planifications.

Prêtres, et vous tous qui êtes passionnés du Christ et voulez le révéler, j'ai donc deux mots à vous dire, ne les prenez pas mal. Je me les redis à moi-même car, en toute vérité, je crois bien qu'ils me dépassent.

Dans ce livre, des pensées apparemment éparses se rassemblent et tirent à bout portant sur toute forme de tiédeur, de lâcheté, de légèreté, d'inaction en matière de foi, et ces pensées hardies sont pour tous, car tous, un jour ou l'autre, nous sommes à compter parmi les fidèles infidèles. Suit un constat, celui du *manque*, dans l'homme et dans la société, de ce que d'aucuns appellent *les valeurs* mais qui au fond sont la vie quand elle se décline à l'endroit. Dans ce « Petit traité de l'essentiel », vingt lumières prétendent éclairer la route humaine ; à mes yeux, à cette heure, elles vacillent, puissent-elles ne pas s'éteindre.

*

Insolite ! Soixante pour cent des Français se déclarent encore catholiques, cependant que quatre pour cent seulement sont reliés à la source eucharistique, et dans la ville de Marseille où je réside actuellement, pour ne prendre qu'un seul exemple, un pour cent des habitants connaît encore l'adresse de sa paroisse.

Voilà, ça y est, vous venez de bondir, et c'est bon signe ! Vieux et sain réflexe jailli d'une foi pure dans le Christ qui a promis d'être là jusqu'à la fin du monde ! Avec vous, je vous rassure, j'en demeure convaincu. Toutefois, par pitié pour Dieu qui pleure en voyant ses enfants baptisés se tenir à distance de l'Église et prétendre que sa médiation est inutile, *bon sang* que nos yeux s'ouvrent !

La majorité de nos paroisses est en déshérence, la messe ne retient plus le cœur ; en bien des lieux, elle endort, elle ennuie, elle déçoit, elle éloigne jusqu'à ceux qui ont la foi ; les baptêmes diminuent, les catéchismes se vident, la confession agonise, les vocations n'éclosent pas ou meurent en vol, et pour couronner le désastre qui monte, le prêtre n'est souvent plus qu'un pion ligoté au milieu de conseils pseudo-démocratiques, et quand ainsi il n'est plus contemplé dans sa nécessité et dans sa beauté surnaturelle, sur le terrain – le présent le crie déjà –, le Ciel ne descend plus sur la terre. La preuve en est que la masse des croyants non-pratiquants s'en va grandissant patauger dans un état d'indifférence et de neutralité tranquille, tandis que les incroyants et agnostiques de tout poil pullulent et s'engendrent allègrement. Et n'allez pas, pour amoindrir le réel, dire que le nombre ne compte pas, que la qualité est première, et pour vous conforter dans cette vision chiche, sortir du chapeau les éternels signes d'espérance, petites lumières qui brillent dans l'obscurité du monde !

Qu'en effet, *ici ou là*, des paroisses soient vivantes, des communautés hissent la voile sous le vent de l'Esprit Saint, des mouvements soient actifs, des associations chrétiennes travaillent avec zèle, des prêtres, des frères chrétiens, de nombreux jeunes, véritables hérauts de la foi, se donnent et œuvrent sans compter, mais c'est évident! et nous nous en réjouissons, mais ce *ici ou là* – que Dieu nous pardonne – est loin d'émailler l'Hexagone. En vérité, en vérité, je *nous* le dis : la situation est gravissime. Mais qui s'en inquiète? Et qui ne dort plus à la seule pensée de la multitude roulant à tombeau ouvert en direction d'un néant badigeonné d'immédiat sans couleur, sans contour, terne et réduit bien souvent à la recherche du gain? Et qui voit encore les visages tristes sous l'inanité de la vie? Au vrai, l'absurdité d'une existence sans finalité ne se règle pas en menue monnaie. Quant au poids du malheur pesant sur l'innocence, désolé, mais la main de l'homme y est pour beaucoup. Au procès de Dieu que d'aucuns fomentent, c'est donc nous qui devrions comparaître. À force d'obturer la Source en l'accusant d'inexistence et, en cas de doute, de silence ou d'insensibilité envers l'homme, voire de cruauté toute-puissante, l'humain s'en va vivre et mourir tout seul et pour rien. De ce drame étendu à la majorité des hommes, pour la plupart repus – puisque c'est chez nous, dans la vieille Europe autrefois christique, véritable fief d'espérance, que les morts ne ressuscitent plus –, je ne me remets pas. Est-il possible à un seul enfant de ne pas désirer ce que le Christ a promis : la vie sans fin, la mort en passage, et l'amour à ras bord de l'âme pour des éternités d'éternité ? Qu'on ne le croie, passe encore, mais qu'on s'en fiche sous la moue d'un sourire dégoûté, c'est aussi étrange, inattendu et maladif que l'envie de ne pas vivre, désormais aussi répandue que les pauvres allongés dans nos rues. Au fond, rien d'étonnant. De fond, d'ailleurs, il n'y en a plus.

Du côté d'en bas, tout semble donc compromis : la terre en orbite, et l'homme sur lui-même, pire, sur la matière, n'a plus guère d'issue pour en sortir et s'en sortir. D'horizon, en voyez-vous ? Une ligne plus ou moins *humanitaire*, mais ne nous leurrons pas, semble occuper le regard des meilleurs, dessinant les contours d'un certain souci des autres, rien d'extraordinaire, le minimum est offert – un animal en ferait autant avec ses petits en danger ; la mesure reste basse sous les poubelles qui débordent et les pays qui meurent d'inanition, faute de substance. N'en déplaise aux pourfendeurs de la nostalgie qui d'ailleurs jamais – ce serait un crime renversant ! – n'osent penser que le passé puisse être en certains aspects plus digne d'estime que ce que le présent charrie, en 1950, et allons jusqu'en 1970 – et ce n'est pas si loin –, au vieillard du second étage qui venait de perdre sa femme, ceux du troisième descendaient la soupe. Maintenant ce dernier, oublié, meurt, grâce à Dieu rapidement, dans sa belle petite chambre étroite de la maison de retraite où les siens l'ont parqué, et qui viennent de loin en loin – mais c'est déjà beaucoup pour la vie trépidante qui est la leur, et, par pitié, comprenons-les ! –, guettant ce fameux coup de fil très humain, paraît-il, dont le paisible débit annonce à mi-voix qu'il est *parti*. Et entre nous il a bien fait. *Parti*, pour où ? Nul ne le sait. Et si un ami du Christ se risquait alors à entrebâiller la porte de la vie éternelle sous les regards indifférents et froids des endeuillés qui ne le sont plus très longtemps, avançant à pas feutrés sur le terrain de la survie de l'être, il trouverait encore, vibrante et choisie, malgré la nouvelle étourdissante de la vie qui ne finit pas, l'incrustation du néant sur la peau des âmes détruites. Pourtant, il serait si simple de se rendre, ou tout au moins d'espérer, comme les poètes et les héros, dans un au-delà enfin juste et accordé aux désirs infinis quc poursuivent en courant nos amours idéales, nos soifs d'absolu, et jusqu'à nos ambitions les plus hautes. Mais reconnaissons-le, même ces dernières ne sont plus guère encouragées en nos contextes où chacun, saturé de slogans à deux sous, régit sa pomme. Et c'est ainsi que les causes, je veux parler des grandes, s'en vont lentement vers la mort, entraînant dans leur éboulis le don de soi par pure bonté. Jadis, au souffle du christianisme, le pauvre amour humain rejoignait l'être du Dieu fait homme, Lui qui en Maître embrassa l'univers en toutes ses misères. Et c'est au contact de cette grandeur civilisatrice que l'exiguïté congénitale du cœur prenait toute son ampleur et sa noblesse. N'est-ce pas avouer que la déchristianisation de l'âme aboutit à la déshumanisation de la vie ? Je le crois.

La faute à qui? La faute à nous d'abord, prêtres de Jésus-Christ, qui ne le sommes pas suffisamment. Là, soyons honnêtes et n'allons pas invoquer la société *nouvelle,* avec ses bouleversements, ses mutations, ses chocs de cultures et autres émergences, pour justifier le tarissement de l'esprit chrétien dans notre pays. Pas d'excuses, ce serait indigne de la sainte Église qui s'est toujours déployée sur le paganisme ou la fausseté des dieux, allant jusqu'à considérer la croix de l'opposition, de la haine et du rejet comme un atout dans la proclamation du Nom par lequel tout homme est sauvé. Et puis, pensons ne serait-ce qu'à saint Paul! A-t-il bénéficié de circonstances plus favorables pour annoncer le Royaume et l'édifier? Allons, soyons vrais, et la vérité la voici : nous n'avons plus le feu sacré. L'image que nous donnons du sacerdoce est par trop insignifiante. Elle ne touche plus le cœur. Notre positionnement est inférieur à l'éclat attendu. Et pourtant les modèles ne manquent pas au calendrier de nos siècles : le curé d'Ars en tête, et devant le peloton, sur la ligne d'arrivée, trois tirés au sort de ma mémoire éblouie, Vincent de Paul, Jean Bosco, Maximilien

Kolbe, tous trois hommes surnaturels, pétris de foi, grands priants et ramasseurs d'âmes hors pair. J'avoue qu'en les voyant vivre, je blêmis. Et c'est donc en priorité à moi, mais aussi à toi, mon frère prêtre, et puisque j'y suis à vous tous, amis du Christ, que je m'adresse, en espérant, j'y reviens, une remise en cause radicale de nous-mêmes et un courageux renversement de nos organisations et de nos plans dont les fruits ont été et sont souvent bien maigres et secs.

Maintenant, si tu crois que tout va pour le mieux, que la foi catholique se déploie dans les cœurs, que l'Église en France se porte bien, que nous faisons tout ce que nous pouvons, que nous offrons le meilleur, que nous n'avons rien à revoir en nos idées et nos méthodes, ferme ce livre et continue ton chemin, et prie pour moi qui déraisonne.

Pour ma part,

En songeant à Adam et Ève, nus comme des vers, dupés jusqu'à la moelle,

En songeant à la peine du Créateur et à son amour bafoué par des anges,

En songeant au défilement des siècles, sans vrai Dieu ni vrais maîtres,

En songeant aux prophètes rendus aphones par le tranchant des glaives,

En songeant à l'enfant Marie, graciée de part en part, étrangement humble et morte à elle-même,

En songeant au Verbe de Dieu devenu embryon pour que la mort soit possible et donne la Vie,

En songeant à l'étroit village, aux planches de bois, aux gestes divins remis cent fois sur le métier,

En songeant à Jean-Baptiste, pourfendeur d'idoles, la tête ensanglantée sur un plateau de fête,

En songeant aux milliers de versets d'Évangile articulés sur trois ans pour éclairer la terre,

En songeant aux centaines de miracles accordés pour convaincre l'esprit de céder le passage à la foi,

En songeant à la petite brebis perdue qui, retrouvée, fait pleurer de joie le bon Berger,

En songeant à l'enfant prodigue se pavanant dans la maison paternelle avec son bel habit d'or, ses sandales et son anneau,

En songeant à Marie-Madeleine, apôtre des apôtres, perle du Christ, joyau de miséricorde,

En songeant à l'œuvre de la Croix, couronne en tête, torse déchiré, amour démesuré, pour payer la rançon d'abjects humains,

En songeant au bon larron qui, d'une seule parole remplie de repentir, de respect et d'amour envers le Christ, s'assit le soir même au paradis à la table des élus,

En songeant à la consigne ultime : «Allez donc et instruisez tous les peuples, les baptisant au nom du Père, et du Fils, et du Saint-Esprit, et leur apprenant à observer toutes les choses que je vous ai commandées»,

En songeant à saint Paul se faisant tout à tous pour les sauver tous,

En songeant aux quarante coups de fouet moins un qu'il reçut et aux pierres qui blessèrent son front,

En songeant aux dangers affrontés, aux efforts, aux veilles et aux jeûnes auxquels il se soumit,

En songeant à l'aplomb des apôtres, visages sereins, voix denses et promptes, face à leurs juges,

En songeant à la gueule des fauves s'ouvrant sur la paix des martyrs,

En songeant aux tortures infligées, seins coupés, chair déchirée à la tenaille, brûlures au fer rouge, broiement par la massue,

En songeant à la foule des saints et des saintes qui usèrent leur vie jusqu'à la corde à force d'aimer,

En songeant à l'univers monastique éperdu de prière et de pénitence, intercédant nuit et jour pour des âmes qui s'en moquent,

En songeant aux prêtres canonisés qui célébrèrent quotidiennement le Sacrifice de la messe, respectant les rites sacrés de la Sainte Église, les vivant intensément, les enveloppant de beauté,

En songeant à leur vie intérieure bâtie sur la prière intime, la fidélité au bréviaire et au saint rosaire,

En songeant à leur obstination à demeurer de longues heures dans le confessionnal, lavant les âmes sous l'eau vive de la grâce,

En songeant aux millions d'hommes qui meurent sans prêtre et sans la moindre prière,

En songeant aux millions de baptisés qui ne connaissent plus l'adresse du Salut,

En songeant aux millions d'enfants qui ne reçoivent plus le baptême,

En songeant à l'invisibilité des prêtres dans les rues de notre pays,

En songeant aux hommes de bonne volonté qui jamais n'entendent parler du Ciel, du Christ et de sa Mère,

En songeant aux pauvres âmes abandonnées à l'horizontalité de l'univers terrestre,

En songeant au désintérêt de la majorité des baptisés pour la messe dominicale,

En songeant aux querelles et divisions internes à l'Église qui ralentissent l'action du Saint-Esprit dans les âmes,

En songeant au désespoir qui s'étend désespérément sur une multitude de cœurs,

En songeant à la question de la fin posée par le Christ lui-même : «Quand le Fils de l'Homme reviendra, trouvera-t-Il la foi sur la terre?», comment puis-je dormir tranquille, satisfait de mon ministère, et ne pas chercher à travailler avec plus d'ardeur au Salut du genre humain? Et vous, catholiques de mon cœur, me suivrez-vous?

Le berger sous l'arbre à moitié endormi tandis que le troupeau mâchouille son herbe, c'est tout sauf l'Église.

*

Le prêtre est un apôtre, telle est la première certitude qui doit renaître dans ton esprit chaque matin comme une volonté du Christ qui ne supporte pas que tu n'en sois pas convaincu.

*

Rêve d'emporter le monde entier dans les cieux. Le salut des âmes est ta raison d'être. Ne crois pas que tout le monde est sauvé, même si cela était, cela ne te regarde pas. Toi, fais ton travail de sauveteur.

*

Ambassadeur du Christ, marche au milieu de la rue, ne rase pas les murs, que ta couleur d'ensemble ne soit pas gris muraille. Qu'elle te plaise ou non, choisis la couleur rouge, celle de l'amour et du sang.

*

Travailler aux âmes, à leur éclosion comme à leur croissance, devrait être en toi aussi instinctif que de respirer. Allez, fonce et inspire !

*

L'enfermement des clercs dans le milieu chrétien est un état aussi anachronique et insensé que le croyant qui se déclare non pratiquant.

*

Passer tout son temps avec des gens qui ont une foi assurée, c'est amputer le sacerdoce de son élan congénital, c'est donc arracher ses racines ou lui briser les jambes, et, avec elles, celles du Christ qui ne peut plus aller en bord de route guetter l'enfant prodigue.

*

Ne calcule jamais petit, lent, étroit, court, et même juste. Pense aux trois années du Christ, éreintantes, expressives, flamboyantes. Avec Lui, tant que le cœur est actif, sois donc pyromane : «Je suis venu allumer un feu sur la terre, et que puis-je vouloir, sinon qu'il brûle ?»

*

Te voilà aux prises avec le monde, dans la mêlée du Salut que tu reçois et, n'oublie pas, que tu offres. Aussi, ne te noie pas dans la foule, ne sois pas *un* parmi d'autres, la vie cachée – et Dieu sait s'Il l'estime – est à honorer avant l'ordination. Maintenant, entre dans l'arène, et sans être matador, sois l'homme providentiel que des milliers d'âmes attendent sans attendre.

*

Quel que soit ton tempérament de fond, surtout s'il est réservé, oblige-toi à déplier les ailes. Ouvre tes bras, parle un peu plus fort, sois vivant.

*

Va, avance, surtout vers les yeux qui te regardent. Sois le virtuose du premier pas.

*

Si tu ne t'approches pas du cœur lointain, tu es indigne du Christ et de son voyage en terre. Toute forme d'inhibition et de repli provoque des remous plus dangereux au sein du monde que tes plus lourds péchés.

*

Un prêtre froid et distant est inutile ici-bas ; par sa seule présence, il est le plus nuisible des hommes.

*

Mains propres, tenue impeccable, chaussures cirées, visage bien rasé, une note parfumée, et te voilà prêt à être admis de près.

*

Démarche alerte et décidée au milieu d'un monde qui court pour vivre. Ne donne pas l'impression d'avoir tout ton temps, et pour ce faire, ne le perds pas.

*

Sous la simplicité du maintien, une sorte de noblesse doit faire relever la tête, la tienne et celle des autres.

*

N'apparais jamais distant, hautain, agacé, sombre au visage. Sur tes yeux, que la bonté soit immédiatement perceptible. Entraîne-toi devant la glace.

*

Ton sourire te confère tous les droits.

*

Ton visage est plus parlant que ta voix Offre-le avenant à la vue de ceux qui réfuteraient ta parole.

*

Rien de guindé, de rigide, d'empesé chez les saints. Va par ce chemin qui n'exclut pas la distinction.

*

Choisis la classe, le style, jamais la mode.

*

Et du panache, s'il te plaît, comme en ont les saints !

*

Oui, marche en vainqueur au milieu du monde. Tu sers le sens ultime de la vie. La moisson est dorée; va, mets la serpe, Jésus te tient le bras.

*

Ne descends jamais la pente de la vulgarité en t'imaginant que tu vas remonter avec celui que tu entends rejoindre. Si l'Esprit Saint est la voix, le langage est obligé de suivre : un seul mot grossier librement prononcé coupe le souffle au divin qui expire.

*

Faire le premier pas, toujours, que l'autre le mérite ou non. Être du côté de celui qui aime le plus, avec en prime et de connivence le clin d'œil du Christ.

Rappelle-toi que la moindre défaillance dans l'ordre de la bonté, jaillie de ta voix ou de ton silence, sera comptée contre Dieu.

*

Il ne faudrait pas que Dieu déçoive à cause de moi!

*

Sans attendre, essaie de rendre heureux celui qui a besoin de ta personne ou de tes services. Ne te défile pas. Tisse avec cet être un morceau de chemin, et ajoute un fil, celui de la foi, qui ne demande qu'à faufiler une existence.

*

Donne ce qui n'est pas attendu.

*

Sors ton sacerdoce comme on sort ses papiers et présente-le à qui ne te le demande pas.

*

Seul l'amour, et le plus concret possible, présent dans l'âme, dans les yeux, dans les bras et dans les mains, a reçu le pouvoir de faire toucher Dieu.

*

Je vois ta main qui se lève et salue gentiment sur un clignement d'yeux en léger sourire, et l'amour traverse la chair, plante la graine de Dieu dans l'âme. C'est ça.

*

Par une simple parole, un regard prolongé, une sollicitude inattendue, une main sur une épaule, aime avec évidence.

*

Que ta compagnie soit recherchée comme on recherche un père, un ami, un frère aussi tendre que Jean.

*

La mesure de ta popularité est dépendante de la mesure de ta bonté.

*

Profite de toute question posée pour en venir au Christ et au bonheur qu'Il promet à la fin.

*

Réjouis-toi si les êtres que tu rencontres ne sont pas au point sur le plan religieux et si le Christ te fait ainsi la grâce d'avoir le public de saint Paul qui ne savait rien du vrai Dieu ! Te voilà au cœur de ta mission principale.

*

Parce que tu crois que Dieu te donne les âmes sur un plateau, bien disposées, soumises et déjà tout ouïe ? Mais comment peux-tu être aussi immature ? Dieu t'envoie des estropiés, des fous furieux, des âmes damnées, des bornés, des balourds, des bouchés, mais tous enfants chéris de Dieu. Allez, fais-Lui plaisir, sauve-les !

*

Ton caractère est le visage de Dieu pour ceux qui t'approchent ou te côtoient. C'est ainsi qu'Il gagne ou qu'Il perd.

*

La dureté de cœur donne toujours le bras à Satan.

*

Sache t'arrêter en cours de route quand on ferme tes pas pour te demander quelque chose. Ne sois pas faussement pressé. Tu serais bien orgueilleux si tu n'avais pas deux minutes à donner à ton semblable, fût-il sale et plein de vin.

*

Tes défauts sont énormes, ton péché abyssal, c'est ce que tu dois te dire pour en préserver les autres et les comprendre.

*

Profite de toute rencontre, fût-elle de quelques secondes, pour délivrer l'amour qui t'étreint et te dépasse.

*

Au guichet de la banque, dans le magasin où tu achètes un livre, au péage de l'autoroute, et à la moindre rencontre, considère les âmes qui te parlent, regarde-les dans les yeux, et en partant, aie le courage de leur offrir ta prière. Dix fois sur dix, elles en seront touchées, et elles n'oublieront plus cet instant qui les sort de l'instant.

*

«Mon père, s'il vous plaît, où se trouve la poste ?» Et cela suffit pour que Dieu jette l'hameçon dans l'eau trouble d'un esprit. Allez, ferre ! Engage la conversation, deux pas ensemble. «Je vous conduis !» Un petit café... et l'on apprend que les enfants ne sont pas baptisés. «Venez me voir, je vais vous les baptiser, vos petits !» Et ainsi, amour et foi se mélangent en buvant la tasse pour la joie de l'Éternel Pêcheur.

*

Au café, comme tout un chacun, sous les yeux de *monsieur tout le monde*, trempe ton croissant dans la tasse. Cherche un langage commun, deux mots sur le journal qui traîne sur la table d'à côté, et si on te le demande, parce que la superstition flotte toujours dans les esprits – et c'est déjà pas si mal quand l'irréel a quelques droits –, donne les chiffres du tiercé qui te viennent à l'esprit. Marche avec le peuple qui, pour te croire, veut te sentir proche, mieux, avec lui.

*

Paie volontiers un verre à l'inconnu. Montre-toi généreux en te disant que les pingres, Dieu les vomit comme les tièdes qui sont du même jus.

*

Aimer et faire plaisir, c'est la même chose.

*

Offre un livre, un disque, une eau de toilette, un bonbon, une image, une médaille, que sais-je, mais offre quelque chose à celui qui t'est confié et qui n'en reviendra pas que tu aies pensé à lui. Et derrière toi, qui sait, peut-être ira-t-il jusqu'à Celui qui t'a inspiré ce geste.

*

L'affabilité, en tirant ou en poussant, ouvre toutes les portes, celles du cœur, de l'esprit et de l'estime. Tu ferais bien de la cultiver, car elle est plus essentielle pour transmettre la foi que la connaissance du *Traité de la Trinité*. Et je suis sûr que saint Thomas d'Aquin est d'accord avec moi.

*

L'amitié est l'idéal du Christ, c'est donc celui du prêtre. Qu'il en soit donc enveloppé jusqu'à vivre en secret ses préférences. C'est humain, par conséquent divin. Jésus et Jean s'y sont livrés.

*

Fraternel, au fond, avec tous, y compris l'inconnu qui, grâce à Dieu, ne le sera plus bientôt.

*

Aime, même avec maladresse, mais aime.

*

Ouvre un peu les vannes de ta tendresse. Ne sois ni ange ni faune ni diable, sois homme, et Dieu écrira la suite.

*

À l'instant de la mort, voulant préserver son œuvre gigantesque, Don Bosco ne trouve rien de plus grand à dire à son successeur que ce mot : «Fais-toi aimer!» Plus simple tu meurs! Écoute ce conseil, je t'en supplie.

*

Embrasse les personnes qui tendent leurs joues, qu'elles soient, comme dit la chanson, «filles et garçons, bourgeois, artistes ou vagabonds». La crédibilité de l'amour divin repose sur le geste accordé.

*

N'aie pas peur de ton corps, instrument d'amour par excellence, somme de possibles inventés de toutes pièces par le Créateur pour rendre palpable et assurée en terre sa tendresse invisible. C'est en touchant la chair défectueuse que Jésus guérissait.

*

Il ne s'agit pas d'être *sympa*, mais d'être Dieu, bon et pénétrant.

*

Tu es de l'autre monde, et cela doit paraître évident alors que l'on te croise et te parle ici-bas. Un zeste d'éternité doit resplendir en toi et provoquer le regard vers plus haut.

*

Sois joyeux. Prompt à faire rire de bon cœur mais jamais au détriment de l'autre et sans érafler la dignité du sacerdoce qui doit servir en finesse les choses et les êtres.

*

De la joie, toujours, et un zeste d'humour, mais jamais d'ironie sur la voix et, pire encore, de rictus.

*

Jamais un mot contre qui que ce soit. Dieu pourvoira.

*

Adapte-toi à chaque personne, à ses limites et plus encore à ses incohérences. Le linéaire n'est pas le propre de l'homme.

*

Que celui qui n'a pas une once de foi, et qui pourtant fut baptisé, te tourmente jour et nuit jusqu'à ce que l'Esprit Saint te murmure par où passer pour le récupérer.

*

Quand ceux qui t'approchent ne te plaisent pas, dis-toi que c'est Dieu leur Père qui te les envoie en se moquant pas mal de tes attirances. Sors de ton labyrinthe en miroir où tu ne vois que toi.

*

Intéresse-toi à ceux qui ne t'intéressent pas et à ce qui ne t'intéresse pas.

*

L'adaptabilité aux situations et aux êtres est le propre des grands vivants. Face à autrui, montre qui tu es.

*

Vénère l'âme humaine. Découvre son amplitude. Mets-toi sous elle pour mieux la servir. Prêtre, tu n'es que le portier du Ciel.

*

Sois suffisamment renoncé pour accepter d'être dominé par le désir d'autrui. «Mon père, nous désirons ceci, nous désirons cela... – Très bien, le voici, le voilà.» À Jésus il fut dit : «Étends ton bras» et il l'étendit et les clous trouvèrent saine la chair disposée. Pour qui te prends-tu donc, toi qui te permets de dire *non* à ce qui t'est demandé?

*

Fais plaisir à celui qui te demande. Donne-lui tout ce qu'il veut. Sois heureux qu'il ait besoin de toi, signe qu'il a besoin de Dieu.

*

Ne t'enfuis pas devant celui qui réclame. Et si par malheur, un beau matin, plus personne ne te demandait rien?

*

Tout ce qui ne progresse pas meurt. Une seule chaise vide au fond de l'église doit te jeter dans la mêlée des relations humaines pour la remplir.

*

Pour conduire les âmes à Dieu, simplifie ton carrosse ! Marie déplie la carte, le Saint-Esprit dicte la route, et toi tu conduis en regardant devant. Le curé d'Ars n'en faisait pas davantage.

*

Reçois sans rendez-vous, me dit le Christ, le soir de préférence, et fais-le savoir largement : les âmes vont arriver pour déposer leurs baluchons de misère dans le cœur du prêtre disponible.

*

Sois gentil, même si cette idée te semble fade, car l'amour se juge ici.

*

Être bon, ce n'est pourtant pas bien compliqué. « Réfléchis-Moi, dit le Christ, et fais croire à l'amour en toi. »

*

Ne pleure pas sur les charismes que tu n'as pas reçus. La foi, la tienne, son intensité ou sa faiblesse, fait tout le travail ou le défait.

*

Si des prêtres en critiquent un autre, *a priori* fais confiance à ce dernier, puisque les derniers, paraît-il, seront premiers.

*

Ne rapporte jamais les défauts d'un confrère et encore moins ses chutes, les publicains seront bénis, les pharisiens exclus.

*

C'est ta puissance d'amour qui dans le temps déploie celle de Dieu.

*

Il paraît qu'aujourd'hui les prêtres doivent être capables de répondre aux interrogations contemporaines. Certains, oui, mais d'autres n'y répondront pas, si ce n'est avec leur vie aussi éblouissante que l'Évangile.

*

Aime les bêtes et respecte-les avec quelques caresses, à l'occasion. Si tu ne vis pas dans la pampa, celles que tu croises sont inoffensives. Montre-leur, ainsi qu'à leurs maîtres, que Dieu les chérit. Par là tu caresseras même le poil de l'incroyant et peut-être de surcroît le ramèneras-tu à la niche.

*

Qui demande au clochard s'il n'a plus communié depuis longtemps ? Si tu n'as jamais pensé à autre chose qu'à son sandwich, reprends-toi. Lui aussi a une âme.

*

Ce n'est pas que le monde présent et ses questions ne doivent pas te préoccuper, mais la foi d'abord, et son avenir dans les cœurs, car les pauvres, nous les aurons toujours, et les politiciens, n'en parlons pas !

*

Aux questions du monde, il revient aux baptisés de faire front, à toi, prêtre, le cœur !

*

Ne crois pas que la société attende ta contribution en te désirant dans son paysage. Lentement elle t'exclut contre le bon sens populaire qui te cherche des yeux. C'est à lui qu'il faut plaire.

*

Les questions de société ont leur importance, si tu as des réponses, offre-les, mais souviens-toi que l'essentiel se trouve au-delà du temps. Et parle en conséquence.

*

Prêtre, avant de t'occuper de politique, dans les versets de l'Évangile, regarde bien le Christ et ses soucis, et tu verras ce qui Lui importe.

*

Si les décisions que nous prenons, les actes que nous posons, les prises de position que nous tenons dans l'exercice de nos ministères n'ont rien d'illogique, de surprenant, voire de renversant, de choquant aux yeux du monde, il y a fort à parier que le Saint-Esprit n'est pas dans le coup !

*

Hauteur de vue, toujours. C'est ce que l'on attend du prêtre.

*

Tout ce qui te coûte, tout ce qui te rebute, tout ce qui est cause de tension interne, fais-le ! Pour une fois que Dieu exige quelque chose !

*

Cesse de te plaindre. Pense à l'enfant qui meurt, bardé de tuyaux, et qui résiste encore et encore pour faire plaisir aux siens.

*

Celui qui t'insulte est en rébellion contre lui-même. Sous ton silence, il finira bien par perdre de l'amplitude jusqu'à se taire. Durant cette déperdition, prie, intercale le visage de Marie entre sa haine et ta bienveillance, et ajoute un mot simple comme la vie qui de sa banalité pourrait bien l'emporter.

*

Ne sois jamais cassant, même si tu crois sauver la vérité en la livrant.

*

Devant le rejet, le mépris, l'avalanche de critiques contre l'Église, ne tire pas le sabre. Essaie de dire ta peine, et si la personne est seule, dis-lui que tu aimerais parler plus longuement avec elle. Invite-la, pas demain, mais tout de suite autour d'un simple café, et tu assisteras ainsi à l'expectoration de son propre mal dont nous sommes peut-être responsables. Entre en elle, et pardonne en toi ses propos démesurés. Enfin, si tu le peux, sors-la par ta bienveillance de la généralisation qui empêche le Christ de reprendre pied dans son âme d'oiseau blessé.

*

Ne crois pas dans les professions de non-foi, pauvres tenues de camouflage pour orgueilleux, prétentieux, nantis, égoïstes, écorchés, déçus, blessés et gens courts. Les voilà perdus dans le labyrinthe de l'humain promis à la fosse. Pleure pour eux, et sois si chaleureux que les bras leur en tombent.

*

Qui est contre Dieu l'est à cause de quelqu'un qui L'a défiguré. «Serait-ce moi, Seigneur?»

*

Ne taille jamais dans le vif d'un propos sans avoir pris soin de retrouver le lieu précis d'où il suinte. Mais où donc a-t-il pris sa source? Dans l'éducation reçue? Dans l'absence de jugement ? Dans l'inintelligence ? Dans le slogan redondant ? Dans une souffrance éprouvée ? Attends ! Entends ! Écoute à fond jusqu'au tréfonds de l'âme, et ensuite, jette une parole ou un geste.

*

Être accusé du pire, perdre sa réputation, être roulé dans la boue, à juste ou à faux titre, et le tout sous la trahison ou le silence des plus proches, c'est aussi salutaire à l'âme du prêtre que l'ignominie du Calvaire qui offrit au Christ bafoué la possibilité de triompher de l'opinion générale que Dieu tient en horreur. Marche ou crève avec l'assentiment du Ciel, le reste vient du Mauvais !

*

Le jour, la nuit, fatigué ou non, dans la guérite où le Christ t'a posté, attends ses appels, construisant sur chaque heure ta légendaire disponibilité.

*

Le triste sort de l'âme humaine égarée loin du Christ, ignorant l'amour et la libération qu'Il apporte, oblige le prêtre à s'user à la tâche.

*

Bientôt la mort, aujourd'hui le mouvement. Alors, que fais-tu de tes journées ?

*

Crois dans le travail de Dieu qui s'immisce dans ton agenda pour déplacer des rendez-vous et te mettre à la bonne heure dans les pattes d'un être qui a besoin de toi.

*

Ne t'énerve pas devant l'imprévu prévu par le Père Céleste.

*

La vocation est en principe l'histoire d'une *passion* qui couvre tous les sens de ce terme.

Si tu attends les vacances comme le Pérou, la relâche de l'été, le jour de congé, c'est que tu es en train de dépassionner ta vie et de saccager l'appel divin qui te consacre.

*

Sans l'arme qui pointe et tue, sois soldat, héros, conquérant, à la saint Paul si ça te parle, à la Jeanne d'Arc si ça te brûle, à la Gavroche si ça te chante ! Certes dans ton style et à ta façon, mais sous le feu !

*

L'imprudence est la qualité des saints.

*

Sans élan, c'est-à-dire sans amour.

*

Se lever comme on enfourche un pur-sang qui promet la chevauchée fantastique.

*

«J'ai envie – je n'ai pas envie», «Cela me plaît – cela ne me plaît pas», «Tout à l'heure – pas maintenant», «Et puis quoi encore? Mais vous me prenez pour qui? Pour un surhomme?» Si tu oses articuler ces mots en les pensant, tu es à des années-lumière de la Lumière, et par toi le Christ s'éteint, là où Il voulait passer pour éclairer.

*

Qui compte les heures défilant sous le travail qu'il accomplit et dit : «Assez!» ferait bien d'aller se rhabiller... en soutane... pour retrouver le sens du service vingt-quatre heures sur vingt-quatre en bon père de famille qu'il est.

*

Une fois par an, lis *Le Maître de Santiago* de Montherlant, recueille la sève d'un christianisme coupant, l'irrecevable absolu devant être toujours en l'esprit! Puis ouvre Mauriac – ce que tu voudras – pour retrouver l'homme aimé de grâce en proie à sa nature, et file enfin vers

Guitry, de manière à garder une pointe de légèreté en tes jugements. Homme et prêtre, voilà tout mon programme.

*

La nonchalance est une maladie dégénérative, présente dans toutes les professions où les programmes, les horaires et jusqu'à la somme de travail sont déterminés par la personne elle-même. Prends garde ! Si le sacerdoce n'est plus contraignant, il perd de son élan, et en route, les fruits tombent du camion qui roule en sous-régime.

*

L'engendrement, qu'on le veuille ou non, s'appuie sur une certaine folie pulsionnelle qui produit la vie. Quelque chose de cet élan doit imprégner le sacerdoce.

*

Pratique les grands hommes au cœur de ta mémoire. Rêve de leur ressembler, au moins dans leur énergie.

*

Fréquente un homme passionné de ce qu'il voudra pour l'être à ton tour de ton Christ.

*

Quand tu manques d'élan, écoute Strauss, le père et le fils.

Quand tu manques de flamme, écoute Brahms ou Dvorak.

Quand tu manques de cœur, écoute Schumann ou Debussy.

Quand tu manques de tendresse, écoute Chopin.

Quand tu manques de lyrisme, écoute Tchaïkovski.

Quand tu manques de joie, écoute Offenbach ou Satie.

Quand tu manques de densité, écoute Wagner.

Et quand tu manques d'amour et de bon sens, écoute Édith Piaf.

*

Dis ce que tu penses, sois ce que tu es, dans la lumière de ce que l'Église universelle écrit sur le temps précis que tu habites. Ne te trompe pas de décennie. Réponds présent derrière le Pape. Sa montre est à l'heure.

*

Vénère la liberté de parole et meurs pour elle s'il le faut! Entre dans le camp de saint Étienne qui a ouvert la voie, et laisse à la masse des clercs les entortillements du langage, bouillie à faire vomir le plus assuré des incroyants.

*

Les athées ne lisent pas la Bible, mais ils lisent le journal, et c'est donc bon d'y être parfois. Fini le Moyen Âge chrétien où chacun vivait sur ses terres, la foi dans ses chaussures. Prends ta part dans le combat et rêve de remuer l'univers par ta parole qui est la Sienne.

*

Souviens-toi du fouet du Christ. Il pourrait te servir un jour. Au-delà de la voix qu'il faut savoir élever à l'instar du maître, son fouet est pour clamer la vérité, certes sans toucher les corps mais en entrant dans la matière et en la bousculant.

*

Prêcher, sublime épreuve à vous faire trembler dans les bras de l'Esprit Saint. Il devrait en être ainsi.

*

La diction, quelle que soit la nature du timbre de voix, est aussi essentielle à la transmission de la vérité que les carpes au grand canal du château de Fontainebleau.

*

La parole du Christ, réduite aux caractères écrits, trouve sa voix dans celle du prêtre qui la ressuscite par sa diction impeccable.

*

Prêche avec ton ventre. «Je te fiancerai à l'unique Époux», c'est le cri de saint Paul! Ne donne pas d'idées sur Dieu mais Dieu Lui-même.

*

Un prêtre qui ne parle plus du Ciel l'a quitté depuis longtemps.

Un prêtre qui n'évoque jamais le purgatoire se prive d'espérance.

Un prêtre qui ne dit mot sur l'enfer avec des larmes dans la voix rend vain son ministère et peut-être même le mystère de la Croix.

*

Sous leurs histoires plus que sous leurs idées, chercher la flamme des saints pour y allumer nos vies; les contempler avant la gloire reçue, houspillés de tous, contraints à l'isolement, incompris dans les rangs des élus, jamais lâchés par Dieu. À qui veux-tu plaire?

*

L'œcuménisme à deux sous qui consiste à vouloir que les protestants le restent ferait bondir les plus grands saints pacifistes de l'Histoire, saint François de Sales, le doux évêque de Genève, en tête ! Par amour pour eux qui sont tes frères, confonds la nouveauté de leur doctrine, et ramasse en passant ce qu'il y a dans leur vie de plus authentiquement chrétien.

*

On gémit, on pleure, on s'apitoie sur le caractère hégémonique de l'islam. Allez, ça suffit, mouche-toi, ouvre les yeux, et rêve que le monde entier se rende à l'inégalable sagesse du Nazaréen.

*

Le pouvoir du Christ est en ton pouvoir. Ne minimise pas cette vérité en prêtant l'oreille aux faux humbles qui, en redoutant que tu t'empares d'une puissance céleste, carrément te l'enlèvent. Tu es prêtre, *Alter Christus* – Autre Christ –, que cela plaise ou non aux accents d'une théologie nouvelle qui, en prétendant élargir, amenuise gravement.

*

Le monde est à toi puisque les âmes sont à Dieu. Occupe les lieux, pour le bonheur des malheureux, et pour n'en perdre aucun, assieds-toi au premier rang, laisse ton strapontin qui sous couvert d'humilité protège ta lâcheté.

*

Pas d'humilité feinte. Prends ta place, et agis avant que la mort ne te croise les bras et t'immobilise.

*

Humble, il faudrait que tu le sois, si humble qu'à la première place, tu restes volontiers et reconnaissant.

*

Si en soi le *moi* est haïssable, le *non* l'est plus encore puisqu'il est dit à quelqu'un.

*

Les hommes ont un faible pour l'apparence. On peut le regretter, mais on ne refait pas l'âme qui depuis toujours a des yeux. Aussi ce que tu montres de toi te dit bien mieux que le fond de ta pensée.

*

La soutane est une blouse de travail, un tablier de tâcheron ; bien que noire, elle est un *bleu*, et pour rien au monde un smoking ou un habit de cour. Ne jamais perdre de vue que la simplicité de la mise rend jumeau du Christ.

*

Tu n'as pas l'air de me croire. Porte-la, cette soutane, et tu verras déjà les fruits dans l'imaginaire des hommes qui te rattacheront instinctivement à Vincent de Paul, à Jerzy Popieluszko, à Jean-Paul II qui n'eurent pas peur de montrer leur choix en matière d'amour.

*

En te promenant en civil, tu es sûr d'une chose : c'est qu'il ne se passera rien, du moins pour celui qui ne te reconnaît pas. Je croyais pourtant que tu avais été envoyé à tous et que le sacerdoce était un état.

*

Je suis donc pour la soutane à porter sans modération parce qu'elle est un signe anachronique lancé dans la rue à l'univers contraint à s'habiller de normes. Libre, le prêtre ! Libre de se vêtir comme il veut, et de sortir ainsi du cadre imposé – costume-cravate, chemise-pantalon – pour révéler l'autre monde auquel il appartient déjà par son goût effréné de la liberté et son aisance à la vivre.

*

Des saints partout sur les deux cents siècles, alors vous savez – avant le Concile ou après le

Concile –, je ne grimperai pas sur vos échelles de valeurs !

*

Le catholicisme est une bombe à retardement. Armée il y a vingt siècles, la poudre reste active ; toi, le prêtre, va à la mèche et mets le feu !

*

Prends au sérieux le diable et son action possible à moins que tu n'aies plus la foi. Fais des exorcismes, n'aie pas peur, et tu le verras détaler, le serpent des origines qui s'entortille dans la psychologie à deux sous pour diluer sa présence.

*

Lève la main pour bénir les personnes et les objets, crois dans le pouvoir de l'eau sainte, sois surnaturel ! Dieu veut aller partout jusqu'à s'emparer de la matière périssable qui est à Lui.

*

Les rides aux fronts des vieillards ont droit à tes regards. Ne sois pas superficiel. Descends dans l'âme, console et soutiens, et vénère, cet âge en a besoin.

*

«Vous vous rendez compte où nous en sommes arrivés ! se plaint le prêtre au sortir d'obsèques. Pas même le "Notre Père" n'a jailli d'une bouche présente !» Cesse de geindre ! Ces êtres en sont là à cause de toi. La prochaine fois, avant de les juger, essaie plutôt de les toucher au cœur par les deux mots qu'ils ont la bonté de te laisser prononcer sur la douleur qui les étreint. Il en faut si peu pour que l'éternité devienne crédible !

*

Chaleureux avec les prêtres, amical si possible, mais jamais anéanti devant eux si leurs pensées ne sont pas les tiennes.

*

Tiens la main du mourant, embrasse son front et même ses joues, et demain, à la fin des obsèques, dépose un dernier baiser sur le bois du cercueil, et la foi s'en ira de ton cœur, telle son âme vers les cieux, vers les siens qui ne pourront plus qu'aimer Celui que tu représentes.

*

Pourquoi le prêtre est-il si rarement visionnaire ? Où vit-il, sur quel versant, pour ne pas voir plus loin ?

*

Il y a toujours du *chartreux* qui se tient en garde sous l'homme d'action. Chaque jour, vérifie qu'il y soit.

*

Jamais une fois Jésus n'a dit : « Priez bien ! » mais bien plutôt : « Priez sans cesse. » La prière n'est donc pas un joyau mais l'écrin de ton action.

*

Sauver les âmes, celles du monde et celles qui te sont confiées en les portant sur ton bréviaire, offrant d'heure en heure et leur état et leurs besoins et leurs désirs. S'y tenir coûte que coûte. Que cela te dise ou non, tu dois *dire*. On ne badine pas avec l'amour.

*

En portant chaque jour à mes lèvres le calice et en sentant s'écouler dans ma poitrine la gorgée de Sang, je comprends l'envahissement d'amour qui est son rêve, celui du Christ amoureux de l'homme. Ô mon Dieu, que ma réponse est insipide !

*

Contemple les amoureux, sens leurs caresses, et la joie qui les étreint, pour trouver le goût de prier.

*

Si tous les jours, en prenant ton crucifix, tu peux embrasser le Corps de Celui que tu sers et que tu serres en Lui disant : «Mon amour», dis-toi que tu vas bien ! Sinon, vite, cherche l'intrus.

*

Et puis n'oublie pas qu'en toi la Vierge entend tout, comprend tout, reçoit tout – et surtout répare tout. Alors, profite et vis avec Marie comme on vit un amour. C'est simple, non ? Et tellement comblant !

*

Et maintenant, ouvre ton église avant d'ouvrir tes livres et ton ordinateur. Des vivants t'attendent.

*

Quand tu traverses ton église, même cent fois le jour, les yeux dans le tabernacle, fais une génuflexion profonde et, si tu le peux, prolongée, par amour pour ton Amour qui est là, mais aussi pour ceux qui te regardent et qui ont besoin de te voir aimer l'invisible. Impose ce geste à ton sacristain et à tes collaborateurs. On ne passe pas devant Dieu à toute vitesse au risque de Le faire croire absent.

*

Si l'art n'avait pas ajouté sa foi dans la foi, peut-être ne resterait-il plus rien d'elle. Par grâce, des joyaux d'église sertissent nos rues, des annonciations, des nativités, des sorties de tombeau alignées aux murs des musées annoncent la couleur d'un au-delà qui s'impose et vient. Allez, artistes, architectes, peintres et sculpteurs, au travail de Dieu ! Même si les clercs ne vous demandent plus grand-chose.

*

Que ton église soit rutilante pour que Jésus de sa beauté lave les yeux et les cœurs. Nettoie, frotte, et fais briller, par là s'immisce la grâce.

*

N'écoute pas les blasphémateurs de la forme qui sévissent dans les rangs des ecclésiastiques. Ils ont détruit la beauté de la messe au profit de la parlotte, et c'est par là que le contenu s'est vidé.

*

Qui se passe de la beauté enfante la laideur.

*

De beaux calices et de belles coupes comme pour la Pâque juive ! Laisse les pots en terre et autre récipients pour olives, faussement pauvres et si peu symboliques !

*

Le dimanche, à l'instar du pauvre abbé Vianney qui s'y connaissait en Évangile, dresse la table royale, sors la plus belle vaisselle que tu possèdes, revêts-toi de splendeur, et monte à l'autel sous la magnificence des grandes orgues, tous l'ont dit, du moins les théologiens les plus sûrs : tu es le Christ !

*

À l'heure du Sacrifice, pas un mot ni un mouvement dans la sacristie. La victime et le prêtre se préparent.

*

Corporal, purificatoire, manuterge, sans défaut, éclatant de blancheur, c'est le minimum pour l'Agneau ! Sortirais-tu avec une chemise sale au col et aux manches ?

*

Que les ornements soient à la hauteur de ceux que le chef d'orchestre et les musiciens endossent pour une soirée de gala à l'Opéra de Paris ou de Vienne. Et c'est encore trop peu dès que l'on sait la symphonie fantastique que le prêtre dirige !

*

En te revêtant des ornements pour la célébration de la sainte messe, souviens-toi que ton être, en lui-même et tel qu'il apparaît, doit faire basculer le Ciel sur la terre.

*

Aube immaculée, cordon noué, chasuble étincelante, nappes ultrablanches, voile de calice, chandeliers d'or ou d'argent, la croix comme il se doit au centre de l'autel, justesse des chants, nuée d'encens, cœur en feu, tout est prêt pour servir la Beauté incarnée.

*

Le chœur de l'église où les anges se tiennent – ta foi l'aurait-t-elle oublié ? – est un lieu sacré où Dieu se donne et réside. Pour le croire et rendre à Dieu toute gloire, son accès doit être réservé. Il n'y a pas de raison que *La Joconde* ne puisse être atteinte par la main de l'homme et que le tabernacle soit accessible.

*

La messe ne t'appartient pas. Elle est au Christ et à son épouse l'Église qui veillent sur elle de leur amour jaloux. Respecte-la en la recevant dans ses rites.

*

Vain, le temps offert à rebâtir la liturgie autour d'une table, à réécrire le missel, à chercher trois chants en deux heures pour la messe du dimanche ! Il ne faut pas plus d'un quart d'heure pour régler ce qui l'est déjà.

*

Ne perds pas ton temps aux questions liturgiques. Elles sont réglées par le Saint-Père qui désire voir l'amour du Christ se dorer sous la lumière sacrée d'un rite à la fois ordinaire et extraordinaire.

*

Entre dans la messe comme on entre en religion, avec ton corps, ton âme, et meurs et ressuscite à l'autel, et que ça s'entende et que ça se voie !

*

Sur un seul agenouillement, toute la foi du prêtre se contemple.

*

De l'allant, par pitié, tout au long de la messe, sans blanc ni hésitation sous la voix tonique et prégnante ! Le sang coule et sauve, et le Christ est ardent.

*

À l'autel, plus personne n'existe sauf Celui qui est et à qui tu parles.

*

L'improvisation, verbale ou gestuelle, en matière de liturgie, est un non-sens inacceptable. Quel tragédien oserait monter sur scène en modifiant son rôle et son texte ?

*

Il est interdit de manipuler la personne du Christ à son gré, accroche-toi donc aux rites comme aux franges de son manteau.

*

À la consécration, ralentis, le Christ perd son souffle, Il va mourir. Donne au Corps sacré et au précieux Sang le temps de se répandre sur la multitude par la lenteur de ton action.

*

En prononçant le plus lentement possible les paroles de la consécration, le prêtre signale et révèle la venue soudaine de Jésus sur l'autel. Ne fonce pas dans le tas des mots. Fais respirer le Verbe à l'oreille de tes fidèles dont la tendance est de relativiser le Mystère.

*

Consécration expédiée, messe ratée ! Certes valide, mais, je t'en prie, ne t'en tiens pas au légalisme qui fait horreur au Christ ! Le pur accomplissement n'a jamais été sa tasse de thé. Donner de l'âme aux choses, voilà ce qui Le retient, vivant, au milieu de la matière.

*

Hostie blanche pour le Christ Lumière, que le signe dise le réel.

*

Rien de crispé ni de rigide dans tes gestes, mais une gravité habitée par l'incroyable qui s'accomplit – et qui est à croire.

*

Il est impossible que la messe endorme ou que l'on s'y ennuie. Si c'est le cas, visible aux bancs vides, redis-toi que l'essentiel repose dans les mains du célébrant. De lui vient toute grâce.

*

Jusqu'à la mort je le crierai à notre humanité sensible : c'est par la forme que l'on accède au fond qu'elle révèle.

*

Plus tu déposeras lentement sur les lèvres des fidèles ou dans leurs mains le Corps sacré de Jésus, plus ils croiront que c'est Lui.

*

Un dernier chant à Marie pour clore chaque messe qui offre le Corps de son Fils, ce n'est pas de trop pour qui sait remercier. Et puis, qui veut encore des grâces ?

*

À la sortie de la messe, mains serrées, baisers par centaines... Continue le Christ.

*

« Allez de toutes les nations, faites des disciples, et baptisez-les au nom du Père, et du Fils, et du Saint-Esprit. » C'est pourtant clair, non ?

*

Mon plus mauvais quart d'heure, dans la nuit, en cauchemar, ses yeux étaient terribles : Jésus, devant moi, me tançant parce que j'avais refusé un baptême !

*

Retenir la grâce, ne la donner qu'au compte-gouttes, est un péché d'une extrême gravité. Au moins celui-là, Seigneur, faites-moi la grâce de m'en préserver !

*

Les sacrements ne sont pas des récompenses. Point n'est besoin pour les recevoir de montrer patte blanche. Subversion suprême du démon !

*

N'écoute pas les théologiens de pacotille qui s'imaginent sauver le sacrement et sa hauteur à chaque fois qu'ils le refusent à quelqu'un d'en bas.

*

Pourquoi tant d'êtres n'aiment-ils pas l'Église ? Parce que le père un tel, un tel et un tel ont imposé leurs schémas, exigé en dictateurs ecclésiaux que chacun se plie au programme défini pour enfin accorder ou refuser le sacrement attendu. Il n'en faut pas plus pour dégoûter à vie qui gisait déjà dans la mort. Folie des lévites qui se prennent pour Dieu !

*

Préparer au baptême ne signifie pas livrer à l'intelligence les aspects du mystère, mais plutôt le faire éprouver. Ne t'égosille donc pas à faire savoir ce que le lendemain la plupart auront oublié. Fais toucher, fais ressentir, ce n'est pas pour rien qu'il y a de l'eau, du parfum, de l'huile, de la lumière, et de beaux linges blancs. En imposant un rituel qui parle tout seul, Dieu dit par où Il entend passer, briser, laminer, séduire, étreindre. Crois en sa méthode plus qu'en la tienne.

*

À quand la suppression du prêt-à-porter dans la préparation au baptême pour laisser place au sur-mesure qui s'adapte si bien aux épaules de chacun ?

*

À certains, il faudra simplement dire : «Alors, demain votre petit va devenir enfant de Dieu ? Mais c'est merveilleux ! Habillez-le tout en blanc surtout ! » et cela suffira pour qu'au jour béni, le miracle s'opère, la foi descende dans le cœur et fasse une trouée dans ceux des parents jusque-là hermétiques.

*

Pas de baptêmes collectifs ! Le travail à la chaîne n'est pas béni du Ciel. Que chaque enfant soit baptisé individuellement en présence des siens avec un prêtre pour lui tout seul. Par cette disposition, Dieu laisse entrevoir combien chacun est son préféré. N'est-ce pas une seule brebis à la fois que Jésus a dégagée des ronces et ramenée sur ses épaules ? Et qu'est-ce que le prêtre a de plus grand à faire que de s'intéresser à chacun ?

*

Le baptême aux fonts baptismaux, cela va de soi. Laisse donc tomber ta bassine en plastique ; enracine le geste divin dans le marbre ou la pierre. Que la beauté réinvestisse le don de la grâce sanctifiante alors que tes ornements brillent de mille feux pour aider les âmes à croire en la naissance éternelle qui s'écoule au front de l'enfant.

*

Que le cierge soit noble, le rituel joliment relié, le saint chrême parfumé, le coton impeccable, la coquille resplendissante, l'étole finement brodée et tes propos comme tes gestes empreints de gravité et de bonté. Même si tout le monde s'en fiche, il y a toujours un écho de grâce jaillissant de l'application.

*

Durant la célébration du baptême, quel que soit l'auditoire – motivé, neutre ou hostile –, mets tout ton cœur, essaie d'attraper les leurs, et ne colle jamais sur l'enfant l'imperfection des parents. Un ange est là ! Et leurs anges aussi !

*

Toujours, car l'acte est magnifique, trace avec l'huile des catéchumènes sur le cœur du futur gracié la Croix du Sauveur qui fortifie. Pourquoi préférer à cette onction sainte la main sur la tête ? Encore une facilité qui devient coutume. Pourtant, qui ne le sait : le cœur a ses raisons que la tête ignore, c'est le moment de le montrer.

*

Tout prêtre devrait pouvoir baptiser un adulte quand il le juge prêt. Si je pouvais mourir pour que cette liberté soit offerte, je le ferais !

Ne fais pas du catéchuménat un absolu ! Le moyen n'est pas la fin. Et c'est par ce genre de confusion que se fabriquent en masse les incroyants.

*

Quand donc les évêques permettront-ils à chaque prêtre de baptiser un adulte quand il le jugera bon ? Un peu d'eau sur un front, ce n'est pourtant pas la mer à boire. J'attends.

*

Le baptême est tellement vital que le Christ ne te permettra jamais de le refuser à âme qui vive ou plus précisément à âme qui meurt, faute de grâce.

*

Ne te considère jamais comme le gardien de la salle du trésor. Donne sans compter ce que le Christ donne gratuitement, du baptême à l'extrême-onction.

*

Tu n'es que le gérant des biens éternels et non le propriétaire. Tu as compris ? La maison t'est prêtée. Ne fais pas ton maître.

*

Baptise à tour de bras et de cœur. Jamais le Christ ne te reprochera un tel geste de salut !

*

Tous les jours, à la même heure, entre dans ton confessionnal, Jésus connaît tes horaires, et il t'envoie du monde.

*

Laisse à chacun le choix des armes. À la grille du confessionnal ou devant toi pour saisir le bras de celui qui pleure ou pour serrer l'âme contre la poitrine du Christ.

*

Si pour se confesser il faut aller sonner à la porte du presbytère, parler à la secrétaire, prendre un rendez-vous, c'est le comble de la bureaucratie qui outrepasse ses droits et ne s'adresse au fond qu'aux plus habitués du sérail. Le pauvre passant qui, soudainement, par une inspiration qui le dépasse, veut tuer le remords ou la culpabilité ne pourra plus s'en séparer tout simplement parce qu'il manque, aux recoins des chapelles, la petite lumière dans le confessionnal avec son prêtre qui attend. Et c'est ainsi que ce sacrement incandescent meurt à petit feu.

*

Ne diffère jamais une confession. Il suffit d'une seconde pour mourir et elle pourrait surgir durant le délai que tu as imposé à Dieu.

*

Que ton système de pensée ne soit jamais étroit, coincé entre tes peurs et tes a priori. Essaie de comprendre, prends la place du condamné, avant de formuler ta réponse livresque. Et évite par-dessus tout de faire porter le chapeau de tes propres idées au Christ qui n'est pas venu pour juger mais pour sauver.

*

Ne sois ni surpris ni inquiet, et surtout pas tétanisé par tes faiblesses, tes péchés, tes errances, y compris celles de ta chair défectueuse qui tire vers le bas. Dieu se plaît à utiliser l'imparfait pour contenir sa grâce et la déverser sur des êtres qu'il te faut à tout prix comprendre ! As-tu compris ?

*

Tout prêtre qui ne confesse plus régulièrement prend le risque de ne plus considérer l'indulgence comme l'un des passe-partout qui ouvre sur l'amour. Pas étonnant alors que la caste sacerdotale se dessèche et soit encline à la critique.

*

Arrête de chercher la faute dans la conduite des autres. Montre la beauté de la lumière qui soulève la vie au lieu de fustiger les ténèbres auxquelles les gens sont encore accrochés, faute d'indulgence ressentie.

*

Pardonner aux pécheurs, ce fut le régal du Christ et, allons plus loin, la raison majeure de sa présence en bas. Pourquoi si peu d'entrain pour te maintenir assis, le pardon prêt à l'emploi, avec les pleins pouvoirs de Dieu dans la voix qui pardonne et le bras qui absout et la main qui console ?

*

À ceux qui t'accusent d'être trop indulgent avec les pécheurs au sacrement de pénitence, réponds : « Mais qu'a donc fait Jésus du haut de la Croix ? N'a-t-Il pas donné à toute la terre une grande absolution générale ? » Et puis, entre nous, méfie-toi comme de la peste des confesseurs qui mesurent les péchés au cordeau et au chronomètre.

*

Bannis toute curiosité en ce lieu sacré qu'est la conscience d'un homme. Descends en elle à pas feutrés, avec l'infini respect dont Dieu fait preuve pour la faire remonter.

*

Par des questions indiscrètes, n'entre pas dans le lit des personnes. Sois chaste. Ne te mêle pas des étreintes à moins qu'un conseil ne te soit demandé.

*

À force de s'inquiéter de la pureté des autres on devient spécialiste de *la chose* et on finit par en être obsédé.

*

Avant de contrôler la carte routière de la sexualité des autres, occupe-toi de la non-foi, de la colère, de l'égoïsme, de la méchanceté, mais sans doute cela t'intéresse-t-il un peu moins...

*

Avant le geste, que l'absolution qui va tomber soit rendue visible sur tes yeux aimants.

*

Misericordiam volo, «Je veux la miséricorde». Le Christ n'a pas d'autre désir. Qui es-tu, toi, canal, pour fermer l'écluse ?

*

Le catholicisme français est en train de virer non au vinaigre, mais au sel. Fondations nouvelles, individualités qui se lèvent, jeunesse pieuse et ardente, quelle chance pour la fadeur ambiante !

*

Tu n'es pas un agent de la sécurité sociale ou de la préfecture. Laisse tomber tes papiers, tes questionnaires, tes ordonnances, et surtout ne les sors pas devant l'âme qui s'expose à ton amour. Soigne les registres des actes de baptême et de mariage, un point c'est tout.

*

Le moule est une réalité inconnue du Christ. Où as-tu appris à faire passer tout le monde dans son étroitesse ? Fonctionnaire de Dieu, avec tes dossiers et tes fiches d'inscription, va te cacher dans l'Ancien Testament du côté du Lévitique, mais par pitié, ne brandis plus l'Évangile !

*

À quoi sert le Saint-Esprit si tout est conforme à tes idées, à ta mesure, à ce qui tombe sous le sens ? Et si tout est prévu, programmé par avance, décidé pour tous et une bonne fois pour toutes, pourquoi donc le Christ et le Père nous L'ont-Ils donné ?

*

Ne fais jamais prévaloir le système, l'organisation, les plans prévus – même si ces derniers qui portent bien leur nom te semblent géniaux – sur la personne et ses possibilités. Ce ne serait déjà pas si mal si tu arrivais toi-même à faire ce que Dieu te demande.

*

Ne permets à aucun laïc de te faire perdre du temps en proposant une réunion pour déplacer un bouquet de fleurs. Agis et écarte ceux qui n'ont pas grand-chose à faire et qui structurent à outrance la marche souple de l'Esprit Saint.

*

Ne laisse pas le laïc jouer au prêtre, ni le prêtre jouer au laïc.

*

Vraiment, j'insiste : affranchis-toi des réunions inutiles, pratiquement toutes, préfère un bon café avec tes collaborateurs, choisis le camp de la maison, laisse celui de l'entreprise à l'entreprise.

*

Ne laisse pas les fidèles te tutoyer. Et s'ils le font en raison d'un lien établi depuis longtemps, qu'ils accordent le nom de *père* à ton prénom. Puisqu'il a été donné à l'homme de nommer toutes choses, c'est par le langage que la réalité s'établit et se reconnaît.

*

Les prétendus chrétiens «engagés» qui aident le prêtre à la paroisse en se situant au-dessus de leurs frères qui toquent à la porte de l'Église pour demander un sacrement, et sur lesquels ils exercent un droit de discernement, ceux-là sont des demi-diables. Il faut les ramener à leur juste et belle place de baptisés avant que Dieu ne montre à quel point «qui s'élève sera abaissé».

*

Si Jacqueline dit la messe et que père André fait le café, encore vingt ans de ces *robinsonnades* et les paroisses seront vides. D'ailleurs les fruits véreux sont déjà là.

*

Les plus pauvres, c'est-à-dire les moins dotés, peut-être les plus faussés comme le sont certaines balances, ont tous les droits aux yeux de Dieu qui leur permet de ne pas prendre la file d'attente pour recevoir les dons divins. Cesse de les faire reculer sous prétexte qu'ils ne seraient pas prêts. Et toi, au fond, l'es-tu avec ce que tu sais du Mystère ?

*

Ne sois jamais prisonnier d'un quelconque système, fût-il mis au point par des assemblées votantes. Agis à partir du Christ et de sa liberté qui éclate sous les versets de l'Évangile éblouissant.

*

Au lieu de fustiger celui qui n'est pas au point, de le renvoyer avec beaucoup de circonlocutions dans le vide de sa vie parce qu'il ne satisfait pas aux conditions requises et attendues par tes visées, profite de sa venue pour lui donner le désir de faire un pas en lui accordant ce qu'il te demande. Sur ton lit de mort, les refus que tu auras formulés étrangleront ta voix.

*

Tout accent de colère instinctive, de la rentrée à l'explosive, en plaquant les âmes au fond du couloir de la relation brise le travail de Dieu en L'obligeant à reculer. Tu es fou ! Tu casses tout ! Calme-toi.

*

Ne crie jamais. Tu n'es pas un cochon qu'on égorge. L'autorité vient d'en haut, elle doit aller comme une grande rejoindre à travers toi les petits. Et normalement ça va tout seul !

*

Nos méthodes pastorales ne doivent connaître qu'un seul mot d'ordre parfaitement adapté à la nature de Dieu qui est simple comme l'amour quand il est vrai, et tu l'as deviné : *simplification.* Si ce mot te fait peur et que tu justifies tes craintes à son égard, c'est que ta maison intérieure n'est plus édifiée sur celle des apôtres.

*

Ne dis jamais : «Je suis le curé, je suis l'aumônier, c'est moi qui commande.» Commande, un point c'est tout, même aux esprits impurs, Jésus t'en a donné mandat.

*

Gouverner, enseigner, sanctifier, n'en déplaise aux esprits confus qui peuplent nos cénacles, cela revient au prêtre et à lui seul. Que les laïcs sortent du Temple où le clergé les réduit à l'état de *grenouilles* et qu'ils sautent en kangourous par-dessus le jardin du curé pour aller chercher leurs amis qui gambadent allègrement loin de la foi !

*

Tu es curé, tu as charge d'âmes, gouverne avec ton intelligence liée au ventre qui ressent. N'aie pas peur de cet instinct pseudo-maternel plus raisonnable que les mots étalés aux interminables réunions paroissiales où la plupart du temps des retraités soulèvent des problèmes qui n'en sont pas. Avance et fais avancer.

*

De temps en temps, quitte à se faire reprendre, tranche l'oreille de l'ennemi par amour pour le Christ. L'instinctif dit parfois bien mieux que le raisonnable la force de l'amour éternel.

*

La parabole de la poutre et de la paille devrait être gravée sur le front du prêtre au jour de son ordination pour que l'esprit de critique auquel il est particulièrement sujet lui soit rappelé sans cesse par les fidèles et infidèles. Ainsi au dernier jour sera-t-il sauvé.

*

Par conséquent, abstiens-toi de toute critique sur tes frères, qu'ils soient évêques ou prêtres. Tu perds ton temps. Le clergé est plus résistant au changement que le premier des athées.

*

Et toi, passe ton chemin sous les critiques. Le jugement est à Dieu, crains-Le, seulement Lui. Et encore ! De toute façon, s'Il te sauve, c'est par caprice qu'Il le fera.

*

Sois vigilant et ne te cache pas la vérité : si dans ta paroisse le robinet des offrandes cesse de couler ou s'éreinte en goutte-à-goutte – et cela vaut jusqu'au sommet des diocèses –, c'est que le bon peuple n'est plus content de toi ni de nous.

*

À Éphèse, Paul est de passage. Il prêche, il exhorte, il annonce entre les lignes le glaive qui sectionnera sa voix : «Tous éclatèrent en sanglots, et se jetant à son cou, ils le couvraient de baisers, tourmentés surtout de la parole qu'il avait dite, qu'ils ne devaient plus voir son visage. Puis ils l'accompagnèrent jusqu'au bateau.» Ici, ô mon Dieu, que l'on est loin du fonctionnariat ecclésiastique !

*

Avant d'être administrateurs de biens, chefs d'entreprise, managers, militants syndicalistes, assistants sociaux, psychologues, conseillers conjugaux, sexologues : annonciateurs de la foi, voilà ce que nous sommes. Je n'en démordrai pas.

*

Vénère la jeunesse impétueuse et laisse-la suivre son cours. Elle a tout son temps pour se perdre dans la prudence inféconde.

*

Mets-toi à genoux devant la jeune vie qui veut se donner à Dieu dans le sacerdoce au lieu de prendre le pied à coulisse pour mesurer ses aptitudes.

*

On fait la fine bouche devant les garçons qui se présentent pour devenir prêtres, on les jauge, on les mesure, on les analyse, on les triture, on les suspecte, on les inspecte, et pendant ce travail on crache sur Dieu qui les envoie.

*

De toute évidence, de nombreux formateurs de prêtres ont raté leur vocation de psychologues. On ne saurait que trop les encourager à se réorienter afin de sauver du nombrilisme ceux dont ils ont la charge. Qui sont les plus malades ?

*

Si nous avions sous nos yeux les têtes des apôtres, leur parcours, leur culture, leur allure, sans nul doute nous conviendrions ensemble que la majorité d'entre eux ne devrait pas être admise au séminaire.

*

Les apôtres, loin d'être armés de diplômes, l'étaient d'amour à donner. Et c'est ainsi que sous l'illettrisme de la plupart – allons jusque-là – le christianisme, avant de s'écrire, s'est gravé dans les cœurs.

*

Quant aux apparitions reconnues de Marie, cesse de dire doctement qu'elles ne sont pas de foi. Reste un enfant pour conquérir l'enfant qui meurt dans la conscience des bien-pensants.

*

Les prêtres polytechniciens, centraliens, normaliens sont aussi nécessaires – la parité, s'il vous plaît! – que les prêtres électriciens, maçons, tourneurs, et charpentiers, ces derniers ayant de qui tenir. Dans le champ du Christ, tout le monde est utile, à commencer par ceux qui pensent être indignes de l'être.

N'en déplaise à certains juges, ceux *qui n'ont pas le niveau* sont donc à la hauteur.

*

«Je m'en fiche du prêtre savant ! me dit un jour un ingénieur. Ce que je veux, c'est qu'il me donne Dieu !»

*

La Sainte Vierge a beau donner l'exemple en ses apparitions, et derrière elle les saints et les mystiques en masse, mère Teresa en tête, le rosaire n'a pas toujours la cote d'amour en ses fils prêtres. Incorrigible orgueil, rationalisme aigu, affaiblissement du sens surnaturel ou inconscience peut-être... «Si vous ne devenez comme des enfants, vous n'entrerez pas dans le royaume des cieux.» Gare à toi !

*

Rien de plus vil que le prêtre arriviste, devenu muet sur les sujets brûlants, véritable anti-Jean-Baptiste, léchant son évêque pour grimper dans son clan !

*

Honte aux couards, aux hommes d'appareil, aux chercheurs de grades, aux obséquieux pour obtenir, aux doucereux qui engloutissent l'Église sous un amas d'hypocrisie et de lâchetés !

*

Servir sous la bannière du parfait oubli de soi sans craindre la balle qui vise la tête, voilà le Christ et ce que je dois être !

*

C'est par la lecture des poètes, les purs et les maudits, que le jugement s'affine et se désenclave des idées reçues et qu'enfin Dieu peut exprimer en nous, et demain par nous, la largeur de ses vues. À monde clos, idées réduites. Sors du sanctuaire.

De temps en temps, écoute de la musique, celle qui te plaît, danse s'il le faut dans ton couloir, aère ton univers clos, lâche tes livres, ainsi que tes petites et grandes manies. Soulève ton âme par la beauté des sons, laisse-toi emporter, rejoins la vérité tout entière qui dépasse toute définition.

*

Les yeux rivés sur le Christ qui bat la mesure et t'entraîne à donner le meilleur, joue ta partition, celle que Dieu le Père a posée sur ton pupitre au jour de ta naissance. Sois toi !

*

Car il suffit de quelques pas le long des quais, d'un accoudement au pont des Arts, d'un regard franc vers Notre-Dame et l'île Saint-Louis pour attester que Dieu s'en remet à l'homme, génie créateur, pour habiter la vie. Rien de plus naturel : sans la beauté, Dieu est perdu des yeux. Je t'en supplie : crée !

*

Prie.

*

Aime.

Petit traité de l’essentiel

«Bonheur, je ne t’ai reconnu qu’au bruit que tu fis en partant.»

Raymond Radiguet

I

MORS

la mort

Ce qui manque aujourd'hui à l'âme de la vie, c'est l'odeur des forêts aux lendemains de pluie. Quel pouvoir que celui de la terre inondée, noircie par la mort en marche, détruisant le vivant pour qu'il se régénère! Et dans cette ombre humide, en clair-obscur, sous un carré de ciel, c'est le cri inattendu de saint Bernard qui me revient, planté dans sa mystique auréolée d'humus : «J'ai tout appris des arbres.»

Serait-ce donc de la mort que la vie aurait le plus besoin? Ne tremblez pas, je réponds oui. De la sentir si proche, inévitable, imprévisible et destructrice vous fait allonger le pas, redresser les épaules et surtout lever la tête insolemment, sous le désir d'habiter le temps qui reste. D'ailleurs, à l'orée du bois, sur le tapis décomposé, personne n'ose s'asseoir de peur de se mouiller les fesses et parce qu'il faut filer avant que la nuit ne surprenne et que le chemin ne disparaisse. Pardonnable excuse en forme d'aveu : la source de l'élan, c'est la mort. Si bien qu'à force d'en gommer les contours, d'écarter son épouvantement, d'oublier ses effets de surprise, on perd tout, à commencer par le temps qui sans point d'arrivée se fait plus court. En vérité, en vérité, mais qui le dit, la mort est une amie intime, il faut la fréquenter : c'est fou ce qu'elle vous fait apprécier la vie ! Les plus malheureux à en creuser leur tombe sont ceux qui l'ignorent, car de loin en loin, on n'y peut rien, elle se rappelle à leur bon souvenir : voisins, voisines, amis du même âge, brusquement refroidis, glacent leur sang et obligent au costume, aux larmes, aux lunettes de soleil sous le ciel gris, sans compter les cent pas près du trou, apparemment désinvoltes sous le bruit des pelletées. Qui chasse la mort en est obsédé.

Enfant, je me souviens de la chambre mortuaire où ma mère reposait sous les volets fermés, blanche et immobile à faire trembler mes jambes dans le silence incongru. Après la peur illégitime – je ne connaissais pas la vie –, une avancée tout près du corps, un pauvre « Ave

Maria» sans queue ni tête, et la vision de mon père à côté du cadavre, pleurant sur l'impassible visage et sur le corps figé, de temps en temps se redressant de sa chaise pour palper les mains entrecroisées de la momie.

Rien ne vaut une image ineffaçable pour vous faire accomplir quelques progrès. Parce que je suis né dans la mort et que j'ai vu ses fruits, je la conseille aux fanatiques de la vie. Bien sûr, son œuvre en ravage dépasse sa victime ; mes années de jeunesse furent écourtées par des troubles profonds, des abîmes de nuit ; seul, sans rêves, fragile et volontaire, nerveux et disjoint, marchant à demi mort l'esprit dans un caveau près d'un corps putréfié. La barre était perdue, rien n'y faisait, pas même l'amour des miens, autant dire de ceux qui restaient, père et frère, admirables tous deux. Cependant, plus tard, je devais constater sous les chocs du parcours la résistance unique que la mort de ma mère m'avait concédée et l'étrange liberté dont j'étais malgré moi revêtu en chaque acte de mes jours. «La vie est une brutale», disait Barrès, je ne regrette pas de l'avoir su trop tôt. Et puis, avec le temps, et la mort de mon père et des êtres aimés, je finis par vivre *Là-Haut* plusieurs mois par an, sans rien quitter – rassurez-vous – de ce monde illusoire, aveuglé par lui-même, cave de beautés, qui lentement se vide.

Aussi, je vous en prie, ne la redoutez pas, notre chère sœur la mort ! Et surtout ne m'en veuillez pas si j'ai rappelé sa noblesse, pour l'amour de la vie, et de la force qu'elle exige.

II

SILENTIUM

le silence

Ce qui manque aujourd'hui à l'âme de la vie, c'est un creux de silence, un ravin de solitude, un angle de repli. N'allons pas chercher trop loin, l'entassement des êtres est la première raison de cette impiété. Contre elle, nous ne pourrons rien faire ; la toile se resserre, le tissu se tend, les maisons se touchent, et l'autre, de sa musique et de ses cris, vit chez moi, pire, en moi de par le rejet qu'il m'inspire. Passe encore pour les cris, ils sont humains, œuvre de la non-maîtrise, ils méritent indulgence, mais la musique, la prétendue musique, la satanée musique, écartèlement de sons, désordre d'harmonie, blasphématrice de l'ouïe, devenue maîtresse en chaque immeuble, et torrent de nullité se déversant du quai de métro à la grande surface, que faisons-nous contre elle quand elle vient de sa puissance sangler le goût et le détruire ? La génération qui monte en descendant vers l'informe et le primaire s'aligne comme un seul homme ou plus exactement comme une seule bête au garde-à-vous du dissonant, et sans le faire exprès, ce qui est plus grave, elle aime et s'en gave. Ici, non seulement le silence est rompu, mais il est humilié. Pas d'autre issue que d'agir sur les nouveaux venus ; c'est en eux qu'il faut reprendre le sensible en le berçant de mélodies, grandes ou petites, qu'importe, mais que l'air se reconnaisse et se fredonne.

Le principe est ici : la décomposition de l'âme passe par l'atmosphère bien plus que par les lois, fussent-elles mauvaises. Que l'on ruine un climat et l'on ruinera l'homme. Pour moi la guerre est donc ouverte et sera dans ce camp sans répit. Et parce que l'État laisse courir, courant toujours derrière la masse et ses suffrages, que les familles, en oasis, protègent leurs enfants de cette musique qui n'en est pas, et qu'ainsi le silence reprenne ses droits au cœur de la maison, à défaut du pays.

Chacun est maître chez soi, qu'on s'en souvienne. Dès l'aube, c'est un conseil, pas d'autres voix que celle de l'époux, de l'épouse, dépliant la journée qui se lève, prévoyant le meilleur, avant que les enfants, barbouillés de nuit, avalent un chocolat, ferment leurs cartables, le cœur un peu tendu par les leçons jamais suffisamment apprises. Un baiser à chacun sur fond de silence et les voilà prêts. Telle est la vie, la vie normale, sans autres informations jaillies d'ailleurs ; telle est la liberté conquise, il fait si bon commencer sans être berné. Silence !

La suite du jour est pardonnable, puisqu'elle est dictée. Enlisés de tous côtés, j'y reviens, nous ne pouvons que subir la pression des bruits et des sons, dopant le mouvement, anesthésiant l'esprit, dégradant le système nerveux. Et gare au piège, je vous entends le dresser : au nom de mille raisons justifiables, la foule des dupés attrape tout ce qui passe, et pendant qu'elle reçoit ce qu'on veut bien lui dire, en sortant de son cours, elle en oublie de vivre.

Par bonheur la nuit tombe, et avec elle, le retour à l'humain. Baisers, douches, et dîner, je vous en prie, ce dernier sans images, vous saccageriez tout : et l'amour et le don qui s'écoutent et se parlent. Après la vaisselle et le coup de balai, il reste à Dieu d'écrire les derniers mots sur le cœur silencieux, car il faut le savoir, jamais Il ne parle par-dessus d'autres voix, d'où son silence en des millions de vies.

Fausses musiques, voix tronquées, partez à la décharge, laissez-moi mon silence plein. Permettez que je vive au centre de moi-même et que je goûte enfin l'art d'être et d'aimer. Va-t'en ! Oui, va-t'en, sale bruit organisé ! Tu n'auras pas ma peau, mes nerfs, mon âme, et ma pensée.

III

LOCUS AGRESTIS

la verte campagne

Ce qui manque aujourd'hui à l'âme de la vie, c'est le vert des campagnes, traversé de chemins sans grandes voix humaines, planté de vaches aux colliers tintants, sous l'œil droit d'un jeune chien connaissant son travail, haletant de bonheur, surveillant le troupeau entre deux galipettes. Forme d'impressionnisme qui porte bien son nom parce que le goût de l'homme ne varie pas et que la terre en son intelligence lui convient parfaitement. De Corot à Monet, la preuve est là, de l'automne à l'été, même épanchement de cœur et de pinceaux, « attachés à la terre » comme disaient les anciens. Par chance les tableaux demeurent et l'on peut se rouler dans leur herbe à défaut de réel.

Le rythme imposé par la nature lente oblige le regard à se poser plus loin, plus loin que soi, renvoyant à plus tard les fourbes ambitions. Mais qui s'y rend? Certes, il faut des vaches, des veaux, des poules, et des cochons, mais qu'on se le dise, Perrette en a besoin non pour vivre mais pour rêver.

Dieu Lui-même, en sage Sauveteur, à l'orée de la Révélation, a conduit l'âme non pas en elle, mais «aux verts pâturages pour la faire reposer». C'est là qu'Il l'a plantée, c'est là qu'Il espérait la séduire sur fond de beauté verte et ombragée. Et puis, avouons-le, tant que l'humain habita la terre, la vraie, la bonne, l'argileuse où poussent la carotte et l'herbe des lapins, Dieu fut chez Lui dans l'esprit du paysan obsédé par l'espoir que le Ciel clément, de ses orages ou de sa lumière, achèverait son travail et le rendrait fécond.

Quant au Fils premier-né, depuis la Chute, Il attendait le jour de fouler le sol créé et d'arpenter de ses yeux clairs les champs, les bois, les astres et les moineaux. Au grenier de sa mémoire, à peine fut-Il né qu'Il engrangea senteurs, images, et autres sensations, matière à paraboles, manne bénie, cueillie à l'Arbre de la vie. La nature, c'était son goût! Voyez où la Vérité se loge : la mangeoire, en lit de foin,

Il l'a voulue. Des bergers, pauvres amis pauvres, accompagnés de leurs moutons à la langue râpeuse chatouillant ses petits pieds, Il s'est réjoui, premier plaisir avant celui des Rois. À Nazareth, et la chose est sûre, bien avant de prêcher, Il a *senti* les arbres, choisissant la saison pour leur fendre le tronc, remerciant le Père à chaque coup de hache d'offrir au bois la grâce de servir : charpentes, fenêtres, arche d'alliance, demain, croix d'effroi. Plus tard, sur les plateaux d'herbes courtes, les rendez-vous les plus éternels, en béatitudes, subjuguaient les esprits, cependant qu'au milieu des moissons, épis en main, le Maître marquait à la barbe des pharisiens sa souveraineté sur les bienfaits de la terre. Lui, devenu Semeur et Vigne, nous, figuier stérile ou brebis perdue, le tout se confondant, ô sainte nature, en vue de la plus haute compréhension de l'intention divine, jusqu'à la nuit du Jardin des oliviers, passée en prière et à la belle étoile, à genoux sur des aiguilles de pin, pour glorifier encore la beauté du sol.

De quelque côté que l'on se tourne, la campagne est là pour alerter l'être humain sur son propre destin, ordonner son équilibre, premier fruit, axe sacré, fondement sans lequel tout est compromis. Hors nature, l'homme est perdu ; par elle, tel l'enfant prodigue mangeant caroubes et glands, le bercail est retrouvé, et la joie du Père exaucée.

Villes, enfers de ciment, bâtisseuses de cages, ennemies de l'espace, pollueuses de corps, tueuses d'esthétique, à vous l'avenir, pour notre bonheur ?

IV

TEMPUS

le temps

Ce qui manque aujourd'hui à l'âme de la vie, c'est le goût de ne rien perdre du temps imparti à la pauvre carcasse qui dicte la durée, car c'est elle qui commande à l'âme immortelle. Selon les jours, que l'on gémisse à moitié prostré ou qu'on lève la tête en marchant décidé, le corps, de toutes ses limites, s'en va de son train marquer les bornes, inscrire sa loi en peine de mort dans nos viscères. Et que l'on n'aille pas dire que c'est l'esprit qui tient le corps, le moral, la santé ! Ridicule assertion qui ferait pleurer de rage les saints les plus doux, morts en âge de vivre, d'Anne de Guigné à Thérèse de Lisieux. Plus joyeuses et plus équilibrées qu'elles, vous ne trouverez pas, l'une morte à douze ans, l'autre à vingt-quatre. En vérité, le corps a ses lois propres ou sales, et comme la danseuse des boîtes à musique qui valse la jambe en l'air sur un miroir, il ne peut suivre que son mécanisme. Certes, on peut le remonter, mais un jour, il n'y a plus rien à faire, la jambe reste dressée mais elle ne tourne plus. Toutefois, et c'est ce qui nous sauve, la durée importe peu, d'autant plus que dans la majorité des cas, excepté ceux qui l'écourtent à coups d'alcool, de fumée, de vitesse ou de tout ce que vous voudrez, elle est déterminée. C'est mon avis. Ce qui revient à penser que la seule liberté accordée aux enfants de Dieu consiste à ne rien perdre du temps qui leur est confié.

Si le premier âge a ses oublis, ses silences et ses songes, s'il penche vers l'inconscience, vivant au sol à quatre pattes, l'intelligence dans les chaussettes que l'on vous enfile, il s'agit tout de même de grandir, et l'on vous y invite et l'on vous y encourage ; au fond, sur le début, la vieillesse est souhaitée. Aucune peine ne vient frôler le corps où prend son élan, sous les vivats de tous, la chenille des potentialités.

Plus grand, le treuil de l'école, avec ses jours gris, ses années incertaines incrustées de boutons de sève, pétries de problèmes qui n'en sont pas, de maths ou de rêves, de fautes d'accords auréolées de rouge ou de vert, transporte l'être en des régions nouvelles où le sujet ne sait plus où il va : aubaine pour le temps piétiné sans joie pour en finir avec lui !

Et c'est enfin la vie qui démarre et déçoit, et c'est le temps qui s'emballe, à ne pas réfléchir, conseil d'ami, mais à vivre en serrant contre soi seconde après seconde la grâce d'exister, de croire et d'espérer que l'âme rajeunit en s'approchant du terme bienheureux dont on veut tout ignorer, du moins la date butoir. Il suffit d'ailleurs de fermer les yeux l'espace d'une minute pour cisailler le cours du temps et retrouver l'éternel qui se moque de nos comptages. C'est par là que la montre s'arrête, par des journées bien remplies de travaux, de soucis, de rires, et de baisers surtout, reçus ou mieux encore donnés à l'époux, à l'épouse, aux enfants, à l'ami, à la concierge et à son chat ; c'est vraiment par là que la jouvence irradie, neuve comme l'enfant de tout à l'heure, perdu dans cet *hodie* qui le comble et le réjouit. Et qu'ils sont beaux ces vieillards, même sans barbe blanche – ne trouvez-vous pas ? –, quand ils achètent encore, trois jours avant leur mort, les œuvres de Molière ou de Sacha Guitry ! Ce sont eux les chantres de la vie éternelle, sans mine confite, ni peur au ventre, marchant tant que ça marche, au rythme oublié, détachés d'eux-mêmes, comme Jésus depuis deux millénaires s'évertue à nous vouloir.

À ceux qui ne sautent pas de joie sous les années qui filent, à ceux dont la gorge lentement se noue, obnubilés par la caisse en bois, et à tous les incroyants, pourfendeurs du sens, vendus à l'absurde, je présente les excuses du temps qui ne meurt pas et qui s'en veut de les tromper si naturellement.

V

SENSIBILITAS

la sensibilité

Ce qui manque aujourd'hui à l'âme de la vie, c'est l'écoute inconditionnelle, confiante, naturelle et soudaine de la sensibilité, qui seule permet de rejoindre au tréfonds de l'être ce que Dieu offre à l'homme, avant que mille raisons réfléchies, pesées, et donc impures, parce que venues des leçons apprises dans la rue d'à côté, ne viennent embuer le réel en le déformant. À la source d'une émotion sans alliage se cueille, intacte, l'éternelle vie. Et c'est ce que je ressens, et cela suffit à mes yeux pour que cela soit vrai. On prétextera, moralistes en tête, que c'est ici ouvrir la porte à tous les dérapages non contrôlés par la droite raison, et en effet, que n'a-t-on encensé au nom du ressenti! Hélas, tant d'abîmes se sont ouverts sous les pas de l'homme ému! Croyez bien que je le sais. Cependant, en examinant le Mal et son déploiement, qu'il s'immisce dans l'âme ou s'organise en société, il ne m'apparaît pas que ses lauriers soient imputables à la sensibilité, mais bien davantage aux calculs byzantins de la raison poursuivant ses fins et dont l'homme est passé maître à force de chasser de l'âme toute forme d'émotion capable en soi de déstabiliser les intentions les plus brutales. C'est pour n'avoir pas écouté les enfants juifs pleurer l'absence de leurs parents gazés que l'intelligence nazie les a exterminés.

N'en soyez pas surpris ! Avec les animaux qui d'ailleurs marchent droit, je crois au ressenti, à la révélation qu'il offre sous son mécanisme primaire et au souffle d'amour, fût-il maladroit, qui s'ensuit. En tout cas, pour moi, c'est clair : éprouver revient à toucher Dieu. Aux adeptes du cerveau qui froidement additionnent, divisent ou retranchent, je préfère des joues qui s'embrasent, des pleurs qui jaillissent, des cœurs qui s'emballent. Oh, que le monde est sec sous les idées qu'il charrie !

Revenir au sensible, soumettre à la beauté, solliciter le cœur dans ses attraits, forcer l'émotion, secouer, briser, sauver l'impassible et le distant, récupérer le sceptique et le blasé, ce fut l'œuvre du Christ, palpable et transcendante, accomplie par ses paroles en forme d'images, par ses doigts trempés de salive touchant des lèvres et des yeux, par sa main tendue à l'enfant mort, par les franges d'un manteau revêtu de puissance, par le nard de Madeleine expirant sous les baisers, par des sanglots versés au tombeau de Lazare, par sa poitrine offerte à Jean le bien-aimé, par des lanières de cuir quadrillant son torse, par son corps nu accroché sur un bois, poitrine ouverte en nouveau pélican, cœur arrêté, vendu au silence de la foi que Marie humaine vit debout, à un mètre du précieux Sang qui goutte en terre et l'éclabousse. Pourquoi cette mise en scène de l'amour infini ? Pourquoi des mains, des pieds traversés de clous ? Pourquoi cette couronne de ronces enfoncée aux cheveux de Dieu ? Pourquoi ce coup de lance en biais perforant le cadavre ?

Parce que rien ne vaut la matière sensible – déchirements intérieurs jusqu'à la peau du cœur – pour dévoiler l'étendue d'un amour absolu, joué sans retour possible. Et puis si le sensible ne s'en mêle pour parler au sensible, comment s'inscriront en la mémoire des hommes, images et sensations, émois et impressions, troubles et saisissements, désormais véritables stigmates, blessures réelles transmutées et enfouies dans l'âme bien plus profondément que dans l'esprit où les concepts meurent presque avant qu'ils ne se définissent ? Et pourquoi donc sauver la Tunique, récupérer le Suaire, emporter la Croix, vénérer la Sainte Face, adorer Giotto, contempler Rembrandt, Ingres ou Degas, admirer Chanel et son tailleur en tweed, flairer Guerlain, chérir Terzieff, jouer Wagner, Brahms ou Schumann, et tous les Russes ardents, si ce n'est parce que le cœur ébloui, étincelé, martyr, donne à l'homme de devenir humain ?

VI

DESIDERIUM AMORIS (I)

le désir de l'amour

Ce qui manque aujourd'hui à l'âme de la vie, c'est, disons-le sans mesure, le désir de l'amour. Je dis bien le désir, ce qui, en mille détours, oblige à sa recherche. On croit trop à la magie des liens qui se noueraient tout seuls, à la chute des corps sur l'histoire des personnes. Il est vrai que dans l'ordre des sentiments, la tendance est de laisser faire et de croire en enfant inachevé à la hotte du Père Noël bourrée de cadeaux qui lance à chacun l'amour rêvé. Sur ce point, malgré les orages essuyés, nous demeurons inguérissables, raison de plus pour nous dire la vérité. Certes, il est un premier instant où le visage attire par un concours de circonstances qui pourrait en effet laisser penser qu'un *au-delà* s'en mêle et distribue les cartes. Pourquoi pas ? La suite, seulement, garantit le prodige. Attendons.

Si tout commence au soleil de l'attrait, et Dieu sait s'il doit briller, permettez ce bémol : gare à la chaleur qui monte en soufflé le gâteau, on sait ce que parfois il devient quand il gagne la table, pauvre effondré à la mine défaite. L'impression du départ dans les yeux échangés sur fond de solitude à rompre absolument conditionne le cœur gonflé d'espérance, toujours volontaire pour aller plus avant, croyant – ce serait incroyable – à la pure réciprocité des regards. Éclat du visible ! Charme de la Création ! Et c'est pourquoi ne jugeons pas cette *figure imposée* que Dieu bénit. L'amour en a besoin, au moins les premiers mois, comme le bébé de lait. Est-il instants plus émouvants dans l'ordre du ressenti que cette aurore du lien où l'essentiel demeure inconnu ? Là encore, admirons. Nulle faiblesse en cet état second où la passion domine en faveur d'un possible, survenu simplement, il faut bien l'avouer, d'une allure appréciée, d'un corps entrevu, souvent en l'absence de l'âme.

Toutefois, c'est ici que la beauté offre un désavantage à celui qui la possède et qui s'en sert, et à celui qui la regarde et qui s'y perd. Que de trappes s'entrouvrent aux reflets du visage ! J'en suis si convaincu que Jésus, à l'heure du

Jugement, sensible à la forme pour l'avoir créée, absoudra, j'en suis sûr, ses plus beaux chefs-d'œuvre sous un torrent d'indulgence, sachant la lourdeur du fardeau placé sur leurs épaules et sur leurs traits. Quant à ceux qui touchèrent la ceinture d'Aphrodite, le Sauveur, avec René Char, se souvenant de son vers trop libre : «Je me redis Beauté, ce que je sais déjà, tu es mon amoureuse, je suis ton désirant», pleurera, vous verrez, sur leurs dispositions dont la nature était de se laisser ravir et emporter. Cela, malgré tout, ici-bas, n'excuse rien. Néanmoins, la pente est là, qu'on le veuille ou non, et ça glisse.

L'intelligence voudrait, et nous en reparlerons, que le temps soit offert à l'éveil des sens et que les yeux se ferment pour regarder dedans – dedans l'autre et dedans soi – si les âmes s'enchantent, preuves à l'appui, pensée unique, vision commune, soutien assuré. Idéal avisé – qui le contredirait ! – bien trop sage pour trouver jour au premier jour. Si le départ est dans le feu, grand bien lui fait, et tant mieux pour les âmes romantiques, mais la route est subtile, et le voyage harassant : au plus vite et en s'obligeant, mieux vaut penser deux fois si l'on ne veut faire qu'*un*.

VII

DESIDERIUM AMORIS (II)

le désir de l'amour, encore....

Ce qui manque aujourd'hui à l'âme de la vie, c'est encore et toujours, disons-le sans mesure, le désir de l'amour. Après la beauté pour obstacle, le risque de se plaire, les têtes obsédées par le besoin de l'autre, bien que nous ayons magnifiquement vécu sans lui, sans elle, durant au moins vingt années de soleil, il y a les premiers mots qui fusent en des voix parlant plus fort et disant plus long que la forme du sourcil. À cette ouverture des lèvres, il faut prêter attention, car les paroles suivront les jours qui se succèdent, avec la même intonation, ce qui ne gâte rien, mais qu'il convient de trouver juste et consonant avec sa propre intelligence. Ce n'est pas là une question d'élocution, d'étendue de culture, de niveau, de conversation; l'amour n'a rien à voir avec le verbe étalé qui cache dans les discours des plus forts mille faiblesses en croûte d'orgueil. Joseph, artisan plus fin que lettré, parvint à combler le cœur et jusqu'à l'âme de la Vierge parfaite. Tant d'ignorants plaisent à Dieu ! Le calendrier en est rempli et le Ciel bondé.

Par-delà tout savoir, embrouillé embrouillant, la véritable intelligence ne trompe pas ; elle s'entrebâille assez vite ; on ne peut la manquer, sorte d'étoile plus ou moins filante mais toujours repérable, dont le cours s'épie au simple mouvement des yeux qui comprend et reçoit. Les yeux, les siens, entrant de plain-pied par l'idée dans le réel ; les yeux, les siens, cloîtrés dans leur propre pensée pour discerner le choix, le bon qui s'impose ; les yeux, les siens, rivés à la tâche, plissés par l'effort, dominés par le but, résolus en chaque acte de vie. Attention ! Attention ! Ici, toute erreur de jugement peut conduire à la mort. Aussi, l'intelligence, attentive aux choses et aux êtres, pressée de les servir, doit être vérifiée avant le grand saut dans les bras de l'aimé. S'est-on compris ?

Cordonnier ou ministre, agrégé ou désagrégé, on s'en fiche, pourvu qu'il y ait, tendu entre deux esprits subjugués, le prodigieux fil d'or de la compréhension mutuelle. Cependant, à ce degré de saisie, malgré la clarté, ce n'est pas encore le moment d'accorder un baiser, il sera meilleur plus tard, il faut encore passer dans l'âme et contrôler *de visu* le chemin par où l'amour descend de l'intérieur vers l'apparence : bonnes pensées, gentillesse, amabilité, bonté, dévouement, générosité, grandeur d'âme, le tout à portée d'intention, prêt à sortir en pure gratuité. Là, vous détenez l'aimé en son passeport le plus précieux. Impossible de se tromper. À la frontière du choix, quel que soit le charme de la photo, vérifiez les papiers officiels de l'âme, et ne laissez passer ni le distant, ni le blasé, ni l'égotiste, surtout pas l'insensible. À cœur sec, vie ratée, voyez ce que vous voulez ! Si l'être ne vibre pas à l'unisson du drame humain, reculez d'un pas, rangez votre élan, l'amour n'est pas en lui, malgré ses simagrées.

Par grâce, et partout, des âmes se ressemblent, se trouvent, et s'assemblent. Et s'unissent leurs vies en étreinte éternelle, jouissant d'un mot, d'une idée, d'un goût, d'un émoi, partagés sous les corps enlacés en amoureux conquis par l'inestimable parenté qui les fait *un*.

VIII

AMICITIA

l'amitié

Ce qui manque aujourd'hui à l'âme de la vie, c'est la pure et simple amitié. Ne criez pas au prosaïque : *pure* et *simple*, ces adjectifs usuels lui vont à merveille. *Incernable* aussi, avouons-le. De tous côtés, pudique et refoulée, malgré l'effort des philosophes et autres sages emplumés, elle échappe au regard, au constat, à la définition. Sur les mots retenus ou sur les échangés, sur les gestes absents comme aux poignées de main les plus franches, toujours elle se tient et se cache, à mi-chemin entre l'amour que l'on éloigne et le simple rapport que l'on trouve insuffisant. *Amitié*, pauvre sœur laissée pour compte, et pourtant grosse de désirs, libre et faussement détachée, souvent prête à mourir pour l'autre, que ton langage est difficile !

Si l'on s'en retourne au commencement, les amitiés d'enfance longuement partagées en pantalons courts et en genoux éraflés à courir comme des lièvres à travers les petites années ne sont pas sans intérêt. Assis sur un même banc d'école, avec la même colique à l'approche de la leçon à débiter, oh que cela ne s'oublie pas, et que cela rapproche ! Et quand le jeudi ouvrait la forêt aux voleurs d'écorces, armés d'opinels, que de joies complices et suantes à l'ombre des pins ! Cependant, ces liens, fruits du hasard ou de rapports d'adultes mélangeant leurs enfants au gré de leurs propres rencontres, ne peuvent en vérité – noblesse oblige – recevoir le nom sacré d'*amitié*. Camaraderie, et c'est déjà grand. Au reste, il se pourrait que certains de ces liens subsistent et débouchent sur de l'éternel, signe de la bénédiction des dieux, mais en principe, ce qui se fait tout seul, l'air de rien, attisé et maintenu par la nécessité, meurt noyé sous la nouveauté qui enlise, et le plus souvent sans larmes et sans deuil.

Suivent les années maladroites où la montée des sens brouille la marche adolescente de la vie. Là, tout se mélange, se côtoie et s'alterne, corps et âmes imbriqués malgré soi, idées justes et pensées ternes – et crisse l'amitié de douleur, le moi étant devant.

Plus tard, mais alors bien plus tard, le goût de l'ami véritable reprend ses droits : désir d'un frère à la saint Jean que l'on pourrait aimer aussi gratuitement que l'amour l'exige quand le corps se tait. Pas facile à trouver. À la Cène, «pour de vrai» comme disent les enfants, et depuis, sur des milliers de toiles, Jean déplace l'amour en l'amitié, collant son front au torse du Salut, allant, sur un émail du XVe siècle, jusqu'à dormir à poings fermés, suprême audace, aux jambes de son Christ confectionnant l'Eucharistie.

Libre amitié, profondément choisie, réciproque et fidèle, sommet de l'humain qui sans loi ni contrat unit deux êtres, selon le mot vibrant de Lacordaire «pouvant se séparer toujours et ne se séparant jamais», quel accord face à l'amour et ses jouissances et ses doux mots et sa fausse passion qui fausse tout en articulant les corps, pantins de nuit voulant se faire plaisir, parfois à soi d'abord! Égoïsme à deux souvent irrépressible dont Dieu sauve la mise en faisant jaillir l'enfant, que cela plaise ou non, pour relever l'âme et la plonger dans le don.

Aux êtres, il manque une amitié, *pure* et *simple*, quoi qu'ils en pensent, où les secrets s'échangent et se protègent, où la joie d'être ensemble est pour l'autre, où les esprits se touchent et s'engendrent au détour d'un éclat de tendresse. Mais Dieu qu'il est étrange que si peu la cherchent !

IX

PUDOR

la pudeur

Ce qu'il manque aujourd'hui à l'âme de la vie, ce ne sont pas les feuilles de vigne ou de figuier si chères à la Renaissance accrochées aux sexes de l'humain barrant le regard sur l'origine de la joie, de l'enfant, de la mort ; ce ne sont pas les pruderies d'un XIXe siècle assombri par les relents d'un jansénisme de classe faisant son lit jusqu'aux familles les plus païennes ; ce ne sont pas les œuvres de la timidité maladive tremblant de moiteur et de boutons au visage et aux mains du refoulement ; ce ne sont pas les jugements péremptoires s'échappant de l'esprit pervers, envoûté par le mal qu'il condamne – et encore moins le renvoi du corps aux abîmes. Car, nous le devinons, rien n'est plus suspect que le souci excessif d'être irréprochable en tous ses sens.

Non, ce qui manque entre les êtres, c'est la juste distance, le juste propos, le juste geste, le juste regard, le juste sourire, le juste ton, la juste ivresse ; *juste* non dans le sens de mesuré mais en celui de vrai, de délicat et, fatalement, de décent. Pour saisir cet état de grâce, n'allez surtout pas chercher du côté des lois dictées par la bienséance ou le goût du convenable, allez plutôt boire du côté de la source d'Éden, quand les premiers amoureux se promenaient nus, main dans la main, l'air de rien, sous le regard de Dieu satisfait. En ces temps d'aurore, le corps en paix, libre de toute avidité, la pudeur n'avait pas même besoin d'être pensée. Vertu alors inutile, comme aux cieux, sous les corps absents, déclarée caduque. Ainsi coulaient de beaux jours en la Création toute neuve, le temps de l'amour calme, trouvant sa passion – car il en faut toujours – dans le repos des liens déjà conquis et assurés. Tout allait si bien entre le corps et l'âme que pour un peu l'on se serait cru au paradis. Distance, propos, gestes, regards, sourires, ton, ardeur, le tout en liberté non conditionnée, uniquement prisonnier de l'amour qui avait alors tous les droits et savait en profiter, de la consigne de créer à celle du plaisir a donner. Et puis, quand tout fut brouillé par le mensonge à la suite d'une histoire de pomme de discorde à dormir debout derrière laquelle se cachait (déjà la pudeur se profile !) l'intention frauduleuse et inouïe de renvoyer Dieu de son jardin, la déchirure advint, quelle déflagration !

De haut en bas, de Pluton à la Terre, des étoiles aux brindilles, de la tête au sexe, il fallut en urgence des tuniques de peau – de bêtes bien sûr – pour couvrir et protéger desormais la vulnérabilité des anciens corps souverains Dieu s'y employa. Ainsi naquit la pudeur devant réguler par l'esprit ce que l'instinct offrait par nature.

Aussi, depuis deux cent mille ans que nous sommes debout, il est malheureusement impossible de se passer de ses secours. Ces derniers temps, d'aucuns ont cru devoir s'en divertir, la traitant de bourgeoise et d'attardée, mais en vérité cachant (encore de la pudeur !), sous des comportements prétendument libérés et des prises de parole sans retenue ni sens du secret, ce mal-être venu du fond des âges, inscrit dans la chair si profondément que l'enfant sur son pot tire la porte et rapproche les genoux. C'est ainsi. Fini le Jardin. Seins nus, ventre à l'air, sexe en avant sont aussi décalés que le paradis perdu. Et le désastre n'en finit plus.

Faute de compréhension et d'estime pour le drame originel devenu source de grâces – le Christ en terre ! –, chez certains, le mépris hausse le ton, la vulgarité se lâche, la pudeur s'en fout, et le corps exhibé pour deux sous, sans plumes, perd son panache. Une issue, peut-être... si l'on en croit René Boylesve, quand il assure que « la pudeur renaît chez la catin la plus éhontée lorsqu'elle se met à aimer sans frime une bonne canaille d'homme ». Tout n´est donc pas perdu.

X

ELEGANTIA

l'élégance

Ce qui manque aujourd'hui à l'âme de la vie, c'est la distinction dont il est pratiquement impossible de savoir d'où elle sort. Étrange vertu, compromise apparemment par des riens, tels un trait de visage, une forme de main, une intonation de voix, une façon de marcher ou de saisir une tasse, de poser ses lunettes, de rire ou de chanter. Mais où va donc se nicher l'agrément qui gouverne en passant, et même en insistant parfois, le rapport d'être à être ? Mystérieuse alchimie plus travaillée qu'on ne le croit. Une certaine lignée pourrait avoir un droit sur le geste fin, la parole juste, la réponse adéquate, le beau maintien, l'ensemble reçu en gènes d'aïeux à cheval sur leurs principes, pourquoi pas ? Il est vrai que l'on peut encore ici ou là déceler, au dessin d'une oreille, au brisement d'un sourcil, à l'anguleux d'un profil, plus noble encore, à un timbre de voix, quelques restes d'une race autrefois triomphante et raffinée, mais les indices, à mesure que le temps file, finissent par mourir, privilège, dit-on, de notre siècle *ouvert.* Laissons donc le lignage qui perd sa rectitude jusqu'à rejoindre parfois ce qu'il y a de plus commun dans le commun. Bah ! Que tout cela est bas !

Allons-y, ne tardons pas, tournons la page écrite avec plume d'oie et encre bleue, et marchons résolument vers la seule réalité qui promet la victoire à qui devant s'incline et dont le nom seul redresse tous les genres : *éducation.* De l'âme d'abord en faisant joindre les mains et fermer les yeux à nos bambins épris d'éternité sous la clarté flexible de leur intelligence neuve. Eh oui, s'en remettre à plus grand et vivre en Celui qui voit tout et qui contraint le geste et la parole à se tenir au plus haut de soi enfante la distinction. Je le crois.

La voici à présent qui descend et s'empare du regard aussi naturellement que l'œil se pose sur le réel. Quelque chose de franc, de direct, de naïf, voire de dupé se laisse entrevoir dans les yeux intemporels de l'homme distingué, projeté de toute sa classe au-dessus de l'arène où les hommes, pour tirer leur épingle du jeu, piquent, déchirent, arrachent en mordant, et pour si peu, des pans entiers de peau d'innocence, la leur. Ainsi meurt sous la duplicité, le calcul et autres courbettes, la nette distinction qui ne peut jaillir en surface que d'une ingénuité de fond.

Dans cette distinction-là, le vêtement se love comme un gant et le geste se range et le langage suit et l'intonation se pose jusqu'à l'éclosion d'une élégance et parfois... d'un style. Il convient d'y croire et de le redire : par le haut toujours se construit le visible.

Quant à vous qui cherchez à vous distinguer, vous qui jouez les fins, les cultivés, les espèces en voie de disparition, vous qui vous gaussez de la plèbe, pitoyables Verdurin, j'offre à votre prétention vulgaire une simple image, celle d'un paysan aperçu l'autre jour à l'angle de sa rue, enlevant son chapeau de ses doigts striés de terre au passage du corbillard qui transportait sa femme. Vrai jusqu'au bout des ongles, voilà ce qu'il manque à votre distinction.

XI

VOLUNTAS

la volonté

Ce qui manque aujourd'hui à l'âme de la vie, c'est désormais la volonté qui, les bras ballants, sans tambour ni trompette, ne marche contre personne si ce n'est contre elle-même. Sollicitée de loin en loin, la plupart du temps convoquée pour quelques heures d'efforts en vue d'un acquis intéressé – car pourquoi se battre pour ce qui ne rapporte pas ? – en tant que faculté majeure, inutile de se voiler la face, elle est bel et bien morte, ensevelie sous un état de nonchalance à moitié avoué, que nous ne condamnerions pas s'il ne laissait entrevoir en l'homme une sorte de résignation passive aussi irréfléchie, malgré les apparences, que le suicide. Pour l'heure, chacun suit son instinct et, dès le plus jeune âge, descend le fleuve au lieu de le remonter, avec l'accord des parents, des amis, des psychologues et autres pédagogues, la plupart muets comme des carpes, craignant d'intervenir sur le sol sacré de la personnalité humaine qui, à les en croire, surgit construite de pied en cap au sortir de l'utérus. Au-delà de la matière et de ses gènes qui, en effet, orientent et donnent le ton et le mouvement d'une vie, l'acquis l'emporte, permettez-moi de l'espérer.

Au reste, le génie, en quelque discipline que ce soit, c'est bien connu, trouve sur l'établi de l'effort, et par conséquent de la volonté acharnée, sa couleur inventive. Millions d'heures à remonter les gammes et à les redescendre, et voici Horowitz, Rubinstein, Rostropovitch et bien d'autres bûcheurs immortels, couverts d'applaudissements mais aussi de coups bas obligeant le génie à peaufiner sa grâce. Aussi, qui est privé de secousses, de refus, de remarques, de contradictions, de luttes, d'injustices, de «non!» irréversibles entre déjà dans le camp des perdants ; et je pleure de rage au gâchis de l'humain.

«Assez ! répond la vie. Écoute-moi, rien n'est perdu pour qui veut commencer de vouloir. Dès le prochain matin, à l'appel du réveil, dompte le cheval couché – oblige-toi au sourire de l'enfant qui se jette hors du lit dans son pantalon court après avoir gambadé de ses rêves aux sentiers de l'avenir.» C'est en effet à la première heure, en première victoire arrachée par la volonté, que triomphe la suite. Car la suite est à vaincre du même allant, toutefois sous un angle plus chatoyant, si on le veut bien sûr – voyez, on n'en sort pas de cette volonté! –, plus emballant surtout, si à la forge du courage on martèle l'effort volontaire jusqu'à ce qu'il se mue en enthousiasme, divine réalité, à en croire les Grecs qui voyaient en ce transport la marque en l'âme d'une inspiration céleste.

Que cela plaise ou non, à la force des poignets, un homme avance et Dieu bénit, rien n'étant plus étranger à l'Être divin que la velléité. Tel Père, tels fils? Bien sûr. Par conséquent, si la volonté fait défaut, si le cœur flanche, si la joie se morfond, n'accusez pas l'homme concret, sa nature et ses dispositions, il n'y est pour rien. C'est au but court et sans relief que l'on doit le ressort distendu et la mort de toute envolée. À fin étroite, volonté faible. Aussi les saints, les héros, les poètes en ont fait provision, à force de croire qu'en se hissant sur la pointe des pieds la main peut saisir une étoile.

XII

LABOR

le travail

Ce qui manque aujourd'hui à l'âme de la vie, ce n'est pas la possibilité de ne rien faire, mais de bien faire le travail exigé, fût-il choisi ou subi. Et que l'on n'invoque pas la structure interne des esprits, le jeu des circonstances ou des événements, les mauvaises manœuvres à l'heure des commencements, les aléas du parcours appelés communément *malchance*, pour oublier que l'homme est attendu, rabot en main, dans le meilleur de lui-même.

Allons-y d'un coup et par un biais inattendu. Peut-on imaginer un ouvrier satisfait de travailler à la botte d'un humain en tout point semblable à lui ? La réponse induira le drame ou la grâce, chacun, de haut en bas, se retrouvant l'ouvrier d'un autre. Si cette évidence ne régit plus le raisonnement du plus faible et du plus fort – n'en déplaise aux lutteurs de classes – associés au même sort existentiel, le lien entre les deux parties s'effondre, et par là, « tire la chevillette et la bobinette cherra » ! C'est dire qu'en notre temps, l'épaisseur du portefeuille, plus que la qualité des rapports entre les êtres ou la valeur du travail, préside au courage et à l'entrain avec lesquels l'œuvre ne peut transiger pour être réussie. Profanation de l'activité humaine, vendue au profit avant d'être estimée pour elle-même, blasphème de la Création déposée à titre de prêt aux mains des hommes ! Il faudrait qu'une amnésie salutaire en matière de gain blessât l'esprit de l'artisan, du commerçant, de l'ouvrier, de l'ingénieur, du professeur, de l'artiste et jusqu'au prêtre, pour que leurs mains frappant l'enclume, le plâtre, l'ordinateur, le stock, les intelligences, les âmes et je ne sais quoi encore rendissent au seul travail exécuté sa noblesse et toute gloire. Que ce soit donc clair : la qualité de ce qui est produit, avant d'exiger la reconnaissance du ventre liée au compte bancaire, détient en elle sa juste récompense et en trophée la joie, cette joie du travail aujourd'hui disparue.

La question de l'argent réglée, restent pour les plus ambitieux, mais aussi pour les plus courts de tête, l'avancée sociale, le rang à occuper, la place à prendre avant qu'un autre ne s'y assoie, et par ici les cadavres. Non qu'il ne faudrait progresser, mais en vue de quoi et au détriment de qui? Voilà de grandes et simples questions offertes aux plus intelligents et aux moins égoïstes. Le Christ lui-même – et on peut Lui faire confiance –, recouvrant les siècles de son regard inquisiteur et voyant par millions tomber les hommes au champ sans honneur du stress et de la nervosité, de l'intérêt bas et de la revendication, des conflits et souvent de la haine, a cru bon de lancer sa bouteille à la mer : «À quoi sert de gagner le monde entier si l'on vient à perdre son âme?»

Peut-être un jour, sous un tropique, un enfant la recueillera-t-il pour en épouser le message et vivre enfin comblé par ce qu'il offrira de lui-même au seul feu de son action créatrice. Il n'est pas interdit de croire au miracle, à celui de la conscience nouvellement éclairée. À moins que demain tout s'écroule, vu les mauvais fruits qui se ramassent à foison sous les arbres pourris, ce qui n'est pas impossible, «car rien n'est impossible à Dieu», pas même d'espérer cette heure où l'homme en son jardin trouvera sa joie dans l'accomplissement du travail soigné qui porte en lui sa grâce et ne rapporte pas plus qu'il ne convient pour être et rendre heureux.

XIII

PATIENTIA

la patience

Ce qui manque aujourd'hui à l'âme de la vie, et tout le monde hochera la tête, c'est un zeste de patience assaisonnant, seconde après seconde, les plats que les serveurs divins, je veux parler des anges, posent sur la table quotidienne. Car il leur plaît, joyeux manège, de venir dans notre assiette bousculer la salade composée avec grand soin par nous-mêmes, où tout est si bien arrangé par le jeu de nos désirs les plus naturels, de nos envies les plus aiguës, de notre petit moi dont il faut câliner le nombril, que tout changement ou toute avancée en notre vie deviennent impossibles. Comment voulez-vous que le Ciel, de tous ses nuages mouvants, puisse se résoudre à un tel immobilisme ? Chateaubriand a beau s'exclamer de toutes ses pantoufles : «Le bonheur, je le chercherai dans l'habitude», n'en déplaise à son *Génie du*

Christianisme, ce n'est pas la pensée de Dieu. Si bien qu'Il n'hésite pas, quand Il nous veut du bien, et Dieu sait si c'est son but, à perturber le cours des choses, à prolonger des délais, à bloquer des situations, à faire stagner des dossiers, à empêcher des trains ou des avions de partir à l'heure, de manière à ce que nous comprenions qu'Il est, Lui, le Bienfaiteur et nous les bénéficiaires, Lui le Créateur et nous les créés, Lui le Père et nous les fils. Intrusion des doigts divins dans les rouages des hommes, et jusque sur les rails et couloirs aériens !

Dès lors, si en cours de route, sous l'envol des décisions que nous prenons, nous imaginons maîtriser notre vie en la faisant plier plus qu'en la dépliant, je crains fort que la roue ne se voile et qu'un fossé ne s'entrouvre. À en croire mon Dieu qui s'est laissé faire du berceau à la croix, toujours sans broncher, le plus beau verbe à vivre me semble *agréer*, et non *décider*, *chercher*, *obtenir*, ou autres verbes actifs au pouvoir limité parce que contraints par des manques à combler aussi béants que le désir peut être infini. Et au fond, écrivons-le, partir de soi prive de surprises, et le plus beau est que Dieu veut nous en faire de bonnes ! Fort de cette évidence, et du mal que nous avons a laisser advenir, la seule solution pour le Ciel c'est d'exiger notre patience. Ici, pour Dieu, tous les moyens sont bons, y compris les mauvais, ce que nous n'admettons pas. Au premier coup donné par le Père, c'est la voix de l'homme qui monte, celle du « Comment donc ! Me faire ça, à moi ! », et sous ce cri de suffisance, certaine d'avoir tous les droits, l'amertume se mordant la queue fait son lit. Mais Dieu tient bon, pas question de lâcher, Il nous veut tellement victorieux contre nous ! Au second coup, sous les complications qui enfoncent, l'esprit humain monte à l'assaut en se révoltant ; par grâce, le mental n'a pas d'arme. Mais là encore, en vue de la victoire absolue, rien ne s'arrange, Dieu continue de charger le canon de mille trouvailles à vous empêcher d'obtenir. L'action de l'homme est dans sa mire, et tant que l'enfant ne se rend pas, autant le savoir, Dieu complique jusqu'à la franche éclosion de l'humble patience dont Lui-même fait preuve en se penchant avec amour, parfois pendant des lustres, sur nos vies rebelles.

Enfin, un jour, à force d'exercices, la voici qui se pointe, dominant l'événement du centre de l'esprit. Lentement et pour la plus grande joie de l'entourage, la patience, vertu des fourmis et des bénédictins, des plus petits et en principe des plus sages, prend corps dans l'âme, souvent de dépit ou de résignation, ce n'est déjà pas si mal.

Et puis, qu'on se le dise, après avoir frappé du sabot trois fois pour appeler une poignée de foin, même la bête est capable de patience. Et elle n'est pas déçue.

En famille, au travail, à cheval ou en voiture, arrêtez, Seigneur, nous avons compris !

XIV

PERSEVERANTIA

la persévérance

Ce qui manque aujourd'hui à l'âme de la vie, c'est de penser à finir ce que l'on a commencé en s'agrippant aux branches de l'effort sans que la volonté ne plie. Héros, jamais au commencement ! Hélas ! Poser la première pierre ne tient pas de l'exploit. Il suffit d'un brin d'idéal arrosé de quelques bravos pour se mettre en branle et commencer la bâtisse. Qu'y pouvons-nous ? Au seuil de tout projet, en affaires comme en amour, les forces se concentrent et le premier coup de pioche est donné avec une aisance à nous tromper nous-mêmes, et jusque dans nos désirs de sainteté, nos élans de prière, nos envies d'aimer, à l'heure des nobles résolutions quand elles jaillissent, en matador flamboyant, épée en main, nous jurons – Grand Dieu ! – que cette fois-ci, la dernière, ce sera du fort et du définitif. Et nous sommes sincères.

Jésus s'est toujours méfié des rois qui partent en guerre sans vérifier le nombre de fantassins dont ils disposent ; Il a ridiculisé les promoteurs qui de leur ambition dessinent leurs tours, ordonnent études et travaux, espèrent l'argent des autres, et font faillite. Et pourtant, loin du Créateur l'idée de nous empêcher d'entreprendre ! Sans doute voulut-Il simplement qu'avant tout départ, et pour sauver la bonne marche, tout bonnement l'on s'asseye, et qu'à l'ombre du possible, on réfléchisse un bon coup à ce que l'on envisage et surtout à ce que l'on promet. Des résolutions par milliers, en voulez-vous ? J'en ai plein mes tiroirs, elles n'ont jamais servi. Que de premières pierres enfoncées dans le sol n'ont jamais vu un seul pan de mur prendre appui sur elles ! Rendons-nous à l'évidence : le secret de toute édification n'est pas dans l'instant premier, aussi dense et fulgurant soit-il, le démarreur n'étant pas le moteur – et cela vaut pour la vie, l'amour, la mort et le reste. Le nouveau-né crie cette vérité ; l'amour sur son premier envol est trop ardent parfois pour être honnête et la mort aussi en sa première heure, vous verrez, ne sera pas la plus glorieuse quand elle sonnera le Jugement. Quant à la vie spirituelle, si l'âme par les effets de l'hostie, de la prière et du pardon est en chaleur en ses commencements, et si le Vent Nouveau calcine en courant broussailles et ronces, que la joie s'en donne à cœur joie, très bien, mais attention à l'image des mères jamais rassurées du sort heureux de leurs enfants, se répétant sans cesse que rien n'est jamais joué.

Et puis demeure surtout le temps qui reste, avec ses jours et ses années où la ferveur de l'amour veut non seulement garder ses droits mais s'étendre encore jusqu'à la perfection. Et c'est une autre affaire qui commence! En vérité, en vérité, je te le dis, persévérer ne relève pas du miracle. Certes, de son côté, Dieu soutient, maintient, irrigue, relève, fortifie, assure, mais du tien, si tu n'en mets pas, rien ne durera. Comme en toute guerre, car la vie en est une, en bon tacticien, avant de rêver d'assauts en gants blancs sous le roulement des tambours, il faut servir l'efficace, et porter le coup sur le bon front. Comme moi, tu connais tes faiblesses, tu sais la faille où le mal s'engouffre et ralentit la marche. À chacun sa vermine : inconstance, égoïsme, dureté de cœur, frivolité, orgueil, paresse, misères de la chair, choisis, et tiens-toi là, aux aguets, en fer de lance, un seul combat, je t'en supplie, mais le bon, avec des actes concrets pour te défendre contre la tiédeur qui sournoisement harcèle et fait rendre les armes.

Et l'ennemi cédera, et un autre se dressera, et nous combattrons encore et encore pour l'amour de Dieu qui, de la mangeoire au tombeau, nous apprit à construire notre vie en persévérant – jusqu'à la dernière pierre.

XV

HUMILITAS

l'humilité

Ce qui manque aujourd'hui à l'âme de la vie – allez, mettons dans le mille! –, c'est le don précieux, accordé aux plus intelligents, de l'humilité. Est-ce à dire que ces derniers quittent notre temps si faible en matière de modestie? Je le crois. C'est un fait visible à l'œil nu : la faiblesse est mal vue.

Le moi – n'en soyons pas peinés –, magma de défauts, de manques et de limites, a tendance à perdre la mémoire et, bien loin de vouloir la recouvrer, lève le col, tend la voix, se galvanise, étendard au poing et micro sous le nez, des quelques qualités reçues, pour qui veut bien être honnête, à titre de prêt. Véritable Alzheimer de l'*ego*, forme gravissime aussi répandue que celle du cerveau, mais dont on peut toujours, et c'est la bonne nouvelle de ces lignes – se relever. Pour en sortir, il faut un traitement, non de cheval, car celui-ci malgré sa beauté reste indemne de tout orgueil, mais d'homme où la conscience de sa juste place entrerait en jeu. En vérité, l'ordonnance est archi-simple : il suffit chaque matin, en se lavant le torse, de sentir sous le gant et à l'endroit du cœur battre la vie et se dire que l'on n'y est pour rien. Première évidence bêtement oubliée, qui déjà assure la moitié du succès. Maintenant, si vous voulez entrer à fond dans la médication, parvenu sur le lieu de travail, au poste de commande ou au placard à balais, chacun pourrait se dire, posologie unique, selon le mot de saint Paul si difficile à avaler, que celui qui est en face est «supérieur à soi», peut-être sous un angle ignoré, mais la réalité est là, à portée d'esprit pour qui le garde ouvert. Si l'idée vous fait frémir et ne semble pas fondée à vos yeux, c'est que votre humilité prend l'eau ; il est donc temps de la perfectionner avant qu'en boomerang le mépris ne vous soit restitué par celui que vous avez dévalué. Ne faites pas le surpris : qui n'est pas humble humilie. Cette idée bien en place, tout n'est pas gagné, encore faut-il ne rien avoir à prouver, et c'est la partie la plus rude.

Nos manques nous attristent, nos incapacités nous vexent, notre besoin de reconnaissance frappe à la porte de l'opinion comme un mendiant mal élevé. Alors pour sortir de ce triple dédale, les moins assurés – autant dire presque nous tous – se lancent dans le vide, geste ample, verbe haut, mensonge au bord des lèvres, conjurant par leur duplicité la peur d'être oubliés dans un coin pourtant choisi par Dieu, fait sur mesure, pensé pour eux avec l'acuité que l'on sait. Néanmoins, comme toujours, aux sots qui s'enferrent, Dieu pardonne, mais cette fois-ci, à force d'être déçu, par un mot sec venu d'un général adressé à des soldats vaincus : « Je salue ceux qui pouvaient être des héros. » Gifle magistrale parfaitement ajustée à ceux qui, par une erreur de perspective, font dépendre leur valeur d'un regard humain, jugeant l'humilité coupable de s'en tenir à la vérité, l'accusant d'être faible et soumise, péchés impardonnables chez les grands primates. Plus loin, Montherlant verra en cette vertu « sans défense » une « provocation ». Quel éloge et quel destin ! Roulements de tambour, s'il vous plaît ! Hommes, reprenons-nous ! Ne lâchons pas la modestie, ne quittons pas l'intelligence, le Christ est à nos trousses, Il va nous rattraper, et en nous dénudant nous faire avouer qui nous sommes. Pas plus, je le jure.

XVI

VIRTUS

l'esprit de combat

Ce qui manque aujourd'hui à l'âme de la vie, c'est le sang qui ne devrait faire qu'un tour quand on touche à l'intégrité du plus faible qui n'en finit plus de l'être, faute de combattants. La mollesse, aujourd'hui déculpabilisée par l'artifice des calculateurs, des indifférents, des protecteurs d'acquis, race perverse et silencieuse, adoratrice de son lopin, dicte la régression.

Commençons donc par *la vie* qui en principe devrait soulever notre ventre de spasmes convulsifs, broyer les viscères, secouer l'estomac jusqu'au vomissement et, puisque j'y suis, tordre la bouche. Pourquoi ? Parce que deux cent vingt mille enfants chaque année sont condamnés par des géniteurs conseillés par la Nation au supplice de l'écartèlement avec la mort au bout, fœtus lancés au feu du crématoire, ni vus ni connus, sans nom, privés de sépulture, pas même en terre commune. Enfants, vous n'existez pas ! Mais qui donc se lève, allez, donnez-moi des noms ! Mais qui donc se lève à la Zola pour défendre l'homme dégradé de son statut d'homme ? Pas même une poignée d'humains sur les soixante millions de couards qui peuplent la Mère France au stérilet enfoncé dans ses lois macabres, dignes de Landru ! Teresa de Calcutta, Jean-Paul II et Benoît XVI en tête – désolés s'ils sont chrétiens, je n'y peux rien –, eux, de leur intelligence éclairée, ont osé élever la voix pour tenter de sauver de l'extermination massive des innocents aux mains pleines d'avenir. En réponse et en chœur, l'opinion dite « générale », fermée au dialogue, ouverte sur l'abîme, monstre sacré, dévoreuse de libertés, a crié au scandale, brandissant le Tribunal international, tout en suppliant ses sbires élus et calfeutrés dans les Chambres et autres Sénats de souffler sur les fours à mille deux cents degrés Celsius, de manière à ce que l'humain ne laisse plus trace de sa beauté. Pas de tombe, je le redis – les préhominiens nous dépassent ! –, corps réduits en cendres, disparus à jamais sauf au souterrain de la mère qui souvent ressasse et ne s'en remet pas. Avec ces trois catholiques à la parole universelle, s'est dressée la fameuse poignée, composée en majorité de laïcs chantant des «Ave Maria» au seuil des avortoirs pour l'âme de ces enfants martyrs et de leurs parents qui pourraient bien l'être aussi. Irréductibles prières malgré les condamnations en forme de mois de prison et d'euros à verser, ce qui n'est pas cher payé si l'on veut que l'Histoire retienne un jour qu'un enfant, fût-il en herbe, tranché, séché et brûlé, vaut davantage que Mamon. Aux voix rendues aphones par la frappe légale, il reste donc la prière et nous allons en profiter, croyez-moi, jusqu'au Jugement dernier.

À l'égard de la vie qui commence, et d'ailleurs de celle qui finit, il serait bon que derrière l'homme en blanc, couleur lumière, tous les cardinaux, en rouge, couleur amour, les évêques en violet, couleur noblesse, ainsi que les fidèles et infidèles de toutes nuances, défendent leurs petits frères et vieux ancêtres avec leur sang, s'il le fallait, ne faisant plus qu'un tour. On les attend. Quant aux belles idées exigeant l'ardeur défensive, ce n'est que dans les rangs exposés des adorateurs de la vie qu'elles trouveront des avocats à la hauteur de leurs causes.

Commençons donc par le commencement en épousant l'esprit de combat, d'ailleurs propre au Christ et à sa Mère, n'en déplaise aux prétendus doux, faux agneaux, tremblant de tous leurs poils à la seule pensée d'être confondus par la pensée unique.

XVII

LÆTITIA

la joie

Ce qui manque aujourd'hui à l'âme de la vie, c'est la vraie joie, la *soulevante*, comme il me plaît de la nommer, visible au sautillement du pas, bien qu'elle soit intérieure, et dans chaque pensée ouverte sur l'avenir qui ne craint rien. Peu d'êtres en sont revêtus. Visages éteints, sombres regards, lente allure, terne jeunesse ébouriffée par le néant d'une vie sans vrai but, anesthésiée de fumée et d'alcool en rasades soi-disant festives. Quant aux autres qui galopent en masse derrière l'argent trompeur, certes la démarche est alerte, mais avide et donc énervée, soyons honnêtes. Et la voix qui en dit toujours plus long qu'on ne le croit, en compulsive, hausse le ton aux angles des rues, dans les bureaux, agacée, pressée, courroucée, sans recul, très loin, avouons-le, derrière la joie. D'aucuns toutefois prétendent la trouver sous le rythme effréné qu'ils entretiennent à vous faire croire que l'enjeu est de taille, poursuivant des fins que vous me permettrez de juger trop proches – portefeuille, maison, voiture, aisance, voyages, et autre avancement – pour donner à *la soulevante* sa vraie chance. De sautillement, je suis désolé, je n'en vois décidément pas.

Après la molle jeunesse captive de l'instant et la course au *standing* des plus grands, c'est au tour des vieillards d'avoir le vague à l'âme. Isolés, et pour le coup dépressifs – ne vous mentez pas à vous-même, voyez votre père, la tête qu'il a, et comme il a baissé dans la super résidence où vous l'avez parqué! –, ils meurent tout simplement, car sans joie la vie se fait mortelle.

Grâce à Dieu, il reste les enfants, parlons de ceux qui le sont encore pour n'avoir pas franchi leur âge en bolide accidenté sous le choc affectif de la dissolution de l'amour conjugal, et qui, à pleines dents, les premières, blanches comme le lait, portent en sourire la joie innée, savourant avec reconnaissance tout ce qui leur arrive, trouvant leur extase dans la bille en agate et sous les baisers des leurs.

Autant dire ici que la joie ne vient pas du conquis, du gagné, du superfétatoire. Mais qui le croit vraiment en dehors du petit Indien qui, dans son taudis, sale comme un peigne, dénué de tout, avec son bol de pois chiches, vous lance de ses yeux luisants l'évidence du bonheur atteint ? Avec moi, je vous en prie, suivez ce *Job* et entrons dans sa maison où nous ne trouvons rien si ce n'est une mère, un père et des sœurs, famille unie aussi joyeuse que lui. Comprendrez-vous enfin ?

Et maintenant, quittez ce lieu, et retournez à votre propre terre faussement cultivée. Arrachez les herbes folles de la triste vie, jetez les fruits difformes, et après avoir planté un seul amour en vos sillons, arrosez la journée de mille pensées brûlantes en rêvant à celui ou à celle que vous aimez, et d'un regard répété sur la montre, guettez le soir qui tarde trop, sentez la joie qui ne tient plus en place, poussant les murs du régulier, du routinier, et même de l'irréversible désormais admis et supporté. Enfin, quand plus un bruit ne troublera l'espace, entrez de plain-pied dans le rêve du poète :

« Le foyer, la lueur étroite de la lampe ;
La rêverie avec le doigt contre la tempe
Et les yeux se perdant parmi les yeux aimés...
La fatigue charmante et l'attente adorée ;
De l'ombre nuptiale et de la douce nuit... »

Car c'est en passant par là que la *soulevante* se fait ingérable et n'en finit plus de vaincre.

XVIII

BENIGNITAS

la bonté

Ce qui manque aujourd'hui à l'âme de la vie, c'est le choix régulier de la bonté derrière laquelle l'ensemble des siècles, surtout depuis deux millénaires, s'est plu à courir comme on ne lâche pas des yeux la beauté entrevue. Des rois jusqu'aux valets, et la dame en tête, ont servi cet atout qui dans toutes les coupes fait gagner la partie, du moins à ceux qui n'ont pas d'autre ambition que de servir le bien-être d'autrui, et au passage, par retour, sans qu'ils s'en doutent, le leur. Du sept à l'as de cœur, les cartes en main, car chacun les possède, serrées sur la poitrine depuis le premier souffle, sous la juste pensée que la vie prend toute hauteur surplombée de bonté, à mesure que les jours vont, vous abattez votre jeu, sauvant situations et rencontres jusqu'à rafler la mise. Par ici le bonheur !

Enfant, je me souviens de la porte à laquelle mes parents tapaient le soir, celle d'en face, pour glisser une part de lapin et deux gâteaux dans des mains parkinsoniennes heureuses de saisir encore un peu d'estime sous un sourire offert en prime. La bonté n'a pas mille recettes, elle se cuisine toujours de la même façon : vous prenez l'autre tel qu'il est, sans éplucher son histoire ni laver de votre morale son parcours lisse ou étrange, vous l'enveloppez de déférence et d'égards, vous rappelant son origine royale de fils de Dieu en devenir, et en l'assaisonnant de votre vigilance sous la forme de l'attention, c'est à ce moment-là qu'à la louche vous versez sur le manque la bonté, toute chaude, vivante et vraie, soupe ô combien populaire pour laquelle le cœur est fait.

Ainsi le Christ a procédé au soir de la dernière Cène, assis de toute sa divinité au milieu de pauvres amis ployant sous la faveur imméritée. Son Corps, son Sang, et puis quoi encore ! Sa confiance, bien sûr, accordée largement à tous, y compris aux pleutres et aux lâches, ce qui est plus difficile à avaler, quand on connaît la fin de l'histoire, que de boire à la coupe du Salut. Notre Seigneur, en Maître – que l'on reçoive son être ou qu'on le récuse –, indique aux versets qui Le racontent dans le pur Évangile la puissante gratuité, source de l'acte bon. Oui, confiance et gratuité, sans espérance aucune, et sur ce fil tendu reliant la terre au Ciel, courir en funambule, sans même un balancier, se riant du filet. Amour confiant, amour gratuit, c'est la chanson de geste du Christ illuminant la terre, car épique fut sa manière d'aimer, propre à soulever l'âme humaine souvent pliée en deux, attirée, mais en pleurs, vers le bas. Sous son exemple et celui de sa Mère, et des héros de tous les temps, que meure la déplorable certitude enseignée sur tous les tons, de l'amertume à la résignation, que «la bonté a des limites»! En vérité, en vérité, je vous le dis, sous cette pauvre mesure, la voilà qui décampe comme une folle – on a touché à son essence – et qui expire dans le néant.

N'en parlons plus, puisque les mots, de leur pouvoir, précisent, délimitent et déforment l'immensité déraisonnable qui donne à la bonté tout son brio. Je préfère donc, en amnésique, et pour ne pas la perdre, m'en aller vers la sagesse ultime : «Que ta main gauche ignore ce que fait ta main droite.» Ainsi les yeux fermés, pour vivre et faire vivre, la bonté marchera droit, fringante et affairée, aussi palpable que Dieu puisse l'être en son pays de cocagne. Bonté divine, c'est pourtant simple!

XIX

MAGNANIMITAS

la magnanimité

Ce qui manque aujourd'hui à l'âme de la vie, c'est le pas décidé du jeune homme altier, marchant dans le désir d'écharper le *neutre* et le *mesuré* qui s'abat sur le siècle et sur chaque âme, que dis-je, sur chaque corps, protégeant son enclos, pensant petit, donnant peu de soi et de ses biens. Triste réduction de têtes, opérée par un affadissement des idéaux désormais recueillis à l'ombre du suprême désir de posséder davantage, ô la chute, en vue d'une tranquillité révoltante. Vigny avait déjà reconnu, effondré, que «le temps profanateur usait les drapeaux jusqu'au bois». Que dirait-il à nos esprits pour qui l'idée même de drapeau doit être abattue avec ses combats, ses fiertés, ses résistances? À mort la magnanimité! Adieu l'utopie d'un monde meilleur! Et vive le livret A, l'assurance vie et le contrat obsèques en poche qui vous plombent un homme sur son canapé !

Voir grand, rêver sublime, espérer le renouvellement du monde par une action personnelle menée tambour battant contre l'injure de mégalomanie assenée par les pleutres jaloux, incapables de risquer leurs acquis, tel est notre horizon, celui que Dieu nous assigne, avec un point d'exclamation ! Car vouloir mesurer le songe, l'encadrer de prudence, lui préférer le réel borné, c'est tout simplement retirer les cartes des mains divines, empêcher la coupe nouvelle qui eût été salutaire peut-être à l'univers entier. Il faut entendre grand sous les vastes mots du Christ : « Pourquoi êtes-vous peureux, gens de peu de foi ? Qui veut sauver sa vie la perd, qui la joue la gagne ! Allez de toutes les nations, vous êtes le sel de la terre et la lumière du monde ! » Et derrière ce cri, oh qu'ils sont beaux les saints, les anges et les martyrs en masse et tous les créateurs, Rodin et ses acharnements sur la pierre, Monet planté dans son jardin, Proust enlisé sous les paperoles, Dior piqué à son aiguille, Chaumet vendu à ses gemmes, Kolbe harnaché à

Marie, tous embrassant la vie à pleine bouche, appelant chaque être à la démesure du don aussi ajusté à l'homme que la nécessité de boire !

Sortez, sortez au jour, sentez la parenté de l'âme avec l'immense, là où vous voudrez, en bord d'océan, dans la rondeur de la lune, au prélude de l'acte III de *Lohengrin* ou sur un seul sourire d'enfant dont il convient à tout prix de prolonger l'éclat. Et c'est tout ? « Surtout pas, dit le Ciel infini, une fois encore, et ce n'est jamais de trop, croyez en votre propre action, lancez-la au plus loin, fût-elle sans moyen, sans secours, sans soutien ; entreprenez avec la légèreté de la confiance, la flamme des amoureux, l'obstination des boiteux, Dieu ne suivant que celui qui commence avec fougue. » Seulement voilà : « Fais dodo, Colin mon p'tit frère », chantent au berceau du monde occidental les inconscients grisés par l'idée subtile de faire tanguer l'homme et son élan jusqu'à la nausée, obligeant le cœur, la foi et les entrailles à ne pas s'éloigner de la cuvette d'un quotidien pourtant vide et surfait. Au tapis du confort, sous la couette étouffante, entre deux écouteurs et trois sédatifs, gisent les âmes neuves d'une jeunesse morte.

Pauvre magnanimité, que je vous plains, bras, jambes et souffle coupés. Cependant Dieu vous vénère, c'est votre chance, vous reviendrez !

XX

EXCELLENTIA

l'excellence

Ce qui manque aujourd'hui à l'âme de la vie, c'est le désir humain d'être funambule, acrobate, jongleur, montreur d'ours ou mangeur de feu, passionné, libre, utopiste, inclassable, extasié, désobéissant à l'éphémère, volontaire pour l'unique, tout sauf en rang, tels ces êtres anarchistes et en ordre (comme je suis heureux d'en venir à leur folie !) appelés *chartreux*, et qui, de leur massif sombre et humide, ensoleillent la terre d'un amas d'efforts emmêlés de prière, quoi qu'on en dise.

Ces moines révolutionnaires eurent des parents, des prénoms, des métiers, des maisons, des amours peut-être, des amis c'est sûr, des ambitions pourquoi pas, et des contraintes aussi, à l'image des nôtres, toutes imposées. Cependant, un jour, à chacun le sien, pour des motifs louables ou non, subtils ou mineurs qu'importe, mais chacun osant se déclarer prisonnier d'un appel irréfragable, la tête s'est tournée en direction de la montagne, et le cœur a suivi, laissant en contrebas ce que nous croyons encore – nous, pauvres diables – appartenir à la richesse. Certes, unanimes en leurs pleurs, versés ou contenus à l'heure de la rupture, ils le sont aussi dans la franche évidence que le monde ici-bas, en matière de bonheur, malgré les siècles et leurs prétendues avancées, garde les bras ballants. Ce n'est donc pas par hasard si le Ciel est en haut.

La seule présence anachronique et déplacée de ces hommes qui se gèlent dans leur cellule, qui scient du bois à longueur d'hiver, qui bêchent inlassablement et leur petit jardin et les versets de l'Écriture, qui mangent des clopinettes et vont chercher leur eau dans le broc de mes ancêtres, qui se lavent au gant comme dans les fermes d'antan, qui se mettent à genoux cent fois le jour sans que personne les relève, qui préfèrent le silence à l'éclat du langage, qui réduisent leur champ de vision sous un ample capuchon, qui se lèvent à minuit pour faire plaisir à la Vierge, qui se recouchent à trois heures sans pouvoir souvent se rendormir, qui, en somnambules, se livrent aux usages anciens comme à l'actuelle volonté de Dieu, qui, sans un mot, se déclarent amoureux d'un invisible amour, qui finissent, corps en terre, sans cercueil et sous une croix sans nom, ces moines, que dis-je, ces hommes, mieux encore, leur vie, leurs choix et leur niaque hurlent à notre temps, cisaillé de servitudes, par où s'honore la liberté.

Avec moi, reçois sans broncher ce coup de grâce venu du fond des âges, dernier cri indémodable volant au secours de l'univers surfait. Et n'oublie pas leur joie. Il est sans doute encore temps de l'ajouter à ta vie.

Quoi qu'il en soit, demain, que tu le veuilles ou non, tu l'auras ta chartreuse, elle viendra jusqu'à toi pour le bien de ton âme et la clarté de ton esprit, peut-être sans jardin, sans lecture, sans poêle à bois, et donc sans poésie, sans frères à tes côtés, et sans prière, ce qui serait affreux, mais dans un périmètre étroit, défini par d'autres pour ne l'avoir pas choisi toi-même, tu vivras, c'est sûr, le reste de tes jours et de tes nuits, sous un silence bienheureux autrefois combattu.

Voilà, je t'ai tout dit... pour aujourd'hui. Dors en paix, je t'en prie, mais d'un œil.

Un frisson vient de parcourir ma vie relue à l'aune de ces mots qui de leur déluge d'exigences viennent de s'abattre en orage sur mon être transi jusqu'aux os. Et je ne puis que me redire à mi-voix pour ne pas mourir de peur que le sacerdoce est redoutable, d'autant plus que la part qui lui revient dans l'œuvre de Dieu sur le monde est irréductible. Inutile de se cacher derrière l'action divine, qui, paraît-il, toute seule et sans aucune coopération humaine, pourrait sortir du purin de l'indifférence et de la non-foi les âmes éternellement aimées. Malheureusement non ! Celles-ci ne peuvent que passer, j'en suis désolé, à travers le voile souvent opaque de la matière sacerdotale pour espérer les cieux auxquels elles sont promises. C'est dire qu'à prêtres tièdes, résultats tièdes ou compromis. Il vaut mieux d'ailleurs pour le bien du plus grand nombre accepter cette évidence plutôt que d'arguer de la liberté de Dieu dominant les médiations humaines, toujours prête à réparer nos barques échouées aux mâts rouillés à force de rester au port. Allez, une petite secousse dans la coque du bateau, dans celle du prêtre et dans celle des baptisés qui le suivent, et nous voilà repartis sur les flots, heureux de voguer à la saint Paul en direction de terres inconnues sous les ordres du capitaine Christ ! Certes, le ciel est bas mais à portée de main – qu'on se le dise – car sous son gris laiteux qui pourrait inquiéter le plus exercé des marins, éclate au firmament de Dieu l'azur ensoleillé, signe indubitable et réchauffant de la victoire finale.

Avant ce terme, aux aléas prévisibles du voyage, peut-être n'est-il pas vain – et ce n'est pas là une pirouette pour endormir l'effroi de la responsabilité – de rappeler l'état des instruments que nous sommes, irrémédiablement fragiles aux dires assurés de ce même Paul de Tarse, qui devait bien sentir sous sa carcasse de baroudeur de Dieu les fêlures possibles et même constitutives du vase d'argile qu'il était. « Je suis charnel, vendu au péché, écrivait-il aux

Romains, car ce que je fais, je ne le comprends pas. Le bien que je veux, je ne le fais pas, mais le mal que je ne veux pas, je le pratique. » Et malgré tout, il y a le mal qu'il pratique et le bien qui s'est accompli et s'accomplit encore par lui en des proportions inouïes sur les siècles et dans les cœurs. Est-ce à dire que Dieu n'a que faire de notre sainteté ? Je le crois. Surtout, ne bondissez pas, je veux parler bien sûr de l'image peinturlurée, sculptée de vertus dans le marbre ou la pierre désormais infrangibles, d'hommes ou de femmes assis dans leur gloire, perchés au-dessus des autels de nos églises, inscrits au panthéon du calendrier, figés dans leur stature définitive d'humains parfaits. Cette sainteté-là n'existe que par le temps qui la sanctionne en la gravant dans l'art, mais... une fois le combat déterminé. Car combat en leur vie il y eut, et contre eux-mêmes surtout. Et c'est là que je veux en venir avec le secours et l'approbation de tous les saints.

Dieu n'attend pas la perfection de l'instrument pour s'en servir. Cela vaut pour le prêtre mais aussi pour tout chrétien qui met la main à la pâte. Du plus percé des vases, Dieu s'empare et verse aux gorges assoiffées l'eau vive de sa grâce, toujours content et presque fier d'utiliser, mille fois fêlé et recollé, le pauvre contenant, tant que ce dernier qui porte bien son nom se laisse faire et tient le coup. Cela n'est évidemment pas une raison pour frapper son vase de tous côtés, mais tout de même la vérité est là : «Ce qu'il y a de faible dans le monde, c'est ce que Dieu a choisi.» Forte de cette faiblesse, la voie du découragement résolument condamnée, l'Église peut alors s'offrir la joie d'un travail incessant au service d'un Maître qui lui seul, de fait, est saint. Que tout baptisé s'en souvienne!

Quant à moi, pauvre mortel investi du sacerdoce, que me reste-t-il donc à donner de plus grand, au creux de mes limites qu'il faut bien admettre indépassables? Eh bien, à jamais de l'amour, et toujours de l'amour, sur l'envol de journées harassantes en forme de prière et de don de soi. Quel que soit mon état, qu'il soit de grâce, bien sûr, je le souhaite, Dieu, qui comme chacun le sait n'a peur de rien, surtout pas du péché qu'Il a déjà vaincu, travaille avec moi, et c'est ce qui me touche et parfois me surprend, d'autant plus qu'il me semble ne pas attendre la lune et sa ronde clarté pour utiliser les talents et leurs revers dont Il m'a affublés. En conséquence, gare aux arracheurs d'ivraie, aux jugeurs de prêtres et de chrétiens, ils pourraient trouver au dernier jour l'incompréhension divine en mesure bien tassée.

Cela dit, que chacun lance son courage dans la tâche confiée. C'est là le plus haut témoignage de fidélité que tout enfant de Dieu, asservi à sa propre faiblesse, captif de la sagesse du Christ et passionné de sa Passion, puisse adresser au Créateur et, par ricochet, au monde qui frissonne, mais lui de fièvre et de froid.

Cet ouvrage a été imprimé
en décembre 2012 par

FIRMIN-DIDOT

27650 Mesnil-sur-l'Estrée
N° d'édition : 53073/06
N° d'impression : 116079
Dépôt légal : octobre 2012

Imprimé en France

La photocomposition de cet ouvrage
a été réalisée par
Graphic Hainaut
59163 Condé-sur-l'Escaut

Sébastien Spitzer

LA REVANCHE DES ORAGES

ROMAN

Albin Michel

Note de l'auteur

J'ai raturé les dates, secoué quelques détails, maquillé des prénoms, mais dans le fond tout est vrai. Le major Claude Eatherly a bel et bien vécu et ses fantômes aussi.

ISBN 978-2-7578-9998-4

À Nina et Violette, mes filles.

« On n'empêche pas plus la pensée de revenir à une idée que la mer de revenir à un rivage. Pour le matelot, cela s'appelle la marée ; pour le coupable, cela s'appelle le remords. »

Victor Hugo, *Les Misérables*.

1

Décembre 1955

« La gloire est un mensonge, une rouille d'illusions. Poison. Folie. Et toi, t'es qu'un pantin grotesque, un seigneur de pacotille. »

Eatherly se recroqueville sur sa chaise, la tête entre les mains. Il voudrait que ça s'arrête, que cette voix se taise.

« Lamentable roi d'un songe. Dieu du rien. Héros sans majuscule juché sur ton tas de cendres. »

Il comprime ses tympans et compte dans sa tête, un, deux, trois, quatre, cinq, six… pour couvrir la voix. Voilà. C'est mieux. Il se retrouve enfin seul, dans ce silence d'éther et ce blanc de dispensaire. Ses oreilles rouges et chaudes bourdonnent encore un peu. Des rires gras éclatent. Des talons de bois se rapprochent. La poignée de porte couine et le cliquetis du pêne annonce qu'elle va s'ouvrir.

– Bonjour, major Eatherly, dit le docteur Clementine qui se glisse entre le mur et le bureau.

Sa blouse blanche est tendue sur sa bedaine. Sa manche pointe vers la lampe. Il presse l'interrupteur. C'est le chef de service. Eatherly baisse la tête. Un long frisson glacé agite ses cervicales. Ça va pas recommencer. Ça doit pas recommencer. Pour éviter le pire, il dévie sa pensée vers le bureau. Un halo sans chaleur éclaire des tas de papiers, des crayons mal taillés, une gomme dans une boîte noire, laquée. Le docteur tourne sa chaise et saisit un dossier sur l'étagère.

– Comment ça va, major ?

Il n'y a que ce médecin pour l'appeler « major ». Cela fait presque dix ans qu'il a quitté l'armée.

– Je vais mieux, docteur. Je voudrais rentrer chez moi.

Clementine lui oppose une réponse inaudible pendant que ses mains plongent dans le bleu du dossier et fouillent parmi les feuilles.

– Où est-ce que… ?

Il mouille ses lèvres puis retourne tout le dossier.

– Je ne comprends pas où…, bredouille-t-il.

Le docteur fait son cirque et lui, jouet fragile, patient bête, soldat cassé, tête brûlée, n'a qu'à bien se tenir. Son sort est dans ces lignes, ces avis, ces bilans, ces interrogatoires, contre-interrogatoires, ces rapports d'expertise et ces procès-verbaux, rédigés, digérés, ce bric-à-brac tamponné par tous les échelons de blouses blanches et de cravates du dispensaire de Waco.

« Tu me fais honte. T'es tout domestiqué, non mais regarde-toi, Eatherly ! Un chien soumis. Une loque. »

– Voilà ! dit le docteur qui se fend d'un sourire aussi doux qu'une lame. Vous allez mieux, alors ?

Eatherly se renverse, calé dans le fond de sa chaise, le cou raide, palpitant.

– Vraiment mieux, vous savez.

– C'est bien. C'est très bien, murmure-t-il en sortant un trombone de sa petite boîte laquée.

Eatherly s'avance un peu pour lire. Son nom est inscrit en haut à gauche, dans le coin de la première feuille. Claude Robert Eatherly, né le 2 octobre 1918 à Van Alstyne, Texas. Vétéran de l'armée de l'air, pilote du 509e Composite Group, sorti en 1947 avec le grade de major.

– Insuline, quatre unités. Chlorpromazine à 700 milligrammes. Quatre fois, bon. C'est bien… Et ces hallucinations, alors ?

« Des hallucinations ? Dis-lui qu'il n'y a pas d'hallucinations ! Tout ça, c'est vrai, Eatherly. Tu le sais bien. Dis-le-lui. »

– Mais non. Non !

« Tu le sais bien. J'existe ! C'est moi ! Je suis bien réelle. »

– Vous dites ? lance le docteur Clementine.

Eatherly se reprend.

– Je n'ai rien dit, docteur. Je vous jure que je n'ai rien dit.

Un bref silence s'installe.

– J'ai compris, vous savez. Je vais mieux. Beaucoup mieux. J'ai retrouvé ma tête. Merci pour tout ce que vous avez fait. C'étaient que des cauchemars. C'est parti, docteur. Je vous jure que je ne l'entends plus.

Le médecin mouille son doigt pour extraire une synthèse de son dossier. Tout y est consigné. Les images. Les cris. Toutes ces fermentations qui empêchaient ce pauvre homme de reprendre une vie normale.

– Les fantômes ?

– Y en a plus. Y a plus rien !

Il griffonne quelque chose.

– Vous avez l'air tendu, major.

« Il fait exprès. Il te sonde. Il nous sonde. Regarde-le faire ! C'est de la provocation ! »

– Ahhh ! Mais non ! râle soudain Eatherly, les doigts blancs de crispation, le regard valdinguant.

Il tente de se raccrocher aux détails du bureau, l'agrafeuse devant lui, la tranche des classeurs verts de la rangée d'en face. Pourvu qu'il échappe aux globules d'yeux que le docteur vrille sur lui, traquant de la démence sous son grand front troublé, à la racine des mots, au ras de sa conscience.

– C'est pas ce que vous croyez, halète-t-il. Je vais mieux. J'ai compris. Croyez-moi, par pitié !

Le docteur Clementine referme le dossier et croise ses mains dessus.

– Je suis désolé, dit Eatherly. C'est que de la fatigue. J'ai mal dormi hier.

Le docteur dodeline de la tête, allant d'une idée l'autre, de la compassion au dépit.

« Il va te faire mal. Et toi, petit bonhomme minuscule, tu vas te laisser faire... Il suffirait de pousser cette porte. Tu connais le couloir. La sortie n'est pas loin. T'aurais plus qu'à courir vite, très vite. Et avec un peu de chance... »

– Je vais pouvoir sortir, docteur ?

– Bientôt, oui.

– Bientôt ? C'est quand, bientôt ? Ça fait des mois que ça dure.

– Vous savez bien, major. Ça ne dépend pas que de moi. Faut que les membres de la commission statuent sur votre sort.

– Quels membres ? Quelle commission ? Vous me parlez toujours de cette commission, mais c'est qui ?

– Les instances.

– Les instances ?

– Oui.

– Dites-leur, alors. Dites-leur que c'est pas ma faute.

« Tais-toi ! Tais-toi. »

– C'est qui, alors ?

« Tais-toi, mais par pitié, tais-toi ! »

Eatherly sent son pouls qui bastonne dans son cou.

– C'est…

« Non ! Ne dis pas mon nom. Jamais. Ne me nomme pas ! Je te l'interdis. »

– C'est elle ? C'est encore elle, major ? La voix ?

« Tais-toi ! »

Eatherly bute sur elle, sur cette étrange voix qui le colle comme un chewing-gum. Le docteur n'attend que ça, qu'il l'évoque, qu'il la crache. Il l'a au bord des lèvres. Un mot et il y retourne. Mais Eatherly se glace. Ça va lui faire trop mal.

– … C'est la fatigue, docteur. Je dormirai, chez moi. J'ai tout ce qu'il me faut. J'ai vos petites pilules. Et puis on s'est parlé, n'est-ce pas ? J'ai compris. Je ne dirai plus rien. Jamais. J'ai compris, vous savez. Dites-leur que j'ai compris.

– Vous avez compris quoi ?

– Que je suis fou, docteur. Que je ne suis qu'un pauvre type, lâche-t-il en se moquant de lui-même et de ses longs bras maigres, osseux, de ses cuisses réduites à deux tiges ridicules qui flottent dans son pantalon.

– Mais je suis calme. Regardez. Un vrai bon petit gars.

Le docteur se lève en remontant sa ceinture. Il a le tour de taille large comme un tambour de fanfare.

Il passe dans le dos d'Eatherly, cale une main sur son épaule et de l'autre ouvre la porte pour appeler l'aide-soignante. Sa voix sème des échos dans le couloir.

– Je vous accompagne, dit-elle, tendant sa main vers lui.

Ses grandes billes d'yeux bruns doux l'encouragent à se lever. Le docteur Clementine s'est volatilisé. Il a juste disparu en laissant Eatherly aux soins de la blouse seyante. Un type costaud les suit.

Le couloir l'éblouit. Il baisse un peu les yeux pour éviter ce soleil hivernal qui darde tout ce qu'il peut par les hautes fenêtres. Il est devenu sensible. Il ne supporte plus cette lumière brute et bête. Le sol est pavé de dalles blanches et noires.

– Tout va bien se passer.

Il piétine l'échiquier.

– On va passer par là, dit-elle en montrant la porte tout au bout du couloir.

Il a vu le gars derrière. Inutile. Il sait qu'il n'a pas le choix. Et puis, l'aide-soignante est aimable. Elle parle tout doucement.

« Elle te plaît, Eatherly ? N'est-ce pas qu'elle te plaît ? C'est vrai qu'elle est jolie avec sa peau laiteuse, ses longs cheveux bien lisses, et ses petits mollets haut perchés. Si tu avais pu me voir, avant. J'étais bien plus belle qu'elle. »

Il compte ses pas pour couvrir la voix, quinze, seize, dix-sept… jusqu'à la porte battante tout au bout du couloir.

Le son d'une radio se déverse dans un hall plein de chaises vides et de tables sans joueurs. À droite, une porte plus épaisse ramène un peu de calme. L'odeur sucrée des sauces chatouille ses papilles. Il a tout oublié. Il a faim. Il ne pense plus qu'à ça.

– Il est quelle heure ?

– Midi, monsieur Eatherly. Mais ne vous inquiétez pas. On va vous mettre un bon plateau de côté, rien que pour vous.

Des silhouettes font la queue devant le guichet à droite. Une douzaine de patients. Tous bleu pâle, comme lui. Il les croise parfois, mais ne sait rien de ces gars, ce qu'ils font là, ce qu'on leur reproche et ce qu'on soigne. Un homme avec une gueule en biais lui tend un petit plateau. Un mutilé de la jambe s'appuie sur sa béquille. Un type hagard laisse couler un fin filet de bave qui tombe sur une dalle noire. Raté. Pas de chance, pense Eatherly qui évite les dalles noires depuis qu'il est passé dans le pavillon X. Ça dévie son angoisse.

– On est presque arrivés, dit l'aide-soignante.

Ils s'engagent dans la cour et son petit jardin. L'aide-soignante frissonne. Les poils de ses mollets se dressent. Elle serre ses bras nus pour contrer le tressaillement sous sa blouse qui lui remonte jusqu'au cou. Ses talons percent la neige et font crisser le gravier.

– Vous êtes déjà venu ? demande-t-elle.

– Non, je crois pas.

« Bien sûr que tu reconnais cette cour. Et tu sais bien ce qu'ils vont te faire. Arrête de te mentir, pilote. »

Il a juste oublié. Vraiment. C'est fou tout ce qu'il oublie. Il ne sait plus pourquoi il suit cette jolie femme. Il ne sait pas ce qu'il fait là. Toutes ses idées passent vite.

L'aide-soignante tourne la tête. Elle jette à Eatherly un regard de compassion. Les médecins vont trop loin. Ce patient ne mérite pas cela.

Un panache de fumée s'échappe du toit devant elle. Elle tend la clé pour ouvrir. Elle allume en entrant.

Claude Eatherly découvre une banquette au centre d'une grande pièce, surmontée d'un bloc blanc qui ressemble à une radio avec tous ses cadrans. Ça lui dit quelque chose. Ampèremètre. Voltmètre électromagnétique. Il a été pilote, mais ces cadrans sont différents de ceux de son avion. Il n'avait pas de compte-secondes automatique. Ni de commutateur. Ni de potentiomètre. Des boutons. Des diodes. Un petit interrupteur. Deux câbles souples qui serpentent sur l'oreiller du lit et se rejoignent autour d'un casque étriqué.

Le type derrière lui se rapproche et l'oblige à entrer. Un assistant les rejoint d'un pas lent, presque blasé, une cigarette sans filtre passant d'un coin de sa bouche vers l'autre. Il serre la main du type et salue l'aide-soignante en semant quelques cendres. Elle répond et s'active autour de la banquette matelassée dont les pieds sont scellés.

– Allongez-vous, dit l'assistant.

Eatherly s'exécute.

– Détendez-vous.

Mais Eatherly jette des regards inquiets.

– C'est très bien, prétend l'aide-soignante, une main posée à plat sur le ventre d'Eatherly. Inspirez !

Il sent l'odeur d'aisselles lorsqu'elle écarte le casque pour le mettre sur sa tête.

– Ne bougez plus.

Elle enduit de crème deux boules de coton et les passe sous le casque, sur ses tempes.

« N'oublie pas ! N'oublie pas ! T'as pas le droit de m'oublier ! Toi et moi. Nous deux, à tout jamais. T'as pas le droit de mentir. Oublier, c'est mentir. Ne les laisse pas effacer ce que tu sais de moi, de nous, de toute cette histoire. »

– Quoi ? Qui ?

L'aide-soignante fait la moue, mais s'abstient de relever les mots lancés dans le vide par ce type psychotique.

Une autre odeur, âcre, se répand dans la salle. L'assistant vient d'écraser sa clope sur le linoléum et branche ses câbles.

Eatherly est sanglé. Les pieds joints. Attaché. Le torse collé au lit et les mains le long du corps. Il n'a pas vu l'aiguille plantée dans son épaule. Il ne sent pas le calmant. Il a un temps de retard. Il pressent la morsure qu'il va bientôt subir. La mémoire de la douleur a soudain resurgi. La convulsion affreuse. Encore. Une fois de plus.

Dehors, des flocons dégringolent comme si Dieu rabotait les nuages pour en faire des copeaux.

– Y a pas de médecin ? demande l'aide-soignante.

– Y a que toi et moi, Sonia.

L'aide-soignante fait le tour.

– Prête ? demande l'assistant.

Elle dégage sa main du lit. L'aiguille marque 70. Une onde invraisemblable vrille tout le corps d'Eatherly. Si le curare atténue la contraction de ses muscles, la douleur, elle, demeure. Pointue. Profonde et vive.

– Nooooon ! crie-t-il avant de sombrer, la conscience foudroyée.

Il va au fond. Poussé par le courant, il reflue dans sa grotte d'inconscient, éparpille les remugles de son cloaque intime, pulvérise les remords, dissémine les rages qui lui gangrènent le crâne.

Puis la lumière se fait. Hanaé est là, assise, le dos tourné pour cacher son visage.

– Merci ! lance Eatherly aux deux blouses sidérées.

2

– Papa ? Papa ? Il est où, papa ?

Le garçon guette son père. Depuis que des miettes de neige dégringolent du ciel, il ne décolle plus le nez de la fenêtre. Le blanc gomme les surfaces. Sous ses yeux, deux traînées de perles de buée brouillent la glace. Le tapis de flocons recouvre tout autour. Route et toits. Branches et boîtes aux lettres. Une voiture s'avance précautionneusement. Le garçon se moque bien des elfes, des élans, du traîneau du père Noël et de sa grosse hotte en toc. Il n'a que faire des cadeaux qu'on déballe, des verres qui s'entrechoquent et des familles qui se jettent des mots d'amour stériles autour d'une table trop belle. La féerie foireuse. Le seul vœu qu'il formule, c'est que son père vienne. Un papa de chair et d'os, malgré ses grands bras maigres, sa bouille un peu bouffie, ses drôles d'yeux trop ouverts qui ne voient pas vraiment. Verts, étranges. Sur sa liste de souhaits, il n'a noté que lui : Papa. Papa. Papa… Quatre lettres, recopiées sur chaque ligne de sa feuille. Il a replié sa liste pour la tendre à sa mère.

– Voilà !

Le soir est arrivé. Dans tous les foyers de toutes les rues du pays, les familles se retrouvent. Sa mère est en cuisine. Son petit frère boude, en tailleur sur son lit, les mains recouvrant ses pieds pour éviter de chausser ses souliers noirs vernis. L'aîné a vu la table. Quatre assiettes. Six bougies. Une ribambelle de verres pour les deux adultes. Un seul par enfant.

– Réponds, maman. Je ne le vois pas.

La mère s'agite derrière, pianotant sur son fourneau des mélodies, sucrées, salées. En cheffe patentée, elle compose parfois des arias culinaires.

Ce soir sent la cannelle et le miel. La radio joue des airs de jazz métaphoriques qui n'ont ni queue ni tête. Il n'aime pas le jazz et déteste plus encore les silences de sa mère. Il s'arrache à la fenêtre, foule la moquette épaisse et tire le tablier maternel.

– Dis-le-moi.

– Quoi ? demande-t-elle, goûtant du bout des doigts la sauce qui mijote.

– Il est où, papa ?

La mère pose sa cuillère. Sa poitrine gagne deux tailles, puis se dégonfle d'autant. Elle s'accroupit devant lui. Ses yeux à hauteur des siens. L'enfant est fasciné par le rouge de ses lèvres. Elles ressemblent à une plaie. Il redoute les mots qui risquent d'en sortir. Inquiet, il se loge sous son aile. Au bout de quelques secondes, sa main se pose sur lui, le décale légèrement, met un peu d'air entre eux pour qu'elle puisse lui répondre.

– Papa ne reviendra pas avant…

Mais au lieu de préciser la date de son retour, elle retourne sa question comme un vulgaire caleçon, un vêtement usagé.

– Papa est occupé. Très occupé. Pourquoi refuses-tu de l'entendre ?

– Occupé où ?

– À Waco. À des centaines de miles.

– Pourquoi on n'y va pas ?

Sa mère se redresse. La radio couvre à peine les bruits de la cuisine. Celui de la cuillère qu'elle cogne sur la poêle. Le chuintement de la gazinière. Le frétillement de l'eau qui monte à la surface de la casserole ; puis redescend à temps.

– On n'a pas le droit d'y aller. C'est un endroit… fermé.

Ça fait longtemps qu'il compte les jours de son père parti loin. Les semaines qui s'enchaînent. Les noms des mois qui passent. C'est là qu'il a compris le sens du mot « saison », ces gros paquets de jours qui font fleurir les arbres, tomber les feuilles dorées, noircir les branches des chênes jusqu'à ce qu'un hiver vienne tout gommer.

– Et demain ? demande-t-il. Il va venir demain, quand tout recommencera ?

La mère éteint le feu, réserve un peu sa sauce et jette un bref coup d'œil à la volaille au four dont la peau se cloque.

– Je vais te charger d'une mission, veux-tu ? dit-elle en lui tendant sa boîte d'allumettes. Grattes-en une et allume les bougies. Mais attention. C'est une mission pour un grand garçon. Tu vas être un grand garçon ce soir ?

L'enfant fait demi-tour. La première bougie l'attend, bien dressée, toute neuve.

– Voilà, marmonne-t-il.

Mais son bras est trop court pour atteindre les suivantes. Il fait le tour de la table. Gratte. Enflamme. S'approche. Il bute sur l'autre assiette, face à celle de sa mère.

– Maman ?

– Oui, mon fils.

– C'est pour qui, cette assiette ?

Elle se tourne vers la fenêtre. Elle aperçoit les phares

de la voiture qui se gare. La portière se referme dans un claquement ouaté. Pas le moindre bruit de pas. La neige assourdit tout. Elle rajuste ses cheveux noirs et dénoue le tablier qu'elle balance vivement dans un coin de la cuisine, comme un ballot gênant. Elle ajuste le pull vert qui moule sa poitrine. C'est vrai qu'elle est jolie, sa mère. Tout en longueur. Avec de longs cheveux noirs, une taille haut perchée sur des jambes soulignées par la couture de ses bas. Il paraît que des centaines d'hommes et de femmes venaient rien que pour elle, pour la voir jouer sur scène avant, dans les théâtres. Ensuite, elle s'est mariée.

La sonnette retentit.

– C'est qui ? C'est qui ? s'exclame le cadet, déboulant de sa chambre, les pieds nus, les larmes sèches.

Un bouquet de fleurs surgit. Du blanc. Du vert. Du rouge. Une brassée de couleurs tendues. Un homme s'incline et ôte son chapeau pour saluer. Quelques flocons en tombent.

C'est le type que l'enfant a aperçu l'autre nuit. Un bonhomme à lunettes, avec un air gentil, qui avait plein de rouge sur les joues et dans le cou. Il s'était levé d'un bond en remontant sa braguette.

– Bonsoir, monsieur Sztan.

– Quelle mémoire ! Tu me reconnais !

L'homme se contorsionne pour céder son manteau et découvre un crâne lisse couronné d'une plate-bande de cheveux poivre et sel.

– Merci, Anna.

La mère plisse ses yeux pour lui mimer sa joie.

– On n'attendait plus que vous !

Les deux garçons remarquent que des petits paquets passent des mains de l'homme à celles de leur mère. Elle les cache de son mieux en faisant demi-tour. C'est donc pour lui, pour M. Sztan, la quatrième assiette.

À table, l'homme prend la parole et ne la lâche plus pour débiter en vrac tout ce qu'il pense de la volaille si tendre, du vin si plein d'arômes, du dessert parfait, de sa mère plus que parfaite, si adorable en tout, charmante, délicate, gracieuse, aimable, accueillante et si bonne cuisinière. Il en a plein la bouche, d'elle.

Le cadet laisse dire et se ressert de tout. L'aîné écarte le blanc de dinde, néglige le gâteau, refuse le coulis tant il est gavé par cette loquacité. Alerté par un spasme, il serre les dents. Un autre spasme, plus profond, achève de le pousser à se lever d'un bond en se barrant la bouche.

– Quoi ? Qu'est-ce qui se passe, mon fils ? Qu'est-ce que t'as ?

Il quitte la tablée, traverse le salon et fait claquer la porte des toilettes.

– Chérie, qu'est-ce qui lui prend ?

Il soulève la lunette, se penche au-dessus de la cuvette et se purge de ces superlatifs, de tous ces adjectifs, des regards libidineux, des oui de sa mère, des jeux de mains sous la table, et de cette bouche infernale qui avait passé la soirée à mastiquer et à sucer, sans cesser de roucouler des mots débiles.

Anna pose sa main sur son fils pour apaiser ses spasmes. Elle tire la chasse d'eau et le prend dans ses bras. Des larmes comme des grêlons dévalent ses joues de gosse. Un blizzard de chagrin. Des trombes de tristesse. Un éclair de colère.

– J'veux pas de son cadeau !

– Mon fils !

– J'veux pas de lui. Rien de lui. C'est un ogre, maman ! Rien qu'un affreux bonhomme.

– Oh, mon chéri ! dit-elle en le serrant très fort comme s'il fallait étouffer tout ce qu'il allait dire.

Mais l'enfant se décolle.

– Je t'en supplie, maman. Il me fait peur. Chasse-le !

La mère essuie la morve qui s'écoule sous son nez. Elle en a plein son pull. Qu'importe. C'est le métier de mère d'essuyer les larmes, les petits et grands drames, les écoulements de l'enfance qui s'exprime comme elle peut, par à-coups, faute d'avoir assez de mots pour dire tout ce qui la transperce. Il respire par la bouche. Deux larmes gonflent et se tiennent en équilibre au coin de ses grands yeux teintés de vert, comme son père. Vert printemps. Vert prairie, comme du temps de leur maison de Van Alstyne, des récoltes de coton et du marché aux chevaux, tous les deuxièmes lundis du mois. C'était il y a onze ans.

– Ah, toi ! lâche-t-elle avant de lui demander de se changer dans sa chambre.

Sa chemise est toute tachée. L'enfant longe le tapis en regardant ses pieds. Il se fiche de la table et de l'homme et de la part de gâteau qui fond dans son assiette. Il s'assied sur son lit, dénoue les lacets de ses chaussures trop neuves. S'allonge, tout habillé, et joue avec ses doigts. Leur ombre portée dessine au plafond des ailes et un fuselage. D'un grognement de fond de gorge, il fait le bruit des moteurs. Il vole et il pique, bombarde puis vire sur l'aile.

Un faisceau de lumière balaie la rue dehors. La voiture s'éloigne, emportant le chapeau, les lunettes et le manteau de M. Sztan. La neige recouvre ses traces. Des cris de « Joyeux Noël » retentissent dans tout le quartier.

3

Dans le couloir blanc froid, tous sifflotent le même air. Cinq petites notes faciles, crescendo et decrescendo, qu'un quartet féminin a popularisées. « Mister Sandman », la supplique des Chordettes, est le refrain du moment, seriné à tue-tête dans les salons, les habitacles, les stations-service, les centres commerciaux et même ici, dans le dispensaire militaire de Waco.

Une femme de ménage balaie en faisant des petits bonds en rythme. Une infirmière la croise et, comme contaminée, se joint à elle : « *Mister Sandman, bring me a dream*... », se balançant en cadence, dodelinant des épaules et dandinant ses hanches. Dans tout le pavillon X, les employés fredonnent pendant que les internés frissonnent dans leurs lits tristes.

Dans sa chambre, Eatherly a retiré ses draps, plié sa couverture, donné quelques coups du plat de la main dans son oreiller de plumes et attend sagement, sa valise entre les jambes. Combien de temps a-t-il passé là, à dormir sans rêver, à vivre sans espérer, à suivre les blouses blanches, à répondre, à se taire, à tendre le bras droit, puis le gauche, pour qu'on le pique, à ouvrir la bouche pour boire et avaler ? Combien de mois ? Combien de saisons ? Les arbres sont à poil, sans manteau ni feuillage, et leurs branches brillent de givre.

– Major Eatherly ?

Le docteur Clementine se cale sur le chambranle, encadré par la porte. Il a les cheveux ras, la peau un peu luisante et de nouvelles montures en or pour ses lunettes. Une cravate rouge épaisse jure sous sa blouse blanc terne. Il sort une enveloppe de sa poche.

– C'est pour vous.

Son nom figure en haut. Claude Robert Eatherly. Son numéro d'admission : C-12 265 795. Pas de grade. Pas de corps d'affectation.

– Ça y est ?

– Oui, major. Voici votre relevé administratif à remettre en sortant. Gardez-le précieusement. On ne sait jamais. Et vous y trouverez aussi votre…

– … Ma pension ? coupe-t-il, en palpant l'épaisseur de la liasse.

Trois cents billets. De quoi boire sans ardoise pendant un paquet de nuits. Il a eu tellement soif !

– C'est tout ce que j'ai pu obtenir. Mais c'est déjà pas mal, non ?

– Je sais, je sais, répond-il en soulevant sa valise.

Elle est légère. Elle sonne aussi creux que lui. Une poignée de bois. Du cuir sur du carton. Si peu de choses. C'est son vide qu'il trimballe. Dans sa tête, ça va mieux. Il n'y pense presque plus.

Et maintenant ?

Il remonte le couloir en croisant des « *Mister Sandman* », bifurque sur la droite après « *bring me a dream* ». Près de la salle d'attente, une cabine téléphonique se niche sous une bulle transparente qui lui rappelle le nez de son ancien bombardier. Il prend le combiné. Son cœur déballonné fait flancher ses guiboles. Il s'accoude au pupitre, plonge la main dans sa poche et pioche un calmant vert. L'avale. Inspire. Fait le tri de la monnaie et se place sous la bulle. Il a la bouche si sèche. Le numéro lui revient. La Bakélite froide lui recouvre l'oreille. La sonnerie s'enclenche. Trois coups. Puis il raccroche. Une autre pièce dans la fente. La ligne sonne dans le vide.

Il aurait tant voulu qu'Anna réponde. Il a presque oublié son accent d'Italienne, sa diction de comédienne, dépeçant les voyelles, arrosant chaque consonne de sa belle conscience vive. Elle était douée, Anna, pour se fondre tout entière dans les décors d'une vie avec ou sans public. Bon Dieu, qu'elle était douée pour transporter son monde. Loin ! Loin ! Avec ses bras si fins, son front haut, et sa bouche transatlantique. Il aurait bien voulu qu'elle lui accorde une dernière petite chance, rien qu'une place en coulisses. Il se serait amendé et ils auraient tout repris, rembobiné l'histoire, développé la version qu'on attendait de lui.

Anna ne répondra plus.

Un taxi l'attend devant la porte. Le chauffeur fait le tour pour saisir sa valise. Mais elle est si légère qu'il hésite devant le coffre.

– C'est pour vous ?

– Oui, oui, plaide-t-il.

Le chauffeur sort et presse le bouton de son énorme coffre, gueule de fer, trappe béante et y glisse le petit rectangle de rien. Le pot d'échappement de son taxi brouille la façade pleine de briques.

– C'est pour où ?

Il donne une adresse sur la route 35, à Eden, un peu avant Houston.

*

Anna laisse sonner. Trois sonneries, puis le silence. Le téléphone se remet à sonner. Elle sait. Il fait le code.

Elle pose deux doigts dessus, hésitante. Cette longue stridulation lui aiguise les nerfs, pire qu'un couteau passé sur l'affiloir, et ravive le souvenir d'un mariage avorté. Passé.

Ses fils jouent dans la rue, de la neige plein les gants et les joues d'un rouge vif, signe de bonne santé. Le bus scolaire tarde. Il attend le chasse-neige pour dégager la route.

Le silence revient. Anna saisit la boîte d'allumettes et gratte une pensée. Elle se plante une clope dans le bec pour dissiper ses doutes. Le tabac incandescent. Son nuage d'amertume poussé au fond de la gorge d'une courte inspiration. Le tremblement de ses doigts qui ratent le coin de sa bouche. S'agacent et recommencent. Une autre bouffée, plus longue, qui ne recrache rien d'autre que cette acidité qui corrode sa joie. Comment diluer cette bile ? Comment chasser ce spleen ? Elle tousse, puis écrase cette tige sotte dans sa tasse.

Il ne faut pas qu'il vienne. Il n'a pas le droit de revenir. La loi lui interdit de s'approcher de chez eux. C'est écrit noir sur blanc dans l'ordonnance du juge. Elle est là, dans ce tiroir. C'est utile, tout ce fatras, tout ce prêt-à-haïr. C'est pratique, les arrêts, ça inhibe les scrupules. C'est du moins ce qu'avait dit son avocat d'amant. Elle passe un coup d'éponge sur sa tasse à café. Elle attrape son manteau et monte dans sa Ford pour gagner la boutique. La capote crevée laisse passer l'air glacé.

La patronne vient d'ouvrir. Pas question d'être en retard la semaine de la rentrée.

À quatre mains, elles tirent le présentoir vers le centre du magasin. Des gaines et des bustiers dressés sur des mannequins de bois. Des dentelles et de la soie. Des jupons suspendus. Des glaces pour se regarder. Des tiroirs pleins de culottes et de bas, classés par taille.

Anna a dégoté depuis peu cet emploi de vendeuse dans une lingerie en ville.

– Parce que vous êtes jolie, a dit la patronne. Et vous présentez bien. Vous ferez mannequin cabine aussi, à l'occasion. Ça ne vous dérange pas ?

Pour cinq dollars par jour, Anna a accepté. Pour payer son loyer, elle empaquette des dames qui se glorifient de leur tour de poitrine et se rengorgent de leur masse ou, au contraire, comprime des tailles débordantes et des cuisses un peu lâches pour des messieurs perdus qui ne savaient plus trop par quel bout prendre Madame.

– Alors, qu'est-ce que vous me conseillez ?

La question du régime ne se pose jamais. Il n'est pas question de renoncer à la bonne chère qui retient, mieux que la chair, un mariage qui bat de l'aile. À elle de dénicher le sous-vêtement miracle, celui qui soulignera le comble et estompera le surplus. Formidable équation au sein de laquelle Anna se débrouille plutôt bien.

– La dentelle, madame Gourewitch.

– Vous croyez ? Avec les fesses que je traîne…

– La dentelle, madame. Elle met en valeur ce qu'il faut.

– C'est-à-dire ?

– Tout de vous, madame Gourewitch, réplique Anna avec un tel aplomb, une telle mise en scène, à genoux, prosternée, et surtout cet accent italien qui rendrait presque jolies les pires flagorneries.

– Au revoir, chère madame.

Anna est consciencieuse. Les clientes l'apprécient parce qu'elles sortent de la cabine avec l'espoir de plaire et ça, ça n'a pas de prix. Mais cinq dollars par jour couvrent à peine le loyer de l'appartement qu'elle loue, sans parler de l'école.

Si Sztan avait tenu !

Cette soirée de Noël a eu raison de leur couple. Il était généreux, pourtant. Beau et doux, ce cher Sztan. Il avait le profil pour faire un bon mari même si, parfois, certains excès d'amour pouvaient le rendre idiot. Elle aurait tant voulu d'une simple communion, d'une entente vertueuse dans une vie compliquée par l'ombre de son ex-mari qui plane au-dessus d'elle.

Mais non.

Il faut tout recommencer, repartir de zéro. Sourire à l'inconnu comme si de rien n'était. Se réserver ensuite le temps d'en faire le tour. Échafauder des hypothèses. Émoustiller le risque. Pimenter d'aléas. Céder par petits bouts. Laisser venir, sinon rembobiner et tout reprendre. Mais ne rien dire de l'autre. Non, non. C'est un secret. Cacher Claude Eatherly. Ne plus jamais l'évoquer.

*

À l'arrière du taxi, Claude Eatherly regarde les drapeaux sur leurs mâts. Des bannières. Des étoiles. Des carrés de bleu. Des bandes rouges et blanches. Rien ne claque, rien ne salue son départ de Waco. Il passe Elm Mott. Puis West. Le taxi file droit, sans varier son allure ni quitter cette casquette de fonction un peu triste. Aucun mot ne vient perturber le silence. Devant le panneau qui signale l'entrée de la ville, le chauffeur coule un regard dans son rétroviseur. Eatherly acquiesce. Eden est une ville minable. Les craquelures du bitume sont remplies de givre sale. Main Street est calme. Son tribunal ressemble à une église moderne. Ses rues sont muettes de monde.

– C'est là ! dit Eatherly.

Le chauffeur note le montant de sa course.

– Signez là, s'il vous plaît ! C'est pour me faire payer.

En lisant le nom que son passager vient d'écrire, il tique.

– Claude Eatherly ?

– C'est moi.

Le chauffeur se dévisse sur son siège. Sa bouche se déforme comme un fer à cheval.

– Vot' nom, et puis vot' tête, maintenant. J'vous connais, non ? Mais je sais plus trop pourquoi. Vous êtes célèbre ?

Il s'extirpe sans répondre. Le taxi redémarre. Les lettres H-O-T-E-L se reflètent sur sa vitre en passant.

L'odeur du bois verni. Le claquement de la porte. Un jeune réceptionniste assis le dos au mur couvert de casiers vides et de clés suspendues.

– Je n'ai pas réservé.

La petite clé de la douze glisse sur le guichet de bois. Eatherly paie cash pour cinq nuits et ajoute un dollar pour la télévision. Mais avant de monter, il demande s'il peut jeter un coup d'œil à la salle de jeu.

– C'est par là, lui répond le jeune homme, le pouce vaguement tourné vers le couloir du fond. Faut descendre les marches et après c'est…

– À droite. Je sais. Je suis déjà venu.

Depuis que les médecins ont réduit ses piqûres, ses idées se débrouillent. Il retrouve la mémoire. Pas tout ce qu'il a vécu. Non. Loin de là. Il a vécu tant de choses. Ce ne sont que des bribes qui reviennent, des petits paquets de souvenirs, rameutés au hasard d'une rencontre ou d'un mot. Il a déjà vu cette cave. Il y avait ces mêmes grappes de joueurs autour de ces mêmes tables rondes. Ces couleurs estompées. Brun tabac, vert tapis, gris fumée. Des lampes et des bougies pour abolir la nuit chez ces hommes d'un autre monde, soumis à la loi des brelans, des suites, des carrés et des quintes.

Les figures règnent en maîtres dans l'univers des cartes. C'est la grammaire des brelandiers, leur façon de mettre la réalité hors jeu.

– Hey ! lance un joueur, un bras dressé en l'air.

Eatherly plisse les yeux. Autrefois, il avait l'acuité d'un faucon ou d'une buse. Aujourd'hui, il ressemble à une taupe, avec sa vue basse, sans autre horizon que cette vie de tripot.

– Eatherly !

Il s'approche et reconnaît la tronche glissante de Roy Mantooth.

– Les gars, je vous présente un héros. Le major Eatherly. Faites un peu de place, voyons ! Ce type a fait la guerre. Allez, allez ! Poussez-vous !

Eatherly n'en revient pas de croiser Roy ici.

– Tu sais bien que je viens souvent là, dit Roy.

– Oui, oui, mais…

– Quoi ?

– T'es pas en taule ? murmure Eatherly.

– Mais non, major. Moi, en taule ? Mais voyons, de quoi tu parles ? La taule, c'est pas mon genre.

À ces mots, des joueurs relèvent la tête et coincent des sourires entendus.

Eatherly devrait se méfier. Il connaît bien ce fourbe, pourtant il va rester. Pour voir, pour passer le temps. Il n'a rien de mieux à faire pour tuer les heures qui viennent.

– Laissez donc une petite place à ce vrai héros de guerre !

Les masses d'hommes obéissent. Et lui se faufile.

– Il te reste combien à perdre ?

Il sort ce qu'il a en poche.

– Deux cents dollars.

– Ça fait une cave ! Ça roule !

Les règles du poker lui reviennent d'emblée. Il joue à toute vitesse et perd gros. Ici, le temps s'écoule bien plus vite qu'à Waco. Il s'accroche à ses rois et à ses dames. Très peu d'as. Il se recave deux fois, et finit par se lever parce qu'ils refusent les pièces.

– Tu reviendras plus tard, lui dit Roy, les yeux cernés.

Il acquiesce et s'en va. Il fait jour quand il passe devant le type à l'accueil.

*

Anna regarde sa montre. Il est déjà six heures. Ça ne roule pas bien ce soir. Quand elle arrive enfin, ses fils lui tombent dessus.

– Maman ! On a faim. On mange quoi ? C'est prêt quand ?

La voisine du premier les a gardés tout ce temps. La maison est rangée. Le plat du soir est sur la gazinière. Un ragoût de la veille qu'elle n'a qu'à réchauffer.

Anna dresse la table, sert ses fils et s'installe pour un dîner de plus ponctué de coups de coude, de menaces, et de « j'aime » ou « j'aime pas ». Pendant que l'aîné sauce le plat, Anna garde sa fourchette droite, son couteau dressé de même, la pointe vers le plafond, suspendue à l'espoir d'une autre vie possible, plus riche, plus exaltante, relevée d'un peu de vin, pimentée de quelques rires et d'escapades en ville avec un homme qui l'aimerait, elle, telle quelle. Ils iraient au théâtre. Ils iraient voir des films. Il l'entraînerait ailleurs et lui ferait voir le monde, loin des poux et des bleus, des ongles noirs et des pleurs d'épuisement d'eux et d'elle.

– J'ai fini, lance l'aîné.

Elle pourrait le reprendre pour qu'il dise « s'il te

plaît » ou « merci », qu'il mette une once de gras dans leurs échanges du soir, un début de vertu, un peu de maturité. Mais il est tard. Elle se masse les jambes pendant que le cadet lui parle d'un copain qui a fait des trucs louches dans la cour de l'école, rebondit sur son maître qui lui a dit des choses. Il cite des prénoms qu'elle confond, des bouts d'histoires en vrac qui n'ont ni queue ni tête parce qu'elle a loupé le début et la fin.

– C'est bien ! C'est bien ! dit-elle en débarrassant tout.

Elle est rompue. Crevée. Elle pose le plat et les assiettes dans l'évier, prend l'éponge et frotte avec ce qui lui reste de force.

Dans son dos, l'aîné profite de son désintérêt pour allumer le poste qui trône dans le salon. Il règle un peu l'antenne et capte le générique de l'émission de Ralph Edwards. Cette semaine, le présentateur vedette de la NBC reçoit un Japonais. Il s'appelle Kiyoshi Tanimoto. Il est révérend. Son nom est gravé sur le dossier en cuir que tient l'animateur. Le public applaudit. Les roulements de tambour annoncent le portrait qui va suivre. Des images apparaissent.

– Regarde, maman !

Sa mère tarde à répondre. Elle gratte un rogaton incrusté sur la poêle et le bruit de l'eau qui coule couvre tout ce qui vient d'ailleurs.

L'enfant se cale devant le téléviseur, en tailleur. Son petit frère l'imite.

– Maman, regarde les avions.

Elle coupe l'eau et se retourne. Elle va leur dire d'éteindre, parce qu'elle n'aime pas qu'ils regardent la télé tard le soir.

– Ce n'est plus le moment, les garçons.

Mais ce qu'elle voit la fige. Elle connaît ces images.

Elle les a vues des dizaines de fois. Ce sont celles qui passaient pour les actualités avant le début du film. Elle a de l'eau sur les mains et les essuie, machinalement, sur le pan de sa robe. Elle rejoint ses fils.

Le commentaire rappelle l'attaque de Pearl Harbor, l'engagement de l'Amérique. Puis le propos se resserre sur les derniers jours de la Seconde Guerre mondiale.

– Oh, maman, regarde ça, que c'est beau, toute cette fumée qui fait des boules en l'air. On dirait un sapin. Non, une amanite avec son large chapeau, comme celles qu'on a ramassées l'hiver dernier, chez Pa'. Tu te souviens ? C'est comme ces champignons que j'avais pas le droit de toucher. Parce qu'ils étaient dangereux.

Le cadet approche le doigt de l'écran.

– Fais pas ça ! ordonne-t-elle.

– Pourquoi ? C'est qu'une image.

– Fais pas ça, répète-t-elle en le tirant vers lui, fascinée et méfiante.

Les images qui suivent sont celles d'un avion en phase d'atterrissage. Son fuselage est brillant. Son nez est pavé de verre. Impressionnant.

– Maman, maman, regarde.

– Oh, mon Dieu !

Le commentaire décrit une ville anéantie.

– Hiroshima ! dit l'aîné.

La mère ne répond rien.

Le reportage s'achève. L'animateur reprend le fil de l'émission. Ralph Edwards est assis sur un gros canapé. Kiyoshi Tanimoto est installé près de lui. Ses mains de révérend collent à ses genoux. Sa raie au milieu forme une ligne impeccable, comme tracée au cordeau pour séparer sa chevelure raide et noire et brillante et plaquée comme un casque sur sa tête. Le public l'applaudit. Le révérend japonais salue sans lâcher le regard de l'animateur. Il est pétri d'effroi. Son malaise dégouline.

– Révérend Tanimoto, c'est bien cela ?

– Oui.

– Il a fait bon voyage ?

– Oui.

Encore une ou deux questions et Ralph Edwards espère qu'il pourra décrocher quelques paquets de mots qui ressemblent à des phrases. Mais avant, c'est le moment de la première réclame.

– Hazel Bishop, le rouge à lèvres qui apaise et magnifie vos lèvres…

*

Eatherly achève sa sieste et enfonce le bouton de son téléviseur. Une image apparaît. C'est une publicité.

– … Hazel Bishop, le nouveau rouge à lèvres qu'il vous faut !

Il se moque bien de toutes ces réclames pour bonnes femmes. Il déteste l'animateur. Il déteste cette émission. Il déteste cette chaîne, presque autant que cette chambre qui empeste les poubelles.

Allongé sur le lit, il tortille son bassin pour choper deux pilules collées au fond de sa poche. Les vertes sont pour les nerfs. Il lève le front et les gobe.

L'animateur vedette est de retour à l'antenne. Un homme est assis près de lui. Les cheveux noirs. Les yeux bridés. La peau claire. Le révérend japonais raconte qu'il s'était levé aux aurores, ce jour-là.

Quel jour ? De quoi parle-t-il ?

– Et vous avez entendu cela, précise Ralph Edwards.

Kiyoshi Tanimoto se recroqueville au bruit de la sirène. Son costume perd ses mesures. Il a peur. Il a le visage d'un homme qui voudrait s'échapper, quitter ce maudit plateau, ces ignobles caméras qui le traquent et aspirent les détails de sa frousse. Eatherly n'en revient pas.

– Et vous avez couru pour vous mettre à l'abri, n'est-ce pas, révérend ?

– Non, répond Tanimoto, confus. Pas ce jour-là.

Le révérend confie qu'il s'était habitué aux hurlements des sirènes. Plusieurs fois par semaine, les soldats moulinaient leurs alarmes au moindre mouvement dans le ciel, au moindre zinc ennemi, redoutant de subir le même sort que Tokyo incendié par des bordées de bombes en mars 1945. Mais rien ne tombait jamais. Pas la moindre agression. Du moins jusqu'à ce jour.

« T'as deviné, pilote ! »

Le cœur d'Eatherly se cabre comme un mustang monté par un idiot. La voix est de retour. Il ramène ses jambes et les serre dans ses bras, son menton sur ses genoux. Il se caparaçonne, engoncé dans ce matelas qui s'enfonce sous lui et rebique. C'est bien elle. Elle revient.

« Regarde. Regarde cet homme, c'est lui qui m'a guidée vers toi. »

Les mains d'Eatherly poissent. Le verrou de ses doigts croisés sur ses tibias se délite. Ils glissent. Ils se délassent. Des ressorts couinent sous lui. Ils avaient dit : jamais, plus jamais. Qu'elle ne reviendrait plus.

« Le révérend », dit-elle.

L'animateur coupe le récit du révérend rescapé de la bombe. Ralph Edwards se moque des détails. Ce qu'il veut, c'est le pire. Pour tenir son public, il rappelle qu'à cette heure, le calme d'un beau matin enveloppait Hiroshima. Pour illustrer ses dires, des images d'archives surgissent à l'écran. Des avions B-29. Un vol en escadrille porté par une musique orchestrée en direct. Les trompettes et les cuivres lancent des notes comme des lames qui font trembler les bides.

Ralph Edwards reparaît, la mine grave. La caméra dézoome. Le révérend se cramponne. Sa dignité s'émiette. Il était là, juste en dessous du bombardier. Il n'a pas entendu le bruit de l'explosion, mais il a vu la lueur, fulgurante… La suite se perd dans les violons affreux qui soulignent l'horreur, les vrilles des archets, les tortures de quintes qu'improvisent les musiciens de l'émission.

*

Anna et ses fils sont assis devant le poste du salon.

– Mais, dites-nous, révérend, qu'êtes-vous venu faire chez nous, en Amérique ?

Kiyoshi Tanimoto se tourne vers un côté du plateau et désigne deux silhouettes, deux ombres de jeunes femmes, cachées derrière une grande plaque de verre dépoli. Elles sont venues avec lui, comme une vingtaine d'autres. Elles vont être opérées, réparées et soignées par les médecins de l'hôpital Mont Sinaï, à New York.

– On les voit pas, maman. Qu'est-ce qu'elles ont, les deux filles ? Pourquoi on les voit pas ?

Anna entrouvre la bouche mais aucun son ne sort. L'animateur précise que leurs visages meurtris sont cachés pour éviter de heurter la sensibilité du public.

– Ça veut dire quoi, meurtris ?

– Ça veut dire quoi, heurter ?

Anna n'a pas la force de tendre le bras. Elle voudrait couper le son, l'image, ordonner à ses fils d'aller se coucher maintenant, mais mille idées la criblent. La culpabilité. La tristesse. La colère. Pourquoi ont-ils fait ça ? Pourquoi montrent-ils ça ?

La caméra immonde braque ses lentilles sur les deux ombres des jeunes filles. On devine leurs cheveux courts, leurs épaules de trois quarts tournées vers ce micro qui les relie au monde. L'une d'elles se penche. Elle va parler. Elle raconte qu'elle était sur les marches du château de la Carpe, à Hiroshima. Une vieille femme se tenait près d'elle. L'explosion l'a littéralement atomisée. Anna n'en revient pas. Elle connaît cette histoire. Elle la connaît par cœur. Elle a peur de ce qui suit, de ce que la jeune fille au micro pourrait dire.

– Au lit ! ordonne-t-elle, sans bouger.

– Mais pourquoi ?

– Tout de suite.

Ses fils rechignent mollement en regagnant leur chambre. Anna tire le rideau sur cette nuit givrée. Elle regarde l'écran. Elle a pressé le bouton. Elle palpe le silence et remue sa conscience.

– C'est elle ! C'était donc vrai ! Oh, mon Dieu, pauvre Claudy. Tu n'étais pas ce qu'ils disent.

– Maman.

Elle n'entend plus.

– Maman, maman, c'est qui, cette dame ? Pourquoi tu pleures ? Arrête ! Pleure pas, maman…

– Oh, Seigneur, qu'ai-je fait ! dit-elle en se cachant le visage pendant que la caméra fait un plan serré de l'ombre.

4

C'est moi la vierge maudite.

Je suis la femme enfant qui a perdu son monde.

Je suis celle que tu sais, celle qui noircit ce miroir, car en moi tout est noir, plus noir que ta conscience, plus noir que tes remords. Tu ne peux pas me voir, n'est-ce pas ? Même derrière cet écran.

Mais tu me sens, pilote !

C'est moi que tu as réduite à l'ombre d'elle-même, comme celle que j'ai laissée là-bas, près du château de la Carpe.

Ils disent que je suis vierge. Mais je n'ai pas la beauté des icônes qu'on vénère. Personne n'érigera un temple ou une église pour abriter le peu de ce qui reste de moi. Ma lumière est ternie par ces mauvais rayons. Les gens se détournent de moi. Qui voudrait admirer la femme monstre que je suis, celle que les hommes fuient parce qu'ils craignent qu'en m'offrant le soin de couver leurs fils, je n'atrophie leur nom, je n'outrage leur héraldique – leur kamon *– par des êtres à deux têtes, ou sans bras, ou sans bouche ?*

D'autres s'y sont essayées. Ces rejetons existent. Je n'invente rien, pilote. Ils sont nés. Parfois morts. Toujours cachés. Tu le sais aussi bien que moi. J'ai vu ces mères. Elles sont la honte qui accouche d'un remords. Une peine au carré. Des regrets à l'infini.

Quand les branches sont pourries, on se méfie de leurs fruits. Les miennes n'ont pas germé. J'étais un corps si frêle quand la bombe est tombée. Deux brindilles pour jambes. Des bras d'herbes comme celles qui poussent dans le delta de l'Ōta. Deux saillies de mamelons coiffées de fines aréoles que je cachais de mon mieux sous ma tunique de soie.

Je suis la fille en fleur qui s'est fait cueillir, coupée sans sommation du reste de sa vie.

J'aurais tant voulu voir mon père froncer ses hauts sourcils perchés sur son grand front, les yeux pleins de lendemains et l'âme bien occupée parce qu'il fallait trouver la date prodigieuse pour partager le saké, l'éventail, le chanvre, l'ormeau, l'algue et l'argent selon la tradition des fiançailles shintō.

Il est mort.

Mère aussi.

Le reste de ma famille n'a pas voulu de moi. Ils étaient loin, pourtant, à distance raisonnable, protégés par les montagnes, à l'abri de l'autre vallée.

Ils disaient que je portais le mal immonde, celui de la défaite et de l'humiliation. Ils ont pris un chiffon et ont frotté mon nom comme un simple trait de craie.

Je suis la vierge maudite.

Je suis la femme affreuse.

Je suis la mère minée.

La fillette fracassée.

L'éventail de ma vie, celui qui symbolise un avenir meilleur, ne s'ouvrira jamais. Il s'est atomisé, comme tout ce qui comptait. Ma maison. Ma famille. Ma ville. Mon avenir.

Il n'en reste rien, pilote !

Je suis celle qu'on coltine de l'archipel au continent, comme une bête de foire, pour récolter des dons, des gestes de charité, mais jamais de révolte contre ce qu'ils ont fait.

Je suis la vierge parmi les vierges. Il y avait tant de jeunes filles dans les rues ce jour-là. Les hommes étaient au front. Les vieux dans les montagnes. Combien ont survécu ? Combien veulent survivre ?

LE GADGET

5

Pour comprendre cette histoire, il faut revenir en arrière, déplacer le curseur d'une dizaine d'années.

Voilà.

Comme ça.

Anna est une jeune femme. C'est l'été. Elle roule vite pendant que la guerre s'épuise. Hitler s'est tué d'une balle. L'Allemagne s'est rendue. Les troupes américaines se battent dans le Pacifique contre l'empereur du Japon. Anna sait tout cela. Il suffit de se brancher sur n'importe quelle station pour en entendre parler. Alors elle se dépêche. Elle sait que l'heure approche. Elle a hâte de retrouver son beau pilote chéri avant qu'il ne s'envole. Où ça ? Elle l'ignore. Lui aussi, il l'ignore. Personne ne sait vraiment ni à quoi il s'entraîne ni où il va se rendre.

Elle l'aime. C'est fou ce qu'elle peut aimer ce petit gars de la cambrousse. Jamais elle n'aurait cru qu'elle aimerait à nouveau. Il agace ses instincts et balaie ses retenues. De haut en bas, ce mec-là remue tout d'elle. Il prend tellement de place qu'elle ne boit presque plus. Elle vient de traverser trois États d'affilée, de rouler des paquets de miles, de bouffer des trombes d'air, de négliger les séquoias de Yosemite, de traverser les granits de la Sierra Nevada, la fraîcheur des montagnes, la chaleur du désert, rien que pour lui. Ses épaules généreuses. Son cou tendu vers elle. Ses yeux clairs de pilote. Gommer ce qui les sépare. La guerre qui se traîne. Mais Anna est de ces femmes qui rembarrent les faits derrière les sentiments, qui tordent le faux en vrai, retoquent les apparences pour une vie en mieux.

Il faut qu'il parte un peu et qu'il lui revienne vite, bardé de gloire et d'honneurs. Ils l'auront, leur maison de la côte Ouest avec un vrai jardin comme les villas de là-bas. Elle en a repéré une pas trop chère. Celle-là fera l'affaire. Sinon y en aura d'autres. Ça ne vaut pas grand-chose une maison vers Westwood. C'est pas comme Hollywood, ou les Hills de L.A. C'est encore abordable et pour elle ce sera bien. Elle pourra reprendre les cours et trouver un petit rôle. Pas question de renoncer.

Anna tourne son poignet. Plus qu'une paire d'heures à faire. Elle roule vers le désert. Cette étendue de sel est une étrangeté, une bizarrerie géomorphologique qui remonte à des temps dont personne ne se souvient. Sur ce sol ras et blanc, il y avait un lac des centaines de siècles plus tôt. Il s'est évaporé, laissant des millions de tonnes de chlorure de sodium, des carreaux blancs luisants, une croûte épaisse de sel qui va l'obliger à chausser ses lunettes. En abaissant le nez, elle tombe sur sa jauge.

Il y a bien une station qui se profile au loin. Elle poursuit tout droit et finalement hésite devant l'amas de rouille. Il n'y a peut-être pas d'autre station. Tant pis, elle se résigne. Un vieux type en blue-jean quitte doucement son coin d'ombre. Ses semelles collent au goudron. Son visage dégouline sous l'extrême chaleur. Anna se la prend d'emblée. À force de rouler, accrochée au volant de sa décapotable, elle avait négligé ce petit détail-là. Il fait chaud en Utah. L'été souffle des braises et fait tomber du feu.

Elle s'extrait de sa voiture et agite un peu l'air. Il fait le tour. Il ne voit pas ses yeux planqués sous ses vieux verres tout sombres.

– Je vous fais aussi les niveaux ?

– Non merci, répond-elle. Juste le plein.

Il crache un peu de sa chique et lui jette un coup d'œil par en dessous. Elle se moque bien de ces regards. Elle en a essuyé, des yeux affolés qui s'excitaient dans son dos parce que sa robe la moulait, parce qu'elle riait fort et parce qu'elle faisait des grands gestes libres. C'est les mecs. Elle connaît. Le type décroche lentement le pistolet de sa pompe.

– Je peux emprunter vos toilettes ?

Il grogne « C'est derrière » pendant qu'un chien s'étire, le cul dressé en l'air, la langue tirée loin devant dans un bâillement aigu qui lui arrache la gueule. Son oreille gauche pendouille.

Un trou à même le sol. Une vague trappe et de la sciure. Des mouches et la puanteur.

En sortant des toilettes, le pompiste la cueille. C'est plus qu'un regard. Il se tient moins courbé. Il semble soudain moins vieux et cale un chiffon noir d'huile dans le fond de sa poche arrière.

– Fait !

Il y a trop peu d'espace entre lui et le mur. Il avance deux doigts de graisse pour lui toucher le coude.

– Huit dollars, dit-il d'une voix lourde et pesante qui cherche à lui faire peur.

Anna est loin de la route. Elle est dans l'angle mort de ce coin de tôle pourrie. Elle est seule, loin de sa caisse et personne ne peut la voir ni l'entendre si elle crie. Elle et lui. Elle et ça. Cette tache d'huile sur son coude. Son cœur est comme une pierre, mais elle en a vu d'autres. Elle sait comment s'y prendre avec ces bêtes idiotes qu'une femme seule rend lubriques. Elle rentre la poitrine. Elle respire par le ventre. Sans jamais lever les yeux elle fouille le fond de son sac.

– J'ai ! dit-elle, avant de se raviser parce que l'argent de l'essence se trouve dans sa voiture.

Anna laisse sa main gauche dans le fond de son sac. Il ne voit pas qu'elle tremble. Il peut se figurer qu'elle y cache un couteau, ou une arme, ou rien.

– Qu'est-ce qu'une jolie fille comme vous… ?

Elle inspire et esquisse un sourire pincé.

– Mon mari, la coupe-t-elle. Il m'attend à Wendover, la base militaire.

Cela ne suffit pas. Son haleine se rapproche. Il sent fort le tabac et la macération. Il a des jambes courtes. Des grosses pognes mécaniques. Un dos alambiqué et un bide qui s'approche dangereusement de ses hanches. Anna ne bouge plus. Ce n'est pas la première fois qu'un type va trop loin. Elle a déjà eu honte. Faut pas que ça recommence. Ça doit pas recommencer, mais que faire ? Elle est sens dessus dessous. Ses doigts d'huile sont tout près. Elle ferme les yeux pour chercher au fond d'elle le cri qu'elle doit pousser. Par un étrange hasard, sans qu'elle s'en aperçoive, le chien sans race s'en mêle. Le clébard lève la patte et déverse son urine sur la jambe de son maître.

– Putain de putain de merde !

Pendant qu'il se secoue, Anna relève les yeux. Le type a reculé et assène un coup de pied sur le cul du clébard. Anna dégèle sa peur et lance son tibia vers l'entrejambe du gars, frappe en plein dans le mille et répand une douleur qui le force à se tordre.

Le type en crache sa chique et redouble d'insultes tout en se tenant les couilles. Son chien jappe de rire, aboie de joie, joue et sautille sur ses deux pattes arrière.

Anna se carapate jusqu'au cabriolet, tremble un peu, fait craquer son levier et enclenche une vitesse. Le chien saute par-dessus la portière pour la rejoindre. Dans le rétroviseur, elle voit le pompiste rouge de rage. Elle passe la seconde trop tôt.

– Salope ! crie-t-il.

Elle enfonce la pédale pour faire monter les tours. Sa longue Ford chasse un peu sur l'arrière. Elle redresse le volant. Contrebraque. Rétrograde.

– Mon fric ! Mon chien !

Elle a failli caler, mais le moteur prend des tours.

Les gaz d'échappement embrouillent son poursuivant et font le plein de distance entre elle et ce sale type.

Elle lève haut le bras et dresse un beau majeur avant d'éclater de rire. C'est comme ça qu'elle expulse ce qui lui reste de peur. Par ce rire long, forcé ; et le vent de la vitesse ; et toute la poussière qui recouvre la menace.

Le chien fou remue la truffe et s'installe, assis, près d'elle, face à la route.

– Toi, mon corniaud, je te dois une fière chandelle !

Le chien est vraiment laid avec ses deux billes d'yeux, le poil clair et ras, les pattes courtes et la queue mitée par des escarres douteuses. Et il sent si mauvais. Elle en a plein les doigts.

La route se déroule. Un long ruban d'asphalte. Elle y sera juste avant que le soleil s'épuise. Cela fait si longtemps qu'elle est privée de lui. Cinq mois. Non. Six. Six mois qu'elle attendait que cette grosse baderne de général Groves lui accorde enfin le droit de se rendre sur cette base perdue au milieu de nulle part.

Elle prend la sortie Wendover. C'est ça. Elle guette le poste de garde. Quatre planches et un toit, une barrière et au bout un mur de barbelés qui verrouillent le désert.

– J'ai un laissez-passer.

Le soldat scrute sa feuille.

– Et le chien, m'dame ? demande-t-il pendant que l'animal se gratte nonchalamment.

– C'est… Dingo. C'est mon chien.

– Je suis désolé. Il n'est pas mentionné.

Elle regarde l'animal et ouvre sa portière. Le chien saute.

– Très bien, Dingo. Tu vas m'attendre sagement.

– Vous faites quoi, m'dame ?

– Vous inquiétez pas. Il va pas en crever. Je le reprendrai au retour.

Le soldat tique un peu pendant que le chien lui renifle les parties génitales.

– Eh ! proteste-t-il en reculant.

– Il est pas bien méchant. C'est pour faire connaissance. C'est un drôle de chien, vous savez. Il a un attachement pour la chose militaire. Il est un peu comme moi, dit-elle en lançant un clin d'œil.

Elle le voit lever la patte. Le soldat s'est penché. Un trait d'urine jaillit.

– Mais arrête ça tout de suite !

Anna ravale son rire.

– Je vous l'ai dit, il est un peu débile, mais pas méchant.

Le soldat empoigne sa crosse. Dingo montre ses crocs. Un mètre quatre-vingts de muscles, contre quatre pattes malingres. Pourtant le chien se défend. Il fait tellement de bruit que le soldat a des doutes. C'est la loi du roquet. Un nabot bien remonté peut mettre au pas des nigauds bien plus forts.

– Débarrassez-moi de ça. Moi, j'en veux pas, de ce chien. Allez, hop, du balai.

Le soldat s'appuie de toutes ses forces sur le cul de la barrière. Sa longue tige levée libère l'accès au camp.

Anna redémarre, flanquée de son cabot. Il lui plaît bien, ce Dingo, avec son air de rien, sa petite oreille en pointe et sa langue qui pendouille.

– Je vais te trouver à boire.

Au bout de l'étroit sentier, elle passe des haies taillées. Puis une série de hangars, des Quonsets kaki, pareils à des lombrics géants, en acier, à demi enterrés. Les dortoirs des pilotes sont situés à l'écart, dans des petites cahutes de planches de guingois.

Il est tout juste six heures. Il est sûrement là-haut, à faire des ronds dans le bleu pour se faire la main sur ce drôle d'avion de métal riveté et au museau en verre, comme une rosace bombée, qui sort des usines Boeing de Wichita, dans le Kansas.

Elle gare sa voiture et lève les yeux au ciel. Au loin, un trait brillant se profile. Deux ailes. Elle reconnaît le vrombissement des moteurs. Son numéro : 85. Il s'approche. Elle se redresse, les talons sur son siège, les fesses sur l'appuie-tête. Cambrée. Joyeuse. Elle agite le bras vers un point situé haut, que le chien près d'elle suit sans comprendre. Son Eatherly s'approche. Son Eatherly chéri vole de plus en plus bas. Il est tout près, maintenant. Il poursuit sa descente. Son avion est énorme, c'est le plus grand avion que l'Amérique ait produit. Le nouveau B-29. Une forteresse volante dont les hélices affolent toute la poussière du sol. Il est juste au-dessus d'elle, à moins de dix ou quinze mètres et la survole dans un grondement terrible.

Elle n'a jamais vu ça. Comment peut-il piloter un tel monstre ?

6

Eatherly aux commandes, les yeux sur ce détail qu'il a remarqué de loin. Un carré blanc sur noir. Sa voiture sur la piste. Sa petite femme a fait vite.

– On survole en rase-mottes, commande Eatherly.

– Bien pris, répond le copilote à sa droite, sanglé dans son fauteuil, accroché aux commandes.

Ils sont douze dans l'avion. Comme les apôtres lors de la Cène. Pilote, copilote, bombardiers, ingénieur, assistant, mécaniciens, navigateur, radio, radar et mitrailleurs… Tous liés par une même foi. Leur cause est juste. Leur avion est le meilleur. Ils vont l'achever, cette guerre, depuis le temps qu'ils s'entraînent. Six mois. Six mois qu'ils apprivoisent ce gros quadrimoteur à l'envergure démente. À pousser ses moteurs. À franchir des hauteurs encore inégalées. À piquer pour raser le désert et atteindre la cabane qu'ils se donnaient pour cible, située cent pieds plus bas. À reprendre mille pieds, puis dix mille, avant de basculer avec un angle si raide que toute la carlingue se mettait à hurler. Elle a tenu. Elle tiendra. Ensemble, ces douze hommes sont forts. Ensemble, ils n'ont pas peur. Ils ont hâte d'achever l'entraînement pour aller se battre. Qu'on en finisse. C'est d'ailleurs leur mission. Pacifier le Pacifique, une bonne fois pour toutes.

– Cent vingt pieds, annonce le copilote.
– Moteurs à cinq mille.
Eatherly tend le cou pour voir ce qui se passe au sol.
– On pique encore, dit-il, tirant le manche vers lui.
Le B-29 descend. Lentement. Dans son cockpit bardé de pavés de Plexiglas, Eatherly se prend pour Aladin qui survole le monde sur son tapis volant. Des buissons emmêlés. Les nuages reflétés sur le désert de sel. Puis l'Ouest montagneux. Les dégradés de bruns. L'abysse des canyons et les dentelles de grès, les aiguilles, les couronnes ou les arches, ciselés par des millions d'hivers où des pumas véloces pourchassaient des mouflons. Il a tout vu de son poste, bien calé dans son siège, le casque sur les oreilles et un jeu de cartes en poche.

Avant l'entraînement de Wendover à bord de ce B-29, il a eu pour mission la surveillance des côtes américaines, guettant le moindre sillage, la trace d'un périscope, la nappe d'huile d'un moteur. En vain. Il n'a vu que des flots et n'a essuyé que des grains. Un ouragan aux Kitts. Un typhon vers L.A. Et cette ligne d'horizon qui se remettait très invariablement à conjuguer ses bleus. Lui, Eatherly, s'en est accommodé. Il tuait mollement ses heures à surveiller la houle, les vagues et les courants. Pas méchant. Pas brutal. Pas de sang sur les mains, et pourtant il a grimpé les échelons de la chose, la pyramide des grades. Sa gloire militaire s'est jouée sans coup férir à distance du front où la vraie guerre grondait. Il a été repéré. Désormais, il pilote au sein du 509e.
– Cinquante pieds !
Il la voit qui s'agite. Ses bras nus. Ses lunettes de soleil. Sa taille dans sa ceinture. Il va ébouriffer ses longs cheveux d'Italienne.
– Trente pieds !

L'alarme se déclenche.

– Vingt pieds, capitaine.

C'est bien la première fois qu'il descend aussi bas. Il mime un baiser qu'il adresse à sa femme, puis redresse d'un coup sec.

– Trente pieds… quarante pieds.

– Pour Anna Eatherly, hip, hip, hip !

– Hourra ! clame en chœur l'équipage pendant que l'avion se redresse pour se gaver d'azur.

Elle l'attend. Il arrive. Il se souvient d'un bar dans une salle bruyante. Le soir de leur rencontre. Une nuit de permission sur la côte près de L.A. Il avait commandé une bière. Une main avait poussé la pinte vers lui. Il y avait trempé les lèvres. Elle était tiède et sa mousse formait un vague liseré gluant. Il allait protester, mais une voix l'avait alerté.

– Leur frigo est en panne, avait-elle dit sans le regarder.

Jolie femme. Veste sage. Chignon noir. Peau mate. Elle avait un accent. Il avait voulu savoir ce qui se cachait derrière.

– Vous êtes mexicaine ?

– Non, pas mexicaine, avait-elle dit en faisant la moue.

– Péruvienne ?

– Non plus.

– Guatémaltèque ?

– Guatéquoi ? avait-elle repris, troublée par tout le bruit ambiant.

– … maltèque. Guatémaltèque.

– Ah, non, non. J'avais mal entendu.

– Colombienne, alors ?

– Vous n'allez tout de même pas faire le tour des pays d'Amérique latine ?

– Mais votre accent, et votre…

Elle avait esquivé. Anna faisait souvent cela. Il ne faisait pas bon dire qu'elle était italienne, surtout à un soldat. L'Amérique faisait la guerre aux Italiens comme elle. Et ses compatriotes, même naturalisés, étaient tenus en respect. Des camps avaient été construits, comme à Crystal City. On y parquait les Ritals avec les Japonais et les Allemands. Une dizaine de camps dont la presse parlait peu. Des camps par précaution. Elle y avait échappé grâce à l'intervention du collaborateur d'un juge très influent, bien introduit dans l'armée. Elle avait eu de la chance.

– Steve, un Martini, s'il te plaît.

Le barman avait levé le bras.

– Un Martini pour la belle.

– J'ai deviné ! Vous êtes italienne.

Elle avait blêmi avant de plonger son regard brun dans le vert du sien.

– Je suis née ici, s'était-elle indignée en gommant son accent. Je suis américaine.

Eatherly s'était excusé et avait commandé le même cocktail qu'elle à Steve, observé une pause et comme elle s'apprêtait à quitter le bar, l'avait suppliée d'accepter un verre, par amitié, pour parler d'autre chose et sceller la rencontre de deux peuples amis.

– Je suis qu'un soldat, madame, un pauvre plouc qu'est passé de la terre au ciel. Je manque de savoir-faire. Mais j'apprends. Et si vous voulez bien me donner une autre chance, je vous jure que je saurai me tenir.

– J'ai reconnu vos godillots. C'est des trucs de l'armée.

– Voilà ! Voilà ! Je vous mens pas, vous voyez. Je suis ni douanier ni employé du recensement public. Je vous chercherai pas de noises.

– Steve ?

Le barman s'était approché.

– Oui, Anna ?

– Un Coca, s'il te plaît.

– Vous vous appelez Anna, donc.

– Et vous ? avait-elle demandé.

– Je m'appelle Claude Eatherly, je viens de Van Alstyne, Texas, et je me suis engagé dans l'armée de l'air.

– Pilote ?

– Oui, madame.

– Anna, avait-elle corrigé.

– Oui, Anna.

Il avait évoqué ses missions, les côtes qu'il survolait, californienne ou texane, les Keys, jusqu'à Cuba, mais toujours loin du front. Le major n'avait pas dit qu'il n'avait jamais tiré le moindre coup de feu ni à terre ni en l'air. Il menait sa drôle de guerre au-dessus des Caraïbes ; planqué, malgré lui. Anna l'avait laissé dire et lui avait lutté de son mieux pour grappiller sur elle quelques informations.

– Je suis comédienne.

– Ah !

Il y avait eu un court silence.

– Y a pas de théâtre à Van Alstyne ?

– C'est une petite ville, mais Houston n'est pas loin. J'y ai vu une pièce un jour. J'ai oublié son titre. Je n'ai pas trop bien compris mais j'ai bien apprécié de voir ces comédiens se démener sur scène avec toutes leurs tirades. Il faut de la mémoire pour se tirer de ça.

Anna baissait les yeux. Elle prenait de la distance avec ce type inculte. Elle se lèverait bientôt. Elle lancerait un merci, un sourire, et adieu. Il risquait de la perdre. Mais le nom d'un acteur était venu à sa rescousse.

– Je me souviens de Victor Jory. Il jouait dans cette pièce. Vous connaissez cet acteur ?

Son regard s'était illuminé.

– Mais bien sûr que je le connais. J'ai joué avec lui, deux fois ! Il y avait Dana Andrews ?

– Ça me dit rien.

– Ils jouent souvent ensemble. C'est un très bon acteur, voyons. C'était quelle pièce ?

Il avait eu un air vaincu et avait laissé le silence s'en mêler comme on se donne une chance sur un malentendu. Ne rien dire, c'est laisser la part belle au possible.

– Victor a eu l'honneur de jouer dans *Autant en emporte le vent*.

– Je l'ai vu ! avait-il bondi. Au cinéma, y a quatre ans, avant le début de la guerre.

– Oui, c'est ça. En 1939. Victor jouait le régisseur aux côtés de Vivien Leigh, alias mam'zelle Scarlett. Vous vous souvenez ?

– Pas bien.

– J'adore la scène où Scarlett le croise et lui lance comme ça qu'il vient d'avoir un fils. « Mon enfant ? » s'étonne Victor Jory dans le film. « Oui, parfaitement ! Votre enfant ! qu'elle répond. Il est né et, Dieu merci, il est mort, monsieur. »

– Émouvant !

– Émouvant ! Émouvant ! Mais tu ne te rends pas compte, pilote. C'est une réplique sublime. C'est shakespearien ! Et lui l'a si bien jouée. Tiens, regarde mon bras, ça me refile le frisson.

Il la buvait des yeux. Il gobait tout d'elle, lui comme d'autres, comme tous les types derrière, clients de passage, alcoolos résidents, soldats en permission.

– Faut que je rentre. À bientôt !

Elle s'était soudain levée. Il lui avait jeté des questions pour savoir où la joindre… sans réponse.

Quelques semaines plus tard, en revenant de mission au large de Cuba, il avait reçu une lettre. Elle avait tout retenu. Son nom et son affectation. Elle avait glissé un ticket pour une pièce de Steinbeck.

« Venez quand vous pourrez ! »

Il avait décroché une permission pour la voir jouer dans une adaptation du roman *Des souris et des hommes*. Quatre murs. Une scène. Et elle qui incarnait la victime de Lennie. Il avait aimé la pièce et encore plus Anna qui lui rappelait un peu sa vie d'avant l'armée.

Claude Eatherly était un petit gars de la ferme, comme les protagonistes. Il avait grandi dans les prés et s'était nourri de silence en poussant comme un arbre, très souvent solitaire, à l'écart de la ville, de la foule et de ses frères trop grands pour se soucier du petit dernier.

Le soir de la première, il s'était pris au jeu de ce décor, des cartons, des costumes, de la scène.

– Je vous ai trouvée très juste, avait-il dit après.

– Ça, c'est un commentaire !

En revenant le mois suivant, toujours pour la même pièce, Eatherly avait sursauté en voyant la main du gros Lennie agripper le bras d'Anna. Si son voisin de salle ne l'avait pas retenu, il se serait rué sur lui.

– C'est peut-être que tu m'aimes…, lui avait-elle murmuré en coulisses.

La semaine, dans les airs, il pensait à cette fille. Une photo dans la poche. Son nom marmonné en mission. Le souvenir de sa peau. La hâte d'y retourner, quitte à passer deux heures, une fois de plus, dans cette salle, lui qui ne supportait pas de rester assis parmi la foule, à l'époque des dimanches au temple avec les siens, sa mère tenant sa bible et une feuille de recettes pour marquer la bonne page. Il se moquait bien de Dieu, de ses saints et de l'enfer. Eatherly s'évadait en scrutant les crevasses de la voûte jusqu'à ce que la cloche sonne.

En se réveillant auprès d'elle dans son petit lit d'hôtel, il avait pressenti que le bon Dieu existait, et s'était mis à croire à tout le saint-frusquin de l'alliance et du mariage. Il lui avait tendu une belle boîte en cuir qui contenait un caillou d'un carat enchâssé dans de l'or.

– Mais la guerre va te prendre !

– Je ne vais jamais loin.

– Mais un jour, ils pourraient t'envoyer en mission en Europe ou même pire, dans le Pacifique.

– Un jour, oui, peut-être. Mais je suis un bon pilote.

Il n'était pas né pilote. Il n'était pas né en l'air. Eatherly était terrien. Il aurait repris la ferme si, un soir de décembre, son père n'avait pas tapé du poing sur la table en entendant que le Japon attaquait Pearl Harbor. Il y serait bien resté si ses voisins d'église, ceux de l'école et tous les gars des fermes environnantes n'avaient pas pris la route pour le bureau militaire de Dallas. Il n'allait pas dire à Anna qu'il avait fait comme les autres, qu'il s'était conformé à l'élan de milliers de petits gars du Texas. Mais c'était vrai, pourtant.

Le soir de la dernière, elle voulut tout savoir sur son engagement et ses histoires de pilote.

– Comment es-tu passé du tracteur à l'avion ?

Il lui a raconté qu'à Dallas, un médecin militaire l'avait soumis à des tests.

– À l'époque, j'ignorais ce qu'ils allaient faire de moi.

Il avait une bonne vue, du sang-froid et pouvait tenir des plombes assis, sans rechigner. Marin ? Non, il avait le mal de mer. Artilleur ? Bof ! Il n'aimait pas les éclats, les explosifs et la mitraille provoquaient des sursauts de réflexe. Aviateur ? Ah, tiens… Aviateur… Oui, tentant.

– On m'a mis à l'essai sur une base de Floride. On m'a envoyé en l'air, un casque sur les oreilles et un crayon en main pour noter tout ce qui passait sur les ondes. Mais je tournais la tête pour suivre le paysage par le hublot. Si tu pouvais voir ça ! Cette vue vertigineuse. Pour la première fois de ma vie, j'ai formulé un souhait.

– Ah oui, a-t-elle minaudé, espérant qu'il dirait qu'il voulait l'épouser.

– Je voulais changer de place, prendre le fauteuil devant.

– Pourquoi ?

Il a pensé sans le dire que c'était pour bouffer de l'immense, s'astiquer le nerf optique, se gaver les rétines de tout ce que Galilée n'avait pas vu de son vivant, et choisir où aller. Il serait donc pilote. Non pas mécanicien ou radio ou je ne sais quoi. Non. Pilote.

– Tout se rejoint sur notre grosse boule ronde de Terre, mais rien ne ressemble à rien pour qui sait regarder.

Une ligne entre deux mondes. L'horizon comme une lame qui coupe les deux grands bleus, de la mer et du ciel. Une scène à l'infini. Son avion pour coulisses. Il est devenu pilote, engagé volontaire, acteur d'une guerre sans feu. Il a changé d'avion. Et puis, il lui a dit ce qu'elle voulait entendre.

Elle a dit oui. Depuis qu'ils sont mariés, Claude Eatherly pilote le plus gros zinc du monde. Une superforteresse qui vient de sortir d'usine pour une nouvelle mission loin des côtes du pays et qui fera la fierté du fils qu'ils viennent d'avoir.

– Oh ! mon chéri de mari. Comme c'est bon de te retrouver.

Son chien reste allongé sur la banquette arrière.

Sous ses mains, Eatherly sent sa taille redevenue

fine. Plus de trace de sa grossesse. Son ventre contre le sien, leur fils à Van Alstyne, son odeur et ses cheveux qui volent parce qu'un nouvel avion vient de passer en rase-mottes. Les unes après les autres, d'autres femmes de pilote se garent comme elle en épi le long de la piste. Ils viennent tous de recevoir leur ordre de mission. Le départ est pour bientôt.

Comment le lui annoncer ? Eatherly a remué toute la flaque de la nuit en guettant la bonne formule. À l'aube, il a conclu qu'elle comprendrait d'elle-même. Anna est intuitive. Elle déniche tout ce qu'il planque dans les plis de sa pensée. C'est comme un sixième sens, un radar à ondes courtes qui se déclenche quand ils se voient.

– Tu m'as tellement manqué. Et à ton fils aussi. Il bredouille des « papa ».

– Montre.

Anna sort sa photo. Une grosse bouille ronde et claire. De grands yeux encore sombres.

– Il nous ressemble…

Ils vont regagner sa chambre dans le coin des officiers. Les draps du lit sont propres. Après, il l'emmènera faire un tour, à l'écart des odeurs de carburant, du vacarme des moteurs, du grouillement des hommes et des regards indiscrets. Là-haut, dans la montagne, il a repéré un coin. Plus tard. Après…

7

Anna a retenu des milliers de phrases toutes faites sur l'amour, sur le couple et l'idée de la famille. Des courtes, comme des slogans qui vous cravachent le cœur, elle en a récolté au détour des romans, sur les écrans de cinéma, sur les planches, dans les bars. Elle les a toutes notées dans un petit carnet noir. Il y en a même des longues, des très longues qu'elle se récite au volant, de Oakland à Reno. D'interminables tirades avec des éclats de joie et des trains de soupirs. Elle en a plein la tête, depuis qu'elle est jeune femme. C'est comme des fondations. Des lignes qui la font tenir. Des ciments essentiels qu'elle a trouvés en chemin pour bâtir le roman d'une vie rêvée.

Enfant, elle a poussé entre silence et cris. Le silence du mépris, de son père, de sa mère qui déjeunaient sans elle. Les reproches qui pleuvaient, les cris qui s'abattaient à la moindre occasion, pour une cuillerée de trop, une demande mal tombée. Jamais un mot de tendresse. Jamais un geste vers elle autrement que pour la battre et lui faire regretter d'être entrée sans frapper, née par inadvertance, par un accident de lit qui ajoutait une bouche dans ce modeste foyer. Anna avait un frère. Son aîné de deux ans. Ses parents l'attendaient, lui. Ils l'aimaient, lui. Le désiraient vraiment. Anna était de trop.

Il a fallu trouver des mots après ce foyer froid, des élans de tendresse pour faire mieux.

Comme elle était jolie, des hommes se sont déclarés. Elle a semé ses boules de bas nylon chez des tas d'inconnus. Des mains posées sur elle, des bouches pour la bouffer toute crue, toute nue, en recrachant parfois des mots de bazar, tout l'argot du désir, des mots qui rimaient par hasard avec l'idée qu'Anna se faisait de l'amour.

Mais les livres disaient plus et le théâtre livrait tout. Elle a lu ce qu'elle pouvait, quand ses amants dormaient. Puis elle se récitait ce qu'elle venait de lire, dans sa tête, dans la rue, dans l'escalier de secours qui menait au grand théâtre de Pasadena où elle pourchassait les moutons de poussière et les toiles d'araignées. À seize ans, Anna venait de décrocher un premier petit boulot. Au théâtre. En coulisses. Un balai dans la main, des rimes plein la tête et la salle, pas loin, qui se remplissait chaque soir de hourras et de fleurs pour d'autres femmes moins belles qu'elle. Un amant lui a promis que son tour viendrait. Le type a tenu parole. Il montait une pièce. Anna a obtenu un rôle. Menu. Minuscule. Gratuit, presque invisible. Elle passait, rapidement, puis avec une phrase, et puis une paire de phrases, jusqu'à faire une tirade. Elle était plutôt douée pour dire les mots des autres.

Comment exprimer ce qu'elle ressent là, à cet instant précis, quand sa main prend la sienne ? Femme, elle se sent enfin libre. Comment traduire ce bourrelet de bonheur qui rend un peu béat ? Elle en a aimé, des hommes, avant son beau pilote. Des vauriens, des plus riches, des comédiens en vue, des drôles, des amuseurs. Un peu de tout. Et puis, il y a eu Billy, qui assistait un juge du Wisconsin. Billy…

Eatherly est différent. Il porte l'uniforme. Il pilote un avion. Il va partir loin pour cette grosse guerre mondiale. Il est plein de bonté. C'est un gars courageux, un terrien un peu sage. Il ressemble aux héros qu'elle a lus dans Shakespeare. Il est de cette étoffe. Brut et beau. Elle y croit.

– Ça va ? lui demande-t-il.

Elle hoche la tête, le regard tendu dans le vide, sans coucher de soleil, sans horizon sublime, sans l'incendie du ciel ou le moindre spectacle.

Et pourtant, oui, ça va !

C'est d'un banal achevé. Si cela faisait dix ans qu'il lui servait des « Ça va ? » sans rien d'autre, elle se serait rebellée. Mais pas là. Non. Pas lui ni cette fois.

Elle est assise près de lui. Les fesses sur un rocher et une vue plongeante sur la piste principale, les hangars en métal, les panneaux de lumière et le jour qui finit gentiment. Un frisson la désaxe. La température chute depuis qu'ils ne marchent plus. Il l'enveloppe de son bras. Si elle ne l'aimait pas, elle penserait que cet homme n'a pas la carrure que l'on prête aux soldats. Ses longs bras sont menus. Il a un cou de tortue, un nez en forme de proue et des yeux alanguis.

Si un jour quelqu'un lui avait demandé de décrire son type d'homme, elle aurait brossé le portrait d'un autre. Fort. Nez court. Regard vif et plongé dans tout ce qui se publiait. Presse du jour. Roman de l'année. Cours de la Bourse. Comme Billy.

Eatherly ne lit pas. Il préfère regarder ce qui se présente à lui. C'est un contemplatif, avec une pointe de taciturnité, quelque chose de perdu qu'il cherche au fond de lui, quand ceux qu'elle fréquentait vivaient toutes voiles dehors, faisant étalage de tout et surtout de ce qu'ils n'avaient pas : la frime des grandes villas, son cul pour un « je t'aime », du sexe à coups de klaxon, jusqu'à ce qu'une autre conne se retourne et réponde : « Et moi, alors ? »

Pas lui. Pas Eatherly. Ses racines sont profondes. Il est texan. Ses bras sont des branches de tendresse au bout desquelles elle pourrait se balancer de longues heures.

– Ton odeur ! murmure-t-elle, lovée tout contre lui. J'aime ton odeur, chéri.

Eatherly lui répond d'une longue pression des doigts suivie d'un court silence. C'est le morse des amoureux.

Plus tard, peu avant que la nuit tombe, face au Quonset des officiers, le colonel Tibbets se juche sur la caisse à savon qui lui sert d'estrade. Son aide de camp lui tend un porte-voix en zinc qu'il rembarre d'un geste.

– Pas ce soir, dit Tibbets avant de fouiller des yeux la foule massée devant lui. Nous sommes entre nous, en famille, si j'ose dire. Je ne ferai pas de long discours.

Ils sont une centaine. Des couples, tous assez jeunes. Des filles moins jolies qu'elle. Tous les hommes portent fièrement le beige réglementaire. Anna regarde les poitrines gonflées de bravoure, de faits d'armes, de médailles pour des gloires à venir. La plupart ne connaissent que la guerre de loin. Comme Eatherly. Il a bien son Anna accrochée à son bras, mais il n'a pas encore vécu le frisson de la chasse, l'excitation de la traque et les affres du sang versé dans les rangs ennemis.

– Mesdames, vous qui êtes venues rendre visite à vos hommes, vous pouvez être fières d'eux, car ce sont les meilleurs. Les meilleurs maris, d'après ce que j'ai entendu ; et surtout les meilleurs aviateurs de cette foutue guerre. Et ça, vous pouvez me croire. C'est moi qui les ai préparés. Un par un.

Elle passe, sans y faire gaffe, la main sur sa poitrine.

Ses doigts glissent sur ses plis. Il bombe un peu le torse, comme s'il allait recevoir sa première paire d'ailes d'or. Mais c'est son cœur qu'elle palpe.

– Dans quelques heures, vos hommes s'envoleront vers la plus grande base que l'Amérique ait bâtie. Une base située aux confins du Pacifique. Oui. Le Pacifique. C'est là qu'ils vont aller.

Coup de coude d'Eatherly.

Bien sûr qu'Anna le savait.

– Les communications seront restreintes, car, si tout se passe comme nous l'espérons, ils seront engagés dans l'opération la plus importante de leur vie, la plus importante de la guerre et peut-être la plus importante de l'Histoire.

La plus importante de l'Histoire ? Anna tourne cette phrase en elle, dans tous les sens, comme un visiteur débarquant dans une maison à vendre. Elle en prend la mesure, l'arpente dans un sens puis dans l'autre. L'étire. Tique. Elle a peur de s'y retrouver seule. Elle ne veut pas être seule. L'histoire dont elle rêve se vit à deux, à trois, voire à quatre si un autre enfant venait.

– Comment ça, importante ? marmonne-t-elle.

Eatherly colle son index sur ses lèvres, l'embrasse et se retourne vers son chef. Anna remarque une petite blonde qui s'agrippe à un bras. Une autre balance à son fiancé des coups de coude complices. Sait-elle ? Que sait-elle de plus qu'elle ? Sa voisine baisse les yeux et frotte ses semelles contre la piste. Le chien Dingo se tient coi.

Le grand chef poursuit son bruit de fond. Anna lève le front pour détendre sa nuque. Elle inspire longuement.

– Tu feras vite, hein ?

Il hoche la tête.

– Tu feras bien gaffe aussi.

Il plisse seulement les yeux, pour ne pas perturber le discours du grand chef.

– T'as intérêt, je peux te dire. J'ai jamais joué une veuve. Je sais pas comment on fait. Et je refuserai d'apprendre. Pigé ?

8

Eatherly est parti. Il a survolé le Nevada, Oakland puis l'océan, filant vers le couchant, du roux fauve dans les yeux, plein de Son Éminence qui se vidait de son or, de ses ocres et de ses pourpres, griffant la mer au sang pendant que le reste du monde virait mélancolique.

– Pilote automatique activé !

– Bien reçu, major.

Ce grade lui plaît bien. Major depuis la veille. Il va laisser la nuit aux mains de son copilote et se glisser dans le ventre de son long bombardier. Un tuyau compliqué de câbles et de fils le traverse de part en part. Une vingtaine de pas qui ne se font que courbé, à deux, maximum. Au bout, près de sa queue, un petit local glacial fait office de dortoir. Quatre lits à partager, comme les bannettes des marins, ce qui a l'avantage de les réchauffer un peu. Il s'est allongé dans le lit du haut, a regardé sa montre et s'est dit qu'il avait quatre bonnes heures devant lui. Dans le filet tendu au-dessus de sa tête il a vidé ses poches. Une photo d'Anna. Une plus petite de leur fils. Une lettre de sa mère, Belle. Son jeu de cartes fétiche et un carnet dans lequel il est censé noter ce qui lui passe par la tête.

À la date du jour, dimanche 10 juin 1945, il a écrit deux mots : « Parti loin. » Rien de plus. Les phrases, les grandes idées bien tournées, c'est vraiment pas son truc. Il laisse ça aux autres, à sa femme, par exemple, à tous ceux qui ont le don inouï de traduire le brouhaha des pensées, la complexité des désirs, des attentes, des regrets. Eatherly n'est pas sot. Non. Pas du tout ! Il éprouve. Il sent. Il sait. Mais quand il s'efforce de noter quelque chose, ce n'est qu'une réduction, la capture imparfaite d'une idée, la trace d'une émotion. Il faut lui faire plaisir. C'est Anna qui le veut. Ce qu'Anna veut, elle l'a. Elle a dit que, comme ça, quand ils iraient dîner chez des amis en ville, ou quand leur fils serait plus grand, il se souviendrait de tout, il pourrait tenir des heures à conter ses exploits.

– Des exploits ?

– Ben oui, c'est bien ce qu'il a dit, ton colonel Tibbets. Il a parlé d'une « mission historique ».

Perché dans sa bannette, à deux mille pieds en l'air, il mâchonne son crayon et tourne autour du mot. « Parti loin », ça dit tout ! Des centaines de miles les séparent déjà. Doit-il ajouter qu'il se sent bien ? Qu'il est heureux ? Qu'il n'a sans doute jamais été aussi heureux de sa vie ? Non. Ils ne comprendraient pas. Comment pourrait-on être heureux de voler vers le front ? Le temps des embrassades, des roulements de biceps, de la grande Amérique qui triomphera du mal est passé depuis longtemps. Il y a déjà eu des morts. Des centaines de milliers. L'an dernier, rien qu'au cours du jour J, six mille hommes ont péri sur les plages normandes. Lui part dans l'autre sens, vers le soleil couchant, porter le coup de grâce à l'empereur.

Mais ce qui le rend heureux, c'est surtout le mouvement. Non pas le but, parce que dans le but, il y a fatalement une fin. Mais l'élan. Le fait d'être porté vers un ailleurs, comme au temps de son enfance, quand il partait chasser. La prise importait peu. Ce qu'il aimait plus que tout, c'était la poursuite, le prétexte de la traque. Il n'a jamais compris que son père, Pa', lui en ait voulu parce qu'il avait tardé avant de viser ce cerf, un trois-cors assez vif de la forêt de Lavon. Il avait levé son arme et pointé pour le voir. Le cerf avait entendu le craquement d'une branche et déguerpi dare-dare. Son père n'en était pas revenu. Cela faisait des heures qu'ils étaient sur sa piste, conduits par une empreinte, doigts pointus, talon rond, et une flaque dans laquelle la bête s'était « souillée » en laissant quelques poils et des brindilles cassées. Il avait fallu s'y remettre, tout reprendre du début. Poursuivre. Tant que possible. Il aimait cela. Pas eux. Son père, ses frères s'étaient retrouvés bredouilles et avaient ruminé l'échec.

Ses frères s'étaient mis à l'appeler « Manque au but ». Il aurait pu se braquer, laisser monter les larmes, trépigner, se défendre. Il aurait pu passer des jours et des années à s'ébrouer de son mieux pour leur prouver le contraire, à viser, viser encore, comme font les petits garçons pour attester leur force et leur agilité. Au grand dam de ses frères, il avait laissé l'expression se métaboliser et prendre, peu à peu, des contours de vérité.

Une année d'entraînement pour intégrer l'équipe de base-ball de Sherman, et une place obtenue, mais sur la liste d'attente. « Manque au but ».

Cent hectares de bonnes terres aux enchères, mais un train en retard qui l'avait fait arriver après le coup de marteau. « Manque au but ».

Une jolie fiancée qui se faisait la malle parce qu'elle avait croisé un mâle plus conforme à ses souhaits. « Manque au but ».

Mais depuis ce jour de décembre où sa mère a déployé le pavillon du pays au fronton de leur foyer, il a été le premier des frères à gagner ses galons, à devenir officier, et mit la photo de Belle dans son béret de pilote.

La photo y est toujours, rangée dans le filet au-dessus de son oreiller. C'est en pensant à sa mère qu'Eatherly se réveille. Elle était dans son rêve, vêtue d'une robe noire, rapiécée à la manche.

– Major, on approche.

Bivans, l'assistant ingénieur, se tient au-dessus de lui. Il a les yeux cernés, des dents un peu de traviole. Sa main se dégage de l'épaule d'Eatherly.

– Vous dormiez profondément, major. Alors, je me suis permis…

– Bien sûr, répond-il, rassemblant son béret, son carnet et ses cartes.

Les ingénieurs de l'Air Force ont beau avoir tiré des gaines de pressurisation et de chauffage, au-delà de quinze mille pieds la carlingue se glace. Eatherly se frappe les flancs. C'est la première fois que son avion vole si loin et si haut. Son B-29 doit encore faire ses preuves. Il y a deux ans, il n'était qu'une ébauche à l'étude sur une chaîne d'assemblage, entouré d'ingénieurs qui se grattaient le crâne à se demander comment ils allaient bien pouvoir s'y prendre pour qu'un engin pareil, soixante tonnes à vide, trente mètres de long et quarante-trois d'envergure, tienne en l'air, le plus haut, le plus loin et le plus longtemps possible. Les essais dans le désert étaient encourageants. Il fallait voir maintenant s'il résistait en conditions réelles, en mer, au bout du monde. Eatherly longe l'engin en rabattant sa veste en cuir doublé de mouton. Il s'installe dans son Vatican d'aviateur.

Le copilote est là, les lèvres bleues et le visage embrouillé.

– C'est bon, Ira. Je reprends les commandes.

Ira C. Weatherly lui renvoie un coup d'œil amusé.

– Maintenant, major ?

Au bout de cette nuit de mine, où l'horizon se devine comme un soupçon, un halo se dessine. Ira, le copilote, pointe le doigt sur la carte. Une ligne rouge tendue vers un arc en pointillé. Une quinzaine d'îlots dessinés aux confins de l'océan Pacifique, entre l'Australie et le Japon.

– L'archipel des Mariannes.

– Exact, major. On n'est plus très loin du but.

– Pourvu qu'on ne meure pas de froid.

– Tinian, balbutie Eatherly.

– Oui, Tinian.

De cet atoll perdu, il ne connaît que ce point minuscule marqué sur une carte à l'échelle 1/100 000. Une patate de terre ferme, près d'une autre patate dessinée d'un trait noir.

Il a entendu dire que, pour arracher cet îlot à l'armée impériale japonaise, il a fallu se battre avec acharnement. D'abord de loin, du large, à coups d'obus que trois croiseurs crachaient, jour et nuit. Des obus de 155. Ensuite, l'aviation a méthodiquement balancé un produit que les génies d'Harvard venaient de mettre au point. Un composé chimique à base de naphtaline et de sodium. Le tout a donné un gel jaune pisse hautement inflammable, qui se répandait partout, sur le bois des maisons, les joncs et les forêts, la peau des bêtes, des hommes et sur tout ce qui traînait. L'armée a balancé tous ses stocks sur l'atoll, rasant tous les villages, mais pas la résistance de l'armée japonaise qui s'était repliée dans les grottes du bout de l'île, dans toutes les cavités naturelles ou creusées. Des chars ont suivi et, une semaine durant, au cours de l'été 1944, ils ont labouré l'île, parqué ceux qui se rendaient et poussé les derniers vers les hautes falaises de la pointe sud.

C'est par cet à-pic de calcaire qu'Eatherly aborde Tinian. Par la « falaise des suicidés ». La piste qu'il vise est située juste après.

– Tirs ! Tirs ennemis, major ! On est sous le feu !

9

Au cœur du mois de juin, quand la nature s'efforce de reprendre un peu de souffle et que les dernières récoltes mettent les fermiers à bout, Van Alstyne s'accroche.

Le père, Pa' Eatherly, prend de l'avance et reconstitue déjà son stock de bois de chauffe pour l'hiver. Belle, sa femme, ramasse ses premiers fruits pour faire des confitures.

C'est ce parfum amer qu'Anna doit supporter. Elle est rincée par ses longues heures de route en suçotant des boules de gomme pour sa gorge. Le blanc crème du volant a déteint sur ses doigts. Ses épaules rentrées font une écharpe de chair sur son torse recouvert d'une chemise trop légère pour lui faire un peu d'ombre. Sa capote est coincée. Elle a les bras rougis. Il faudrait tout changer. La capote et la caisse. C'est cher.

Sa voiture serpente sur un chemin de terre damé par les sabots des chevaux et des bœufs. Elle tangue dans le virage. Elle bascule au coup de frein qui fait crisser la terre et déclenche les pleurs de son fils resté là.

Belle sort l'accueillir dans la cour. Son fils dans une main, une cuillère dans l'autre. Le petit garçon s'agite. Il veut lâcher la main de sa grand-mère. Il insiste. Il voudrait lui montrer les progrès qu'il a faits. La tête couverte de cheveux noirs, il s'avance vaillamment en tâtant l'espace vide qui le sépare de sa mère. Les deux bras tendus devant. Les doigts pianotant l'air. Le regard vissé dans celui de sa mère comme s'il jetait vers elle sa ligne de vie, le cordon qu'il n'a plus.

– La revoilà ! marmonne Belle.

Anna ouvre ses bras, colle ses genoux à terre et déclenche la plus belle bouée de sauvetage du monde : son sourire de mère.

– Viens, mon chéri. Viens me voir, dit-elle, envahie par la joie de retrouver son gosse.

Emporté par son élan, il enchaîne quelques pas. Trois. Quatre. Mais le réel s'en mêle. Sa volonté affronte les lois de la gravité. Le petit se met à battre l'air qui refuse de le soutenir. Ses yeux brillent encore de l'éclat des retrouvailles, mais le doute plisse son front. Il fait deux pas de plus, à mi-chemin de Belle et d'Anna. Ses boudins de doigts se crispent. Son regard vire soudain et sa bouche s'embarbouille. Il ne comprend pas qu'il puisse rester tant de vide entre lui et sa mère. Cet espace impalpable. Cette absence de chair, alors que c'est contre elle qu'il a passé le plus clair de son temps depuis qu'il est au monde.

– Presque, tu y es presque, mon fils.

Il se cambre soudain, emporté par le cul, loin du point d'équilibre qui le maintenait d'aplomb. Ses jambes flanchent. Il tombe. Les fesses plantées dans le sol. Le dos droit. Les paumes levées haut et le visage défait. Tout est exacerbé quand on n'a pas les mots. Un pas est une victoire. Une chute, la fin du monde.

– Papa-pa-pa-pa, bafouille-t-il en tombant dans les bras de sa mère.

– C'est bien, mon fils ! C'est bien, répète-t-elle en le collant contre elle.

– Il a bien biberonné, lance Belle d'un ton faussement

neutre. Mais il n'a pas fait de sieste. Il était agité, comme s'il avait deviné que vous alliez revenir.

Anna sourit en câlinant son fils. Ses petits poings se desserrent et son corps s'alanguit comme une chiffe lourde et molle. Sa tête bascule. Il a vu le chien, derrière.

– Dingo ! Viens là, dit-elle.

Il jaillit de la portière et se met à faire des tours sur lui-même devant l'enfant, d'abord perplexe, puis hilare.

Belle s'écarte du passage.

– Un chien, quelle drôle d'idée ! dit-elle. On a bien assez de bêtes ici. Y sera de trop.

Belle est ainsi. Brute. Telle quelle. Elle dit tout ce qui lui vient sans jamais prendre le temps de mesurer ses pensées.

– Merci d'avoir pris soin de mon fils.

– C't'un bon petit gars, dit Belle. Y ressemble à son père.

Pendant que le chien fait le tour de la ferme à la recherche d'un point d'eau qui n'aurait pas séché, Anna entre, son fils dans les bras.

C'est une vieille ferme en bois, construite avec le siècle, sur un beau terrain de cent cinquante hectares. Mais le couple qui l'habite est bardé de vues courtes, de certitudes et de défiances contre ceux qui viennent d'ailleurs. L'atavisme est profond. Il remonte aux vieilles branches de leur généalogie.

L'arrière-grand-père, d'abord. Il était né texan et s'était retrouvé à la tête d'une grappe de soldats vêtus de gris, la baïonnette vissée au bout de leurs fusils et la chimère en tête, persuadés qu'ils allaient faire taire le canon bleu et bouter les yankees. Le brave arrière-grand-père fut traversé par le premier boulet de sa première bataille. Sa tombe est dressée juste derrière.

Un grand-oncle, conscrit en 1917, uniforme vert

olive, avait fêté ses vingt ans à fond de cale d'un ferry, traversé l'Atlantique, débarqué sur les côtes et sillonné la France à bord d'une boîte en fer équipée de chenilles, d'une tourelle couinante et d'un canon bruyant. Par la fente située à l'avant de son tank, il ne vit pas le shrapnell tombé à Lunéville. Sa butée de mise à feu dépassait du sol brun. Le grand-oncle roula dessus et se retrouva propulsé à dix mètres hors du tank, le corps criblé de billes. Le plomb et le cadavre furent aussi enterrés derrière la ferme.

Depuis, les Eatherly se méfient de tout ce qui porte une arme et parle une autre langue.

Comme Anna.

Elle est l'Italienne. Ils gardent leurs distances avec cette fille de la côte qui ne pense pas comme eux, qui a connu d'autres hommes avant de prendre leur fils, qui se donnait en spectacle et qui a magouillé on ne sait trop quoi de louche avec une huile du Wisconsin pour éviter de finir comme ses compatriotes à Poston ou à Granada. C'est là qu'on tient à l'œil les ennemis résidents, ceux de la cinquième colonne.

Anna monte l'escalier et s'installe dans la chambre de son mari. Un lit. Une table. Deux chaises. Pas de crème pour ses bras. Au sol, près de la fenêtre, une grosse caisse en bois, comme celle sur laquelle le colonel Tibbets s'était juché, l'autre jour. Son fond est tapissé d'un molleton épais. Elle y dépose son fils et le recouvre d'un drap de laine. Sa bouche suçote l'air, par réflexe. Puis il se tourne et dort.

Elle tire les rideaux. Le matelas se creuse sous elle. Ses ressorts grincent à chaque geste. Elle cale ses mains jointes sous sa tête et rabat ses jambes nues. Elle voudrait bien dormir, elle aussi. Sa lassitude pèse. Ses paupières sont des murs. Un fin filet de bave dégouline de sa bouche et imbibe le dessus-de-lit. Sans réagir, elle sombre. Cela faisait si longtemps.

Elle dort. Elle ne se rend pas compte que son fils s'est glissé dans son lit pour dormir contre elle. Elle n'entend pas les marches qui craquent dans l'escalier, ni les pas dans le couloir, ni les deux coups frappés à la porte de sa chambre.

– À table ! dit la grosse voix de Pa'.

Elle s'étire.

– Oui, oui. J'arrive. J'ai dormi ? Longtemps ?

Anna relève sa manche pour lire l'heure à sa montre. Son fils s'agrippe au pied du petit bureau et tente d'attraper un coupe-papier rouillé. Elle l'en détourne et regagne la salle du rez-de-chaussée.

– Vous étiez déjà couchée ? lui demande Belle.

– Oui. Tombée comme une pierre.

Belle pose la soupière sur un support d'étain. D'ordinaire, le dimanche, elle rallonge sa table pour partager le repas ; avec ses fils pour débattre du choix des grains et du meilleur engrais ; avec ses filles et ses belles-filles qui se répandent sur tout ce qui se tresse, se coud, s'achète et se trame dans les foyers du comté. À cette marmaille s'ajoutent quelques cousins et des amis de la paroisse qui ressassent leurs épîtres avec la conviction d'un hamster dans sa roue.

Pas ce dimanche.

Trois couverts.

Ils ferment tout quand elle vient.

La grande table est vide. Deux chandelles neuves trônent.

Pa' pioche une louchée de soupe d'un geste mécanique, comme si un fil ténu lui soulevait le bras. Puis lape le tout, et y retourne, la nuque lourde, la tête arc-boutée sur le souvenir de ses fils. Il n'y aura pas un mot.

Ils la nourrissent, c'est tout. Parce qu'il faut bien nourrir le sein que tète leur petit-fils et la femme de leur fils.

Belle balance des regards, les paupières chargées, les pupilles cherchant des queues de réponse à la question que se posent toutes les mères de soldats.

– Comment était-il ?

– Calme et serein.

Belle garde les coudes collés, les avant-bras alignés, parallèles aux couverts. Du bout des ongles, elle triture son bout de pain. Sa croûte se fendille comme une coquille d'œuf.

– Et son avion ? demande-t-elle en enfonçant le pouce dans la mie pour la malaxer.

Anna relève sa cuillère.

– Immense ! dit-elle en écartant les bras. Avec des ailes si grandes qu'il semble impossible qu'on le décroche du ciel. Tout en aluminium. Plus brillant que votre citerne.

– Visible de loin ! coupe Pa'.

Elle hésite.

– Il m'a dit qu'il volerait à très haute altitude.

– Vrai ? dit Belle, presque soulagée. Haute comment ?

– Trente mille pieds. C'est plus haut que les nuages les plus hauts.

– Pourquoi donc ? demande Pa'.

Elle l'ignore.

Pa' repousse son assiette, plie sa serviette pour former un bourrelet et s'en tamponne la bouche.

– Les Eatherly ne sont pas bons à la guerre.

Le visage de Belle se crispe. Elle lâche son croûton pour se tenir le ventre.

– Ça va, Belle ? Qu'est-ce qui se passe ?

10

– On s'en charge ! Poursuivez ! lance la tour de contrôle.

La carlingue crépite. Un pavé de verre se fracture autour du point d'impact. Le major fait de son mieux. Il est calme. Concentré. Mais son gros avion peine avec si peu de gaz. Il était en approche. Ses moteurs ralentis. Il manque de puissance pour virer comme il faut et ne peut pas riposter. Pas de tourelle défensive. Pas de tireur de queue. Sa carlingue n'est pas hérissée d'armes. Il est conditionné pour transporter des bombes, et son gros ventre est vide.

Les tirs viennent de plus bas, de cette falaise abrupte située tout près des pistes.

– On redresse et on se pose, dit-il à l'équipage.

Le copilote s'accroche aux commandes jumelles. Le bombardier ne peut que constater les faits. Le radio garde la ligne. Les autres prient en silence.

Une explosion retentit. Des cailloux et du sable s'élèvent comme un geyser. Il ne peut pas entendre les cris des soldats qui meurent. Une dernière résistance. Un acte suicidaire. Combien de soldats viennent de périr pour rien, une fissure dans le cockpit, un pavé qu'on changera ? Deux ? Dix ?

– Ici tour de contrôle, le problème est réglé !

Il n'est plus qu'à cent pieds. Cinquante. La gomme des roues laisse une trace sur la piste. Tinian se déroule sous l'avion.

– C'est bon, s'écrie le major.

Un ouf de soulagement passe sur les ondes locales. C'est son premier contact avec ce drôle d'atoll.

Tinian est un caillou qui affleure au ras de l'eau, aux confins de la mer des Philippines et du Pacifique Nord. Depuis que les troupes ont expurgé les lieux, le génie maritime des Seabees a fait de ce rocher la plus grande base aérienne du monde. Une dizaine de pistes. Quatre tours de contrôle. Des centaines de Quonsets. Des hangars en demi-lune. Des dizaines de citernes haut perchées pleines d'eau douce et d'autres moins hautes pour stocker le carburant. Tinian bruit d'un vacarme incessant. Nuit et jour. Des avions atterrissent ou décollent. Tinian est une ruche nerveuse protégée par des batteries de récifs coralliens et de canons antiaériens, des milliers d'hommes en armes, des centaines d'avions. Il a bien fallu ça pour tenter de faire plier l'empereur du Japon et ses kamikazes mus par une force folle, une foi effarante. Hirohito est un dieu et leur devoir suprême est de défendre l'empereur, coûte que coûte. Pas de défaite possible. Aucune reddition. Formuler les contours, même vagues, d'une capitulation, c'est l'assurance de devoir se crever le ventre d'un long sabre ou d'une fourche, selon l'estime et le rang. La lutte s'annonce serrée. Elle dépasse la guerre des hommes contre les hommes. La défaite de cet Empire est une apostasie.

Tinian est bâti dans ce but. Rendre l'impossible possible. Déloger le sacré. Imposer le réel d'un rapport de force qui joue contre l'Empire. Sans cesse, le bal brutal enchaîne les rondes et les hourras. Les rapaces monstrueux s'alignent sur les pistes et s'élancent vers Tokyo, Kyoto, Kyushu ou Shikoku, c'est selon.

Eatherly quitte son poste, remballe sa paire de rois, sa mise, ses cartes et suit ses partenaires à travers la place d'armes inondée de soleil. Pendant que le vent du large balaie les palmiers, la ronde des avions se poursuit tout autour. Il y est. Le bruissement des hélices. Les crissements des pneus. Les pistons qui brassent l'huile et le retour des vivants. C'est là.

Il s'engouffre dans le mess, le campement réservé aux membres du 509e groupe, comme lui. Il reste une place de libre. Il se glisse entre deux dos. Dîne tôt et va se coucher.

Un jour passe. Il ne sort pas de sa piaule.

La première semaine défile sans qu'il quitte la base.

Il sort voir son avion. Le B-29 immense brille sous le soleil de Tinian. Mais il n'a pas bougé.

Tout cela ne colle pas avec l'idée qu'Eatherly se faisait de la guerre, de la vraie. Il n'est pas le seul d'ailleurs. Ça grogne dans les rangs…

Le colonel Tibbets s'engage entre les bancs. Une vingtaine de pilotes pour une poignée d'avions, tous venus de Wendover. Ils ne savent pas clairement ce qu'ils foutent sur cette base, sous cette voûte d'acier pleine d'air climatisé, à regarder les autres pilotes, ceux des autres groupes, des chasseurs Hellcat, des torpilleurs Avenger, prendre des paquets de missions, s'envoler, revenir, et certains y rester.

Les bombardiers ne sortent pas. Aucun B-29 ne décolle.

Tibbets leur avait dit, pourtant, qu'ils marqueraient l'Histoire avec une nouvelle arme qu'il appelle le « gadget ».

– Ce « gadget », c'est quoi ?

Un secret.

– C'est pour quand ?

Pour bientôt.

Voilà. C'est tout. Il faudra s'adapter à l'agenda mystère, à cette arme réduite à cette expression ridicule, absurde, si banale qu'elle semble inoffensive : le « gadget »… !

Cela fait une semaine. Une semaine sans prendre une seule fois le manche. Bien nourris par une cantine à part. Bien logés dans des baraques à part. Protégés des autres soldats, des curieux par des patrouilles spéciales. À part. Privilégiés, alors que tous les autres sont des pilotes comme eux. Il n'y a que ça sur l'île, des centaines de pilotes, des milliers, comme Eatherly.

– On rouille, colonel !

– On se fait même caillasser par les autres, ajoute le lieutenant McKnight.

Il raconte que la veille des gars sont passés devant son Quonset et ont jeté des trucs contre la tôle. Des cailloux. Des bouteilles.

Eatherly y était. Il a vu ces grappes d'hommes vêtus de beige comme eux, de badges et d'écussons frappés des mêmes lettres. USAF. Il a vu les cailloux qu'ils balançaient de l'autre côté des grilles qui enclosent leur coin de base.

– T'as vu leurs tronches ? demande Eatherly.

– Non, non… Juste de dos. Certains gueulaient et nous traitaient de planqués, reprend McKnight. On peut pas rester là, comme ça, les bras croisés. On n'est pas venus pour ça ! On doit y aller, nous aussi. On veut se battre.

Dans tous les rangs, ça grouille de commentaires qui viennent s'enrubanner autour de cette affaire, la gonflant de précisions, la dégonflant à coups de considérations.

– Ils sont pilotes, comme nous, mais ils ont eu des pertes. Moi, je peux comprendre, dit Ray. Ils en ont gros sur la patate. Hier, trois des leurs sont partis en torche avant de s'écraser.

– Des Avengers ?

– Même pas. Trois vieux bombardiers équipés de tourelles de tête et de queue. Et nous, qu'est-ce qu'on attend ? Pourquoi qu'on n'y va pas ?

– Ouais, c'est ça ! Qu'est-ce qu'on attend, colonel ?

Ils sont debout. Assis. Agités dans les rangs, déviant leur énergie vers la seule cause qui vaille. Ils veulent en découdre. Ils sont impatients, et pourtant, depuis six jours, aucun d'eux n'a volé. Tout le 509e reste cloué au sol, au chaud, à part.

Le colonel Tibbets tire longuement sur sa pipe.

– On va faire quelque chose, dit-il.

Les conversations se tassent.

Il crache un rond de fumée dense, épaisse, du tréfonds de ses poumons. Il cale le foyer de sa pipe dans sa paume et pointe la tige vers eux en désignant des hommes.

– Eatherly, McKnight et Albury… J'ai une mission pour vous.

Eatherly sort son petit carnet de notes. Il va pouvoir enfin secouer cette torpeur qui le plombe plus sûrement que l'humidité ambiante ou le décalage horaire.

Tibbets énonce les cibles. La première est Guguan. Latitude 17° 18′ 39″ Nord, longitude 145° 50′ 30″ Est. La deuxième est Agrigan. Des cartes se déplient. La dernière c'est Eifuku. C'est celle qui est attribuée à l'équipage d'Eatherly.

Dans l'heure qui suit, les trois chefs d'équipage aligneront leurs avions jusqu'au point de chargement.

– On les chargera de quoi ?

– Du « gadget » ?

– Vous verrez bien, répond le colonel Tibbets avant de disparaître derrière l'épaisse toile de tente qui coupe la salle en deux.

Eatherly a regagné le vestiaire, ouvert son casier, pour s'affubler du barda de rigueur. Veste. Gilet. Boîte de survie et casque. Il pousse un escabeau et entre dans l'avion. L'équipage l'y rejoint. D'abord le radio pour faire ses réglages. Puis les mécaniciens, le navigateur, les bombardiers et le copilote.

– Moteur 1 ?

– Lancé.

Moteur 2…

Ils roulent lentement vers le point désigné. Le copilote cale le ventre du B-29 au-dessus de la fosse située en bord de piste. C'est de ce trou de ciment qu'on arrime les bombes. Mais l'odeur dégagée sème soudain le doute.

– Major, vous sentez ?

Eatherly se retourne, se dessangle et s'enfonce jusqu'à la cale aux bombes. Son équipier lui montre les sacs entassés tout au fond. Une dizaine de sacs de toile.

– Qu'est-ce que c'est que cette connerie ? dit Eatherly.

Le bombardier saisit le plus petit. Il le prend à bras-le-corps et le tend au major.

– C'est bien ce qui me semblait, remarque le bombardier.

– Des poubelles ?

– Oui, on dirait bien, major.

– C'est ça qu'on va larguer ? Des dizaines de kilos de détritus ?

– Dites plutôt des centaines. Regardez !

Un camion manœuvre pour déverser d'autres sacs pleins de rebuts, d'épluchures, de coquilles d'œufs.

– Attention !

L'équipier d'Eatherly s'écarte et s'extirpe de la fosse. Les sacs y dégringolent et la remplissent.

– On ne va quand même pas charger cette merde à bord ? s'étonne Eatherly, agrippé à la carlingue, le corps dans la cale et la tête en dehors, roulant des yeux perplexes comme valdinguent ceux de l'iguane accroché à sa branche.

Il aperçoit une paire de bottes au loin. L'odeur de la pipe recouvre celle des ordures. Le colonel passe sous l'aile et s'approche.

– Un problème ? fait Tibbets, les deux mains sur les hanches.

Avant qu'il ne reparte, Eatherly capte la voix de son navigateur par radio.

– Major ! Major ! Ils ont dû se gourer.

– Quoi, encore ? s'agace Eatherly.

– La cible, major ! J'ai refait mes calculs.

– Eh bien…, lance Eatherly en fixant l'expression malicieuse de Tibbets, annonce !

– Une île déserte. Vous allez balancer des poubelles sur le volcan d'une île déserte !

Tibbets se fend d'un rictus moqueur.

– Je ne comprends pas, colonel.

– Reprise de l'entraînement !

11

Elle aurait tant voulu vivre un peu de sa vie à lui, s'inspirer de sa jeunesse, se fondre dans le moule du brave pilote qu'elle aime. Anna est douée pour cela. Les généalogies, les grandes compositions font les personnages forts, bien profonds, bien ancrés. Elle aurait tant aimé transmettre des histoires à leur fils, des récits de famille, des rites rien qu'à eux. Les femmes des grands héros sont ainsi. Elles donnent aux enfants un peu de ce bon terreau qui fait les destinées, de cette flamme d'avance, pour préparer le retour. Il a dit qu'il reviendrait vite.

Mais non. Rien de tout cela. Depuis des semaines, elle se coltine cette ferme, ces prés devenus rêches, ces jours encore trop longs et ces nuits rarement fraîches. Pas la moindre lettre de lui. Le front ne dit rien de bon. La presse se lasse déjà. La guerre est reléguée dans les pages intérieures. Est-il parti pour rien ? Et si c'était trop tard ?

Enfermée là, Anna a le sentiment que le temps fait des méandres, des chenaux d'anastomoses sur des îlots d'ennui. Les remarques de Pa'. Les soupirs de Belle. Leurs yeux devenus mauvais. Les critiques acerbes sur sa manière d'élever son petit. Plus de biberon à cet âge ! Pas de coucher après la fin du jour ! Pas de sieste le matin ! De la farine sur le ventre ! Des crèmes à base d'ortie ! Pas comme ça !… Faites comme moi !…

Anna fait le dos rond, mais cela ne suffit pas. Les parents de son mari s'agacent de sa présence.

Elle doit se faire menue pour éviter leurs regards. Se couchant avec lui. Enfermée dans cette chambre. Tenir. Écrire des brouillons de lettres qu'elle ne poste jamais. Anna se retrouve piégée par cet enfant trop jeune pour qu'elle puisse faire autre chose, et ces deux Eatherly qui lui font des misères parce qu'elle a trop de *a* dans son nom et son prénom.

La mitraille des remarques de Belle ramène tout à cela. « Les Italiennes comme vous »… « Tous les Italiens pensent »… « En Italie, ça se fait peut-être ; mais pas ici, pas chez nous ! »…

Et derrière le « ça » de Belle, il y a la cuisson d'un bout de steak, l'émincé des carottes, l'heure du lever le matin, ou sa façon de marcher quand ils vont faire les courses ; il y a tout et rien, et surtout tout sauf elle.

Anna n'en peut plus de s'entendre réduire à ce qu'elle fuit : ses origines. Comment faire autrement ? Elle n'a plus de famille et pas de quoi tenir. Personne sur la côte ne voudrait d'une actrice avec un nourrisson, qui risquerait de se retrouver en camp d'internement à cause d'un fonctionnaire et d'une guerre qui traîne… Jusqu'à ce qu'un voisin se pointe.

– Mme Falls vient de mourir, raconte-t-il aux Eatherly. Ses fils veulent pas de la ferme.

Anna est assise dans la cour au soleil. Elle relève le menton et rebondit sur la phrase.

– Ils voudraient pas me la louer ? demande-t-elle.

Pa' roule des yeux noirs, craignant d'exposer au grand jour sa discorde avec sa bru, chez lui, devant un voisin aussi bavard et persifleur que lui. Trop tard.

Le voisin lève le bras pour se gratter la nuque.

Anna va poursuivre, mais c'est Belle qui se charge de retourner les faits.

– Je connais cette ferme. C'est sûr qu'en Italie, doit y avoir des domaines un peu plus grands que ça. La ferme des Falls n'est pas bien grande. Ça doit pas revenir à cher cette bicoque, non ?

Anna pose son fils pour se détendre le dos.

– Je peux demander, dit le voisin.

– Et les terres ? Y a bien un peu de prés, de mémoire.

Anna frotte sa robe pour chasser la poussière et s'approche du voisin.

– Ce n'est pas trop la peine. Juste un petit potager. C'est pas…

Le fils d'Anna s'avance vers sa grand-mère.

– Elle a pas besoin de terres, rétorque-t-elle. Il y faut juste un toit. Car c'est nous qui paierons.

– Dans ce cas…

– Faut bien que quelqu'un l'assume pendant que notre fils se bat.

À ces mots, le jeune enfant opère un demi-tour, snobant la main de Belle pour regagner les jupes de sa mère à trois pas. Anna demeure confuse.

– Faut pas que ce soit trop cher, mais faut voir, oui, dit Pa'.

L'affaire est conclue, sans se donner la peine d'y aller jeter un œil, car Belle prétend se souvenir des lieux. Elle dit que ça ira, que ça suffira bien. Anna se rend en ville pour y vider son compte, régler la caution de sa poche, un an de loyer d'avance et repousser leur aumône.

– Gardez-le, votre argent.

Belle écarquille les yeux aux iris cernés de jaune. Pa' laisse dire, cette fois. Il a juste pris ses clés pour qu'elle trimballe ses trois meubles et un matelas à l'arrière de son pick-up. Anna suit derrière.

La ferme est sordide. Des fenêtres éventrées. Un plancher gras de crasse. Pas le moindre équipement.

– Je peux pas vous laisser comme ça, marmonne Pa' en découvrant les lieux, avant de se mettre à genoux pour raboter les planches.

Il revient plus tard pour calfeutrer les fenêtres, tendre un fil pour relier la maison au réseau électrique, changer quelques serrures et badigeonner le toit d'une grosse huile de vidange. Anna laisse faire Pa', grommelant des mercis auxquels il répond invariablement qu'il le fait pour le petit.

L'odeur de souris mortes empeste le salon. Elle balaie et elle frotte pendant qu'il passe la semaine à suer, scier, clouer.

– Voilà ! dit-il, mettant un clou final au meuble de l'évier.

– À vous, maintenant !

Pa' jette sur elle un regard interloqué.

– Reposez votre marteau, dit-elle, et laissez là vos clous, je vais m'occuper de votre dos !

Il abaisse son marteau, lentement, et le pose sur la table. Ce vieux bonhomme texan tient à ses ustensiles autant qu'à ses idées. Les uns servent à bâtir. Les autres font tenir bon dans son petit monde à lui, pétri de certitudes, d'usages et de bontés répétées à heure fixe, chaque dimanche, à la messe.

– Laissez-moi faire, dit-elle en approchant sa main pour défaire ses doigts, pouce, index cloqué, majeur, etc.

– Quoi ?

– Levez les bras, encore. Plus haut. Voilà. Et maintenant, joignez vos mains derrière, au niveau de votre nuque.

Anna le contourne, colle son ventre dans son dos, enserre les coudes de Pa' et les rabat sur sa poitrine gonflée de vieux septuagénaire. Elle pourrait lui briser le cou d'une pression rapide. Elle sait que c'est possible. Ça la vengerait du reste. D'ailleurs, il se tient coi, méfiant.

– Détendez-vous, dit-elle.

– Doucement, hein, ajoute-t-il avant de s'exécuter.

En comprimant les bras de Pa' pliés, les mains jointes sur la nuque, et les coudes au plexus, Anna lui explique qu'elle va le soulever et le comprimer pour lui faire craquer le dos.

– C'est fragile, un dos…

– Je sais, je sais, allez ! coupe-t-elle. Un, deux…

À trois, Anna bascule en arrière et l'entraîne avec lui sur quelques degrés à peine, assez pour que ses pieds décollent du sol.

Crac.

– Soufflez, soufflez, ordonne-t-elle sans le laisser retomber.

Trois autres vertèbres craquent.

– Encore un peu.

Une cinquième et dernière.

– Et voilà, dit-elle, relâchant son étreinte.

Les pieds de Pa' retouchent terre.

– Incroyable ! s'étonne-t-il en remuant la tête pour s'assurer que tout fonctionne.

Elle est fière de son coup. Bien sûr que c'est bien. Il a suffi d'une prise pour qu'elle détende ce dos perclus de nœuds et d'arthrose.

Il lève un peu les bras et dodeline encore.

– Comment avez-vous fait ?

– Comme ça ! s'amuse-t-elle. Avec une simple torsion. Ma mère avait ce don de rabibocher les corps. Et avant elle, d'autres femmes de ma famille en Ombrie. Des ancêtres. Mon père l'appelait la *strega*[1].

– La *strega*. Ça veut dire quoi ?

Elle hésite un instant et, finalement, prétend que ça veut dire « médecin » en italien.

– Il y a des femmes médecins en Italie ? s'étonne-t-il.

Anna ne relève pas. Inutile. Il est tard. Ils sont quittes, c'est tout ce qui compte.

Il rengaine ses outils. Au volant de son pick-up, Pa' tarde à démarrer.

– Et si vous le répandiez, comme ça, votre truc, sans trop donner de détails ? dit-il.

Elle écarte Dingo qui tient dans sa gueule son nouveau trophée du jour. Hier, c'était un mulot. Là, c'est une tortue qu'il fait toupiller pour trouver l'angle d'attaque, le pan d'écaille à torturer.

– Ah, mais dégage ! grogne-t-elle.

– Vous dites ? dit le vieux.

La pauvre Anna s'excuse en désignant le cabot qui se débine, la queue entre les jambes. Pa' hésite et reprend, le coude sur la portière :

– Si vous savez y faire, vous pourriez le rendre public. Ça peut toujours servir.

– Dans quel but ? demande-t-elle.

– Tout ça, dit-il en montrant la bicoque, et les frais pour le p'tit. J'ai retapé ce que je pouvais. Je pourrai pas faire plus, savez.

Elle s'avance vers la fenêtre pour clore la discussion. Le petit va se réveiller. Elle va devoir monter. Elle hésite puis se lance.

– Je vais enseigner le théâtre.

– Mais enfin…

1. Sorcière.

– C'est ce que je sais faire de mieux.

– Anna…

– Y a plein de gosses en ville qui n'attendent que ça, dit-elle.

Il rumine sa réponse en serrant son volant, roule des yeux pleins de non-dits.

– Vous comprenez pas bien…, finit-il par lâcher.

12

C'est bien ce qu'il voulait. S'engager et se battre. Sillonner le ciel libre et fondre sur l'ennemi.

Quelle blague !

Son chef, Tibbets, peut bien multiplier les plans, tracer des paraboles, faire miroiter des gloires, astiquer les ego avec la frénésie des joueurs de curling qui briquent des chemins de glace sous leur pierre de granit : ça ne prend pas ! Non ! Ça ne prend plus. Depuis qu'il s'est posé sur ce caillou paumé, il ne s'est rien passé. Pas la moindre bagarre, trois petits trous de rien du tout dans la carlingue le premier jour, et puis plus rien.

Le stylo dans la bouche, devant ce papier à lettres qui n'attend que ses récits, Eatherly est à sec.

Qu'a-t-il fait hier ?

Ah oui, ça lui revient. Il a joué ! Toute cette foutue journée, il a tapé le carton avec ses soi-disant frères d'armes. La crème de la crème. Les as de l'aviation, à l'abri de ce coin de base, bien couvés par leur chef pendant que les autres soldats, ceux des autres camps de Tinian, s'envolent tous les jours pour se battre contre l'Empire.

Les seuls risques qu'Eatherly a le droit de prendre sont dans la main qu'il a, la paire qu'il abat, le bluff dont il use et la mise qu'il convoite. À Lewis, il a pris un mois de paye sur un full, et un paquet de capotes.

Cette nuit, d'autres cailloux sont tombés sur le toit de sa piaule.

– Alors, les héros ! C'est pour quand, le grand jour ?

Il n'a pas répondu, mais ces gars ont raison. C'est pour quand ? Sur la base de Tinian, il y a près de six mille hommes. Cinq mille sept cent cinquante vont au charbon chaque jour. Deux cents soignent et nourrissent. Et les cinquante derniers, ceux du 509e, son fameux bataillon, glandent bien tranquillement à l'abri de leurs Quonsets.

Et l'avant-veille ?

Ah oui. Avant-hier, il a pris l'air. Il a levé son avion pour faire quelques miles, le ventre chargé des mêmes ordures que l'autre fois et de sacs de cailloux. Avec le masque, ça passe. Il ne sent pas l'odeur. Le navigateur a réglé ses instruments sur l'île d'Alamagan. Encore une île-volcan. Un pauvre pêcheur ou deux gravitent autour de ses fonds. À trente mille pieds de hauteur, Barsumian, l'opérateur radar, a confirmé qu'ils survolaient la cible.

– Largué !

Il a viré sur l'aile, avec l'angle spécifique exigé par Tibbets. Comme tous les pilotes de ce maudit 509e, il ne fait que ça, survoler des cratères, balancer des ordures d'une hauteur pas possible et changer de cap, d'un coup, au risque de perdre une aile.

Qu'en pensera sa femme ? Elle se retrouvera sans rien quand d'autres lui demanderont des nouvelles de son homme. Il peut pas lui faire ça. Il faut qu'il trouve des choses à raconter.

Eatherly couche sa plume et trace les premiers mots d'un mensonge. D'abord, le nom de l'île. Alamagan devient Agan. Et les contours du volcan éteint depuis mille ans dessinent désormais l'enceinte d'une base ennemie. Ça va lui plaire, ça. C'est certain. Il poursuit son récit. Des batteries en pagaille. De canons de 150. Des fusées de détresse. Des tirs. Des vraies bombes. Des grincements de tôle et des « *Mayday* » qui grésillent dans son casque. Il a retrouvé le sourire. Il en grince des dents tant il est concentré, dans cette bataille sortie de son jus de crâne. La lettre fait trois pages. S'y mêle le récit d'une bataille farfelue au cours de laquelle le 509e aurait perdu deux avions et six hommes. Il ne donne pas de noms pour ne pas inquiéter d'autres familles de soldats. Il écrit qu'il n'a pas le droit de les mentionner. Lui, dans l'histoire, s'en tire bien. Les oreilles échauffées par les appels au secours et les stridulations des carlingues qui fendaient l'air autour pour échapper aux tirs de la DCA ennemie. Il s'invente en passant une tendinite au pouce, une légère inflammation causée par le manche qu'il a fallu tenir bien serré, bien tendu. Il écrit que ça passera. Anna, sa femme, aura pitié de lui. Elle aura le cœur qui bat. Elle pensera à lui, et ça, c'est tout ce qui compte, que quelqu'un pense à lui.

– Eatherly !

Il noircit une autre page.

– Major Eatherly !

Il entend.

– Oui ? C'est quoi ? répond-il en plaquant sa main sur ses mensonges.

– Tu fais quoi ?

Ira, son copilote, s'approche. Il ne va tout de même pas lire par-dessus son épaule.

– Rien, rien…

– T'écris ? À qui ? À ta femme ?

– J'essaie, dit-il en froissant le papier.

Le lieutenant se détourne.

– J'sais pas comment tu fais pour écrire toutes ces choses. Moi je ne trouve rien à dire. Je suis sec. Fais voir ?

Eatherly se dérobe et chiffonne son brouillon dans la corbeille en jonc. Le copilote enfouit les mains au fond de ses poches, se dresse sur ses pieds, bombe le torse et retombe sur ses talons.

– Tu veux me dire un truc ?

Ira semble embarrassé. Après un bref silence, il finit par s'asseoir sur le lit.

– Qu'est-ce qui se passe ?

Il a le visage défait d'un gosse qu'on vient de gronder.

– J'ai fait une connerie…

La chaise d'Eatherly craque encore. Cette fois, c'est le dossier. Il appuie le bras dessus pour mieux voir son lieutenant.

– Je t'écoute.

– J'ai fait monter une fille.

– …

– Je l'ai fait passer en douce pour fêter le 4 Juillet.

– Mais comment… ?

Le lieutenant Ira se lève. Il dit qu'on s'en fout du comment, que ça importe peu. Il l'a fait, voilà tout. Et il s'est fait gauler par les sbires de Tibbets. Ils sont une vingtaine chargés de surveiller ses hommes, ses aviateurs, leurs moindres faits et gestes, ce qu'ils disent, et même ce qu'ils croient savoir de ce putain de « gadget » sur lequel on ne sait rien. Leur chef, Tibbets, a sanctuarisé leur coin de base. Ses hommes et ses avions, brillants comme des timbales. Pas question d'approcher. Un espion du colonel l'a vu qui sortait avec elle.

– Elle ? Qui ?

Une fille qu'un type avait ramenée de Guam. Elle était venue faire une petite revue de troupes pour la fête nationale. Une jolie Philippine.

– Tout le monde l'appelle Dolly.

Elle est douée pour les langues. Toutes les langues, sauf l'anglais. Tout ça, c'est à cause de l'oisiveté qui lui vrille le désir. Il n'a rien à penser. L'argent tombe comme la pluie, contre des allers-retours bêtes au-dessus d'un cratère.

– Faut bien combler les vides, non ? Ça te rend pas fou, toi, Eatherly ?

Comme le major ne répond rien, Ira se justifie par la plastique de la fille. Des seins durs comme le poing. Des hanches faites sur mesure et des petits pieds rebondis, comme les ponts râblés des jardins japonais. Bien arqués. Bien cambrés.

Eatherly s'attendait à ce qu'il parle de ses pieds. Son copilote a un faible pour cette partie du corps. C'est un sujet qui revient souvent pendant qu'ils font des ronds dans l'air. Il fourmille d'images pour décrire ce qu'un joli pied déclenche. La plante. Les orteils. Le bombé d'un coup de pied. Il dit qu'il a passé des plombes avec les pieds de cette fille.

– Où ça ?

– Dans le fauteuil du cockpit.

– Ne me dis pas…

– Si. Le nôtre.

Ira se rencogne autour de ce souvenir, il le remballe dare-dare comme on planque un larcin qui ne trouve pas preneur.

– Et la fille ?

– C'est moche, commence Ira.

Sale quart d'heure. Audition. Ecchymoses. Délestée de ses dollars qui auraient pu l'aider à pommader sa chtouille. Les poignets et les pattes ficelés comme un goret. Les veines barrées net. Le goût du sang dans le bec. Les yeux gonflés d'orage. Gisant à fond de cale, dans une chaleur suintante. Coincée entre le ranci des vieilles cuves à bière et des lots de cagettes. Passagère d'un croiseur qui la ramène à Guam, où son maquereau de père doit l'attendre de pied ferme.

Quant au lieutenant Ira, il s'est fait rappeler à l'ordre. Une semaine à l'ombre, coincé sous ce Quonset. Interdiction de sortir et un blâme dans le dossier.

– C'est trop con ! proteste Ira.

– Je crois que tu t'en sors bien. Le colonel aurait pu te foutre à l'amende, et retour au pays sans solde, sans rien.

– Pour une passe ?

– T'es trop con, ça tombe mal, dit Eatherly. J'ai entendu dire hier que ça allait commencer.

– Quoi ?

– Des missions contre l'ennemi.

– T'es sûr ?

– C'est ce qu'un officier a laissé entendre.

– Et je vais faire quoi, moi ?

– Bonne question. Mais tu me fous aussi dans la merde, Ira. Comment je vais faire sans copilote ? T'aurais pu t'abstenir, franchement.

Le copilote soupire. Du bout de la paume, il fait basculer son képi sur le bord de son crâne, l'air sot.

– Ils vont nous mettre hors jeu, dis, Eatherly ? Tu crois que le colonel va nous faire remplacer ?

– Je sais pas. J'espère pas.

13

J'ai vu le premier avion.

Je l'ai très vite remarqué, bien avant la sirène.

Moi qui croyais connaître tout ce qui vit, mord et meurt, des taupes qui se tapissent, des cimes qui se dessinent, du nom des joncs, de celui des buées au versant des montagnes, de la couleur des dragons, du bois des marionnettes et des vieux arc-boutés, tout et tant ; oui ; mais là, cette fois-là, je suis tombée des nues.

D'abord, ce fut une lueur, un clignement du ciel, un rayon renvoyé sur une étrange écaille. J'ai relevé la nuque et fait un tri rapide entre les leurres des vitres et l'azur bleu du ciel. J'allais vers le marché d'un pas d'aube alanguie, l'esprit plein de sommeil, et cherchais d'où ça venait. Un oiseau a tendu un premier fil, comme un signe. Un autre l'a croisé et mon regard s'est noué à leur intersection. J'ai toujours cru aux signes. Ils donnent à voir des vérités d'au-delà. Je ne suis pas de celles qui ne suivent que leur raison, comme un aveugle sa canne. Derrière ce point de croix, j'ai vu l'étrange objet qui venait du levant. Il était hissé haut et s'approchait lentement.

Ensuite, j'ai distingué une vague ligne de basse qui semblait hésiter entre le râle et les huées. L'hypothèse du pire. Je l'entendais enfler, gonfler insidieusement, s'installer plus nettement jusqu'à ce que la sirène vienne transpercer la ville. Un soldat de coin de rue, un des rares qui restaient, l'a perçue comme moi. Il a couru vers sa machine d'alerte, saisi sa poignée et mouliné vivement pour faire hurler ses pales. L'aigu de la frayeur a fait trembler tout le marché. Déchiquetant les courages. Piétinant les vaillances. Humiliant les orgueils des bottes et des képis. Des vieux se rapetissaient. Des femmes s'affolaient, zigzaguant dans le marché entre les rares étals et les maisons recluses. Des enfants secoués de frousse hurlaient dans leurs pas, imitant la sirène pendant que des soldats sautaient dans les abris.

C'était la première fois.

Le tout premier passage.

Un ventre luisant d'écailles comme celui d'un dragon qui annonce la tempête et l'orage.

Des ailes immenses qui rendaient vaine l'idée qu'il puisse se décrocher.

Il volait tellement haut. Il survolait la ville sans laisser d'ombre au sol. Il prenait tout son temps pour prolonger la transe.

Il est passé.

A disparu.

Et le bruissement des mots, d'abord timides, est venu combler le silence laissé par la sirène. Je suis restée figée. Tout le temps de cette alerte, je n'ai pas pu bouger. Il a fallu que le monde se remette à grouiller, qu'une charrette menace de me rouler dessus pour que je reprenne vie. Elle tenait à si peu.

Nous manquions déjà de tout. Chaque matin, je quémandais des restes de légumes au jardinier de la Mission et un peu de rabiot de riz aux stands de rationnement. Il fallait se lever tôt. Un soldat affirmait que c'était l'Amérique qui prenait des mesures. Depuis le début de la guerre, notre bonne ville du delta paraissait bénie. Une bulle d'impunité semblait la protéger. Aucune bombe ennemie n'avait retourné ses toits et fouillé ses maisons.

Le lendemain, une autre apparition s'est mêlée au matin. Un éclat dans l'azur. La même carlingue d'argent. Les sirènes déclenchées. Les civils tourmentés. J'ai eu peur, cette fois. Je venais d'entendre tant de mots s'entortiller autour de cette lointaine vision. Bombe. Feu. Soldats. Viols. Pillages. Les yeux crochetés, mon panier contre le ventre, à rebours de la fin qui devenait possible. Mais rien, non, rien ne s'est produit.

Le surlendemain encore.

Tous les matins, depuis.

Les soldats du rationnement te surnomment « Mister B ». B-san.

Tu passes tous les matins à la même heure, comme le tram de Miyajima.

Je me suis habituée. Nous nous sommes habitués. C'est si étrange de se dire qu'on peut se résoudre à l'idée de la fin. Elle fait son chemin, peu à peu. La mort n'est pas pour moi. Elle se trompe de cible. Je suis trop jeune. Et je ne porte pàs d'armes. Les sirènes peuvent bien se remettre à tourner, vriller la ville, pousser les soldats à lever leurs fusils, je ne serre plus mon panier.

Ma ville s'était vidée depuis longtemps. Hormis quelques médecins, jésuites, bonzes et dentistes, les adultes ont fui depuis des mois, surtout les soldats. Mon père et ma mère ont gagné les prairies. Mes voisins se sont réfugiés en famille dans la montagne à l'est. Ne restent plus ici qu'une poignée de gosses déguisés en guerriers, en pompiers de douze ans, quelques vieux et quelques vieilles, des veuves, mais surtout des enfants. Beaucoup d'enfants. C'est l'équation de la guerre qui préserve les mères. Logique des lendemains. Arithmétique glaciale des chefs d'état-major. Les gosses comptent pour rien.

14

Quelle heure est-il ?

Treize heures. Avec un peu de chance, elle pourra y arriver. Anna a fait imprimer un lot de deux cents tracts pour annoncer ses cours. Une pile bien dressée trône sur le guéridon. Elle enfile sa veste, prend son fils au premier, le cale sous son bras gauche et s'apprête à fermer.

– Non, non, non.

Il agite ses pieds sous lui.

– Quoi ?

– Non, non, non.

Ses jambes sont bien tendues. Il veut faire quelques pas. Et sa main dans la sienne, ils vont jusqu'à la Ford qui l'attend juste devant, le capot plein de poussière et la banquette brûlante. Elle tend une couverture qu'elle plie sous le cul du gosse. Elle attache sa ceinture. Et démarre. Le chien court derrière le pot qui crache une épaisse fumée noire. C'était peut-être un moyen d'alpaguer le chaland, d'alerter le client, du temps où ce chien vivait dans cette station-service. Le pompiste lubrique l'avait peut-être dressé pour détecter les signes d'un manque de lubrifiant. Elle passe la troisième. Comme il est court sur pattes et qu'elle prend de la vitesse, Dingo doit finalement se résoudre à laisser cette fumée hors de portée de ses crocs.

Sherman est à quelques miles. Le centre-ville et le parc. L'école qu'elle a repérée. Une sonnette et une grille. La directrice de l'école se tient derrière l'entrée.

– Je suis Anna Eatherly. Je vous ai appelée la semaine dernière. Je donne des cours, dit-elle en lui tendant son tract à travers les barreaux.

– Non, vraiment, ça ne me dit rien, répond la directrice, rajustant sa barrette au milieu de l'allée avant de ramasser un ballon tombé là.

Une autre école plus loin. Anna ressort ses tracts.

– Je suis comédienne. Je donne des cours aux enfants.

L'autre fait non du chignon en clignant de ses petits yeux.

– Ça ne m'intéresse pas ! dit-elle, forçant sur les voyelles qui font de l'accent texan un mur d'opposition à la douceur du sien.

– On s'est parlé, pourtant, vous m'aviez dit qu'en juillet…

La directrice la coupe en pointant un doigt moche vers la sortie avec des mots retenus, des tiroirs de veuleries, jusqu'à ce qu'un carré d'homme la rejoigne : les gros bras de l'entrée.

– Je ne connais pas cette femme. Je veux qu'elle s'en aille, Colbert. Faites-la partir.

– Au lieu de faire fuir une femme, vous devriez vous battre, s'indigne Anna. Tous ces muscles pour rien. Allez rejoindre mon mari. Lui se bat. Pas comme vous.

– Il se bat ? Mais pour quoi ? Allez, allez ! File !

Anna se retourne en serrant contre elle ses imprimés. Inutile de se gaspiller devant cette vieille rombière qui ne mérite pas une enseignante comme elle. Elle fera classe ailleurs. Dès que quelqu'un voudra d'elle, si quelqu'un veut bien d'elle.

Mais non.

Cela fait deux semaines pleines qu'elle va d'une école à l'autre, ressassant ses échecs, les grimaces de refus, les portes refermées. Des bornés. Des butés. Des fins de non-recevoir. Personne ne veut donc d'elle. Ses cours de tragédie font vaguement sourire, surtout en plein été quand les classes sont vides.

– Mais quoi ? Pourquoi pas ? récrimine-t-elle. Je connais des tirades qui vont jusqu'à L.A.

– Très bien, retournez-y !

Dans ce pays profond, une actrice débarquée avec son accent de loin, son débit de Traviata et ses yeux bruns d'Ombrie, n'inspire que de la défiance.

– Vous êtes dans quel camp ? lui demandent les rares directrices qui se sont donné la peine d'entrebâiller leur porte.

Le Duce est mort depuis quatre mois, pendu par les pieds à un croc de boucher.

– D'ici, répond-elle. Je suis d'ici, élevée sur la côte et mariée à un gars de chez vous. Un engagé. Un officier.

Elle n'a rien du pays de ses parents. Elle ne sait rien de Rome, de Florence ou de Capri. Elle est née sur la côte, près de Sacramento. Elle y a passé sa vie. Un quart de siècle. Réglo. Sans excentricités. Rien qu'une vie normale.

– J'ai mon acte de naissance, mon acte de mariage et une recommandation de M. Stanbrick, le directeur du théâtre de Pasadena.

– Non.

– C'est plein de riches, Pasadena. Des gens bien, vous savez. Vous ne connaissez pas M. Stanbrick ? De nom ? C'est un très grand patron. Il a lancé des stars. Des vraies et…

– Et vous, madame… ?

– Eatherly. Je suis Mme Eatherly… J'ai dû y

renoncer, ment-elle, pour soutenir mon mari parti pour faire la guerre. Je suis revenue chez lui. Au pays. Ici, quoi, dit-elle, en martelant le sol du plat de ses escarpins.

– Désolée.

Le grincement des gonds. La dernière porte fermée.

Anna claque dix dollars à la station-service. Elle sillonne toutes les villes de la région de Van Alstyne. Des dizaines d'écoles.

Son fils pleure à l'arrière. Il réclame. Elle aussi, elle réclame. Un peu de mansuétude. Un brin de compassion. Elle ralentit et gare sa grosse Ford sur le côté. Elle dégrafe sa robe, il lui aspire le cœur. Que va-t-elle faire de lui ? L'amertume saccage tout ce qui faisait sa joie. L'enfant chéri devient le fils de ce père parti. Les terres rouges du Texas sont des plaies purulentes. Son mariage, une gageure. Son avenir, un radeau. Le théâtre de jadis lui manque tant qu'elle pleure à chaudes larmes sous les feux du cagnard, ballottée de regrets. Son fils décroche sa bouche de la rose aréole pour s'y mettre, lui aussi, elle aussi, lui aussi, elle aussi. Ils pleurent. Tristesse ontologique. Virale mélancolie. Ciblée par tout et tous. Impossible à contenir, jusqu'à ce qu'un camion passe, klaxonne et secoue des brassées d'air alentour. Ses cheveux s'entortillent, frissonnent et fouettent sa nuque. Elle tousse et s'insurge en tirant sur sa robe du bout de ses doigts libres. Son fils se met à rire sous son masque de larmes. Sa morve fait des bulles de gaieté sous son nez, et elle sourit de sa peine.

Sur la ferme qu'elle loue, un rayon d'or oblique. Elle se gare et tire le frein à main. L'estafette de Pa' est garée juste derrière. Il déboule du perron dans sa salopette grise marbrée d'huile de vidange.

Elle fait sortir son fils qui reste collé contre elle. Elle

s'avance prudemment. Le visage du vieil homme ne porte rien de bon. Il a la bouche bancale et les yeux cernés de cendre.

– Vot' porte était ouverte, dit-il.

Elle récupère son sac et son paquet de tracts. Elle cale tout sous son bras.

– Qu'est-ce que je peux faire pour vous ? demande-t-elle en mimant l'air revêche des Texanes aux grilles de leurs écoles.

Il sourit à son petit-fils et lui tend une main molle pour s'emparer de son sac. Anna décline. Ça ira.

Soudain, une idée la traverse. Cela fait quelques jours qu'elle n'a rien reçu de Tinian.

– Dites-moi qu'il ne lui est rien arrivé !

Son cœur brinquebale en elle, tout se fige soudain dans le formol d'une peur : son sang, le temps et le reste.

– Non. Non, dément-il. Rien à dire de ce côté. Aux dernières nouvelles, tout va bien à la base. À part ces deux avions…

– Ça, je sais.

– Et six pilotes repêchés.

– Oui. Et sa tendinite.

–Voilà. C'est tout.

Anna reprend son souffle et fait tanguer la porte. Une longue bougie trône sur la table du salon. Elle gratte une allumette et ne peut s'empêcher de humer l'air soufré. Elle aime cette odeur qui ressemble au vinaigre. Il suit en portant le garçon qui s'agite et exige qu'on le laisse marcher.

– Laissez-le se défouler. Il a passé la journée en voiture avec moi.

– Pour ces cours ?

Elle bredouille un oui neutre et farfouille dans la

remise située sous l'escalier. Elle en tire une bouteille, sans que Pa' s'en aperçoive.

– Je vous avais bien prévenue, poursuit-il dans son dos.

Elle revient dans la cuisine, son eau-de-vie en main. Pa' s'approche de la table et pose un poing dessus, comme un arc-boutant soutenant sa lourde carcasse. Que veut-il ? L'arrêter ? L'empêcher de boire un coup ?

– Pour une femme comme vous, chez des gens…

– Chez des gens comme vous…, poursuit-elle, avant de se ressaisir.

Elle ouvre le placard où sont rangés les verres.

Elle se sert. Oui, elle boit. Et elle aime ça, boire. Elle va boire devant lui, cette eau-de-vie qu'elle descend le soir en douce. Elle le cherche du regard. Le vieux Pa' se laisse faire. Il trempe le bout de ses lèvres et le repose en grimaçant.

– C'est fort !

De sa main gauche ouverte, il frotte le bois de la table et balaie nerveusement des miettes imaginaires. Il a autre chose en tête. Il tarde à se lancer. Le petit garçon tire sur la manche de sa chemise de gros fil. Le caillou dans la main de Pa' caresse sa joue laiteuse.

– Bon petit gars. Bon petit gars, dit Pa' sans doute un peu inquiet du mauvais tour que ça prend.

– J'ai fait comme j'ai pu.

Elle reprend la bouteille et tend le goulot vers lui. Il acquiesce. Le glouglou de l'eau-de-vie remplit le salon muet. C'est à lui de s'expliquer. Elle le sent qui va venir.

– Ça empire, dit-il.

– Quoi ?

– Son ventre. L'autre charlatan de médecin, j'ai peur qu'il la tue pour rien avec toutes ses piqûres.

– Quelles piqûres ? Pour quoi faire ?

En sortant le nez de son verre, il dit ce qu'il cache à toute la famille. Pas qu'à elle, non. À tous. Cela fait trois mois que Belle se rend chez le docteur Gurbach, qu'il pique, tend sa note et appelle le suivant, laissant la pauvre femme à son mal sans répit. Il a changé de traitement. Deux fois. Pa' s'est même mis en tête de consulter un tiers, diplômé de la côte. Dix dollars la visite. Sans différence notable.

– C'est à vous que j'ai pensé.

Il cale ses groles sous le banc. Il dit que c'est grâce à elle qu'il a retrouvé son dos, qu'il a pu faire du tri dans le surplomb de la grange et porter des poids qu'il refilait à d'autres.

– Une pleine charretée de ferraille ! J'ai pensé que si vous avez pu me rendre un peu de mon dos d'avant, votre *strega* pourrait peut-être soulager les maux de Belle.

– Quels maux ?

– Ses douleurs dans le ventre, comme des aigreurs de bile, mais depuis quelques mois une boule lui a poussé.

– Où ça ?

– Sous le bras.

– Une tumeur ?

Les veines du cou de Pa' se gonflent. Bouffi.

– Vous voyez que vous savez ! C'est ce qu'a dit le docteur. Pareil ! Une tumeur ! Ah, çà ! Vous avez dit le mot qui lui a pris des semaines. J'ai payé très, très cher, et pour rien, le temps qu'il dise la même chose que vous.

Il saisit le verre et le vide, cul sec.

– Avec votre don, là.

– C'est pas un don.

– OK. Votre médecine de chez vous. Avec la *strega* de votre mère, vous pourriez la lui crever, cette foutue saleté, non ? D'ordinaire, je me méfie de ceux qui se disent doués, des rebouteux, des empiriques. J'ai peut-être trop de foi. Je crois plus au bon Dieu qu'à leurs superstitions. C'est ancré. C'est de famille. Gamin, je les voyais roulant dans leurs guimbardes, alpaguant le chaland pour jurer des miracles de fortune et de santé. Mon père et, avant lui, son père leur jetaient des œufs pourris pour qu'ils ne viennent pas chez nous répandre leur maudit doute, déraciner notre bon sens. Des torrents de bobards ! Des torrents, je me souviens ! Mais quand ça vient d'un proche, je veux dire quand ça vient d'un membre de la famille, comme vous, alors… je crois que je dois laisser dire.

Anna ne bouge pas. Concentrée. Réfléchie. Tout intériorisée. Roulant cette idée neuve, comme une révolution. Elle mesure l'événement. Belle et Pa' ont besoin d'elle.

– Est-ce que mon mari le sait ?

– Sait quoi ?

– Le mal dont souffre Belle.

– Non. Sûrement pas. Il a assez comme ça avec sa guerre là-bas. Non, dit-il. Il sait pas.

– Pas encore…

15

Shikoku. Hiroshima. Kokura. Depuis le début de l'été, le major Eatherly enchaîne les reconnaissances. Kyoto. Nagasaki. Calé dans son cockpit, il a suivi les ordres, noté le sens du vent, évalué la pression, relevé les pascals, les millibars, les isobares, fait l'inventaire précis de la nébulosité, remarqué les stratus, pointé les cumulus, scruté les griffures des plus petits cirrus et traversé l'orage des cumulonimbus. Il a accumulé des pages et des pages pleines de notes et de graphes, des lignes isothermes, sur les brises, les bruines, les brumes qui brouillent le relief. Le major Eatherly sait tout de la météo de chacune de ces villes.

Soit. Mais que sait-il de leur résistance ? Qu'a-t-il à dire de leur pugnacité ? De leur engagement ?

Que dalle. Rien. Zéro à l'infini. On lui a demandé d'observer. Voilà. Et maintenant, alors, quand est-ce qu'il part au feu ? Quand est-ce qu'il va la faire, cette guerre ? Et le truc dont on parle, l'arme secrète, le « gadget » de Tibbets, quand est-ce qu'il le verra ?

Le rappel a retenti. Il a sauté du lit au beau milieu de la nuit. Il a regardé l'heure. Deux heures. Puis la date : vendredi 20 juillet 1945. Il sait que depuis trois jours les grands alliés de la guerre, l'Américain Truman, le Russe Staline et le Britannique Churchill réunionnent près de Berlin, dans un immense château de briques et de grosses poutres. C'est ici, à Potsdam, que les Trois Grands tentent d'aligner leurs vues sur le sort du Japon et l'avenir du monde.

Logiquement, Eatherly en conclut que le moment approche. Il hisse les épaules pour traverser l'averse qui noie le campement. L'orage en rajoute, zébrant le noir du ciel, grognant de toutes ses forces pour faire peur à la nuit. Ça tombe de partout. Les palmiers s'affligent. La piste fond sous l'onde. Et même le projecteur de tête, vissé sous sa carlingue, souligne les trombes d'eau. S'allume. S'éteint. S'allume. Averse tropicale. Deux fois par an. Pas de chance.

À quelques pas derrière, dans le bide du bombardier, il a débranché et sorti sa batterie d'instruments pour faire place à une dizaine de bombes. Des bonnes bombes incendiaires. C'est pas le « gadget » annoncé par Tibbets, mais c'est déjà ça.

Il est deux heures et demie. Les pales des moteurs se foutent du déluge. La carlingue se pâme de cette flotte qui se rétame, de ces moucherons collés, de ces moustiques claqués. L'eau s'écoule sous ses pieds. Le chef-bombardier, Frank Wey, règle son calculateur pour la distance de tir. Objectif à six heures. L'île de Honshu.

Et merde, pense Eatherly.

C'est toujours pas le grand jour. Combien de temps devra-t-il attendre pour faire son job ? Combien de temps, hein ?

– Moteur 3, lancé !

– Moteur 4, lancé !

L'essaim des diodes palpite. Quelques loupiotes renvoient un brin de lumière sur ses doigts. Il desserre le frein en maudissant ses chefs. L'avion prend de la vitesse et crève le paquet de pluie. L'averse le secoue comme une main invisible. Elle trompe les instruments et oblige l'équipage à redoubler de vigilance. Ils vont finir rincés pour un petit caillou de rien. Avec le brouhaha, le balancement, le froid, le poids de l'uniforme toujours détrempé, les corps sont à l'épreuve. Ils passent Iwo Jima. Un vague ronron s'installe et c'est l'heure où l'instinct se débranche, les consciences se dissipent. Encore une heure et demie avant de voir les côtes. Eatherly pique du nez. Le lieutenant qui remplace Ira, puni depuis la pute, prend le relais. Eatherly a sombré. Pas longtemps. Moins d'une heure.

– Le mont Fuji à l'ouest et de l'autre côté, Tokyo !

Eatherly se réveille, son cul dans le siège trempé. C'est la grande ville qui manque à son paquet de notes.

L'avion vole à vingt-cinq mille pieds au-dessus de la capitale.

Eatherly regarde à droite, à gauche, devant, là où l'opérateur radar est censé faire le point.

– On ne voit rien !

Du Fuji culminant à trois mille sept cents mètres, il ne devine qu'un téton, un vague chapeau de blanc dans une mince trouée.

Le copilote confirme.

– Couverture nuageuse à cent pour cent, major.

Une nappe comme une muraille enveloppe l'horizon. Depuis Wendover et le désert de l'Utah, Eatherly n'a jamais volé dans une telle purée de pois. C'est pire que de la mélasse. Une épaisse bouillie dont les pans se déchirent sur les ailes pour se reformer derrière.

Le major Eatherly récupère les commandes. Le taux d'humidité est maximal.

– Il nous reste combien ?

– À peine une heure de vol.

Le froid fait trembler ses épaules, ses bras, puis la

main qui tient le manche. Le mouvement se poursuit jusqu'aux câbles qui relient les ailerons, loin derrière. Le bombardier bascule. Une brève oscillation. Une légère embardée qui secoue le sommeil du reste de l'équipage.

– Putain, qu'est-ce que ça caille !

Une discussion s'engage sur le canal interne. Tous maudissent cette averse dans un langage grossier qui flirte avec l'ordure. C'est sur les moisissures que poussent d'étranges formules et d'étonnantes idées.

– On voit rien !

– Oui, c'est pas de chance, les gars.

À l'approche du site, rien ne va plus. Pour une fois qu'ils avaient quelque chose à larguer, leur écot pour la guerre, leur pierre à l'édifice. Une chape de gris mauvais se dresse au-dessus du reste. Un mur de cumulus avec son lot de grêle, de givre et le cisaillement des vents qui s'y affrontent, ascendants, descendants. L'avion se met à trembler. Les habitants de cette ville ont une chance pas possible. Le cumulonimbus est l'ennemi des pilotes, tous avions confondus. Le B-29 a beau être le titan du moment, il ne fait pas le poids face à ce géant d'eau, d'air et d'électricité.

Le major s'exaspère et maudit tout ce qu'il voit. Ce gris. Ce gris qui le prive d'une vraie mission. Il ne va tout de même pas larguer sa bombe là-dedans, à l'aveuglette. On ne se bat pas au doigt mouillé. Il voudrait voir le but. Il voudrait enregistrer de la matière à récit. Tous le voudraient, à bord. Ils sont venus pour ça.

– On peut tenter le coup, s'exclame Barsumian, le radar, assis juste derrière lui.

Le major jette un œil aux instruments devant lui. Ses jauges se portent bien. Ils sont à mi-parcours. Ils n'ont pas encore atteint le point de non-retour. Peut-il se permettre de brûler du carburant dans l'attente qu'un vent fasse un peu le ménage ?

D'infimes cristaux de glace se brisent sur le nez de l'avion. Un crépitement d'aigus. Comme d'infinies brisures qui se répandent sur le fuselage et sapent l'espoir que ça s'estompe. L'eau atteint le sommet du cumulonimbus. Elle prend la forme typique d'une enclume. Sombre. Épaisse. Effrayante. Les plus hauts culminent généralement à trente mille pieds, comme eux.

– Non, ça ne rime à rien, conclut le copilote. Il faut faire demi-tour.

– Tokyo est à combien ?

– Cent cinquante miles, major.

– Quel cap ?

– Cent vingt degrés sud-ouest, répond le navigateur.

– On a de quoi passer par là ?

– Oui, major, comme à l'aller.

Il rumine un plan B qui ne figure nulle part. Le silence radio traduit le fond de sa pensée. Méfiant et intuitif, son copilote s'en mêle.

– Je vous rappelle que le palais de l'empereur n'est pas une cible, major.

– Faut bien qu'on balance ces bombes quelque part, non ? On va pas le faire sur le mont Fuji ! On a déjà bombardé la moitié des volcans de tout le Pacifique. Ça suffit, les conneries.

Le copilote le fixe. C'est la dernière mission qu'il fait comme remplaçant. Il n'a pas envie de se retrouver comme l'autre, cloué dans sa piaule.

– Major, pas le palais ! Je vous rappelle la consigne. Pas touche à l'empereur.

– Mais pourquoi diable ! gueule Eatherly. C'est bien ce qui pourrait mettre fin à cette foutue guerre.

Le copilote la boucle. Il a assez parlé. Tous maudissent

la consigne de Tibbets. L'horizon reste bouché, plombé comme jamais par cette averse qui les poursuit depuis la base, d'est en ouest, et maintenant dans l'autre sens.

Eatherly sent la mousse de son siège qui régurgite sa flotte. Il est bon pour une crève. Il ôte son gant droit et se touche le front. Chaud. Fiévreux. Depuis le temps qu'il marine dans tout ce coton trempé. Il avait tellement hâte d'y aller. En sortant du Quonset, il se moquait de l'averse. Maintenant, il la maudit autant que toutes ces missions qui se suivent et se ressemblent et sont en train de faire de lui un affabulateur, un marchand de salades, un brocanteur de gloire qui croit duper son monde, mais qui ne trompera personne quand il faudra rendre des comptes. Ses frères y sont, eux, au combat. Ses frères s'y jettent, eux. En plein dedans. En pleine gueule. Il paraît même que Jeff, l'aîné, viendrait de décrocher sa médaille d'infanterie. Une balle dans le genou qu'il a prise sur la plage d'une île du Pacifique dont personne sait le nom. Une balle pour du sable. Mais une médaille en vrai, solide, pendant au bout de son petit ruban de velours tout doux, tout rouge. Cet enfoiré de Jeff la ramènera sûrement. Il a le chic pour ça. D'un rien, il brode beaucoup. Cette grande gueule en fera un récit comparable à ce qu'on a dit l'an dernier d'Omaha Beach et d'Utah Beach. Un carnage d'héroïsme. Une farandole de tripes. Et lui, Claude, pauvre petit frère, triste petit dernier bien couvé par sa mère adorée, aviateur officier, il fera des risettes à la table familiale, il tirera son sourire et crachera des bravos, comme tout le monde, comme sa femme, Anna.

L'ambition, c'est que de la sauvagerie. Ça vous piétine l'ego, ça vous rapetisse l'âme jusqu'à ce qu'on vous accroche une breloque au poitrail.

Il pense aussi à sa femme, Anna, privée de scène. Elle

se détournera s'il revient les mains vides. Elle attend mieux que ça. Eatherly se souvient de leur dernière soirée. Quand sa bouche lui demandait de revenir sain et sauf, d'éviter de prendre des risques, ses beaux yeux altérés se figuraient, sans l'avouer, des coups d'éclat, d'authentiques lauriers. La honte !

– Major ?

Il grommelle une réponse.

– Vous êtes loin, remarque Barsumian.

– Je pense… Je pense à ma femme, répond-il.

L'opérateur libère une oreille de son casque.

– Joli brin de femme, major. Je l'avais aperçue l'autre fois, à Wendover, pendant le laïus de notre zigue-en-chef.

Eatherly sent son sang qui pulse en dedans. Ses globules s'échauffent. Bien sûr qu'elle est jolie. Les hommes la trouvent jolie. Tous les hommes. Elle lui manque. Pas envie de la perdre. Il pourrait tuer pour elle. Il faudrait tuer pour elle.

– Tokyo à dix miles, major, annonce le navigateur.

Il sent la doublure de ses gants. La soie. La laine de mouton. Il serre la mâchoire à s'en péter une dent et s'accroche à son manche.

– Major ?

– Donne-moi un cap !

– Répétez ?

– Donne-moi un cap, Thornhill !

Le copilote renâcle. L'opérateur radio remet son casque sur son oreille. Thornhill, aux instruments, bascule d'une fesse sur l'autre en triturant sa règle.

– Toujours cent vingt degrés. On file droit dessus, major.

– Barsumian ?

Le radar est le fils d'un marchand de tapis d'origine

arménienne. Il a une bonne mémoire et le don de repérer le détail dans les trames. La surface des nuages semble se fissurer. Des vents scalpent les plus gros et dissipent les nimbus. Des zones plus claires se forment.

– J'ai de la visibilité, major. Des trouées brèves ! dit-il.

La carte de Tokyo est calquée dans son crâne.

– Réglage radar, ordonne le major.

– Tokyo en vue ! répond-il. C'est bon, on peut rentrer ?

– Comment s'appelle l'empereur ?

Il a beaucoup de mal à retenir les noms venus de cet archipel.

– Hirohito, lui répond le copilote.

– Réglage du télémètre, ordonne le major.

Et soudain apparaissent à terre des espèces de miroirs qui reflètent le ciel. Les douves du château impérial.

16

Le ciel s'est déchaîné comme un gosse capricieux. De longues heures durant, il a entassé des nuages, bien pleins, bien gras, pour mieux les éreinter, les compresser, les étancher, les faire dégorger jusqu'à l'ultime gouttelette.

Toute la nuit, le toit de ma maison s'est fait l'écho de cette manne. Il a tambouriné et ce brouhaha m'a fait faire des cauchemars. Je me suis rêvée prise, emportée dans le courant. Ma ville est cernée d'eau. Depuis la nuit des temps, elle en est l'esclave, prise en étau par elle, des montagnes à la côte. Le fleuve Ōta la traverse. Il est grand. Impétueux. Il prend son élan en amont, tout en haut des montagnes dites « chauves » parce qu'on les a rasées, de la base au sommet, complètement ratiboisées. Je peux les voir de la Mission, à Nagatsuka, chez les pères qui m'emploient. Quelle que soit la saison, quelle que soit la raison, le fleuve Ōta gronde au pied de ma maison.

Ma ville est un peu folle. C'est le cerveau d'un sot qui l'a dressée ici, dans ce delta humide, l'apex d'un sol peu sûr.

L'Ōta s'y subdivise comme les doigts d'une main qu'il faut sans cesse tenir, assécher ou contraindre. Dedans, l'eau douce et l'eau salée s'embarbouillent.

Le courant de la rivière se conjugue aux marées de la mer intérieure. Et les deux s'harmonisent.

Mais cette nuit, le début de Tsuyu, la saison des pluies et des prunes, a brouillé cette entente. Chaque fois, c'est la même chose. Dès que le ciel s'en mêle, il n'y a plus rien qui vaille. Les tempêtes. Les orages. Tout ce qui vient des cieux. Voilà où naît ma crainte.

Aux sources de mon cauchemar, il y a le souvenir effrayant des dernières crues. C'était il y a deux ans. L'avant-dernier été, près d'une maison sur dix a été emportée, les habitants avec. Personne n'a rien pu faire. Il y eut des noyés et des dégâts terribles. Il a fallu rebâtir les ikken'ya *de bois, les fenêtres de papier, les tatamis de nattes, et refaire les chenaux. Nous avons tout reconstruit.*

Quand je me suis réveillée, j'ai entendu le bruit d'une cloison qui s'effondre. J'ai cru que ça recommençait. Il était tard. La sirène militaire avait déjà sonné. J'avais la tête prise, engluée dans mes songes. Je me suis habillée pour aller travailler. Les pères m'attendaient. Je suis sortie très vite. Le sol était humide et le ciel d'un bleu pur. J'ai vu une ribambelle de camarades d'école. Les filles d'une classe voisine accrochées à une corde qui tiraient une façade pour l'abattre. C'était le monde à l'envers.

– Toi, là. Dépêche-toi !

Je me suis calée derrière elles. J'ai attrapé la corde et me suis mise à tirer. De toutes mes forces. Tirer. La vieille maison qui branle. Tirer. Les soldats qui crient.

– Tirez !

La cloison est tombée. Tirer, encore. Une autre. J'avais le ventre vide et les mains pleines de cloques. J'ai volé des savates et des pincées de riz froid.

– Courez !

Une nouvelle façade.

– Lancez !

La corde accrochée aux battants des fenêtres.

– Tirez !

Le bois des planches qui craquent. Des résidus de poutres. Des structures dégondées. La poussière atténuée par la pluie de la veille. Toute la rue se dégageait.

Je suis rentrée fourbue et la conscience troublée. J'ai fait ce qu'on m'avait dit. Depuis près d'une semaine, tous les matins j'y retourne. On s'aligne sous les ordres des soldats pour détruire des apāto, *des* manshon, *des* ikken'ya, *par quartiers entiers. Le but, paraît-il, est de se protéger. En élaguant les axes, on limite le risque que ce cher « Mister B » fasse tout flamber d'un coup, d'une seule grappe de bombes. Je redoute le jour où l'officier de seize ans me demandera de déchirer le papier de mes fenêtres, de nouer une corde autour et de rejoindre la quinzaine de filles vêtues du blanc de l'école, chemise blanche, socquettes blanches, pour l'abattre. Cette modeste maison, c'est tout ce qui me reste de ma vie d'avant. Les parents me l'ont confiée. Tous les soirs au coucher, j'allume les bougies de l'autel. Tous les soirs, je m'agenouille et je fais mes prières. Pour l'empereur. Pour mon père. Pour ma mère. Pour les miens. Mais je dois avouer que j'ai bien senti ma ferveur s'affaiblir. À force de souffrir, de se tordre l'échine pour faire tomber les murs, j'ai réduit mes lendemains. L'instant a pris le pouvoir.*

17

Dans la ferme Eatherly, Belle regarde les portraits posés sur le buffet. Trois cadres bien alignés, bien droits, comme pour un défilé. Ses trois fils, en tenue. Des clichés noir et blanc encadrés de bois doré qui tranchent sur un buffet plus austère qu'un autel. Sous le portrait de Jeff, l'aîné, elle place une petite carte. Elle vient de la recevoir. C'est la mention de sa décoration pour acte d'héroïsme. Comme il a pris une balle, il est sur le retour. La vieille femme s'impatiente. Il aurait dû être là pour la fête nationale. Elle a tout préparé. Mais il tarde. Ça fait déjà trois semaines que la fête est passée. Pourquoi y tardent comme ça ?

Les troupes traînent en Asie et l'Europe s'est rendue. Il n'y a plus de guerre que dans le Pacifique.

Belle reste le dos tourné, plantée devant les trois photos, époussetant le portrait du second pour y mettre celui de l'aîné, décalant celui-ci, ramenant le dernier, comme une joueuse de bonneteau en plein tour de passe-passe, qui trompe le pigeon, mais jamais le destin.

Pa' s'avance dans le salon.

– Anna est venue te voir ?

– J'lui ai rien demandé, dit Belle.

– Pour tes aigreurs.

– C'est pas elle que j'attends.

Puis elle se tourne vers sa belle-fille qui débarque à son tour.

– C'est pas vous que je veux. C'est mes fils, grogne Belle.

Elle se traîne dans la cuisine en lâchant derrière elle des propos de leurre futiles, pour désamorcer Pa', faire tomber ses reproches, qu'elle ne l'attendait pas, qu'elle n'a rien préparé pour Anna et son fils, pas une tarte au four, même pas une part de cake, ou du café, car son moulin à moudre s'est encore grippé, et du thé, y en a pas, y en a même jamais eu.

Belle a sa dignité. Elle a beau vivre dans une ferme de l'État le plus reculé de toute l'Union, c'est pas une étrangère qui va venir lui ôter ses maux de femme à rides. Cette souffrance et cette bile, tous ces débris d'espoirs qui rouillent au creux d'elle, ces nuits d'attente fébrile qui la bouffent du dedans, tout ça c'est son affaire.

– Je vais vous laisser, souffle Anna à son beau-père. C'est pas une bonne idée.

– Pas question ! coupe le vieux, filant vers la cuisine mettre de l'ordre chez lui.

Il chope le coude de Belle. Belle se défile et râle. Pa' resserre son emprise. Belle balance sa cuillère et son plat dans l'évier. Il la sort par la force. Elle s'accroche au dormant et se met à hurler toutes sortes d'appels au secours, comme font les mères privées de la chair de leur chair. Des cris venus des tripes.

– J'ai pas besoin d'elle ! C'est mes enfants que je veux ! Je les veux vivants. Laisse-moi tranquille ! Lâche-moi ! Lâche-moi, ordonne-t-elle si bien qu'il se débine.

Belle dit que c'est pas humain d'être privée de ses gosses pour qu'ils aillent se faire tuer pour l'empereur d'un caillou perdu on ne sait où. Elle s'en fout, de cette deuxième boule qui gonfle, dit-elle en faisant craquer les boutons de sa robe. Elle a le bide à l'air. Une bosse pointe sous sa peau, au milieu de l'abdomen.

– C'est qu'une autre boule de rien ! Je n'en mourrai pas, va ! C'est rien !

– Tout doux, Belle ! Calm'-toi.

Mais Belle s'envenime. Elle en a plein la gueule des mots pour son épreuve. Elle serre ses deux poings et se cogne le ventre. Une fois. Deux fois.

– C'est de là que le mon mal vient ! De tout au fond ! D'l'origine !

Elle castagne son bas-ventre, rosse la boule de frappes rageuses jusqu'à ce que Pa' la plaque contre le mur du salon en rabattant sa blouse.

– Ça suffit ! T'arrêtes ça tout de suite ! crie-t-il.

En piégeant ses poignets, il tend le tissu de sa robe et laisse voir son ventre bafoué. Il est plein de rougeurs. Des calques de ses doigts qui vont bientôt bleuir, comme les champs de blé dehors, un regain de couleur avant le long hiver. Elle le sait. C'est la nature…

Anna a déjà vu son propre corps perclus de bleus. C'était il y a longtemps, sous les coups d'un sale type. Anatomie de la honte. Métonymie du blues. Grammaire des maux immondes qui font d'un corps une ruine. Elle n'oubliera jamais ces semaines à marcher la tête basse, l'échine courbe et minable, à longer l'ombre des murs en serrant les genoux et les poings et les dents. Coincée de tout partout, espérant qu'un Orphée vienne lui tendre la main. Qui veut aimer sait mourir.

– Papa !

Son fils vient d'entrer.

– Oh, mon garçon ! dit Anna, accroupie devant lui. Pourquoi t'es pas dehors à jouer avec Dingo ?

La main de l'enfant, comme un coussin, replète et parfaitement lisse, recouvre sa joue.

– Papa ! Papa !

C'est tout ce qu'il bredouille. Des « papa », jour et nuit. Toujours le mot du père. Elle l'enveloppe de ses bras pendant que Belle rengaine les pans de sa détresse. Pa' n'a plus besoin de retenir ses bras. Belle dit que c'est bon, que ça va, que ça va passer, et s'écarte du regard de son petit-fils chéri. Elles l'avaient oublié.

Pa' s'approche d'eux lentement.

– Est-ce que je peux l'occuper ?

Anna se lève et sent que la main de l'enfant la retient. Elle écarte ses petits doigts. Elle le pousse dans le dos comme un pion qu'on déplace sur un grand échiquier, mais d'une case de trop.

– Va avec ton grand-père. Tu vas voir son tracteur, son beau tracteur tout rouge, tu sais ?

Il a compris. Il fait un pas vers lui. Pa' s'empare du petit et sort dans un silence qui ressemble à ces ciels qui naissent juste après la tempête, où tout paraît plus net, plus vrai et infiniment pur. Belle est faite de cet air, toute lavée de sa rage, abandonnée, sans force, prête à laisser ses plats pour regagner sa chambre. Pendant que Pa' et le petit se dirigent vers la grange, elle passe près de l'escalier de bois, l'embout d'ébène en forme de boule glisse sous la main de Belle et crisse sous celle d'Anna, qui la suit dans sa chambre.

– Allongez-vous, dit-elle.

Belle ramène ses jambes et cale sa tête hirsute sur l'édredon de son lit. Ses deux mains maintiennent sa robe déchirée. Elle fixe le plafond et une larme s'écoule.

– C'est bien, Belle ! Lâchez-vous !

La vieille mère n'en peut plus. La lettre qu'elle a reçue l'a poignardée au cœur. C'est tout ce qu'elle redoutait.

Ce concours d'ego. Cet appétit de victoires. Pourvu que ses fils servent, fassent gaffe et lui reviennent vivants, juste vivants, tout simplement. Elle y pense tous les soirs. Macère dans ses attentes et se réveille chaque jour avec l'idée de la veille.

– Je sais que ça va me tuer.

– Vous permettez ?

Belle se laisse faire. D'une voix douce qui se donne des airs savants, Anna circonscrit le mal. Caresse. Palpe. Devine sous sa pulpe ce qui se trame. Là. Elle le sent. Sous ses doigts. Le noyau dur et gros comme un avocat. Elle poursuit son chemin de ronde, sur ce vieux ventre gonflé et palpe sous le bras de Belle. Elle a une troisième boule. Plus petite, mais bien plus douloureuse.

– Vous saviez ? demande Anna.

– Je l'ai sentie avant-hier.

Anna pose ses mains dessus. Dans sa tête, elle compte trente secondes. Utile ? On verra bien ! Elle n'a jamais fait cela. Belle n'ose plus remuer, comme si elle évitait de réveiller son chagrin. Elle est pleine de tumeurs. Elle en a plein le corps qui vont bourgeonner les unes après les autres.

Anna en sent une autre, près des côtes, et passe vite dessus. C'est assez. Elle a compris.

– Faut aller à l'hosto.

– Pas besoin.

– Vous savez bien ce que c'est.

– Justement. Je sais, oui. Alors quoi ? Pourquoi voulez-vous qu'on paye pour un lit de plus ? La médecine nous a déjà coûté cher et ça n'a rien changé. Alors quoi ? Pour quoi faire ? Pour faire durer le mal ? Chez nous, vous savez, on meurt sans faire d'histoires. On n'appelle pas l'médecin à tort et à travers. On fait ça entre nous.

– Mais c'est grave, et vos fils…

– Ils arrivent. Tout le monde dit que c'est la fin. L'autre barjot s'est flingué en avril et l'empereur nippon n'aura qu'à bien se tenir quand on lui tombera dessus. C'est pour bientôt, n'est-ce pas ?

– Je l'espère.

– Mais il vous écrit, pourtant. Il vous raconte.

– Moins. Il écrit moins en ce moment. Mais je suis sûre que tout va bien.

– Vous, vous êtes un peu comme nous, finalement. C'est un truc d'Italiens, de cacher ses larmes ? Nous aussi, on fait ça. Parfois, quand mon Pa' tremble, j'lui fous des coups de pied au cul pour qu'il revienne à plus de dignité.

– C'est bon ? Vous avez terminé ? s'agace Anna.

– J'irai pas ! J'irai pas. Pas besoin de rameuter toute la science de tous ceux qui ne savent que constater. Je mourrai ici, chez moi. Je mourrai quand y faudra. Je sais mourir, vous savez, comme une vieille chienne, une bonne carne bien docile. Comme toutes les femelles, j'm'en irai claquer à l'heure dite, en plein accord avec notre bon Dieu.

Anna se relève pour sortir. Belle poursuit un ton plus bas :

– Mais je voudrais que mes fils soient là pour une dernière prière. Tous les trois. Pour mourir comme y s'doit, les mains dans leurs mains, et un peu de derniers mots.

– La guerre n'est pas encore finie…

Belle la coupe.

– Vous savez ? Vous le savez, vous ? Vous savez quand c'est qu'ils reviendront ?

– Non.

Belle s'accoude au matelas et s'adosse contre le mur

en regardant la fenêtre grande ouverte. Une lumière merveilleuse illumine la pièce. Le soleil de juillet est le plus beau de l'année. Elle va presque sourire.

– Alors, pourquoi précipiter ma fin ? Ça prendra des semaines ou des mois. Ça prendra l'temps qu'y faut. La belle affaire ! Qu'ils les moissonnent leurs mers lointaines et leurs atolls nippons. Je tiendrai. Je tiendrai pour eux. En attendant, vous, pas un mot. Je veux pas contaminer mes fils avec mes maux de mère. Entendu ? Dites-le-moi !

– Entendu !

– Crachez qu'vous direz rien !

– Je leur dirai rien, Belle. Mais…

Belle se remplume un peu en fixant le plafond. Un brin de philosophie traverse son regard.

– Oui, oui, je sais. En attendant, vous pourrez venir me voir, si ça vous chante. Vous me tâterez le bide. Vous me direz bien des choses et moi je ferai semblant. Vous et moi ! Pour faire plaisir au Pa'. D'accord ?

– D'accord.

– On fera ce qu'il faut, Anna. Vous verrez. On va faire bonne figure. Moi aussi, je peux faire la comédie.

18

Un silence imbécile a comblé la carlingue. Des moues dubitatives. Des regards perplexes. Le major suit de loin le grondement des moteurs, le crachin de la radio et tout le tintouin d'alarmes de sa machine volante qui tentent de lui rappeler qu'il n'est qu'un soldat. Dans les plis de son blouson, il se fomente des « si », rumine des « mais » et combine des « parce que » pour justifier son acte. C'est lui qui a donné l'ordre. C'est lui le commandant. C'est lui qui a guetté la chute des bombes. Il a crié de joie quand l'une d'elles est tombée pile, et largué des jurons contre Hirohito. Puis il a redressé. L'avion a gagné près de deux mille pieds d'un coup. Le major s'est lové à l'abri des nuages, entre le bleu et le gris.

Il a visé l'empereur, lui. Il a tapé dedans. Il a onze témoins de cela. Un rictus de fierté se loge au coin de ses lèvres. Une vague lueur de bravade. Un de ces airs nigauds que son père exécrait parce qu'il n'aimait pas que ses fils prennent des poses prétentieuses. Même pour un grand cerf mâle.

Le rappel surgit dans un grésillement d'ondes. L'oscillation lointaine d'une voix prestigieuse, avec des gras de mots détachés de leur bouillie.

– Bande d'abrutis, qu'est-ce… ?

Le colonel Tibbets rugit. Mais la radio passe mal. L'opérateur mouline d'une fréquence à l'autre pour repêcher la suite.

– Vous allez tous me payer…

L'opérateur se penche, un doigt sur le bouton, la nuque tendue en avant.

– … on avait dit pas lui, éructe le colonel.

Le copilote est raide comme un flagrant délit. Le regard jeté sur le plus loin possible. Il sait. Le radio ne bouge plus. Le bombardier balaie ses instruments de visée du bout de ses gants de cuir. Le navigateur se retient de tracer une droite trop droite jusqu'à l'île de Tinian et grappille des degrés. C'est puéril, mais qui sait, c'est peut-être une minute de vie qu'il vient de gagner sur le peloton d'en bas.

Ils n'avaient pas le droit de viser le palais et encore moins l'empereur.

Comme une bande de vauriens revenant d'un sale coup, l'équipage se prépare. Classique. Ce genre d'histoire suit toujours la même courbe. D'abord, l'excitation, l'ombre aveuglante du défi. Puis le passage à l'acte. Le surgissement de la force. La loi déboulonnée. Une impression de puissance qui propulse son auteur haut en apesanteur. Mais le sentiment d'impunité retombe vite, plus vite que les débris de l'explosion. Et les tourments déboulent, chutent et vrillent. Ils risquent une belle sanction, et lui, le major Eatherly, commandant de l'avion, la cour martiale lui pend au nez.

La radio crache du vide. Les membres de l'équipage se tiennent cois comme s'ils pouvaient rompre la chaîne lourde et pesante de leur complicité. C'est le moment de l'absurde. Quand tout est déjà noué, le sermon déjà prêt, l'accusation précuite, mais qu'on se prend à espérer un miracle. Religion du coquin. Cantique de la canaille qui se récite en silence des mensonges plus épais que les volumes des lois, des codes, des codex, des codicilles et des renvois.

La piste d'atterrissage se déroule devant eux. Elle mesure plus d'un mile. C'est long, un mile, quand on sait qu'au retour on va se faire tancer. C'est interminable, même, lorsque la voix de Tibbets résonne encore dans les douze casques. Les trains de roues arrière crissent et fument. Le nez se rabat. Les dos rebondissent sur les ressorts des fauteuils. Les quatre pales brassent l'air. L'avion tourne et se cale. Puis il s'immobilise.

Moteur 1 éteint.

Moteur 2 éteint.

Moteurs 3 et 4 éteints.

Il fait jour. Il fait sec. Le temps vire au beau et fait briller le zinc. Eatherly ôte son casque et se lève. Son copilote l'imite dans un couinement de ressorts. Le radio aussi. Les ingénieurs pareil. Les uns après les autres, ils écartent leurs arceaux et se préparent au pire.

Eatherly se présente en premier près de la trappe de sortie. Il fait glisser l'échelle, s'agrippe aux montants et s'extrait. À l'air libre, il jette un regard alentour. Personne. Il fait signe au copilote de descendre. Au bout de quelques instants, tous les douze s'alignent sous l'immense aile d'argent. Prêts pour l'exécution. Ils attendent. En vain. Penauds, un peu pèquenauds et transpirants. Mais personne ne vient.

Eatherly fait la moue. Il pointe sa bouche dans l'axe de son long nez et relève furtivement le front.

– Bon, ben, dans ce cas…, dit-il.

Inutile de se presser. Chacun se débarrasse de son lourd barda, le bonnet de cuir fourré, le gilet de sauvetage, le kit de survie et le pistolet de poing, direction le vestiaire pendant que des types au sol s'affairent autour de l'avion qu'ils tirent vers le hangar.

– Et Tibbets ? lance le major en refermant son vestiaire.

– Je vois pas, répond Baldasaro, chargé de la radio.

– Moi non plus, dit un autre.

Ils sortent du hangar, comme si de rien n'était.

– C'est tout ? s'étonne Baldasaro. Une bonne gueulante et c'est tout ?

– On a un drôle de chef. Un gueulard pas méchant. Peut-être que ça passera, conjecture Eatherly, mais sans grande conviction.

– On a peut-être bien fait ! Non ?

– On a profité de l'occasion, une brève éclaircie.

– Peut-être bien, oui, poursuit le radio en traversant la piste.

Mais une clameur résonne. Pendant que les douze du zinc marchent vers les dortoirs réservés aux membres du 509e, le chahut se précise. Des sifflets. Des rires. Ça vient de la base, plus loin.

– Merde ! s'écrie le radar, avec sa bouche duveteuse et sa belle gueule d'Orient.

Un œuf pourri dégouline sur sa manche.

Un autre tombe devant eux.

– Ça veut dire quoi ? demande Eatherly.

La réponse s'impose sous la forme d'une grappe d'hommes. Une vingtaine. Peut-être trente. Torse nu et hilares. Ils débarquent du hangar 3B et leurs rires sarcastiques leur mordent les talons. Les aigles qu'ils ont cru être passent encore pour des dindes.

– Bien joué, les gars !

– Bravo !

– Un beau pétard mouillé qu'est tombé chez l'empereur !

Une grosse tomate vole au-dessus de leurs têtes et gicle en s'éclatant contre le terre-plein.

Au centre de ce groupe, un homme en veste laisse faire. C'est Tibbets. Les mains sur les hanches et sa longue pipe au bec, il rumine des fumées. Son œil noir les suit. Moqueur. Hautain. Ils ont manqué leur coup. La bombe s'est écrasée à distance de l'homme-dieu. Si les frères d'Eatherly étaient là, ils seraient de l'autre côté, parmi le groupe des rieurs et gueuleraient que c'est bien lui, c'est toujours « Manque au but ». Le major évite un œuf, puis un autre ; mais de justesse. Comme ses hommes, il poursuit en se désarticulant.

– Fait chier, lance Thornhill qui vient de s'en prendre un bien puant et bien gluant entre les omoplates.

Puis des cailloux s'abattent.

Les généraux romains défilaient en triomphe. Le major et ses hommes se carapatent sous les quolibets de leurs frères d'armes.

Il rejoint son lieu de vie. Il force sur la poignée qui refuse de s'ouvrir. Une capote pleine d'urine s'éclate contre la tôle. Il force encore en vain.

– Par-derrière ! Par-derrière ! lance le lieutenant Ira.

– Non ! Ouvre, dit Eatherly.

– Fais le tour.

Mais Eatherly insiste. Il bastonne des coups de main, de coude, d'épaule. Il veut passer par là pour éviter de s'en prendre un ou deux en pleine tronche. Comme un caillou résonne sur la porte métallique, son lieutenant s'y résout. Il déverrouille la porte et finalement lui ouvre.

Eatherly se glisse à l'intérieur.

Mais il n'a pas le temps de la rabattre. Des pleines poignées d'œufs se déversent dans la pièce.

– Et merde, gronde le lieutenant Ira.

Les deux lits se couvrent de détritus divers. Des ordures. Ce qu'ils ont balancé sur des dizaines d'îlots se retrouve concentré sur leurs lits d'officiers.

– C'est pas malin.

– Désolé !

– Mais pourquoi t'as fait ça ?

19

Elle a passé l'été à démarcher le pays. Distribué deux cents tracts. Récolté une promesse pour un boulot de rien, de serveuse à Sherman. Et puis finalement, non.

Anna s'est résignée à résilier son bail. Le proprio de la ferme a dressé l'inventaire. De ses mains de colosse, il a pointé des traces de clous dans le mur et montré les fissures des fenêtres du salon.

– Ah bon ? Vraiment ? En deux mois seulement, je ne vois pas comment…

Elle a promis de revenir pour réparer tout ça.

Son porte-monnaie est vide. Elle n'a même plus de quoi payer un plein.

– Et pour le puits bouché ?

– Ah bon ? Ça aussi ?

– On y puisait plein d'eau, dit-il d'une moue maligne.

Comme elle est pressée, elle dit qu'elle lui laissera son matelas en gage, le temps de trouver l'argent pour faire ce qu'il faut.

Il ne répond pas. Anna remarque qu'une idée lui traverse l'esprit. Une idée passée vite, comme un secret entre eux. L'abruti associe ce petit lit avec elle. Il pense l'un dans l'autre.

– Attention, dit Anna, cherchez pas des sottises…

Elle se souvient de Steinbeck, de George le malin,

de Lennie le débile, et de la femme de Curley qu'elle a incarnée sur scène. À l'époque, quand elle jouait, elle endossait sa petite robe rouge comme on se glisse dans un monde. Anna se dépouillait volontiers de sa vie de citadine, du soleil et de la mer qu'elle laissait dans les loges, pour devenir cette femme pleine de paille et de torpeur. C'était juste pour jouer devant les spectateurs du théâtre de Pasadena. Elle était belle, sa robe, avec ses petites fleurs noires. Elle tombait à mi-cuisse et lui moulait le ventre. Ses épaules aiguisées dépassaient largement. Ses reins rebondissaient sous la croupe creusée. Elle adorait mourir sous les mains de ce bêta, pour sortir en fin d'acte et revenir saluer sous des pluies de bravos.

C'était quand ? Tout est passé si vite. Quelques semaines sur scène, quelques mois de grossesse, le départ et le Texas au pays d'Eatherly. Elle n'avait pas prévu de s'enterrer ici, avec un gosse sous le bras et des boulets de dettes. Il faut que son mari revienne. Vite. Qu'il se dépêche de la finir sa guerre. Elle n'a jamais signé pour jouer les fermières toute sa vie. Quand Eatherly reviendra avec sa pension de guerre, ils retourneront sur la côte. Ils seront respectés, lui comme le fier pilote, elle pour tout le courage qu'il faut à une femme seule pour élever le fils d'un héros de guerre. Plus personne ne se moquera de son petit accent. Tout ça se retournera. Plus personne. Plus jamais. On voudra l'embaucher. Il aura un bon job dans une belle entreprise. Un truc de commercial avec un grand bureau, et elle aura fini de n'être qu'une paire de mamelles, bonne qu'à être tétée. Son fils aura grandi et elle aura retrouvé sa jolie taille d'antan et sa gouaille et l'esprit qui colle au jeu de scène. Le théâtre lui manque tant ! Et jamais, plus jamais, on ne la regardera comme ça, à l'acculer, pour tout et n'importe quoi.

Même son chien réagit devant ce proprio qui se tricote des raisons de réclamer un dû qu'elle paierait de sa personne. Dingo remonte d'instinct le bout de son museau, relève les babines et lui grogne dessus.

Le colosse recule. Le bougre. Il a peur d'une bête qui lui arrive à peine au genou. Anna le laisse faire.

– C'est bon ! C'est bon ! Je la prendrai, votre paillasse, dit ce sosie de Lennie, finalement moins bête que celui de Steinbeck, mais retenez ce clébard !

Elle le regarde charger le matelas de bourre à l'arrière de son camion et glisser sa petite clé dans une boîte sous son siège. Elle reste là, sans bouger, jusqu'à ce que sa bagnole ne forme plus qu'un petit point lointain. Quand il a disparu, elle plie bagage.

Pa' et Belle l'attendent.

Retour à la ferme Eatherly.

Que cette nuit est longue, avec ses bruits troublants, les cognées de son cœur ; le grignotement des vrillettes qui boursouflent la poutre au-dessus de son lit ; les froissements des bombyx qui fracassent leurs ailes sur chaque pan de mur et rebondissent aux vitres ; le cri perçant d'une chouette ; les grenouilles qui s'égosillent et les branlements de glotte de Pa' qui bourdonne plus fort qu'un sonneur. Sa nuit est tronçonnée. Aux premières heures du jour, la butée la tire d'un sommeil tardif. Métal contre métal. Les travaux commencent. Anna ouvre la fenêtre et se penche pour voir les écuries à droite. C'est de là que ça vient. Un carré noir qui va et vient toujours de haut en bas. Une gerbe rutilante. Le martèlement de Pa' qui cogne sur son enclume cesse un court instant, le temps qu'il tourne la tête, fripe ses lèvres et projette un jet de tabac noir.

La masse frappée, c'est elle. Une larme coule sur sa joue.

20

Le major est vaillant. Ses états de service démontrent ses aptitudes. Il est de loin le meilleur. Mais il se sent bête. Une semaine dans sa piaule, cantonné sous la tôle avec ses regrets et la trouille d'y rester. Était-ce seulement une faute ? Il a failli avoir l'empereur du Japon, d'une bombe sceller son sort et faire taire ses canons. Les autres étaient finis. Le Duce par les pieds. Le Führer par la tête. Pourquoi l'Amérique s'acharne-t-elle à faire rendre gorge à ce petit empereur ? Pas de paix sans qu'il abdique. Pas de conditions à sa reddition. La prise du roi ennemi vaut des milliers de pions. Mais Tibbets a surgi. Il a soufflé sa pipe, levé le front, tendu le menton, mis ses mains sur ses cuisses, serré les dents du fond et regardé devant lui en faisant de son mieux pour éluder sa rage.

– Si tu t'avises encore de me refaire ce coup-là, c'est moi qui te larguerai, personnellement, ficelé comme un goret au milieu de l'océan.

Il a fait un pas de plus.

– Une seule fois ! a-t-il dit en levant son index comme une baïonnette, et je te jure que t'es bon pour finir en pâtée pour les squales.

Tibbets est ressorti. Le major a baissé la tête. Il a rangé ses cartes à jouer, reboutonné sa chemise et inspiré longuement. C'était jeudi dernier. Depuis, il est coincé dans sa chambre avec Ira.

Mais un croiseur blindé a débarqué hier matin. L'USS *Indianapolis* avec ses trois tourelles, de trois canons chacune, un navire profilé comme les anciennes navettes des métiers à tisser. À son bord, plus de mille hommes. Quand il s'est approché, une barge s'est détachée. Elle s'est remplie de quelques hommes et d'une grosse caisse carrée. La petite barge du croiseur a mis le cap sur le débarcadère le plus secret de la base, pas loin, à proximité de sa fenêtre. Son équipage a hissé la grosse caisse avec mille précautions. Ensuite, ils ont fait demi-tour sans demander leur reste. C'était le 26 juillet. C'était hier. La barge a rejoint le croiseur. L'USS *Indianapolis* est déjà reparti.

C'est là. Il le sent. C'est maintenant que ça se passe. Des ingénieurs s'affairent dans le hangar dressé à cent pas de son Quonset, près de la mystérieuse caisse. La sentinelle a été doublée. Les plantons filtrent tout, pire qu'avant, brutalement, tant et si bien que les gars du 509e aiment mieux faire des détours plutôt que de courir le risque de se prendre un coup de crosse. Pendant ce temps, le croiseur encaisse les deux torpilles d'un sous-marin ennemi. Il coule lentement au large. Neuf cents marins flottent dans une mer calme mais infestée de requins.

Eatherly le découvre au moment du briefing. Il est sorti de sa piaule. Tibbets prend la parole. Il révèle à ses hommes le naufrage du croiseur.

– Ta sanction est levée.

– Merci, colonel.

– Me remercie pas, Eatherly. C'est pas un cadeau que je te fais. C'est que le moment commande. On a des gars en bas. Faut qu'on retrouve ce bateau.

Tibbets s'en est allé.

Lui s'est remis dans le rang. Impatient. Il a repris son poste. Une rotation d'une heure pour jeter un œil au large. Il a failli passer au-dessus des rescapés. Huit cent quatre-vingt-dix-sept marins flottant à la surface, dans des radeaux de fortune ou des gilets de sauvetage. Du sang attire les requins. Ils sont déjà six de moins. Huit cent quatre-vingt-onze. Si seulement Eatherly avait poussé au nord, il les aurait survolés. Il n'est pas passé loin. Huit cent quatre-vingt-neuf. Mais il a fait demi-tour. Un autre a repris la main.

Au retour, il remplit son rapport de mission. Fini les petits sarcasmes, les blagues de vieux pilotes. Il fait comme tous les autres. Il évoque le « machin » qui vient d'être acheminé. Ce n'est plus le « gadget » évoqué par Tibbets. C'est le « machin » mystérieux. Une force qui n'a pas de nom mais qui pompe déjà toute l'attention de la base. Le « machin ».

Une semaine plus tard, dimanche 5 août 1945, à l'heure où, d'ordinaire, l'aumônier dit la messe, les pilotes du 509e se retrouvent dans la salle des opérations. Bien assis, comme au temple. Tibbets remonte l'allée. Il est suivi d'un type parfaitement inconnu. Une sorte d'escogriffe flanqué d'un front de glacier qui marche les mains dans le dos et les épaules tombantes. Au fond, deux écrans sont recouverts d'un voile noir opaque.

Clac ! Clac !

La porte est verrouillée. Les fenêtres obstruées. Pendant un court instant, on n'y voit plus que dalle. Une seule ampoule s'allume. Un faisceau de lumière auréole l'estrade.

Et que la lumière soit, pense Eatherly.

Le colonel Tibbets et le pingouin qui a débarqué font

face à l'assemblée. Tibbets tire sur sa pipe, lâche un trait de fumée et présente le capitaine William Parsons.

– Ingénieur. Technicien. Il va vous en dire plus.

Un court silence. Parsons salue brièvement et tire sur le tissu qui révèle l'écran de droite. Le flash d'un photographe saisit l'instant. Il surprend tout le monde. Eatherly et ses voisins de rang baissent la tête, aveuglés. Le capitaine commence.

– Messieurs, dit-il d'une voix banale, la bombe que vous allez bientôt larguer est une première dans toute l'histoire de l'armement. C'est l'arme la plus destructrice jamais construite. D'après nos estimations, elle devrait raser tout ce qui se présente à trois miles[1] à la ronde.

Le major émet un raclement de gorge pendant que Parsons claque deux doigts à l'adresse du projectionniste qui vient de s'installer au bout de l'allée centrale. Un petit moteur s'active. La bobine supérieure tourne sur son axe et libère une langue de pellicule qui se loge sous l'objectif. Sur l'écran devant eux, un compte à rebours s'enclenche.

– Il y a trois semaines, nous avons procédé à un premier essai dans le désert du Nouveau-Mexique.

L'image d'un horizon. Sombre en haut. Clair en bas. Puis un point lumineux qui se propage au milieu de l'écran et se fige.

– Mais qu'est-ce que… ?

Une odeur de brûlé se répand dans la salle. Le capitaine s'agite. Son opérateur s'affaire au-dessus de son projecteur. La bobine est grippée. Il tire la pellicule et dévisse l'objectif.

– Je suis vraiment désolé, colonel !

1. Près de cinq kilomètres.

Tibbets se désaxe en remontant vers lui.

– Qu'est-ce qui se passe ?

Tout le monde a deviné. Le film s'est coincé.

Eatherly scrute l'écran. On dirait la photo d'une bulle de savon remplie de fumées opaques. Il se souvient de ses bains avec ses frères quand ils grattaient des allumettes sur leurs pets pour faire des étincelles. C'est la même.

Le capitaine poursuit. En désignant l'image, il devient arrogant et martèle ses mots.

– Cette boule est la chose la plus puissante… la plus aveuglante… et la plus brûlante jamais créée… depuis que l'homme est sur terre.

Il est tellement tendu que sa grosse voix déraille.

– Ça, c'est dix fois plus lumineux que le soleil… et sa chaleur est dix mille fois plus élevée. Entendez-vous ? Dix mille fois ! Alors, regardez-la bien, messieurs… Cette arme est monstrueuse. Sa puissance n'a pas d'égale sur terre ni dans toute l'histoire militaire !

Quelque chose d'Eatherly s'est mis à remuer des tas de contradictions. Il a envie d'en être, mais se méfie de cet homme debout, parlant à mots tranchants, ses doigts vindicatifs et ses yeux de prêcheur convoquant l'univers, la Genèse et le soleil. Lui revient ce que lui confiait Pa' lors de cette foire géante pleine de tracteurs, de batteuses, de moissonneuses-batteuses et de herses rotatives. Il l'avait mis en garde contre ces Prométhée, tous ces voleurs de feu, ces génies imbéciles, qui faisaient courir à l'homme le plus grand des dangers en promettant le progrès, la fin de la peine aux champs, la coupe réglée du monde, taylorisant le bien, mécanisant le soleil au nom d'un intérêt plus élevé que la morale. Tous les marchands de machines évoquaient les progrès techniques certifiés par l'axiome. Aucun fermier n'avait pu s'y retrouver. Ils s'étaient endettés.

Ce capitaine prétend que, d'un seul coup de bombe, la guerre va cesser. Pourquoi tant de puissance quand il suffit d'un largage plus précis, sur un palais de Tokyo, sur les quartiers de Hirohito ?

Le silence revient. Épais. Pesant. Tous palpitent du dedans, combinant des calculs pour faire partie de l'équipe qui va ramener la paix.

Eatherly frotte ses mains sur le faux pli de son fute. D'autres restent les bras lourds. Le projectionniste a replié sa machine et remboîte ses bobines top secrètes, l'une sur l'autre. Le premier écran est poussé sur le côté. Tibbets tient une réglette et dévoile l'autre tableau. Trois photos noir et blanc. Trois villes bien connues puisque cela fait des semaines qu'ils les survolent. Trois cibles potentielles. Sans palais. Sans empereur. Mais pleines de civils. Pour le largage final, tout dépendra du ciel. Pour frapper juste et fort, il faut qu'il fasse beau.

– C'est pour demain, annonce le colonel Tibbets.

– Mais…

– C'est ça, précise Tibbets. Lundi 6 août.

Voilà. Ça y est. Enfin. Le drame a son script et le colonel s'apprête à répartir les rôles. Eatherly baisse la tête. Il pense à sa petite femme, à sa mère, à son fils, à ses frères et à cette fierté qu'il pourrait leur rapporter.

Pourquoi pas lui ?

Il rêve d'une deuxième chance. Après tout, sur la base tout le monde sait que c'est lui le meilleur. C'est écrit noir sur blanc dans ses états de service.

– Major, je peux vous parler ?

Tibbets l'entraîne à part.

21

Dimanche s'est répandu comme une traînée molle. L'aube a pris tout son temps pour relever ses voiles sur les branches et les crêtes. Le coq s'est retenu. La lune s'est attardée. La campagne s'est tue jusqu'au premier son de cloche.

Anna a deviné le crissement des grandes roues sur les cailloux de l'allée. Elle a entendu Pa' faire claquer sa langue, et ensuite sa badine. Elle s'étire dans son lit, la tête sous l'oreiller. Qu'ils aillent faire des prières, dans leur temple sans dieux, sur cette charrette antique tirée par une carne née sous Mathusalem. Elle se figure sa belle-mère, assise près de son bonhomme. Son épaule contre la sienne. Son chapeau près du sien. Dodelinant, comme Pa', au gré des cahots que provoquent les nids-de-poule, se tenant le bide. Une brève éternité se loge dans l'image qu'Anna se fait de ce couple ballotté par une vie simple et dure à la fois. Pa' et son dos crevé. Belle et son ventre rongé. Chacun trimballe sa croix.

La cloche sonne une autre fois. Elle imagine le temple qui leur ouvre ses portes. Ils y arriveront sous peu. Le pasteur attendra. Le banc des Eatherly est le premier à gauche, le plus près de l'autel, réservé aux plus pieux. Autrefois, ils venaient avec toute leur marmaille. Trois filles. Trois fils. Toute une travée de famille. Il paraît qu'un jour, la petite avant-dernière avait manqué la messe à cause d'un mauvais rhume. Le soir ses yeux piquaient. Le lendemain, la lumière lui était insupportable. Puis une forte fièvre l'a plongée dans le délire. Elle y est restée deux jours avant de s'en aller. La rougeole l'avait tuée. Son nom est gravé sur une petite stèle, parmi les pierres tombales plantées au pied du chêne. Hier, elle est passée devant. La petite avait à peine six mois de plus que son fils.

Anna se penche sur sa boîte. Son fils dort et bave en tétant vaguement l'air.

Cette ferme est un cauchemar. Cette vie est une prison. Son fils a des bourrelets et des bonnes joues bien rouges, mais, elle, elle ne dort plus. Elle écourte les repas, s'agite un peu aux champs avec une pioche près de Pa', palpe en vain le bide de Belle qui compte deux nouvelles boules et prie pour qu'il revienne. Cela fait trois semaines qu'elle n'a plus de nouvelles.

Et s'il se faisait tuer ?

Il faut être un peu folle pour épouser un type qui vient de s'engager, un tas de chair à canon qui va décoller pour l'île lointaine d'une mer inconnue et d'un empereur fantôme que personne n'a vu. On lui a dit qu'elle devrait réfléchir. Les membres de la troupe ont bien compris qu'elle glissait vers une histoire sérieuse dont l'épilogue sentait le soufre et l'incertain. Le type qui jouait Lennie s'étonnait en coulisses qu'elle s'éprenne d'un tel homme.

– Un pilote ? Quelle idée !

Pourquoi faut-il toujours que les autres vous préviennent qu'aux heures sublimes succéderont les peines ? Pourquoi faut-il toujours qu'on caviarde son présent par des futurs fébriles ? Elle avait bien assez de la réalité pour se soucier de connaître les nuances du possible.

Le mystère n'est pas une idée de presbytère. C'est un torrent puissant dont le grondement est sourd à celui qui pense trop et qui peut être doux à ceux qui osent agir. Il faut tenter sa chance, affronter le hasard. La pensée fige. La vie remue. Les rêves enragent. Les jours diluent. Dire, c'est renoncer à ce qui n'a pas pris forme. Laisser faire, c'est inviter le mystère à tromper l'attendu. Anna a laissé faire. Elle a dit oui à tout, au mariage, à l'enfant, à l'avenir meilleur, et s'est retrouvée là.

Elle sort sans fermer. Elle s'installe sous le porche dans une chaise à bascule. Elle reprend sa lecture de cette nuit. Un drame en cinq actes. À l'ancienne. Très classique. Elle relit toutes les lignes de la page cornée. En vain.

Une poule passe devant elle et dandine du croupion. Anna pose son livre et se met derrière elle. La volaille jette des coups de bec caustiques. Anna ouvre grand les mains, mais la poule accélère. Elle se met à courir et sa proie caracole en zigzags, larguant de-ci de-là des fientes de panique. Au bout de quelques tours, Anna la pousse enfin vers un coin de réclusion, entre des planches et un mur, ce qui provoque des caquetées d'appels au secours. Le coin croule sous le duvet. Des flocons de plumes blanches. D'autres fientes diarrhéiques. Des poussières. Anna y plonge les mains qu'une paire d'ailes inutiles frappe dans un affreux bruit de craquement, qui provoque l'éclat de rire du petit garçon derrière. Son fils est près de la porte, une main sur le chambranle et un pouce dans la bouche.

– Ah, ça te fait rire, ça ! dit-elle en époussetant sa jupe.

Son fils recommence pendant que la poule s'éloigne. Le front perlant de sueur et le visage barré d'un sourire immense, Anna s'approche de lui et le soulève.

– C'est rigolo, hein ?
Elle le couvre de baisers sur le front et les joues.
– Heureusement que t'es là, toi.
Ses pieds ne touchent plus terre.
– Maman, arrête.
Elle le serre tout contre elle.
– Maman ! dit-il en tentant de s'écarter.
Elle l'enlace de plus belle, sans répondre à l'appel.
– Maman, arrête !
Il lui donne des coups de pied pour mieux se libérer.
– Laisse-moi ! la supplie-t-il.
Ses yeux sont deux globules. Son visage est tout rouge. Mais sa tête s'emboîte dans le creux de son cou, elle ne peut pas le voir.
– Mamaaaan ! crie-t-il.
Ça y est.
– Oh, mon fils, s'excuse-t-elle en relâchant son étreinte. Je ne me rendais pas compte. Ça va ? Ça va ?
Son fils se carapate, un peu comme la poule, et réclame sa grand-mère.
– Belle est où ? Où elle est, Belle ?
Il a raison. C'est étrange. Il est déjà midi. Ils devraient être rentrés. Que font-ils ?

22

La nuit pèse sur la base comme un gros drap de pudeur. Un borniol cache le monstre. Satan guette son Adam. Une lointaine lumière jaillit d'une potence. Une autre s'enclenche sans bruit. Une troisième. Encore une. Un chapelet de clartés haut perchées sur la piste qui s'avance, et la nuit qui recule. Il fait si moite encore. Une brise languide agite mollement les cocotiers. Soudain, des ombres s'extraient de leurs taupinières de tôle. Une brigade en tenue, masques en pogne et kits de survie prêts pour ces hommes qui vont tuer des hommes. Un flash éclaire un rond de schiste bitumeux et le bout de grole d'un soldat.

– Merde ! lance l'envoyé spécial du *Herald Tribune*. J'ai déclenché trop tôt.

Un autre flash fige ces tueurs allant par douze, comme les apôtres. Ils courent s'emparer des commandes du drame. La presse est prévenue. Elle a fait le voyage pour fixer le tournant de la Seconde Guerre mondiale. Ils vont voir ce qu'ils vont voir. C'est le jour du triomphe. L'empereur Hirohito va devoir se soumettre.

– Colonel ! Colonel Tibbets !

Les reporters balancent des questions et des flashs. Ils saisissent des bribes d'ailes et des ronds de carlingue.

– Colonel !

Tibbets en son cockpit. Du volet latéral, il salue les reporters. Deux caméras captent le brouillon de cette nuit qui ne fait que commencer. Le colonel sourit au-dessus du nom de sa mère qu'il vient juste de faire peindre. Il lui devait bien cela. Elle qui l'a soutenu quand il a renoncé à poursuivre ses études de médecine pour devenir aviateur. Enola Gay Tibbets.

Le major Eatherly sort parmi les derniers. Il contourne la presse, fiévreuse, vibrionnante, comme un soir de première au passage des vedettes. Lui n'est qu'un second couteau. Presque un simple figurant.

– Colonel ! Descendez pour une photo de groupe.

La masse se déporte sous l'aile de l'*Enola Gay*. La douzaine de Tibbets prend place près des roues. Deux rangées suffiront. Certains s'agenouillent. D'autres restent debout. Le colonel Tibbets sourit. Les flashs grignotent la pose.

Pendant que des questions fusent, le major Eatherly remonte penaud la file des B-29. Le sien est le premier dans l'ordre des départs. Il l'aperçoit devant, à une centaine de pas. Tout son barda pèse lourd. Trop lourd. Gilet de sauvetage. Radio. Près de ses cartes à jouer il a glissé la pilule de cyanure qu'on lui a remise hier.

– Au cas où !

Ils ont tous eu la leur. Il pourrait l'avaler pour faire passer la boule qui lui taraude l'orgueil.

L'échelle est calée sous le fuselage de son avion. Le major Eatherly prend place devant les commandes. Le cockpit luit à l'aune des diodes et des loupiotes du tableau de bord. Jauge d'essence. Réserve. Pression d'huile à l'avant. Pression d'huile à la queue de l'avion. Compresseurs. Il se harnache et se branche.

– Tout le monde est en place ?

L'hélice du premier moteur froisse l'air, de plus en

plus fort, de plus en plus vite, dans un vacarme qui se cale sur mille tours-minute.

– Moteur 2 ?

– Lancé !

– Moteur 3 ?

– Lancé !

Pendant que la presse s'affole pour saisir la photo du premier avion à partir, son bombardier brinquebale. Le moteur 4 s'emballe. Dans le poste de pilotage, tout branle et pétarade.

– Foutez le camp, bande de cons ! lance Ira, le copilote.

Lui aussi est déçu.

Seules les cales sous les roues retiennent les tonnes du monstre. Il suffirait qu'une seule lâche pour que le bombardier se mette à toupiller, hachant les vies autour avec ses grandes hélices. Des morts en préambule. De quoi gâcher ce début de nuit historique. À bord, on ne s'entend plus. Baldasaro relaie des ordres à peine audibles. Eatherly colle son casque sur ses oreilles. La friture électrique. Les consignes parasites.

– Je capte rien, bordel !

Il est une heure trente-deux. Les quatuors de pales mettent un vent à la meute des reporters au sol. Le phare sous le cockpit pointe la piste sèche et crue. Ira pousse les moteurs. La nuit se brouille de carburant. Ils décalent. La vitesse plie tout : les ombres des palmiers, les marques au sol, les balises du bord de piste et les ondes radio.

– Deux mille huit cents tours.

L'avion prend de la vitesse. La roue avant s'élève. Les immenses ailes d'argent s'appuient sur l'air ambiant, tropical et instable. Le bout de l'île de Tinian file sous le gros nez de verre et disparaît sous la queue.

– Altitude : quinze pieds… Cinquante… Cent vingt pieds.

Le ciel est une flaque d'encre dans lequel quelques diamants brillent tant bien que mal. Des écharpes nuageuses se déchirent sur ses ailes.

– Altitude : deux mille pieds.

La météo est favorable. Peu de vent. Pas d'orage. Rien à craindre du ciel. Tout va dépendre d'eux. Eatherly actionne le pilote automatique. Le cap est bon : nord-nord-ouest. Tout ronronne. Il se soulage de la pression du casque. Il écarte le micro et desserre sa sangle. Cette nuit va être longue jusqu'aux côtes japonaises. Il le sait. Ils ont pris l'habitude.

– Cabine pressurisée. Chauffage enclenché.

Tout l'équipage s'enferme dans un silence tendu. Ils auraient tant voulu avoir « le machin » à bord. C'est à cause d'Eatherly qu'ils se retrouvent tricards par cette nuit trop noire, à jouer les éclaireurs pour les héros qui suivent, derrière, dans l'autre avion. Ils étaient les meilleurs. Ça devait leur revenir.

– Altitude : huit mille pieds.

Eatherly croise les bras et ferme un peu les yeux pour vivre ce dont on le prive. Il s'imagine Tibbets aux commandes de l'*Enola Gay*, qui le suit à distance. Il s'imagine le capitaine Parsons avec son front de proue, installé dans son logement étroit comme un cercueil devant la bombe obèse et son nez de bouledogue. Elle fait trois mètres de long et un mètre de diamètre. Sa surface est recouverte d'une couche de graphite gras. Parsons qui s'agenouille pour l'armer. Ouverture de la plaque arrière située près de l'aileron stabilisateur. Mise à nu de la culasse du détonateur. Parsons qui ajuste sa lampe frontale et éclaire l'intérieur de la masse noire immonde. Parsons qui plonge sa main dedans pour extraire une culasse grosse comme un poing fermé. Parsons qui place la charge explosive, composée de spaghettis de poudre qu'on appelle cordite, enfermés dans des sacs de forme cylindrique. Il y en a quatre en tout, quatre petits sacs de soie bourrés d'un produit inflammable. Parsons qui les place l'un après l'autre, doucement, en prenant tout son temps. La moindre oscillation, le plus petit trou d'air et la messe risque d'être dite. Il s'imagine clairement Parsons qui s'arc-boute entre la bombe et la carlingue les bras de chaque côté, comme un équilibriste. Ce qu'Eatherly ignore, c'est qu'elle est constituée de six anneaux d'uranium rangés comme des cookies dans une cannette d'acier.

L'aube raye la nuit d'une ligne. Un long trait de lumière qui se gonfle en son milieu comme si quelqu'un l'ouvrait. Les étoiles s'inclinent avec déférence. La lune s'obstine avec un brin d'humeur. Le soleil débarque et balance dans le cockpit tout ce qu'il peut de rayons comme pour leur prouver que c'est lui le plus fort, qu'il faut pas le chercher, que d'autres bien avant s'y sont brûlé les ailes ou fait bouffer les entrailles. Le bombardier poursuit. Les côtes japonaises sont en vue. Le major se rappelle l'ordre dans lequel il doit faire sa revue. Nagasaki au sud, au centre Hiroshima, puis Kokura au nord.

– Île de Kyushu en vue.

Ils sont à moins de vingt miles de la première cible : Nagasaki. Mais un voile de brume enceint le littoral.

– On dégage ! lance Eatherly.

– Répétez ?

– Couverture nuageuse importante. On dégage vers C-1.

C-1, c'est le nom de code pour Hiroshima. C'est la plus grande des villes et elle est entourée d'une chaîne de montagnes qui devrait décupler les effets de l'explosion. Le colonel Tibbets a bien spécifié hier que c'était la meilleure des options. C-1 veut dire « cible idéale ».

Pilote et copilote règlent leurs instruments sur quarante-sept degrés nord-nord-est, laissant le jour jouer du côté d'Eatherly, avec un point brillant qui lui tape dans l'œil.

– C-1 à cent soixante miles, lance Baldasaro en coupant son micro comme on lui a dit de faire, par précaution.

La mer défile sous eux. Du bleu en haut, en bas, et une ligne vaporeuse qui se désépaissit. Pas un navire en vue. Pas le moindre coup de canon. Le vol est devenu une pastorale barbante qui se conjugue avec l'absence de menace, de doute, de conscience.

Les cent soixante miles passent. Elle devrait être là. Juste en dessous. À trente mille pieds dessous. Eatherly devrait voir le delta de l'Ōta, avec ses sept cours d'eau. Les masses des maisons. Les montagnes. Mais une brume épaisse couvre l'ensemble du site.

– Couverture nuageuse de sept dixièmes.

C'est trop, sait Eatherly. Les consignes préconisent une visibilité accrue. Ils vont être gênés. Ils peuvent manquer leur but.

– On redescend, dit Eatherly.

Son copilote le fixe, incrédule.

– Confirmez ? demande Ira.

– On refait le tour et on crève cette putain de mélasse.

De nouveau le silence. Plus épais que les nuages. De nouveau les soupçons qui roulent sous les casques. Le copilote s'incline et commence à virer.

– Vingt-deux mille pieds.

L'avion se noie dans le blanc. Le bleu perce plus bas. Il distingue des maisons. Les agrafes des ponts.

– Couverture nuageuse de quatre dixièmes à quinze mille pieds, confirme Baldasaro.

– Donc c'est bon.

– À quinze mille, oui. Mais pas à trente, commandant.

– Donc c'est bon, répète Eatherly. Émettez !

Le radio s'exécute. Il communique les relevés météo. Y-4-Q-4 ; C-1.

Les premiers couples Y-4-Q-4 définissent la couverture nuageuse. Ce n'est pas un mensonge. C'est juste une omission. C-1 : Choix 1. C'est-à-dire Hiroshima. Il a juste oublié de dire qu'ils ont plongé bien plus bas que prévu, à portée de tirs ennemis.

Le major vire sur l'aile. C'est son acte de foi. À Tibbets de lâcher tous les feux de son enfer, s'il y arrive, s'il vise juste !

Un blanc suit le message. Tous savent qu'il se venge. Il voulait la larguer. Il aurait dû en être. Le major prend sa revanche sur ceux de l'*Enola Gay*, l'avion que pilotent Tibbets et le capitaine Lewis. Mais c'est lui qui commande. Eatherly tient le manche. Son équipage la boucle. Et personne ne saura tout ce qu'ils viennent de se dire.

– On ne survole pas C-3 ? questionne le copilote.

– Pour quoi faire ? dit Eatherly.

– Par acquit de conscience.

– Non, non. Inutile. C-1, c'est bien. C'est ce qu'ils veulent, non ? dit-il, juste avant d'éprouver le début d'un vertige.

23

Je me suis levée tôt pour tenter de voler des poissons dans le delta. J'ai faim depuis si longtemps.

J'ai marché aux aurores sous un ciel chargé. Je n'ai pas levé le front quand l'avion est passé. La sirène a retenti. Comme hier. Comme avant-hier. J'ai poursuivi mon chemin jusqu'au premier cours d'eau. Les jambes nues, les pieds nus, je suis entrée dans l'Ōta pour en fouiller la vase. Les mains enfouies dedans j'ai senti une anguille qui fuyait. Je l'ai rattrapée plus loin. Une, puis deux, puis trois. Je les ai enroulées dans mon petit panier et j'ai longé les murs du château de la Carpe. Des soldats s'apprêtaient à juger l'un des leurs. Le lundi, aux premières heures du jour, l'armée lève ses fusils pour tirer sur ses lâches. C'est le jour des jugements. J'ai vu une mère collée contre les grilles de l'entrée. Je me suis rapprochée pour y appuyer ma tête. J'ai vu ce qui se jouait à quelques pas devant, dans la cour intérieure. Bras cassés. Canons levés. Armer. Viser. Un soldat présenté au peloton d'exécution. Les yeux bandés. Les mains liées au poteau, raide comme lui.

Pendant un bref instant, j'ai entendu les trisses d'un martinet saupoudrer ses échos. Un point noir. Un vol vif. La sirène s'est tue.

Le soldat mis en joue a rebondi sur le poteau. Puis

il s'est affaissé, retenu par ses liens. Du sang. Des bruits. Des ordres. Des bottes. Toute l'horreur d'une mère voyant mourir son fils. Je noyais des mots creux. Elle balbutiait son nom, Seiji.

Elle a jeté un pas pour descendre une marche. La toute première marche de l'entrée du château de la Carpe. Elle a fait d'autres pas avant de s'écrouler. Elle a dit qu'elle manquait de force et j'avais tout mon temps. Nous sommes restées assises au milieu de l'escalier, mon panier sur les genoux, elle sur une marche, évitant de répondre aux insultes du garde qui menaçait de tirer pour nous faire décamper. Mon épaule contre la sienne. Mon souffle dans le sien. Mes yeux pour voir pour deux. Moi dans l'ombre. Elle au jour. Et le retour de l'avion dans un parfait dédain. La sirène étonnée.

J'ai vu une masse noire dégringoler du ciel, par-delà les nuages. Un objet en chute libre, comme un caillou.

J'ai détourné la tête vers la mère de Seiji pour l'aider à se relever. La pauvre n'avait plus de force.

Il n'y a eu aucun bruit. Rien qui ressemble au fracas que fait la poudre qui se répand en pétards ou qui explose en bombe. Pourtant, j'ai vu cette boule prendre le ciel de court, le déchirer d'un coup. Un embrasement soudain, furieux, total. Comme si une main géante décrochait le soleil et le projetait sur nous. Sa lumière était blanche. Pas jaune comme le feu. Blanche. Crue. Absolument radieuse.

J'ai levé le bras pour protéger mes yeux.

J'ai senti la brûlure d'une chaleur infernale. Ma tunique, mon dos, ma nuque, mes cuisses et mes mollets torturés par mille millions de lames brûlantes. J'avais la peau d'une truie qu'on venait de passer au gril. Brune. Sèche. Sale. Des tas de menaces mortelles bouleversaient mes narines et ma bouche et le fond de ma gorge.

Tout cela a duré le temps d'inspirer à moitié, mais un typhon violent est venu tout cueillir. Il m'a plaquée au sol à la place de la mère, le visage contre une marche, le coude contre l'arête, les mains crispées sous moi comme des branches calcinées.

Je ne sentais plus rien.

Je ne respirais plus.

Je ne m'appartenais plus.

C'est sans doute cela, la mort ; quand on ne s'appartient plus ; quand l'esprit se découple de tout ce qui nous retient. Respirer. Sentir. Se demander pourquoi. Bouger. Vouloir. Se souvenir. Espérer. Tenter de se relever.

J'étais ailleurs. Je flottais entre le rien et le néant.

Je n'avais ni peur, ni chaud, ni soif, ni la force de faire quoi que ce soit ; et encore moins envie.

J'étais encore un peu, tout au bout de moi-même.

Deux avions filmaient tout.

24

Anna souffle la bougie qui se répand en cire. Les bras chargés d'assiettes, elle s'arrête et soupire. Il est tard.

– Laisse donc. Je vais m'en charger, dit Belle.

– Non, ça va, répond-elle. Ça m'occupe.

Anna rapporte la pile et la pose dans l'évier. La montagne de vaisselle laissée par les convives ramenés par Pa' et Belle à la sortie du temple. Anna retrousse ses manches et colle son avant-bras sur la mèche qui rebique vers son œil. Du coin de la bouche, elle souffle pour l'empêcher de revenir.

Elle tourne le robinet. Un fin filet s'écoule. Elle pense à son mari. Quelle heure est-il là-bas ? Fait-il déjà jour ? Elle calcule mentalement les heures qui les séparent. Onze heures du soir ici font quinze de moins là-bas. Il y est huit heures, à peine. C'est le matin, pour lui. Pourvu qu'il soit prudent. Selon certains fermiers, la fin de la guerre approche. Le Japon est exsangue. Ses soldats manquent de tout. De nourriture. D'acier. D'argent et même d'essence.

– C'est plus qu'une question de jours, répète pendant tout le repas l'ami de Pa' assis en face d'elle.

Elle ne répond rien. Elle attend que ça passe.

Elle prend le pain de savon et badigeonne le plat. Elle frotte les assiettes, les trempe dans l'eau tiède, frotte encore et puis rince. Son tablier de coton colle à son ventre et à ses cuisses, tout imbibé qu'il est. La mèche est retombée. Elle la plaque en arrière, et tant pis pour le gras. Elle se lavera les cheveux plus tard.

Il fait si chaud ce soir.

Une brise excite la flamme dans la lampe à pétrole. C'est si rudimentaire ! Là-bas, dans son théâtre, tout était électrique. Les décors mécaniques. Comme sur la base, sûrement. Même à l'autre bout de la terre, à Tinian, il y a probablement plus de confort qu'ici.

– Ça va ?

Pa' porte une chemise de nuit. Elle se retourne et acquiesce. Son regard a changé. Il cale son dos sur le mur près d'elle. La lampe éclaire une moitié de son visage. Le gras de ses paupières pèse sur ses yeux brillants. La peau de son cou forme deux digues tristes et flasques. Il est un peu penché. Les semailles de sa barbe annoncent l'heure du coucher.

– Merci pour le coup de main.

Cette satanée mèche qui tombe ! Anna secoue sa tête.

– Il vous manque ?

L'eau qui coule couvre sa voix.

– Nous aussi, y nous manque.

– Hein ? fait-elle en réduisant le flux d'eau.

– Y sont tous sur le retour. On se demande bien ce qui peut le retenir là-bas.

Anna le laisse dire. Elle n'en sait pas plus que lui. Il traîne autour d'elle, meuble le vide entre eux de ses histoires de foi. Des prières qu'il a faites. D'une église à Sidon.

– Sidon, comme dans la Bible ?

– Une Sidon d'ici. Près de chez nous. Une de sous notre ciel à nous. C'est vrai qu'en y pensant doit y en avoir tout plein des Sidon dans notre Sud, des Zion, des

Babylone, des Jéricho, des Nazareth et tout et tout, tout le toutim de la Bible plagié par nos ancêtres. Les pères pèlerins, vous connaissez ?

Bien sûr qu'elle connaît. Elle connaît cette histoire. Elle est allée en classe, comme tant d'Américaines.

– Une petite église baptiste et de guingois, faut dire, accolée à une grange. Mais son clocher, ah ça, il avait de l'allure ! Y visait haut, le clocheton, un peu comme du gothique.

Anna réduit le filet d'eau et creuse sa mémoire. Ce nom évoque des choses. Des souvenirs se ramènent. Une paroisse minuscule pour à peine vingt fidèles.

– Vrai ! hoche-t-il de son menton de vieux.

– ... sur la route de Memphis, aux confins de l'Arkansas ?

– Vous connaissez ?

– Il y avait une chorale...

Anna y est allée. Elle évoque le souvenir d'un concert magnifique.

– Un pasteur formidable ! Un peu gourd, mais bon gars. C'est pour le voir que je m'y suis rendu. On cherche pour notre paroisse. Il n'est pas disponible.

– Un sale bonhomme, coupe-t-elle.

Pa' hésite, puis concède.

– C'est vrai... Un peu rigide.

– Un affreux, oui !

Pa' éclate de rire. Elle a peut-être raison. Il ponctue sa remarque d'un tas de bruits de succion et de quelques inspirations, pendant qu'Anna buissonne dans le souvenir de cette soirée, de ce pasteur acariâtre qu'elle avait surpris répandant ses menaces contre un pauvre petit soliste âgé d'à peine douze ans. Tout ça pour un *fa* pas très dièse, un *si* un peu manqué et un final bâclé, qu'il avait fait *prestissimo*. Le pauvre gosse avait avoué une folle envie de pisser. Lui ne voulait rien entendre et gueulait de plus belle, la badine en main, fouettant le peu d'air qui le séparait de l'enfant. Anna revoit la scène. Elle se tenait tout près, le dos contre un bouleau, les jambes autour de son Billy d'avant, persuadée que dans le noir, une fois le concert passé, personne ne les verrait.

Elle s'est remise à frotter. Plus qu'une dizaine d'assiettes et elle ira se doucher pour effacer le souvenir de ce Billy qui jurait devant Dieu qu'il quitterait sa femme pour pouvoir l'épouser. Billy se rêvait chanteur mais avait dû se mettre à bosser avec ce juge, à l'autre bout du pays, du côté de Milwaukee et des grands lacs du Nord. Il est devenu quelqu'un après l'avoir quittée. C'est lui qui l'a aidée à ne pas finir en camp avec les Italiens.

Elle se souvient encore qu'elle en avait plein le dos, de l'écorce de cet arbre auquel il la collait, toute pleine de ses serments qui lui fouettaient les sens et mettaient à l'air vif son imagination. Car la pauvre s'y voyait, quand ils parlaient d'eux deux, dans ses phrases, ses soupirs. Les mots sont des onguents tant que l'amour vous grise. Ils portent, transportent et brisent. Ils font un mal de chien quand ils disent la fin. Cruelle désillusion. Chagrin qu'il faut noyer. Elle en a bu, des litres, pour diluer le souvenir de ces lendemains d'artifices. Elle en a mis, des nuits, à vider ses sanglots. Vomir. Tenter de rire. Dormir un peu. Sortir. Embrasser le premier venu et puis se carapater. Travailler dans un bar. Changer de bar. S'empiffrer. Esquisser un sourire au patron. Se refuser. Résister. Renoncer. Avoir honte. Chercher un autre bar dans une autre ville de la côte. Une petite entaille, large d'un pouce à peine, cicatrise sous le bracelet qu'elle n'ôte presque jamais. Eatherly ne l'a pas vue quand elle était toute rouge. Eatherly était là quand elle a cicatrisé. Eatherly est reparti depuis qu'elle ose enfin ôter tous ses bracelets. On ne la voit presque plus. Elle n'y pense presque plus.

– Tu pleures ? s'étonne Pa'.

– Non, non. C'est la vaisselle, prétend-elle en écrasant ensemble la mèche, la larme et le souvenir de cette soirée contre l'arbre.

Dieu qu'elle aimait aimer ; autant que Pa', ses églises ! Elle aime encore ça. C'est devenu chez elle une seconde nature. Elle se jette tout entière contre le cœur des hommes pour réveiller le sien. Elle en a tant manqué quand elle était enfant, avec cette mère pingouin, sans bras ni tendresse. Toujours prise par tout, sauf par elle, sa fille. Si elle a fait du théâtre, c'était pour l'éprouver. Aimer. Aimer et croire. Le soir où le major Eatherly s'est pointé dans ce bar, elle avait un tel manque, elle avait tant à dire, à faire, à donner. Et tout a recommencé.

– Voilà, murmure-t-elle en posant la dernière assiette propre.

Mais Pa' tourne la tête.

– T'entends ?

– Quoi ?

Les bruits viennent d'à côté. Les craquements d'un sommier, secs, brefs et répétés, suivis d'un long souffle rauque qui se termine en râle.

– Belle !

Pa' se précipite vers la chambre. Sa pauvre femme s'entortille dans ses draps blancs souillés. Elle crache beaucoup de sang.

– J'ai si mal ! Sauvez-moi !

25

Sa mission est achevée. Il a posé l'avion, visé le coin du tarmac et coupé les moteurs.

– Tu descends ?

Le major Eatherly traîne un peu dans sa bulle. Il déjoue l'amertume en faisant l'inventaire des appareils de mesure. Sa jauge est dans le rouge. L'altimètre à zéro. Vitesse éteinte. Compas sur le niveau. Il épie le bruit des pompes hydrauliques. Il frotte ses mains avant de palper ses cartes. Il gagnera peut-être. Il perdra sûrement. Tant pis. Qu'importe. Son amour-propre rebique et forme des tas de saillants qui s'accrochent à ce qui vient. Le souvenir d'une promesse. Sa dernière lettre à Pa'. La photo de son marmot. Le pire, c'est la vue de l'autre avion.

L'*Enola Gay* approche, le nez un peu relevé. Ses gommes crissent sur l'asphalte. Ses pales humilient l'air. Les soldats sortent en vrac. Les casquettes valsent dans le ciel et une fanfare absurde se met à jouer faux pour eux. Trompette. Trombone.

– Quelle connerie ! marmonne-t-il, moisi d'émotions rances.

Le dépit. La fatigue. La tristesse. La jalousie.

Au dernier son des cuivres, il décroche sa ceinture. La chaleur le saisit, avec tout son barda. Il dépose son gilet et sa veste sur une roue puis la liesse le happe comme un monstre gourmand de gloire. Il sourit de travers. Il mime des bravos en crevant du dedans.

– Tibbets ! Tibbets ! Tibbets !

Le bougre a réussi. Des centaines de soldats se massent autour de lui. Sur la pointe des pieds, le major se ravise. Non, ils sont des milliers. Des officiers, des mécanos, des ingénieurs qui affluent et refluent. Une marée d'uniformes en sueur et shorts kaki. Des nuques sous le soleil. Des buissons de mains tendues vers celui qui vient d'infliger un grand coup à l'empereur. En plein dans le mille. Tibbets tend sa pipe et l'agite en réponse.

– Tibbets ! Tibbets !

Son mitrailleur de queue, le petit Bob Caron, lève son Graflex K20 à optique fixe.

– J'ai le champignon du machin, les gars, dit-il. La chose la plus hallucinante qu'on ait jamais vue !

La vague hurle des hourras, sans faire trop attention à ce qui se passe en retrait, dans les deux avions qui volaient dans le sillage de l'*Enola Gay*. Eux aussi ont tout vu, tout filmé ; mais plus discrètement, pour les services secrets. Ils sortent leurs pellicules et se dépêchent de les porter au labo pour les faire développer, dans un coin du hangar réservé à la bombe. Celle-ci porte un nom, désormais. Le « machin » est devenu « Little Boy ». Traduisez « Petit Garçon ».

– Alors, combien ? Qui sait combien ça fait ? demande l'opérateur radio.

– Au moins vingt mille morts, répond un civil. C'est un carton, les gars !

Eatherly n'en revient pas. Il ne connaît pas ce gars et aucune bombe au monde n'a jamais fait autant de victimes. Mais le type inconnu coupe court aux questions des reporters.

– Voilà Dieu, les gars, dit-il.

Tibbets rengaine sa pipe et défie le major du regard. Il l'a fait. Malgré tous les nuages, il a visé juste et touché. Eatherly baisse les yeux. Ils n'en reparleront plus. Tibbets est au-dessus de ça, désormais. C'est un héros de guerre. Lewis est au-dessus de ça, lui aussi.

Les civils se reculent. Tout le monde a repéré la jeep du général Spaatz. C'est lui le patron de toute l'US Air Force de tout le Pacifique. Il a la cinquantaine. Cheveux gris, ras. Le visage creusé. Quatre étoiles sur le col. Il marche droit vers Tibbets pendant que les reporters se calent.

– Général, attendez !

Spaatz se retourne. Deux pieds de caméras se déplient, pendant que des assistants vissent leurs gros appareils. Les films sont enclenchés. Pas besoin de flash, cette fois. Il fait jour. Le général fait quelques pas en arrière. Joue le jeu. Il n'a pas vraiment le choix. L'ordre vient de la Maison-Blanche.

– C'est bon ? lance Spaatz sans même les regarder.

Les reporters répondent que oui, qu'il peut reprendre.

– Allez-y !

Le général recommence. Il s'avance. Grave. Tranchant avec la liesse. Trop grave pour être sérieux. Les poings fermés. Le droit cache l'insigne qu'il va agrafer sur la poitrine du héros. Une paire d'ailes argentées. Un morceau de ferraille vaguement ouvragé fait d'un alliage d'argent et d'un vernis rouge brillant qui souligne les bandes du drapeau américain. Spaatz en a une douzaine dans le fond de la poche. Une pour chaque équipier. Lewis. Caron. Ferebee. Van Kirk. Parsons. Jeppson. Beser. Duzenbury. Stiborik. Shumard. Nelson…

Tibbets tend les bras dans le prolongement du corps. Il rentre ostensiblement le ventre, ce qui fait sourire

Lewis, son copilote. Tibbets offre sa poitrine à l'aiguille de l'insigne, bien bombée, en apnée, sans retenir un seul mot de l'éloge du grand chef. Il macère de fierté. Cyclope récompensé d'avoir maîtrisé l'air et le feu. Bouffi de la joie d'être là. Son ego se gargarise des paires d'yeux, des objectifs sur lui, des caméras braquées sur son profil, le gauche. Ça tombe bien, c'est le meilleur. Plus tard, il lira le laïus du big boss bien imprimé en grand, en première page dans des millions de journaux d'Amérique et d'ailleurs.

Le général Spaatz passe à Lewis. Accrochage. Mots. Salut. Puis Bob Caron. Poignée de main. Accrochage… Puis Ferebee… Van Kirk. Accrochage… ainsi jusqu'au douzième.

– Fin de bobine ! lance un cameraman.

Les pieds sont démontés. Les caméras posées. Photos de groupe pour la presse et les archives. Des soldats rappliquent avec leurs appareils. C'est long. Il fait si chaud et l'odeur du graillon précipite la fin.

– Si on allait fêter ça ?

Eatherly suit le mouvement. Son ventre gargouille un peu. Il a le gosier sec. Il remue le chiffre en vrac. Des dizaines de milliers de morts sous les nuages.

– Soif !

Des banquets sont dressés du côté des Quonsets. Une dizaine de longues tables et autant de grils enfument tout un pan de l'atoll. La graisse des saucisses qui attise les braises. Le souffle des morceaux de steaks qu'on presse sous les spatules. Le sucré des poivrons. L'aigreur des tomates. Le fumet des brochettes de buffle ou de poisson. Les pointes d'épices tombées.

Après l'heure de la bombe, vient celle de la bombance, des mauvais jeux de mots, des rots, des rires, des grandes tapes dans le dos et des filles de Guam qu'on a fait revenir. Autorisées, cette fois. En tenue. Shorts courts. Cuisses à l'air et chemises moulantes. Tarif unique. Les victoires portent en elles des ferments de défaites. C'est la loi de la guerre qui pressurise les peurs. Le front les exorcise par la fureur et le bruit. Le chaos les ravale. Le triomphe les recrache, mais en pire. Et le héros du jour troque sa chair bien vivace, rescapée de tout le tintouin, pour se jeter sur les chairs qu'il dévore, qu'il embrasse ou qu'il baise. Pourquoi faut-il que l'odeur du tombeau exacerbe les passions et déclenche tant d'orgies ? Pourquoi faut-il encore que les vainqueurs du jour s'accouplent avec l'ombre, et le sang et les restes des martyrs qu'il a produits la veille ? Du Dieu au charognard, il n'y a qu'une victoire parsemée des tessons de bouteilles et des larmes des putes.

Lewis parle la bouche pleine. Un hamburger maison. Bien gras, sanguinolent.

– J'ai ce qu'y faut ! dit-il en tapotant du coude la poche dans laquelle il a dégoté une pleine boîte de capotes. Y en a vingt. Y a de quoi faire.

Eatherly se défausse.

– J'ai pas la tête à ça.

– La tête ? relance le capitaine Lewis.

Il pousse sa mâchoire et fait saillir sa lèvre. Il plisse le coin de sa bouche et mime l'étonnement. Lewis saisit son bras et l'attire vers les bières.

– Après, y en aura plus. C'est comme les nuages, hein ? Y en a. Y en a plus. Hein ? Tu vois ce que je veux dire ?

– Fous-moi la paix, Lewis.

– On a tapé dans le mille.

Il voudrait déguerpir et s'occupe les mains avec une bière tiède, pour cette victoire bizarre.

– Eatherly ?

Pas de réponse.

Combien de gars sont passés près de lui ? Combien sont venus le chercher pour qu'il profite un peu ? Beaucoup. En vain.

– Allez, viens, y a des filles très jolies.

Tibbets cuve peinard, comme toutes les gloires du jour.

– Eatherly ?

Pas de réponse.

Vers huit heures, quand la nuit tombe enfin, il entend le son du film projeté sur une grande toile. *La Fée blanche*, en Technicolor, avec Sonja Henie.

– Tu devrais venir voir ça. L'actrice a de sacrées guiboles. Ça vaut le détour, franchement !

Eatherly a déjà vu un film avec Sonja Henie. La fille a été patineuse avant de faire de la scène. Triple championne olympique. Dix fois championne du monde. La femme d'Eatherly lui avait parlé d'elle. Anna ne peut pas sentir cette Norvégienne simplette, avec ses fossettes, ses boucles et ses millions qu'elle répandait en grâces sans dévoiler son âme.

– C'est pas ça, une actrice ! Une actrice, ça se donne, ça se livre, ça creuse, là, tout au fond, lui affirmait Anna en pointant son plexus.

Elle lui manque. Pendant que l'île s'égaie, le major se rengaine autour de son souvenir. Ses éclats de rire. Son odeur. Sa manière de baisser un peu le front quand elle tourne sa tête.

Allongé sur son lit, bras croisés sous la nuque, le nez vers le plafond il n'entend presque plus les braillements du mess. Il bascule et se figure des scènes détestables. Il a évacué le chiffre et le mot qui va avec. Vingt mille… Carton…

C'est à sa femme qu'il pense. Son esprit se combine

des tas de raisons de penser à autre chose qu'à ce qu'il vient de faire. Elle est si belle, sa femme. Si loin. Si tentante. Trois mois sont passés. Elle lui manque et ça le pique de partout pendant que là-bas, dehors, devant l'écran, les gars se répandent devant Sonja Henie, la belle pour de faux.

Les rires gras et les râles vont hanter cette nuit-là. Personne ne se souviendra de l'histoire de ce film. Ni du début, ni de la fin. Il y aura trop de tapage, de cuisses, de mains en mains, de lèvres prêtées-volées, de goulots et de gerbe. Assoiffés, les dieux de la journée ont charogné tout ce qu'ils pouvaient. Le lendemain, au lever, il paraît qu'une fille de Guam a manqué à l'appel. Une seule sur une vingtaine. Personne ne saura jamais ce qui lui est arrivé ni où gît son corps ni même qui l'a prise. On n'en parlera plus. La mort conjure la mort.

Vingt mille… Carton…

– Eatherly ?

Toujours pas de réponse.

– Mais qu'est-ce que t'as, mon vieux ? lui demande son copilote. T'as vraiment une sale gueule.

– J'ai mal dormi.

– Pas mieux, répond Ira, l'haleine encore chargée des abus de la veille.

– J'ai fait un cauchemar. Un long. Un long cauchemar. C'était tellement bizarre.

– Ah oui ? Raconte, major.

26

Tout tombe. Entre l'infini là-haut et le vide ici-bas, tout tombe, oui. Fatalement !

Comme j'ai un brin de vie, qu'il me reste un peu de souffle et que mon cœur s'agite, t'as vu, pilote, que j'ai pu me relever.

Lentement. Très lentement.

J'ai fait le bref inventaire de ce qui restait de moi. Mains. Bras. Épaules. Jambes à moitié nues. Genoux sous mes lambeaux. L'esprit en puzzle bousculé de malveillance, j'ai palpé mon visage. L'arête de mon nez venait s'arrêter net, bien plus haut que d'habitude. Mon front était ouvert. Ma paupière gauche brûlait. J'ai essuyé le sang pour tenter de mieux voir. Ma chevelure formait des bourrelets de poils grillés. Je sentais le cochon.

Je me suis retournée vers la mère de Seiji qui se tenait près de moi, sur les marches de l'escalier. Ma vue a mis quelques secondes avant d'accommoder. L'escalier blanc était couvert d'éclats divers. La façade du château avait perdu ses fenêtres. Plus de toit. Plus de portes. Plus de grille, non plus. Des ronces de ferraille. Des semis de bouts de briques. Un clou. De la limaille. Du verre. Une traînée de suie. Des incendies partout, comme des buissons ardents sur la face immonde d'un monde foutu à terre. Tout avait disparu. T'as vu. Tout s'était effondré, comme ça, d'un coup.

Emporté par la boule brûlante.

Le ciel s'est couvert d'un nuage noir immense qui gonflait, gonflait.

J'ai regagné la marche sur laquelle je me trouvais juste avant l'explosion. De la mère de Seiji, je n'ai rien retrouvé d'autre que cette ombre fixe qui ressemblait à la sienne. Jambes. Taille. Tête. C'est tout ce qui restait d'elle. Son ombre, près de la mienne.

– Madame !

Pour la faire revenir, j'ai tenté de l'appeler, mais le son que j'ai émis ne ressemblait à rien. J'ai recommencé, en vain. Mes mots étaient réduits à une bouillie informe. Un borborygme étrange, comme un râle. Un brouillard de labiales. Un amas de gutturales. J'avais beau m'appliquer, épeler lentement son nom, rien de clair ne sortait.

Il faut un certain temps pour concevoir l'impensable. La fonte de mes lèvres. Le trou béant de ma bouche réduite à une forme vague autour de ma mâchoire. J'avais trop peur de moi-même pour tenter de savoir, puis je me suis cachée dans le creux de mon coude.

Mes dents butent sur ma chair. Ma langue est devenue dure. Ma bave se mêle à mon sang. Et un goût de métal qui me reste dans la bouche, jusqu'au fond de la gorge, comme si c'étaient ces bombes que je venais d'avaler. En quittant le château, j'ai même laissé mon ombre près de celle de cette vieille femme. Les deux y sont restées.

Je rêve de ne plus voir, mais je ne ferme qu'un œil. Je rêve de ne pas savoir le nombre d'ombres laissées. Des centaines ? Des milliers ? Des centaines de milliers ?

– J'ai mal ! J'ai mal !

Je me suis mise à courir, pieds nus, dos nu, le visage caché dans le coude. J'ai tenu jusqu'au pont et j'ai repris mon souffle, la bouche ouverte, bouillante, jusqu'à ce que j'aperçoive une femme qui allait vers le fleuve. Ses deux bras en croix étaient comme des baguettes sur lesquelles pendaient des loques sombres et molles. Elle était nue. Ses vêtements avaient brûlé. Ce qu'elle trimballait à bout de bras, c'était sa peau. Elle s'est jetée dans le fleuve. Ils étaient des centaines à s'être jetés comme elle, appelant au secours.

J'ai relevé la tête. J'ai fixé un repère. La tour en béton de l'hôpital, au sud, juste après la mairie. J'ai cru que je pouvais marcher. J'ai suivi la berge de la Motoyasu, au fil des appels, des pleurs, des litanies affreuses. Certains, à bout de force, ne sautaient plus. Ils se laissaient tomber, puis coulaient.

Le ciel couvert de gris a tiré un voile de nuit. Le canal s'effaçait. On n'entendait plus que les râles et le tintement de la pluie qui faisait des ronds dans l'eau. J'ai senti quelques gouttes tomber sur mes épaules. Un nuage de pluie noire. J'ai tendu ma main libre pour en boire. Une pluie chargée de cendres. J'ai tenté de la boire, mais tout s'est écoulé sans que j'en capte une goutte. J'ai dû recommencer, attendre qu'elle s'emplisse dans ma paume, relever vivement la tête, bien en arrière, bien cambrée, ma bouche grande ouverte, viser le trou au centre, en vain.

La mort pouvait rôder. La détresse se répandre. Mes dernières heures venir. Personne ne me verrait. Personne d'autre que toi et moi. L'hôpital n'était plus qu'à une centaine de pas. Dans sa gangue de béton, il avait tenu bon au milieu de ce néant. À l'étage, en façade, quelqu'un a déroulé un drap, un long carré de blanc marqué d'une croix rouge. J'ai cru que j'étais sauvée. C'était le début de l'enfer.

27

La lune s'est éclipsée, embarquant avec elle tout ce qui brille et brasille ; elle a braqué cette nuit sans que personne braille et un dais de gris sombre a recouvert tout le reste.

Anna tend le bras et tâtonne vers l'entrée. Elle a peur de se cogner dans cette nuit profonde, peut-être contre la charrue qu'elle a poussée dans le coin, contre le manche d'un râteau posé sur une barrique, contre un chat, contre un veau qui serait sorti de son champ. Contre tout un tas de choses qui traînent dans cette basse-cour. Anna n'y voit plus rien.

Elle hésite. Elle s'arrête. Jusqu'à ce que l'astre se lasse de jouer à cache-cache. Un fin croissant s'esquisse. Puis rapidement un quart. Et l'écharpe jetée sur toute la Voie lactée se disperse à son tour, comme si toutes les étoiles s'étaient donné le mot.

La voilà. Presque entière. Revenue de la bouderie qui l'avait jetée dans l'ombre.

Anna tourne la poignée et s'engage dans le couloir, son fils dans un bras, accroché à son cou et les jambes qui pendeloquent. Du bout du pied elle pousse le berceau de son petit. Elle s'incline et l'y plonge, délicatement ; rabat sa petite laine et l'embrasse sur la joue.

Elle s'effondre sur son lit. Les bras ramenés sur elle,

les mains contre le ventre, à plat, comme si ce simple contact pouvait l'apaiser. Elle a eu peur. Ils ont eu peur. Belle est si mal en point !

Elle appelait après l'air quand ils cherchaient encore un lit pour l'accueillir. Plus de place à Dallas. L'hôpital d'Arlington fermé tout l'été pour travaux. Il a fallu pousser du côté de Fort Worth. Le médecin de permanence s'est bien occupé d'elle. Prise de sang. Radio. Bilan rapide pour Pa'. Le médecin a conclu que cette hémoptysie n'était que le symptôme d'une grosse hémorragie.

Belle respire dans un masque. Elle est sous oxygène. Et à l'heure qu'il est, elle a sûrement sa main dans la main du vieux Pa', à son chevet. Il a fallu qu'Anna en traverse, des États, pour voir cela en vrai. Rien de tel dans les villes. Cette image d'eux, c'est plus fort que sa vie, que tout ce qu'elle a connu, des fiançailles de rien, des béguins, des idylles, de toutes ces additions aux sommes toujours nulles, de ces essais multiples qui la subdivisaient, erreur sur la personne, impair et manque. Un, ou trois. Quand on aime on ne compte pas. C'est deux, un point c'est tout. Tout le reste ne compte pas. Quand lui reviendra-t-il ?

Elle se caresse le ventre. Pourvu que ce soit le bon, son Eatherly de loin. Sa photo la regarde. Ses mots résonnent encore, mais c'est sa main qui manque, son corps, sa peau contre elle. Anna a vingt-cinq ans, et toute une vie l'attend. Une vie plus grande que celle de la ferme Eatherly, plus grande que Belle et Pa', plus exaltante surtout.

Son fils dort vers la fenêtre. Le brise-bise frissonne et se met à bouffir, et le mal dont souffre Belle risque de tout reporter. Ses radios sur le mur. Les mots du médecin de garde et ses phrases sans manières. Cancer. Duodénum. Il a dit tout cela ce soir, dans l'ordre, dans le désordre, prenant la mesure du mal qui rongeait la pauvre Belle, de cette boule, de ces selles d'un noir mauvais, qui puaient la mort avant la mort.

À l'autre bout du couloir, Pa' a pris le téléphone pour prévenir ses filles.

– C'est la fin. Il faut venir.

Il est si ému qu'il met un temps terrible à raccrocher. Son combiné bute sur le haut de l'appareil sans retrouver l'encoche. Il tape à côté. Et puis il recommence. Il veut joindre ses fils à l'autre bout du monde. Impossible.

Anna s'approche.

– Je peux même pas leur parler ! dit-il désespéré.

Puis le vieux Pa' s'est logé tout entier dans ses bras et il a tout sorti, par à-coups, par secousses, des larmes devenues des billes. Il a dit « j'aurais dû... », répété « si jamais... ».

Le front dans le creux de ses bras, son dos arc-bouté, Pa' taclait l'impensable et s'est mis à parler d'elle. Quarante-cinq ans de vie pas toujours gaie et drôle, mais de vie à deux quand même, à se tenir les coudes face aux banquiers du Nord et à se secouer les côtes quand Pa' faisait des blagues. Pas souvent, certes. Pas assez, mais quand même. Qu'adviendra-t-il quand cette satanée terre sur laquelle il s'est tué, cette bouillasse qui lui buvait ses forces, cette caillasse qui lui tordait les os, cette gangue traversée de vers et de rhizomes, qu'adviendra-t-il de lui quand elle absorbera la femme de sa vie ? Que restera-t-il de lui ? Un homme seul ? Un vieux ? Veuf ? Ce mot pèse si lourd. Veuf, on macère dans le silence. Veuf, on se lève et se couche. Veuf, on parle quand on prie et on finit un jour par se parler qu'à soi-même. Veuf, on perd vite la boule à force de gamberger sans butée, sans personne pour vous ramener à la raison. Vieillir veuf, c'est le pire.

Anna reste raide quand il joint les mains. Il dit sa prière. Elle se retourne seulement quand l'infirmière vient pour lui ramener son petit. Il dormait dans ses bras.

– Oh, mon petit chéri. Viens ! Viens !

Son fils s'est réveillé. Le vieux Pa' reprend un peu de sa fermeté.

– Je peux vous laisser, Pa' ? demande-t-elle.

– Oui. Laisse-nous, répond-il. On a pris l'pli depuis le temps, à se r'trouver qu'à deux. Cette fois, y a tout l'hosto qui nous tournera autour. On aime pas bien ça, nous, que des savants se penchent sur nos petites fièvres intimes. C'est pas dans l'habitude. Mais…

– Mais… vous avez bien fait.

– Oui, j'crois bien, dit-il sans relever la tête.

Anna cherche les mots pour ce bonhomme penaud.

– Ici, ils ont tout ce qu'il faut, tout le matériel et le savoir, et du bon personnel, dit-elle en pointant le menton vers l'infirmière.

Quand Pa' relève la tête, elle découvre que ses yeux sont froids comme deux tombes. Ses lèvres cherchent quelque chose. Des idées s'agrègent. Il faut qu'il pousse un peu. Encore. Et ça viendra.

– Sans elle…

Son petit calé dans le cou, elle coupe Pa' pour prétendre que Belle s'en sortira. Elle le répète encore comme pour s'en persuader. Pa' hausse un peu le torse.

– J'sais pas comment j'ferais si elle était plus là.

Puis il s'excuse avant d'aller rejoindre Belle.

28

C'est fini.

Dans une langue archaïque que les officiers bilingues ont peiné à traduire, l'empereur s'est rendu.

« L'ennemi a mis en œuvre une bombe nouvelle d'une extrême cruauté, dont la capacité de destruction est incalculable et décime bien des vies innocentes. Si nous continuions à combattre, cela entraînerait non seulement l'effondrement et l'anéantissement de la nation japonaise, mais encore l'extinction complète de la civilisation humaine. »

L'extrait va être repris. Imprimé noir sur blanc. Traduit sur toutes les ondes, dans toutes les langues du monde. Cité à la télévision avec en sus la photo d'un homme jeune, quarante-quatre ans à peine, l'uniforme de rigueur, le cou et la poitrine bardés d'une quincaillerie de croix d'honneur, de médailles de guerre, d'écharpes sacrées et de grelots divers. La tête droite. Le regard calé sous deux culots de bouteille accrochés à deux branches de fer ou d'or blanc pesant sur des oreilles entraînées vers le bas par des pavillons mous. Il a l'air lointain, lui aussi.

– Il l'aura bien cherché, remarque le lieutenant Ira.

Eatherly ne répond pas. Il achève son paquetage en écoutant cette voix qu'on traduit. Elle est un peu triste, un peu terne, pleine d'accents étranges et de crépitements.

Ensuite, il monte dans un avion sans bombes, s'assoit à l'arrière de ce très long courrier. Pas question de prendre le manche. Un civil est installé sur le siège à côté. Il montre sa carte d'agent du Bureau des enquêtes. Il veut savoir comment il se sent, si sa femme l'attend, s'il a retrouvé le sommeil. En sanglant sa ceinture, il lui a même parlé des cauchemars qu'il faisait.

– Comment vous savez cela ? s'étonne Eatherly.

– Je sais tout, dit le type.

– C'est juste des petits cauchemars…

– Ça passera, dit l'agent.

Dix heures de vol plus tard, le long-courrier atterrit. Le costard a rappelé qu'il était un héros, qu'il fallait qu'il soit fier, qu'il avait contribué à mettre fin à la guerre. Un autre type sombre est venu chercher le costard et ils ont disparu à bord d'une grosse Buick grise à bandes noires.

Eatherly a repris son paquetage. Il a respiré le bon air de la Californie. Les palmiers. Le jasmin. Les chênes. Des buissons citronniers. Le vacarme d'un trolley qui crisse et qui brinquebale en dévalant les rues pentues de San Francisco.

Il est descendu à l'angle de la Troisième et de Townsend, où se dresse la gare centrale, bâtie sur le modèle des missions espagnoles. Deux étages de plâtre blanc. Des clochetons sous pignons. Un fronton enroulé. Des grandes arches et des trains par dizaines aux wagons marqués des lettres d'or de la Southern Pacific. Et la foule d'un mois d'août qui marque la fin de la guerre.

Eatherly a de l'allure dans son bel uniforme. Le retour de l'aviateur, son barda sur l'épaule, répondant du menton aux sourires des femmes et aux signes des vieux.

– Vous avez gagné la guerre !

Il salue sans sourire. Il peine à jouer le jeu.

Un billet en première aux frais de l'armée de l'air. Des hommes et des cigares. Des mères de famille qui pointent le nez vers lui pour montrer à leurs gosses ce que c'est un héros, un vrai de vrai, de chair et d'os. À toutes les mains tendues il s'esquive d'un salut sans emphase.

Au deuxième jour de voyage, le paysage défile, mais horizontalement, comme un très long rase-mottes. Il a mal aux talons. Ses semelles se sont usées bien plus vite qu'en trois mois. Tinian était de sable. Ici, tout est en dur. Ça lui tire les tendons. Il tournicote ses chevilles, s'endort, se réveille en sursaut, puis replonge malgré lui, bercé par la saccade des bourrelets de soudure qui relient chaque rail. *Tchaki-tchika... tchaki-tchika.*

Un peu avant Houston, un dessin glisse vers lui. C'est le bambin d'en face qui l'a représenté. Eatherly sourit presque, soulagé que soient derrière lui ces heures qu'il a passées sans Anna, sans entendre sa voix, sans voir ce qu'elle voyait, sans subir ce cauchemar qui le tourmente sans cesse. Il a rêvé de Belle, aussi. Elle était allongée et lui tendait une main qu'il n'a pas pu saisir. Puis des miles sont passés. Il s'est presque reposé. Dans le train de Houston, il observe le visage de ce gamin radieux, fier de montrer ce qu'il sait.

– C'est vous, là ! dit l'enfant.

Il découvre le dessin : un soldat debout entre un char et un bunker détruit.

– Sacré coup de crayon ! Tu t'appelles comment, petit ?

Le gamin se retourne pour savoir si c'est bon, s'il peut le dire. Sa mère fait oui des yeux.

– Je m'appelle Charles mais tout le monde m'appelle

Charlie, comme le clown dans les films. C'est toi qui l'as tué ?

– Tué qui ?

– Ben, Charlie, le dictateur !

– Oh non, non. J'ai tué personne, moi. Et surtout pas Chaplin. Pourquoi, Chaplin est mort ? s'inquiète Eatherly, qui adore cet acteur.

Il avait vu son film bien avant que l'Amérique ne s'engage dans cette guerre. Il l'avait vu avec sa mère, Belle. Ils avaient tous bien ri.

– Non, non. Bien sûr que non, fait la mère, gênée. Mais qu'est-ce que tu racontes ? Notre Chaplin est en vie.

Le petit dessinateur, âgé de cinq ou six ans, est déçu.

– Quoi ? C'est pas vrai qu'il est mort ?

– Qui ça ? demandent en chœur la mère et le major.

– Ben, le dictateur !

Des passagers se lèvent à l'approche de la gare.

– Le vrai, poursuit-il. C'ui qu'était avant, dans les actualités, avec la même moustache, la ceinture, et la coupe de salaud.

– Charles ! le coupe sa mère. Tiens ta langue ! Ces mots-là ne se disent pas.

Derrière la mère et le fils, les passagers se pressent, haussant la tête devant eux pour comprendre ce qui provoque ce petit embouteillage.

– Mais, maman, c'est toi qu'as dit que Hitler était qu'un…

– Charles, tais-toi ! Je t'interdis, s'agace sa maman, le cou tout boursouflé. Tu me fais honte !

L'enfant troque soudain sa gaieté pour cette honte tombée du haut de sa mère. Il ravale son gros mot. Ses doigts tricotent l'air. Un passager s'en mêle et demande ce qui se passe pendant que des épaules et des yeux forment une vague indignée qui se déroule jusqu'au fond du wagon.

– Rien ! Rien ! répond la mère qui lui donne un petit coup dans la nuque. Allez, maintenant avance.

Le pauvre Charles se crispe pour retenir ses larmes et cette morve qui plus tard lui vaudra une torgnole, quand ils seront qu'eux deux, mère et fils, à l'écart. Le petit ne moufte pas, mais en faisant le premier pas, il approche sa main pour reprendre son dessin.

– Menteur, balbutie-t-il à l'adresse du major.

Manière de se venger, de compenser la tristesse qui l'attend.

Eatherly se retrouve bête, la main tendue dans le vide, pendant que les passagers défilent vers la sortie. Houston est annoncée. Le coup de frein bouscule les passagers debout. L'un d'eux se rattrape au dossier du major, mais sa main glisse et heurte son épaule.

– Désolé ! fait le passant.

Il a le même âge que lui. La vingtaine. Un costume de flanelle. Un chapeau à bord droit orné d'un fin ruban de velours rouge tarbouche. Élégant. Presque riche. Un citadin de la côte qui a su jouer des coudes pour rester bien au chaud. Il en a croisé d'autres depuis qu'il s'est posé. Ceux-là ne disent rien quand ils voient un soldat. Ils ont bien mieux à faire. Chacun sa guerre, en somme. Chacun son front. Celui-là devait être aux affaires, enrôlé comme col blanc, les mains pas plus propres que celles d'un autre. Les uns font des fortunes. Les autres des légendes qui durent ce qu'elles durent.

Le major n'est pas dupe. De ces mois à Tinian, il rapporte une médaille, des articles dans le journal qu'il n'ose toujours pas lire et un rouleau de dollars amassés légalement. C'est sûrement pas autant que le chapeau au ruban rouge, mais c'est toujours ça de pris. Trois ou quatre cents dollars, et une centaine de plus qu'il a raflée aux cartes.

Sur le quai devenu muet, il guette à droite, à gauche. Barda au pied. Clope au bec. Le nez tendu comme la truffe d'un toutou vers celle qui devrait être là depuis une bonne demi-heure.

En relevant le poignet, il plisse un peu les yeux. C'est nouveau, ça, de plisser les yeux pour lire l'heure. Où est donc passée Anna ?

29

Le mercredi 15 août 1945, j'ai entendu sa voix dans une grosse radio. J'ai cru que je rêvais. Puis je me suis tournée sur mon lit d'infortune glacé par tous les vents traversant le réfectoire.

Il était posé là, sous les poutres sans toit, sous le corset de ferraille qui quadrille le ciel, si froid la nuit tombée. De la grille du poste a surgi le Joyau. Hirohito, l'empereur, a pris corps dans cette voix suppliciée qui perdait de son divin. Il a annoncé la fin.

Je souffre depuis des nuits. Deux ? Trois ? Je ne sais plus. Tout le temps, je me tourne pour varier les tourments. Mais cette annonce m'a crevée du dedans.

Ma main gauche a tremblé, comme si le marionnettiste que je me figure au ciel était pris d'épouvante, incapable de retenir les soubresauts de ses fils. Notre empereur n'est plus qu'un tas de mots étranges, dits dans une langue ancienne, si ancienne que même les vieux peinent à la comprendre. Personne, jamais personne ne l'avait entendu.

Ce jour-là, Dieu est mort. Le miroir est brisé. L'épée n'a plus de fil et le Joyau ne brille plus.

Je me souviens du silence qui a suivi l'annonce, lourd comme la boue du fleuve, pesant comme le mortier dans lequel nos espoirs finissent pétrifiés. L'infirmière n'osait pas se lever pour éteindre. Elle guettait une suite, un rectificatif, l'éclat de rire d'une foule qui viendrait effacer une plaisanterie scandaleuse, sacrilège, blasphématoire. En vain. Pour rien. La suite de l'émission s'est perdue en sanglots dans la voix de l'animateur. Il a repris chaque mot pour délivrer le sens de ces tournures anciennes qui nous avaient fait croire un temps que ce n'était pas cela, qu'on devait se tromper.

Sur la natte près de moi, une vieille femme, pourtant digne et discrète, s'est mise à gémir. Elle avait cela en elle, une plainte qu'elle a ponctuée d'un étrange bruit de glotte, un hoquet, puis plus rien. Elle est morte. Comme d'autres. Dans ce long réfectoire de l'hôpital de la Croix-Rouge, nous sommes des dizaines, gisants ou accroupis, certains entourés par des proches rescapés. Je suis seule. Arrivée dans le flot des premiers, j'ai la chance insigne d'avoir un lit sous moi, un sommier, un matelas et pour drap un tissu que je n'aurais pas osé utiliser comme sac tant il était souillé. Les pères de la Mission auraient dit : ma tunique de Nessus.

J'en ai vu un, hier. Le père Arrupe. Il est venu donner un coup de main au docteur Shigetô. Je n'étais pas surprise de le retrouver là. Je savais que ce brave père avait été médecin avant de se consacrer à sa noble mission. Il est venu vers moi pour prendre des nouvelles et m'en donner un peu. La paroisse était épargnée.

– Un vrai miracle, dit-il. Et vous, ma fille ?

Je réponds : vomissements, brûlures surtout sur le visage. Et toujours ce goût de plomb logé au fond de la gorge. Le docteur Shigetô, qui notait dans son dos, est revenu me voir le soir. Il voulait me questionner sur cette histoire de plomb.

Cet homme, le docteur Fumio Shigetô, paraît ce qu'il n'est pas. Une silhouette paresseuse. Des lunettes comme des murs. Une tonsure avancée. Et des doigts courts et gourds. Pourtant, le docteur Shigetô déploie des trésors d'énergie pour tenter de nous sauver. Sous ses lunettes épaisses, son regard est un pont qui va de son intuition scientifique vers nos étranges blessures. Il n'a pas trente-cinq ans. Il a pris ses fonctions quelques jours seulement avant l'explosion de la bombe. Il cherche à comprendre ce qui nous est tombé dessus. Il cherche les indices. Il fouille les débris qui jonchent le centre-ville. Les bouts de tuiles. La ferraille.

– Décrivez-moi ce goût dans votre bouche.

J'ai dit que j'avais senti comme une acidité teintée de goût de fer, comme si je suçotais des petites billes de plomb. Ça me revenait parfois.

– Souvent ?

– Surtout après le repas.

Je bois avec une paille. Je mange de la bouillie qu'une infirmière pousse dans le coin de ma seule joue. Le docteur me surveille. Parfois, c'est lui qui badigeonne mes plaies de solution saline et de mercurochrome. C'est tout ce dont il dispose. Il me palpe. Il note tout dans un grand répertoire que je voudrais que tu lises. Lésions. Brûlures. Nausées. Vomissements. Fortes fièvres. Certains ont la peau qui se délite. D'autres laissent entre leurs doigts des poignées de cheveux. À la fin du registre, j'ai vu les barres que le docteur Shigetô trace à chaque mort nouveau. Ses innombrables barres couvrent des pages entières. Elles ressemblent à des forêts dessinées par un fou.

Il y a là, dans la cour, des milliers de cadavres qu'on entasse sous la chaux. Il n'y a pas assez de bras pour les enterrer tous. Les survivants se préoccupent de sauver les survivants. Les trépassés, eux, ont tout le temps d'attendre. Plus rien ne presse, hormis le choléra que le docteur surveille comme une flammèche dans une grange. Il a tant de fers au feu.

Parmi les trois cent soixante-deux jeunes filles de mon école de la Déesse de Pitié, dans le quartier de Hatsukaichi, je suis la seule à avoir survécu.

Est-ce une chance ?

Est-ce que j'ai eu de la chance ?

Regarde, pilote. Regarde ce que je suis devenue.

Ma joue. Ma peau. Ces craquelures sur mon corps. Mes yeux gonflés. Sens-tu l'odeur du charnier dans la cour ? L'infirmière qui vient d'éteindre la radio est redescendue pour ajouter des corps et des pelletées de poudre blanche. Sens-tu l'odeur qui pointe sous cette chaux plus vive que tout ce qu'elle recouvre ? Entends-tu le bruit que fait sa pelle qui racle le sol pour la répandre au mieux ? L'infirmière a du cœur. Un bandeau sur le nez, elle fait tout ce qu'elle peut pour repousser le bacille, la bactérie virgule qui se rue dans le pire et achève l'œuvre du mal.

La brave jeune femme ne le sait pas encore, mais elle mourra demain. Par les chevilles. Elle n'a que trente-trois ans. Et toi, quel âge as-tu ?

30

Belle a fait ce qu'elle a pu. Elle a lutté de son mieux contre ces boules voraces qui la métastasaient. Elle a suivi le protocole. Deux bleues et trois rouges, chaque matin. Trois rouges, une grosse verte, avant de s'endormir. Une piqûre à midi. Une autre après seize heures. Du chlorure mercureux. Un peu de gingembre dans l'eau et beaucoup de prières. Pas longtemps. Elle a supplié Pa' de la ramener chez eux. Épuisée. Elle voulait finir là, dans son lit, dans sa chambre au papier peint cloqué. Entendre une dernière fois les bruits de la basse-cour. Sentir, avant de ne plus rien sentir, les pollens valser dans la brise, à l'heure où les fermiers guinchent et festoient après une semaine de suées.

Ses deux filles l'ont bordée toute la nuit, allongées auprès d'elle. Une, deux, trois, comme des quilles, collées, bord à bord, côte à côte. Quand le matin s'est pointé debout sur ses ergots, secouant les plumes du coq pour qu'il ouvre grand son bec, ses deux filles ont bougé, en même temps. L'une a touché son front. L'autre a palpé sa main. La chaleur l'avait fui et ses muscles étaient raides.

Belle est morte un dimanche d'août, juste avant qu'Anna prenne la route pour Houston. Il a fallu attendre que le pasteur lise son psaume et que Pa' se souvienne que les clés de sa vieille Ford n'étaient pas à leur clou, sur le mur, mais dans le tiroir de la table.

– Je n'ai plus de tête, dit-il.

Anna est partie en retard. Elle a roulé trop vite et loupé la sortie. Si elle se conduisait comme une bonne citoyenne, elle aurait dû poursuivre encore une demi-heure sur la 45 avant d'avoir le droit de faire enfin demi-tour. Mais Anna n'est pas faite de ce bois-là. Elle était pressée de partir, d'échapper à tout le deuil de cette ferme et de rejoindre l'homme et la vie qu'elle a choisi d'aimer.

Elle roule. Elle accélère.

À gauche, rien.

À droite, un camion qui s'éloigne.

Entre les voies, une ligne.

Elle a gommé l'asphalte et pressé la pédale pour grappiller des secondes.

Elle repasse près du panneau de sortie et remet ça. Gomme. Voie. Ligne et pédale enfoncée pour coucher le paysage. Dans le rétroviseur elle découvre deux points bleus, transformés en sirènes et un bras d'uniforme bien perpendiculaire.

Sur le bas-côté de la route, elle fouille son sac et sort son permis. Le premier des deux flics le prend dans ses gants noirs et le lit sans ôter ses verres teintés.

– Vous savez ce qu'on a vu ? crache-t-il d'un ton de chique.

– Oui, monsieur.

– Connaissez la loi ?

– Oui, monsieur.

– Ça ne vous fait pas grand-chose, on dirait !

– Disons que j'ai pas le temps.

Le second flic surgit avec un grand sourire et des mots de moquerie en réserve pour la suite. Tous deux ont l'habitude de tisonner le chauffard, surtout quand il porte une jolie robe moulante et des talons.

– Pas le temps ?

Anna n'en démord pas. Une ligne franchie, c'est cent dollars d'amende. Pourtant, ses doigts battent une mesure d'impatience.

– C'est que mon mari m'attend.

Elle cherche un bref instant le ton qu'elle adoptait quand elle jouait Steinbeck. Arrogante. Infiniment sûre d'elle.

– Hiroshima, vous connaissez ?

Le premier flic glaviote un jet de brun dense qui tache l'herbe à ses pieds.

– La légende en mouvement. Le retour du héros, dit-elle.

– Vrai ?

– Et comment ! répond-elle dans un éclat de rire qui vaut tous les passeports et les actes de bonne foi.

Les deux motards acquiescent.

Et c'est ainsi qu'Anna s'est retrouvée escortée par deux gosses sur des motos estampillées « Police » sous l'aigle et l'étoile du Texas qui brille.

Devant la gare, elle est sortie de sa voiture et a couru jusqu'au quai. Quand elle s'est jetée au cou d'un type tout en beige, le premier flic a soufflé :

– C'est lui ?

– Je crois bien, dit l'autre.

– Bon Dieu, ce type-là, ça doit être quelqu'un !

– Ah, ça ! Pas qu'un peu !

Elle est tout à lui. D'abord, un long baiser, cramponnée à son cou. Ensuite un peu de recul pour lui demander s'il sent, comme elle, son cœur bastonner.

– Oui.

Reprendre là où leurs bouches se sont laissées. Oui,

c'est lui. C'est bien lui. Cette façon qu'il a de serrer haut les bras. Reculer. Regarder. Deux bras. Deux jambes. Cet immense sourire. Rien de cassé. Et puis, pincer sa fesse parce que c'est plus fort qu'elle.

– J'ai failli m'inquiéter, dit-il. Je ne te voyais pas venir.

Anna tend le nez vers la paire de motos.

– Je ne crains rien, regarde. Tous attendent mon héros !

– Ah oui ? Qui ça ? demande-t-il.

– Ben, toi, imbécile ! Ils sont venus te voir. Je leur ai dit pour la bombe.

Il prend son barda et enjambe les rails. Il la tient tout près de lui pendant que les deux motards saluent le retour du pilote.

– Et la deuxième, c'est vous aussi ?

– Nagasaki ?

– Oui.

– Non, c'est pas moi.

C'était déjà bien assez de coucher le soleil une fois.

Anna laisse dire pendant que le premier flic se met à raconter comment le bureau de recrutement de sa ville a refusé de l'engager à l'époque. Père de famille à vingt ans. Déjà dans la police.

– J'aurais rêvé de piloter un de ces avions, comme vous, major Eatherly.

Le second rajuste sa visière en ajoutant que personne n'est venu le chercher, lui. Il a déjà tant à faire, avec tous ces chauffards.

– J'parle pas de vous, madame.

– Non, bien sûr…, s'amuse-t-elle.

– Je pense à tous les autres, à ceux des samedis soir, au retour des bitures.

– Je comprends ! Je comprends ! coupe Eatherly, pressé de rentrer chez lui.

Anna a gardé pour elle les détails de cette nuit. Elle balade sa gêne jusqu'à ce qu'Eatherly prenne le volant de la Ford. Il recule le fauteuil, ajuste les rétros et aperçoit les flics qui passent devant pour leur ouvrir la voie.

– Pas mal, l'accueil ! dit-il.

– Rien que pour toi, mon amour.

Il fait un sourire en relevant le coin de sa bouche et presse la pédale. La voiture fait gicler des petits gravillons et s'élance derrière le bleu des deux motards.

Il roule en triomphe. Heureux. Il lutine la cuisse d'Anna et enfouit son nez dans le creux de ses cheveux que le vent embrouille.

Pourquoi casser cette joie ? De quel droit ? Anna sait qu'il adore sa mère. Lui, le petit dernier. Son gentil fils chéri qu'elle défendait toujours face à ses frères, surtout le plus grand des deux.

Il lui a fallu des miles avant de trouver le début d'une phrase acceptable.

– Ils sont là, les frangins ?

Voilà, c'est le moment. Les deux flics tendent les bras pour saluer et reprendre leur patrouille. La route est dégagée.

– Ils sont en chemin. Mais tes sœurs sont déjà là… depuis hier.

– Elles vont bien ?

Sans répondre, elle poursuit.

– Elles ont passé toute la nuit auprès de Belle.

Anna parle plus bas, espérant que la vitesse emportera ce qu'elle voulait taire.

Il en oublie la route. Il ne regarde plus devant. Il se tourne vers Anna et fait le tri dans ses yeux. La peine prend toute la place et sous toutes les formes. En quelques mots seulement on précipite une fin. La voiture ralentit et cale en bord de route.

– Je suis tellement désolée. J'aurais voulu te le dire avant, mais…

– Je m'en veux, dit-il.

– Mais non…

Elle l'embrasse de son mieux. Il est lourd. Bête. Plombé. Empoisonné de chagrin.

– Je le sentais. Je sentais un truc pas bien.

– Tu ne pouvais pas savoir.

Anna s'enchaîne à lui. Plus sûrement que sur le quai. Plus fort. Plus profond. Elle voudrait se fondre en lui pour prendre un peu de sa peine, vassaliser son deuil, vampiriser le gris qui teinte ses jolies lèvres, le bleu de son humeur, le noir de sa conscience, délayer ce malheur.

– Tu veux pas que je conduise ?

Il répond non de la tête.

Il tourne la clé. Embraye. Il ne va plus rien dire jusqu'au portail de bois où des fermiers voisins saluent le retour du fils, jusqu'à la cour de la ferme où une poule évite de finir sous ses roues, jusqu'à la chambre mortuaire et le coude à coude des sœurs et les sanglots de Pa'.

– Où sont passés mes frères ?

31

C'est là, cette nuit, juste là, à ce point de douleur, que je t'ai vraiment retrouvé.

Allongée dans mon lit, la tête vers la toiture crevée sous une large compresse qui faisait le tour de ma tête, je bavais comme une enfant. Oui, je bavais, pilote ! Parce que je n'ai plus de lèvres.

Toi, debout, tes lèvres psalmodiaient des tas de lignes de la Bible, de celles que lisaient les pères de la Mission où je travaillais.

Je t'ai vu te relever, t'agenouiller, te relever encore, dans ce craquement de banc répliqué par l'écho percutant le blanc des murs, froissant le noir des vêtements.

Je t'ai vu lâcher la tige d'une fleur sur une paroi de chêne noir et ta larme suivre sa chute tout au fond d'un caveau.

Je t'ai vu t'aligner près d'un vieil homme courbé, tu tenais la main d'une femme, et dans l'autre celle d'un enfant qui n'avait qu'une envie : rompre le rang pour faire des pâtés dans le sable à côté.

J'ai vu ta douleur se répandre au coucher. Les caresses d'une main. Les mots tissés pour toi par une jolie bouche qui se contorsionnait parce qu'elle crevait d'envie de se coller à la tienne, de t'embrasser le cou, de te baiser le torse, de te faire de ces choses qui ne se disent pas, mais qui se font dans les chambres, quand le reste du monde dort.

J'ai taquiné ta peine.

J'ai traqué ton chagrin.

J'ai fourgonné ton deuil.

Mauvaise, comme une louve tiraillée par la faim de comprendre et la soif de se venger.

Je t'ai haï, pilote.

Le docteur Shigetô est allé faire un tour au château de la Carpe. Je lui ai décrit les lieux. L'escalier. La muraille qui m'avait protégée. En ramassant des débris, il a remarqué une tache étalée sur les marches. C'était l'ombre d'une femme incrustée dans la pierre, comme une radiographie aux contours très précis. Il m'a décrit la forme des hanches, l'allure des épaules et ce qui pouvait ressembler à une coupe de cheveux. Au carré. C'était elle, la mère de Seiji. Et à côté, une autre ombre, la mienne. Deux ombres incrustées dans une pierre poreuse. La sienne et la mienne sans moi. Je ne sais même pas son nom. Combien y a-t-il d'ombres imprimées dans la pierre ?

Dans le couloir, derrière, la rumeur charrie des chiffres invraisemblables. Les témoignages. Les listes. Les récits de survivants. Les charniers. Tout cela mis bout à bout donne forme à des vertiges de morts, à des milliers de bâtons sur les registres du docteur. Des brûlés vifs. Des noyés. Des ensevelis vivants. Des disparus, aussi, bel et bien. Pffft, comme elle, la mère de Seiji. Ma ville est un champ de misères. Un cimetière arasé dont les pierres tombales sont des débris minables. Ma voisine de lit a, sur tout le corps, plus d'affronts qu'une fange.

J'ai vu ce que tu as vu, pilote. Les fleurs. Le banquet. La commisération. Les allusions à ce que tu as laissé.

La bombe. La reddition. Mon peuple était vaincu. Il était épuisé. Notre armée n'avait plus les moyens de se battre. Pas d'essence. Peu d'armes. À peine de quoi se nourrir. Nous étions à ta main. Fébriles. Prêts à nous rendre. Pourquoi nous infliger cette bombe démoniaque qui tue tout ? Hein ? Pourquoi ?

Je suis comme la plante qui parasite tes branches. Je suis faible et j'ai peur. Tu es fort. Je me hisse sur toi. Et la peur que j'avais s'est transformée en rage. Je ne te lâcherai pas.

Je suis née Hanaé et tu as fait de moi Hannya, le démon de la vengeance.

Tremble, pilote.

Je suis la femme masquée et j'ai retrouvé la trace de ton ventre argenté, de tes grandes ailes d'acier, de ton long nez idiot. Toi qui volais si haut, toi qui as fait venir tes complices, avant de faire demi-tour comme si de rien n'était, je te tiens. Je sais où tu habites. Tu as retrouvé les tiens dans cette ferme gigantesque. J'ai l'adresse. Je sais où tu es.

M'entends-tu ?

Me vois-tu ?

C'est moi, Hanaé, sous le masque rouge de Hannya.

32

La ferme du Texas. Le fils revenu. Il a retrouvé son père. Sa femme. Son enfant. Dans ce nouveau monde en paix, le major peine encore à retomber sur ses pieds. Il dort mal. Il se réveille en sursaut. Son corps forme une équerre et sa bouche happe l'air comme la carpe en bout de ligne. Autour de lui, tous dorment ; sa femme, près de lui ; son fils bien dans sa caisse ; et son père sous eux. Eatherly palpe les draps. Son matelas est trempé.

– C'est pas vrai !

Il tire doucement la fenêtre pour l'ouvrir sans qu'elle grince. Il faut la soulever avant de la tirer. Du coup, les gonds se dégrippent. Il tend le torse vers l'avant. La nuit balaie la cour de sa brise saisonnière. Il s'étire et inspire pour mettre un peu d'air neuf entre lui et sa honte. C'est la troisième fois qu'il rêve de cette fille au masque de cuir rouge.

Elle lui crache des questions.

Elle lui fait des tas de reproches.

Depuis qu'il est minot, il déteste les mimes, les postures et les moules, toutes ces conjurations de paires d'yeux effarés, ces comiques bariolés de rouge, de blanc, de vert vif, ces bâtons qui s'abattent sur des grosses têtes en bois à coups de cris et de surprises. Il garde au fond de lui des frayeurs archaïques endurées sur les foires où l'emmenait sa mère, flanquée de ses frères et ses sœurs, tous pétris d'impatience à l'idée du spectacle, pendant que lui, dernier, redoutait de finir par se pisser dessus.

Et voilà que ça recommence. Il va vers ses trente ans. Marié. Père de famille. Aviateur médaillé. Glorifié par son peuple. Pourtant, un filet de pisse sèche à peine sur sa cuisse, comme une artère de plus, une autre fémorale qui lui picote le derme.

– Ça va ?

Anna se lève et se colle nue contre son dos. Il ne l'a pas entendue. Ses bras lui font une écharpe autour du cou. Elle a calé sa tête sur son saillant d'épaule. Elle serre un peu sa gorge, un peu trop. Il se retourne et lui attrape la taille.

– J'ai encore rêvé d'elle..., commence-t-il.

Elle le coupe, affirmant qu'elle sait, qu'elle comprend, que c'est normal. Anna se trompe de deuil. Elle se figure sa mère quand lui rêve de cette fille.

Après un bref silence qu'elle s'imagine complice et que lui sait coupable, ils retournent au lit ; lui, palpant le matelas et l'auréole humide qui mettra toute la nuit avant de sécher enfin ; elle, l'enveloppant de ses jambes qu'elle n'a pas épilées depuis qu'il est revenu.

– T'as vu comme il dort bien ?

Eatherly place le coin de l'oreiller sous sa joue pour mieux voir le berceau de fortune.

– Oui. Il fait ses nuits, on dirait. C'est bien.

– Et tu sais quoi ?

– Quoi ?

Elle s'approche et plaque son ventre chaud contre lui.

– Il est propre. Il ne pisse plus au lit.

Une tension minuscule crispe le haut de sa colonne. Est-ce qu'elle se moque de lui ? Anna a-t-elle senti la souillure sous sa hanche ? Au silence qui s'ensuit, il conclut que non et la laisse poursuivre. Elle l'embrasse et passe une jambe au-dessus de son ventre. Anna se cambre à peine, de quelques degrés seulement.

– Mais tu feras attention.

– Oui, oh oui, ma chérie.

Elle agite son bassin.

– Tu fais gaffe…

Elle frotte son entrecuisse.

– Oui.

Elle pousse des gémissements et colle ses gros seins sous sa bouche. Mais au bout de quelques secousses, son corps a raison de lui.

Anna se crispe et proteste.

– Pas en moi…

– Ohhh.

– Mais non, Claude. Je t'avais dit…

Un soupir bête et bref parachève le coït.

– J'ai pas pu me retenir. Désolé.

Anna se lève et s'asperge tout le bas-ventre d'eau. Ses gestes sont nerveux, volontaires. Elle ne veut pas d'enfant, pas tout de suite. Pas deux de suite.

De retour dans leur lit, il caresse son épaule. Elle se tait. Il se tourne vers la porte. Elle se vrille dans l'autre sens. Cul à cul. Dos à dos, chacun de son côté, attendant que le sommeil vienne doucement les reprendre. Sa femme coule la première. Son souffle s'allonge. Elle ne bouge presque plus. Elle est au point de bascule entre l'éveil et le reste, tout ce qui s'ourdit et se trame quand la conscience renonce. Les rêves. Les cauchemars. Les vagues émanations provenant des bas-fonds de l'âme. Les riens si importants. Tout ce magma de vie, ces brouillons de réel, ces esquisses d'idées qui s'esquivent quoi qu'on fasse.

Un tressaillement soudain escalade ses vertèbres. Une

remontée nerveuse, tel un baroud de muscles et de nerfs, agite sa jolie femme, puis plus rien. Ça y est. Plus de réveil qui vaille. Elle est calme, la joue dans l'oreiller, les deux mains jointes dessous comme si elle suppliait l'avenir de lui offrir des jours loin de cette ferme.

Lui tarde et se décale. L'auréole de pisse et de sperme mêlés ne séchera pas de sitôt. D'ordinaire il s'écroule quand ils ont fait l'amour. Pas ce soir. Sur le dos, rien ne vient. Sur l'épaule gauche, non plus. Il essaie sur le ventre. Enfant, quand il butait sur la margelle du rêve, sa mère lui conseillait de s'allonger de tout son long. De respirer, longuement. D'éprouver tout son corps. D'abord, les pieds, tout au bout. Puis les tibias, les cuisses, puis le bassin, doucement, et maintenant le ventre. Très important le ventre. Surtout, ne pas bouger. Inspirer une autre fois. Continuer à remonter. La poitrine, les bras, lentement, les épaules. Eatherly se détend. Sa bouche se ramollit. Sa salive cimente. Un fin filet de bave s'étire jusqu'au drap du lit. Sa glotte fait des trilles. Et le vertige l'emporte dans une chute à l'envers. Il s'élève. Lentement. Sans froid. Sans frisson. Il décolle de ce lit, de cette réalité et se retrouve plus loin. Près d'une scène.

Il y a beaucoup de monde. Des dos tournés. Des nuques. Des silhouettes noires d'hommes. Solides. Larges d'épaules. Des bottes comme des buildings. Il sent la main d'une femme qui se glisse dans la sienne. Ses doigts longs dans sa paume. Son pouce qui se referme, délicatement. L'épiderme. Une légère moiteur, logée au creux de la sienne. C'est la main de sa mère. Il rêve d'elle.

– N'aie pas peur, mon fiston.

Mais le masque ! Mais la voix ! Mais tous ces mots aigus !

Claude enfant, marmot pas plus haut que la hanche de sa chère maman, se cache comme il peut. Le front contre sa taille. Le nez enfoui dans le lin de sa robe bleue, jolie, tachée de larmes. Il se détourne du masque de cuir grenat qui lui fait tellement peur. Mais c'est plus fort que lui. Il se décolle à peine, d'un poil, de quoi tourner un œil vers la scène qui se transforme en ruines. Des bouts de bois brisés. Des pâtés de maisons sans maisons. Des rues comme des artères qui quadrillent un cimetière. Claude poursuit son vol, les bras comme des ailes et sa main sans sa mère qui n'est plus, disparue. Le masque. Encore le masque. Un visage bandé. Une fille qui gémit sur des corps pleins de chaux.

– Maman ? Maman ?

Eatherly palpe le lit, Anna n'y est plus. Le jour emplit la chambre. Par la porte entrouverte, il la voit qui s'apprête. Habillée, elle se coiffe.

– Quelle heure est-il ? lance-t-il en se frottant les yeux.

– Tard, mon chéri. Il est déjà neuf heures.

Elle a passé le café et fait cuire des œufs, du bacon. Des moitiés de bagel tartinées de marmelade. Il reste des tas de pots dans le sellier en bas.

La voiture est devant. Son paquetage à l'arrière et son fils fait le gribouille, dehors, derrière les poules.

– T'es prêt ?

Il balbutie dans le vide. Il serait bien resté. Mais Pa' ne s'en sort pas. Il croule sous les dettes et ses frangins ne l'aident pas.

– Non, dit-il.

– Moi non plus, répond-elle avant de s'asseoir près de lui. T'as dit seulement trois mois et qu'après tu reviendrais ?

– C'est qu'une petite mission.

– Tu ne traîneras pas trop, promis !

– Pas envie.

– Tu me laisses pas moisir là…

– Sûrement pas, ma chérie ! Je te promets que je ferai vite. Et je ramènerai plein de fric. Y en aura même pour nous, pour notre maison à nous.

Elle se colle contre lui.

Il y a des avions à Tinian. Des centaines. Toute une base. La plus grande de l'Histoire. Le *Straight Flush*, son B-29, est attendu sur un autre atoll, plus à l'est. Une perle du Pacifique, une île microscopique, située entre Tinian et Hawaï. Encore du bleu. Mais ça paye.

33

Il avait dit trois mois. Quatre de plus, ça fait sept. Elle s'en veut de l'avoir cru. Eatherly n'est qu'un homme. Il formule des promesses et elle est tombée dedans.

Sa poitrine a gagné plusieurs tailles et c'est un vrai calvaire de remplir ces bonnets. Des seins comme des coupoles. La peau tendue dessus. Une silhouette italienne, de quoi jouer plein de rôles de belle. Nul besoin de pigeonner. Elle a là tout ce qu'il faut pour capter l'attention, du premier rang au dernier, et surtout des croulants, qui venaient plus pour la reluquer que pour l'entendre jouer. Ah, si seulement Anna pouvait retourner sur scène. Si les planches voulaient d'elle.

Elle se regarde de trois quarts. Ses hanches tiennent le coup. Elle a beau manger plus pour combler son fœtus, elles demeurent droites et plates. Sans rebond. Rien de flasque. Elle se cambre et regarde son ventre qui pointe bas, juste en dessous de la ceinture.

– C'est une fille, madame. Croyez-moi, foi d'obstétricien !

Anna a l'impression de revivre la même scène qu'il y a trois ans. Le docteur Katzmann à son bureau, les deux coudes écartés et sa main griffonnant une ordonnance opaque pendant qu'elle se regarde dans le miroir derrière lui. Pour sa première grossesse, il avait déjà pris ce ton très sûr de lui pour lui annoncer la naissance d'une fille. C'était trois mois seulement avant que leur aîné vienne au monde. Dépit. Tristesse. La tendresse maternelle a vite repris le dessus.

Si le destin voulait qu'elle ait plusieurs enfants, elle aurait préféré que ce soit des filles, que des filles, une lignée inspirée de ces poupées gigognes exposées en vitrine dans le quartier des Russes blancs du haut de San Francisco, ces matriochkas colorées et souriantes, avec ce bulbe de front ceint du fameux châle en laine, frangé. Une mère et ses petites mères, emboîtées l'une dans l'autre.

– Une idée de prénom ?

– Non, docteur. Je ne vois pas…

Katzmann relève la tête. Il est laid comme un pou, mais ses doigts sont en or.

Anna paie et s'en va. Elle a encore trois heures à elle. Très exceptionnellement, Pa' a gardé son fils, jusqu'à seize heures, pas plus, car il lui reste tant à faire : des bêtes à sortir, des rats à dénicher dans un coin de grenier près du plateau des semences. Pa' a repéré des crottes et des traces de pattes dans la poussière de grains. C'était pas le bon jour pour lui confier son fils.

Elle a failli répondre qu'elle était bien d'accord. C'est vraiment pas le bon jour. Mais elle s'en est gardée. Il l'aurait très mal pris. Il prend tout mal depuis que Belle est morte et son fils reparti. Les reproches ont recommencé.

*

L'atoll de Bikini est un résidu d'île, un confetti de terre au milieu du grand bleu. Cela fait sept mois qu'il survole ce petit bout de terre lointain. Il aurait dû rentrer à bord de son *Straight Flush*. Il lui avait promis que cela ne durerait pas, mais il a vu le gros chèque que l'armée proposait à ceux qui rempileraient. Il a décrit le montant et demandé à sa femme ce qu'elle pensait de cela. Il a posté une lettre, craignant d'avoir à l'affronter au téléphone. Sa grossesse la crispe. Le patron de la base a insisté pour qu'il reste.

– Ça vous fera du bien.

– Du bien ? Comment ça ?

– La gamberge. Le retour au pays, c'est un truc délicat. Faut pas revenir trop vite. La guerre, ça se digère. Faut avaler ce qu'on vit. Ça va vous faire du bien de reprendre un peu les airs.

Eatherly a compris. Il s'est souvenu de ces nuits, de ses rêves, de la fille.

– Pas faux, dit-il.

Et puis il a signé en bas du contrat de trois pages. Anna avait des rêves et une maison en tête, une belle bicoque en dur, avec vue sur la plage. Sa pension de vétéran n'aurait jamais suffi. Il a repris du service et depuis qu'il est là, leurs lettres se croisent sans vraiment se répondre. Elle a du caractère, c'est pour ça qu'il l'aime tant. Sa fougueuse Italienne.

À des milliers de miles d'elle, sa mission est facile. Il trimballe des civils de Kwajalein à Bikini. Des botanistes, des géologues, des océanographes et des biologistes marins. Une flopée de binoclards, rattachés au programme, arpentant Bikini. Le soir, il rafle leur fric d'un carré bien vendu, d'un brelan de surenchère, d'une quinte pour faire tapis. Les cartes lui réussissent. L'autre soir il a engrangé près de trois cents dollars.

*

Pa' est aux abois. Il réclame sa part sur l'argent qu'elle reçoit de son mari. Elle pourrait tout se garder si les frères d'Eatherly n'étaient pas si rapiats. Ils ne font rien pour Pa'. Depuis que Belle est morte, ils se sont détournés. La terre ne paye plus. Ni l'élevage. Ni les champs. L'acier a le vent en poupe. Et le pétrole surtout. Tout le pays pompe dur. Les derricks s'érigent à grande vitesse dans tout le Texas profond. Le reste, l'alimentaire, est en train de tomber entre les mains de l'industrie. Pa' ne fait pas partie de ces gros réseaux-là. Un jour, on lui a dit qu'il y avait un repreneur. Un type de Chicago. Un gros industriel de Continental Grain. Trois voitures en cortège. À l'arrière, le repreneur. Mais Pa' l'a rembarré. Il veut vendre ce qu'il produit, sans le moindre intermédiaire. Il aime faire les marchés. Pas les grosses épiceries qui épuisent les champs pour engraisser les villes, les banquiers, ceux qui dupent, cachés derrière les étranges acronymes de sociétés anonymes.

– Ah ça, non ! Vraiment pas.

Anna est dépitée. Les heures durent des plombes. L'argent ne suffit pas à combler son absence. Elle voudrait juste dormir. Son fils aîné s'obstine à se réveiller chaque nuit, comme pour marquer le terrain, s'approprier sa mère avant que l'autre vienne.

34

Je fixe le plafond.

Cela fait plus d'un an que je le fixe.

Allongée dans ma chambre entre deux paravents, écœurée par le chlore et l'iode qui saturent l'air, je le fixe des heures durant.

La gueule encore meurtrie par ce passage au bloc qui m'a coûté trois dents, du coton plein la bouche, je suis le vol des mouches.

Les oreilles engoncées sous les bandes de gaze, je prie pour que se taise ma voisine de gauche.

D'elle, je ne connais que l'ombre derrière ce paravent, et le cri qu'elle pousse quand elle sort de sa torpeur.

Je regarde le vol des mouches en comptant sur ce cri pour crever la rumeur qui enfle dans le couloir, ces mots qui, depuis l'aube, vont de l'un à l'autre ; des médecins aux médecins ; des médecins aux infirmières ; des infirmières aux infirmières. Soixante mille... Soixante mille morts... Soixante mille morts, mais chut... Soixante mille morts, mais chut ! Il ne faut pas le dire... Mais non ?... C'est pas possible !... Je ne peux pas vous croire !...

Soixante mille morts.

La volonté plie tout, disait le père Arrupe. J'aimerais tant que ce mur ravale cette rumeur. Je le veux, je le veux, je le veux. Je le veux de toutes mes forces. Je prie pour qu'elle hurle. J'espère. Je guette. J'en grogne dans mon coton. Je m'en étouffe presque. Je le voudrais tellement. Mais non. La rumeur se répand comme la pire des tumeurs. Elle va vers tout ce qui vit, tout ce qu'elle croise dans le couloir qui résonne derrière nous.

Soixante mille morts en une bombe, en un clignement de paupières, le temps d'un ordre lancé.

Une première goutte est tombée du plafond fissuré. Manqué. Juste à côté du paravent voisin.

Je fixe le plafond.

Je veux. Je veux.

Une autre goutte tombe, mais sur moi ; sur mon drap.

Je n'aurai pas ce cri. Ni la fuite, ni les mouches.

La porte de la chambre s'ouvre. L'infirmière porte un plateau. Seringue. Tube. Tuyau de plastique.

Elle s'assied sur mon lit et me palpe la veine.

Je détourne le regard.

Elle pique sans dire un mot et je sens la chaleur qui envahit mon corps. Une bouffée enveloppante qui me serre un peu la gorge.

L'essaim de mouches qui se brouille. La fuite d'eau qui s'estompe. Blanc sur blanc. Je bascule dans un sommeil trompeur. Une torpeur opportune dont je sortirai sans doute encore endolorie par d'autres charcutages. Le docteur Shigetô prétend que c'est pour regagner de l'allant, tendre vers ma vie d'avant, mais je sais que c'est le contraire. J'y perds. À chaque fois, j'y perds un peu plus. Je laisse des bouts de moi, de mes os, de ma chair, des morceaux de ce que j'étais. Et ce qu'il peut recoudre n'ajoute rien. Au contraire ! Il retranche, il soustrait et comble en prenant sur ce qui reste. Un tendon pour manier. Des molaires pour croquer. Mes cheveux sont tombés. Pour quoi faire ? À quoi bon ? Je ne suis qu'un point de plus. Une survivante de plus. Un lit pour la bonne cause.

Soixante mille morts moins une ?

J'aurais voulu qu'elle crie pour que tu l'entendes aussi quand je te secoue la nuit et que je te colle des frousses à te faire pisser au lit.

J'aurais voulu que tu saches que soixante mille n'a pas de sens. Ce chiffre n'a pas de chair, de muscles, de cœur. Rien ne palpite en lui. Rien n'appelle. Rien ne crie au secours en convoquant sa mère, son père, son frère, ou je ne sais qui...

Écoute ! Écoute, pilote. Je vais te dire, moi, qui se cache sous ce chiffre anonyme.

Il y a eu, d'abord, la mère de Seiji qui priait à genoux quand un feu l'a fait taire.

Mme Okuma préparait un gâteau pour célébrer la naissance de sa première arrière-petite-fille quand la cloison de sa maison s'est affaissée sur elle. Elle avait cent un ans.

Michiko s'était jetée dans le fleuve pour calmer ses brûlures. Elle avait si peu de force que ses pieds sont restés prisonniers de la boue à la marée montante.

Taijun travaillait dans un abattoir des quartiers ouest. Il ne reste rien de lui. Pas même un peu de cendre.

Le père Arrupe m'a conté l'histoire de ce petit garçon, les jambes prises au piège par deux gros blocs de pierre. Le feu avait pris à côté. Le père avait beau faire, impossible de l'extraire. Le vent a mal tourné. Un petit feu s'est glissé sous les pieds de l'enfant. Il est mort, a dit le père, « comme Michel Servet, à feu doux sur un bûcher genevois ». Je ne connais pas Genève. Je ne sais rien de ce Michel Servet. Je n'ai jamais vu de bûcher de ma vie. Mais j'ai vu le petit garçon. Je l'ai vu dans les mots du bon père. J'ai senti l'odeur de sa chair carbonisée. J'ai roulé des larmes aussi grosses que les siennes. Et puis, j'ai prié, prié pour lui, prié trop tard, prié pour rien, sans doute. Mais c'est tout ce que j'ai trouvé à faire pour le salut de son âme. Ce n'était pas qu'un chiffre. Il n'avait pas sa place parmi les soixante mille.

Je ne veux plus jamais qu'on prononce de chiffres à propos de tous ces morts.

35

Assis sur son pliant, le dos tendant le dossier et les pieds fouissant le sable, creusant, bouchant, recreusant, rebouchant, Eatherly tue le temps.

« Je suis là. »

Il se retourne d'un bond.

– C'est qui ?

« C'est moi, Hanaé. »

Il guette les alentours. Mais il ne voit personne. Son front troublé se crispe. Il se demande ce qui se passe. Une hallucination ?

« Non, c'est moi. »

La voix est claire et nette. Il la reconnaît, maintenant. C'est la fille des cauchemars. Pourtant il est tout seul sur ce morceau de plage. Elle revient donc le jour, quand il ne dort pas. C'est flippant. Il a les mains moites et le cœur qui s'affole. Mais que lui arrive-t-il ?

« Regarde, pilote. Là-bas. Ils reviennent. Ils vont recommencer ! »

Au loin, au bout de la langue de sable, il aperçoit des pêcheurs et leurs femmes regroupés sur la plage à regarder un hydravion qui tangente l'horizon.

– C'est quoi ce bordel ?

Mais sa question retombe. Personne ne lui répond. En aiguisant sa vue, il devine l'hydravion du commandant

Wyatt. Le gros zinc du grand chef pique vers le bleu-vert du lagon et glisse vers la côte avec autant de grâce qu'un scarabée géant qui découvrirait l'eau.

Un soldat se rue vers lui.

– Toi, tu restes assis là à regarder la mer.

– OK, dit le major.

Le même a dispersé d'autres ordres aux scientifiques, pour qu'ils se tiennent adossés aux palmiers, accroupis dans le sable, ou marchant l'air de rien.

– OK, ont-ils répondu.

Une énorme barge noire accoste juste devant lui. Son pont avant s'ébranle, à la manière d'un pont-levis, et crache son lot de caméras, de trépieds, de photographes. Des machinos tirent des câbles jusqu'aux palmiers, et démarrent les groupes électrogènes.

– C'est bon ! lance le script détaché des studios de la Metro Goldwyn Mayer.

Le commandant Wyatt s'installe sur le rondin indiqué par le script. Genoux pliés. Dos droit. Sourire franc, mais pas trop. Un groupe de villageois est conduit jusqu'à lui.

– Continuez ! Continuez ! dit le cameraman.

Eatherly continue de sourire face au gros objectif.

– Voilà, c'est bien !

– On a le raccord, conclut le script, gluant de sueur.

On filme la réunion à l'ombre des palmiers. Une cinquantaine d'hommes et de femmes de l'île ont renoncé à leurs pagnes pour enfiler les vêtements que le commandant Wyatt vient de leur distribuer. Pantalon militaire. Veste kaki d'hiver. Saris clairs pour les femmes. Casquettes doublées de mouton. Des matelas neufs les attendent pour la scène du départ qu'on filmera plus tard.

Le commandant s'adresse à eux.

– Vous êtes les enfants d'Israël que Dieu protège de leurs ennemis en les conduisant vers la Terre prom…

– Stop, coupe l'officier de presse. On va la refaire. C'est un peu trop… Comment dirais-je ?

– Biblique ?

– Oui, c'est ça. Trop biblique, commandant.

Wyatt recommence, sans lâcher son rictus ni ses yeux francs et clairs.

– Nous allons réaliser des essais de bombe sur cet atoll pour le bien de l'humanité, dit-il. Avec ça, nous mettrons un terme à toutes les guerres du monde. Accepteriez-vous de nous prêter…

– Commandant !

– Quoi encore ! s'agace-t-il.

Après s'être excusé auprès du très haut gradé, l'officier de presse suggère de lui écrire une chute plus adaptée. Pendant qu'il l'écrit, le commandant Wyatt fixe l'horizon, soupire, lance le coquillage qu'il roule dans sa main, avant de lire la feuille que l'officier lui remet. Le cameraman a de nouveau calé son pied de caméra. Le script a validé la pose et le commandant a débité son texte.

Toute l'équipe applaudit.

« Les salauds. Regarde ce que font tes amis ! Il faut être diabolique pour scénariser le mal. »

Les caméras se déplacent. Les machinos s'activent en tirant sur leurs câbles pour filmer sous un autre angle.

– La réponse, maintenant.

Le roi micronésien est de taille moyenne. Le teint hâlé. Les yeux bridés. Les cheveux courts et noirs. La trentaine musclée. Chemise neuve du surplus. Pantalon d'uniforme. Ceinture. Tout est fourni par l'armée.

Du tronc tordu sur lequel il observe, le major capte le nom de ce roi. Il s'appelle Juda. Juda Kessibuki. Le roi, docile à souhait, suit la trame du script, souriant pour le gros plan, digne pour l'adresse aux siens, confiant dans sa poignée de main pour conclure qu'il se range volontiers à la volonté de Dieu. Pas fou, le roi Juda. Hier, il a vu la centaine de navires qui croisaient près de l'atoll. Des bateaux comme des îles qui mouillaient devant la sienne. Des canons comme des troncs. Des cuirasses plus épaisses que celle de mille tortues. Le roi de Bikini a bien vu de ses yeux, il a vu tout ça et fait un rapide compte.

Plan de coupe du roi. Contre-champ du très haut gradé. Plan large du brave Juda serrant la main du puissant Wyatt.

– C'est bientôt dans la boîte.

Le soleil s'apprête à liquider ses lingots avant de se faire la malle. Il reste à mettre en route la grande scène du départ. Démonter les farés. Éteindre les feux de village. Plier les voiles. Ranger les lignes et les hameçons rouillés. La centaine d'habitants embarque des matelas neufs, des casseroles, des piles de poêles et de peignes, et des pagnes. Ils vont, comme aimantés, vers la gueule d'une barge militaire, Léviathan de Melville ou baleine biblique, qui les recrachera plus tard, plus loin, à l'abri des fumées, soit, des radiations aussi, pourquoi pas, et surtout de l'opinion. On ne largue pas une bombe sur des Micronésiens.

« Non, bien sûr que non, pilote. Pas sur eux ; mais sur nous, oui ! C'était plus simple en temps de guerre. Une raison suffisante. Au nom de la victoire... Personne ne s'en est offusqué. Au contraire... C'était pour la bonne cause. Vous en avez fait exploser une première pour voir. Et puis une deuxième, dans la foulée, pour vérifier vos calculs... »

Les villageois sont conduits à Rongerik, un atoll plus

petit, un peu moins poissonneux et très mal doté en sources d'eau potable.

– C'est bon ! répète l'officier de presse pour la centième fois.

Et la nuit couvre tout. Le lendemain matin, une autre barge débarque. Des pelleteuses en pagaille se mettent à ratisser, des bétonneuses coulent de grandes dalles près de la rive, des plongeurs dynamitent le corail du lagon. Tout est ratiboisé. Tassé sous la rangée. Arasé. Le roi Juda parti, le commandant au cœur d'encre laboure le paradis, bétonne Bikini, scie des palmiers séculaires pour faire parler la trouvaille atomique des apprentis sorciers.

Ce soir, en prenant l'hydravion pour ramener une partie des techniciens, Eatherly se refait tout le film. Il remue le souvenir de ses leçons d'histoire sur les conquistadors qui troquaient de grandes terres et des villages entiers contre des crucifix, des cloches et des chapelets et surtout des prières qui promettaient à ces dépossédés un avenir meilleur, certes, mais ailleurs et plus tard, dans le monde d'après. Le vol comme un bienfait. L'encens qui efface tout, jusqu'aux marques des mains qui étranglent le cou. À des milliers de miles de là, les maîtres chanteurs soviétiques ont bien transformé les chorales des églises en chœurs de l'Armée rouge. Et lui ? Qui est-il ? Que vaut-il ? N'est-il pas complice de cette fiction d'histoire ?

Ses chefs mettent ces îlots sens dessus dessous et bradent les vertus pour sanctifier le crime. « Mal nécessaire, a dit le commandant. Avenir du genre humain. » La bombe de la Paix éternelle. Adam a bien troqué le paradis pour une pomme. Le commandant va raser celui-ci pour l'atome.

– Quel cinéma ! murmure-t-il sous son casque.

– Vous dites ? s'inquiète l'officier de presse assis dans le cockpit, derrière.

– Tout cela est grotesque.

– Qu'est-ce que vous dites, major ?

– Que c'est grotesque.

– Mais de quoi vous parlez ? Vous ne pouvez pas !

– Mais je le pense.

– Arrêtez. On ne vous demande pas de penser !

36

Anna sort du parking, tourne à droite dans Main Street et la remonte à l'abri du pare-brise de sa Ford, chauffage poussé à fond. Au feu, deux inconnus lui lancent des regards pleins d'envie. L'un d'eux porte encore la calotte de soldat. Ridicule. Elle se retient de sourire. La portière cache son ventre. Le passager plisse la bouche et se prépare à siffler. Elle s'accroche au volant et tourne sans prévenir pour semer ce pauvre con. Elle aurait tant aimé se parer d'un coup d'œil, jouir d'un soupçon d'envie qui s'en serait tenu là. Elle le fait bien, elle. Quand elle croise un beau gars, elle l'envisage de loin et s'invente des dialogues qui ne sortent pas de son crâne. L'idée ne lui viendrait pas de se fourrer une paire de doigts dans la bouche, de rouler sa langue et de se mettre à siffler pour figer tout ce qui passe.

Pourquoi tant de balourdise ?

La ville n'est pas une réserve de chasse. Il faudra qu'elle élève son fils vers des cimes plus avenantes. La bourbe et la battue, le bruit, la meute, le rire gras ou l'insulte… tout cela appartient au temps de l'homme-bête.

Sur Union Street, elle passe devant une boutique de lingerie. Grande vitrine. Devanture en bois clair. Des mannequins et des bustes couverts de dentelles, des guipures, des jarretelles, des bonnets blancs ou roses, des collants noirs ou chair. Des femmes attendent devant. Elle s'était dit qu'un jour, quand elle aurait retrouvé sa taille d'avant, elle y ferait un tour.

Il y a une place en face. Elle gare sa vieille voiture, traverse et se met dans les pas des trois femmes qui attendent.

– Qu'est-ce qui se passe ? demande-t-elle à la dernière venue.

– Ils les ont reçus, répond celle-ci, les yeux brillants et souriant d'impatience.

Anna tique et demande qui a reçu quoi.

– Les maillots ! Ceux qu'on a vus à la télévision.

– Oh ! Formidable ! ment-elle pour ne pas se distinguer par une sotte ignorance.

Sans sortir de la file qui vient de se rallonger, elle tente en vain de voir ce qui se trame. Une vitrine. Des reflets. Une masse noire. Des tailles fines. Des coiffures. Des mains qui se lèvent et tendent des culottes au plafond. Des rouges. Des jaunes. Une autre qui dévoile une culotte imprimée de grosses fleurs orangées. Un bruit de clochettes annonce l'ouverture de la porte. Anna s'avance d'un pas. Des clientes sortent ravies. Sans rien savoir de plus, Anna fait l'inventaire de ce qui lui reste d'argent. Des billets. Pas beaucoup. Quelques pièces d'un dollar. Deux autres clientes entrent. Nouveau bruit de clochettes. Sortie. Elle peut y aller, maintenant.

À l'entrée, une vendeuse lui indique qu'ils sont là en désignant le comptoir sur sa droite. Un long meuble en bois sur lequel sont disposées des centaines de petites boîtes, en vrac, à peine plus grandes que des boîtes d'allumettes.

– Vous avez de la chance, c'est une avant-première,

comme on l'a annoncé. Le maillot ne sera en vente qu'à partir de cet été. Mais nous, chez Landsmark, on a eu les premiers. Choisissez !

Elle s'approche. Chaque boîte porte un nom et des inscriptions en français.

– Quelle taille faites-vous ?

Anna répond : du small.

– Vraiment ?

– Je vais bientôt refaire du small, précise-t-elle gênée, avant de lire la marque : Bikini.

Elle connaît ce nom-là. Elle l'a déjà entendu. Elle se demande si ce n'est pas l'atoll où opère son mari. Bikini. Oui, c'est ça ! Intriguée, Anna ouvre une boîte au hasard et découvre une culotte et le plus petit soutien-gorge qu'elle ait jamais vu de sa vie.

– C'est quoi, ça ?

– La nouvelle mode, madame. Un maillot de bain. Une création française qui ne sera pas en vente avant l'été prochain, mais nous, chez…

La vendeuse se répète : primeur… Landsmark… clientes récompensées… Anna retourne la boîte et découvre une phrase rédigée en français : « Pour toutes les bombes anatomiques ».

Elle n'en croit pas ses yeux. Elle repose la boîte, joue des coudes, pousse la porte, fait tinter les clochettes, et s'extirpe pour prendre l'air.

– Quel salaud ! Quel salaud !

C'est plus fort qu'elle, cette colère. Elle est venue d'un coup. Rancœur incoercible liée à ce nom : Bikini. C'est là que son mari a signé. Bikini, c'est l'atoll duquel il lui adresse des lettres, de plus en plus succinctes, de moins en moins senties.

– Mais c'est qu'y s'fout de ma gueule ! dit-elle, le dos à la vitrine, imaginant son major entouré d'une ribambelle de filles des îles vêtues de ce maillot qui cache moins qu'il ne montre.

Ce petit bout de tissu entame sa confiance et porte un coup sévère à l'idée de sacrifice qui revient dans ses lettres. Et si c'était pour ça qu'il repoussait son retour ?

– Tu parles d'un sacrifice !

Cette île trop pacifique tient de la maison close…

Qu'il ose se ramener et Eatherly verra de quel bois elle se chauffe.

37

La première bombe de cette série d'essais au large de Bikini est surnommée Gilda. La forme de son nuage prend tout le monde de court. Les scientifiques pariaient sur un autre champignon, comme celui du Japon. C'est une asperge atomique, tout en hauteur, tout étirée, qu'ils ont pu découvrir une fois qu'ils eurent ôté leurs lunettes de soudeurs.

La deuxième est larguée quelques semaines plus tard, fin juillet 1946. On l'a appelée Helen de Bikini. Elle explose sous l'eau et son nuage surpasse de très loin tous les autres. Bien renflé, plein de flotte portée à des milliers de degrés. Une immense nébuleuse qui finit par former un légume géant.

Eatherly les a survolées toutes les deux. Il les a vues de près. Mieux que n'importe qui. Sa mission était de rafler en vol des échantillons de l'air autour. En pilote averti, il contourne l'asperge de la première. Et puis, sans prévenir, il vire sur l'aile. Un changement de cap sec et bref qui met sa carlingue sous pression et l'équipage en boule.

– Mais ça va pas la tête !

Eatherly poursuit, s'enfonçant dans Gilda, jusqu'au cœur, cette fois, faisant le plein de matière. Les scientifiques au sol se réjouissent d'avance. Son équipage, en vol, le voue aux gémonies.

– Tu nous prends en otage, Eatherly ? Mais pourquoi tu fais ça ? Tu sais bien que c'est dangereux ! T'avais pas le droit. Recommence jamais, compris ?

Au retour de l'avion, l'équipage a demandé à changer de pilote.

Face au nuage de Helen, Eatherly a compté jusqu'à vingt dans sa tête.

– On contourne, major ! On contourne ! lui rappelle son nouveau copilote, cramponné à son manche.

Il a recommencé. La ride s'est formée au milieu de ses yeux. Il a poussé son manche malgré son copilote, incliné tout l'avion, grappillé trois cents pieds et s'y est replongé.

– Mais ça va pas la tête ! éructent comme un seul homme le copilote, le radar, le radio, l'ingénieur, recroquevillés sur leurs sièges, en apnée, les yeux clos comme si cela suffisait à se prémunir du pire.

– Ce mec est un danger ! a murmuré l'un d'eux avant de fermer les ondes.

Puis la radio s'est tue. L'avion a traversé le nuage atomique. Helen s'est dégonflée et le major s'est posé sous les regards furieux de son dernier équipage. Coup d'épaule du radio. Insultes du radar. Menaces du copilote qui l'attend dehors pour lui casser la gueule. Eatherly prend son temps.

Quand le commandant est venu le voir pour lui épingler une médaille de plus, il n'a même pas tiqué. Pas répliqué. Muet. Il a repris place à la table de jeu et s'est remis à jouer.

– Cave à combien ?

Le pilote est dangereux. Le joueur est redoutable. Était ! Oui. Était. On dirait que depuis peu, il a perdu la main. Il bluffe fort. Il joue mal. Et il perd de plus en plus, quelle que soit la tablée. Il intrigue, aussi. Non pas par d'habiles combinaisons, des ruses de joueur surdoué ou une intelligence qui le placerait au-dessus de ses partenaires de jeu. Non. Pas du tout. Si le major Eatherly excite les curiosités, c'est par son attitude.

– Il est barré.

Quand il est attablé, il parle du bout des yeux. Grommelle des mots de sonde inintelligibles. Il semble se parler. Parfois, il quitte la salle, le visage tout plissé, marmonnant encore en remontant la plage.

Ils ne peuvent pas comprendre. Personne ne peut deviner ce qui se passe dans sa tête. Ces images qui se mélangent. Et la voix de cette fille, la fille, celle qui débarque en trombe pour lui couper ses nuits. Celle qui le laisse hagard quand un autre jour se pointe. Celle qui l'a poussé à plonger dans les nuages.

« Vas-y, pilote. Plonge ! Viens voir d'un peu plus près ce qui nous est tombé dessus. »

Il a fait ce qu'il a pu. Il a bien essayé de lui tenir tête. Comment lui résister ? Elle a hanté ses nuits et secoue son sommeil. Elle revient même le jour pour qu'il abatte son jeu, qu'il relance ou qu'il passe même s'il a de bonnes cartes. Elle est tellement présente. Elle prend le contrôle de tout.

Ce matin, elle est là. Elle veut qu'il prenne les cartes et joue ce qu'il a gagné.

« Lève-toi, pilote ! Retourne à la table du mess. »

– Pas maintenant, supplie-t-il.

Sur son banc, assis parmi les autres pilotes de ce programme d'essais atomiques, Eatherly peine à suivre ce qui se dit. Applaudissements.

« Dis-leur de retourner jouer pour que tu gagnes leur fric. Y a pas de temps à perdre ! »

– Suffit, dit-il un peu trop fort malgré tout le bruit ambiant.

Deux, trois regards se dévient. Il remonte ses épaules.

Ils sont une cinquantaine, entassés dans cette salle de bambous, sous un toit de palmes éparses qui pourrait s'envoler au moindre coup de vent. Le nom du commandant Ben Harrison Wyatt est inscrit en toutes lettres à la craie sur le tableau noir du fond. Il porte haut son rang. Il est en fin de carrière et passera Commodore à la fin de l'année. Applaudissements. Wyatt joint les mains, remercie l'assistance, dit que tout cela c'est grâce à eux.

« On manque de tout ici. On a besoin d'argent ! »

Le pauvre Eatherly lâche un nouveau grognement. Deux têtes se retournent. Un doigt se visse sur une tempe. Il s'efforce de suivre. Mais la voix ne le lâche pas. Le commandant annonce qu'il a pour eux une sacrée bonne nouvelle. Le troisième essai est reporté de quelques semaines.

Bruits dans les rangs.

– Pendant que nos ingénieurs vont revoir leurs formules, vous allez avoir un peu de répit, dit le commandant en guettant l'ovation.

Des têtes opinent vaguement. Quelques clins d'œil s'échangent. Des coups de coude et des moues. Les officiers mesurent ce qu'ils vont laisser là. Un salaire confortable. Des heures à jouer sur la plage, à nager dans le lagon, à boire, à fumer, à manger, à baiser à l'occasion, à gagner, à perdre et à ronfler, à consulter le médecin pour une rougeur micronésienne ou des crabes au pubis. Ils vont plier bagage.

Le brouhaha des chaises. Tous les officiers se lèvent. Le major Eatherly sort parmi les derniers de la cabane de palmes. Une main retient son coude. C'est le chef de base.

– Je peux vous voir une minute ?

– Bien sûr.

Le colonel entraîne le major à l'écart. Il lui demande ce qu'il compte faire de ces semaines de temps libre.

– Je vais revoir ma famille. Mon fils. Enfin mes fils.

– Bien. Bien. C'est important. La famille. Et votre contrat, major ?

– Euh…

Avant que la minute ne se soit écoulée, le chef de base lui colle sa paume sur l'épaule en disant qu'il a fait son temps.

– Vous avez vu le Commodore ? Prenez exemple sur lui. Il est temps de raccrocher !

– Mais quoi ? Pourquoi ?

Le colonel sourit.

– Vous avez fait le boulot. Il faut lâcher l'affaire. Un peu de repos, et surtout oublier. Oubliez tout cela.

– Mais je vais bien, colonel.

– Oui, mais l'heure est venue, major.

En cherchant une réponse, le regard du major Eatherly bute sur des types plus loin. Certains semblent moqueurs. D'autres seulement aux aguets, tendant l'oreille. C'est la fin de sa carrière. Il va rendre les armes. Le chef enfonce le clou en lui frappant l'épaule, d'un geste ferme et d'une moue sèche qui laisse peu de place à la contradiction. Il veut juste qu'il se plie à une décision prise depuis des semaines déjà, et au plus haut niveau. Un avion décollera dans quelques jours.

– Quelques jours ?

– Je peux pas vous dire précisément quand, mais bientôt. Avant le prochain essai. Votre famille vous attend. Ils veulent leur héros. Et vous en êtes un vrai ! Allez donc parader. Vous le méritez bien. L'Amérique a besoin de rêver. Elle a besoin de vous. Et ne laissez jamais personne prétendre le contraire. N'est-ce pas, major ? dit-il avec des yeux de vrille.

Il hoche seulement la tête. Le colonel s'en va. L'entrevue est achevée. Il doit faire son paquetage. Rassembler son jeu de cartes. Et cette dernière enveloppe pleine de billets de cent qu'il cache dans sa sacoche, elle est pour le Japon.

38

Elle a perdu les eaux. Pa' a pris le volant. La sage-femme a saisi le nouveau-né par la tête, l'a retourné par les pieds pour qu'il lâche son premier cri. Il a crié. Beau bébé, bien replet, gavé d'elle. Anna l'a vu et elle a crié, elle aussi. De dépit. Ce con d'obstétricien, lui qui l'avait juré.

« Une fille ! Une fille, madame Eatherly. C'est évident », avait-il dit.

Elle avait tout prévu. Des draps roses pour elle. Des vêtements au crochet. Un prénom : Annette. Mais non. Il est né. C'est donc lui. Il faudra tout repenser pour lui. Anna a redoublé de pleurs quand on l'a mis sur elle pour qu'il puisse prendre le sein.

Elle a mis quelques jours pour lui trouver un nom. Maintenant, voilà. C'est fait. Anna est la mère de deux petits mecs sans mec. Son major de mari a écrit qu'il viendrait à la maternité. Il l'a télégraphié. Assuré noir sur blanc, avec des impatiences et de longues tendresses à douze *cents* la lettre. Il n'a appelé qu'après, au lendemain de sa sortie, balbutiant de vive voix des excuses depuis l'atoll.

– J'arrive bientôt.

Il est encore très loin, à des semaines d'elle. Les hommes sont des menteurs. Tous des menteurs. Ou des bougons, comme Pa'. Le vieux malgré son dos a bâti une cloison qui coupe sa chambre en deux. Le chien est revenu. Il a fallu le laver pour le laisser dormir avec ses deux petits. Dingo veille sur eux. Mais qui veillera sur elle ?

Le mur de séparation n'est pas assez épais. Il étouffe les pleurs, mais laisse passer les cris. Ils réclament tellement d'elle. Du lait pour le dernier, des tendresses pour l'aîné qui se pique de jalousies qu'elle n'aurait pas soupçonnées. Anna s'épuise.

– Faut finir, lâche Pa' à la fin des repas.

Elle répond d'une grimace. Dégoûtée. Pas envie.

– Je suis qu'une vache à lait, dit-elle. Une vache de plus chez vous.

Sa cuillère heurte le rebord de son assiette. Elle se voûte. Lassée. Le goût de rien et pestant contre tout, ses réveils, ses journées et lui, le grand absent, ce héros de pacotille. Au train où vont les choses, ça risque de mal finir.

– C'est pas un mauvais bougre, mon fils. C'est le plus gentil des trois et le plus généreux. Il vient de m'envoyer ça ! dit Pa' en lui montrant le fac-similé d'un chèque à trois zéros.

– C'est pour acheter de l'engrais pour vos vaches, dit-elle en se levant pour répondre à l'appel du nouveau-né.

– Anna ! lance-t-il.

La main sur la poignée, elle dresse un peu l'oreille pour attraper ce qui suit. Quelques secondes passent.

– Je sais que c'est pas d'mon ressort, mais…

– Mais ?

Que va-t-il ajouter ? Qu'elle devrait prendre l'air et se promener à la fraîche dès la tombée de la nuit ? Aller acheter de bonnes tourtes, comme celles que faisait Belle ? Le marché ouvre demain. Mais non, faut pas rêver…

– Toutes ces cigarettes, Anna…

Il dit qu'elle fume trop. Il dit qu'elle devrait pas se griller la santé avec deux gosses sur le dos. Il dit que c'est à cause de tout ce tabac qu'elle a des idées grises. Il dit que des gens disent que c'est pas bon ni pour elle ni pour le petit. Il dit que…

– C'est bon, le coupe-t-elle en regagnant cette chambre qu'elle déteste, encore plus petite qu'avant, avec d'autant moins d'air.

Le cri de son fils fait pression sur ses seins. Rien qu'à la voix, ça tire. S'il pouvait se taire. C'est la troisième fois depuis ce matin, et le jour brille encore.

Il ne se taira pas. Pendant les jours, les nuits, ce petit la tyrannise. Anna subit et s'aliène. Elle évite les miroirs. Le papier peint se décolle. Le plafond est moisi. Anna, peu rancunière, est retournée chez Katzmann pour des crèmes, des tétines, des biberons.

– J'en peux plus.

– C'est la déprime post-partum, dit-il. Prenez le large quelques jours. Ça va vous requinquer.

Elle a tendu dix dollars et quitté le cabinet.

– Tu vois, dit Pa' en tournant en rond dans la cour. Jette donc ces maudites clopes.

– C'est pas ce qu'il a dit, répond-elle en ouvrant la porte pour rejoindre ses petits.

– Alors quoi ?

– Faut que je prenne une nourrice.

– Pour faire quoi ? Pour aller où ?

Elle a trouvé une fille pour s'occuper de ses fils. Helen. Vingt ans. Gentille. Discrète.

– Je ne serai pas longue. Un week-end. Juste un week-end.

– Mais Claude va revenir, dit Pa'. C'est qu'une question de jours.

– C'est ce qu'il dit, oui. Mais je vous parie que je serai de retour avant lui.

Son aîné a pleuré. Le petit a réclamé. Elle a tiré son lait avant de les embrasser tendrement, mieux qu'avant. Elle a promis au grand de rapporter des coquillages et un peu d'air marin.

En septembre, il fait plus doux du côté de La Jolla. Elle s'est payé une chambre à deux blocs de la plage. La première nuit traîne en longueurs de remords. Elle finit allongée en travers d'un matelas tout carré et tout mou, Dingo au bout de son lit.

Voilà. Le jour est là. La fenêtre est entrouverte et le rideau de gaze ne filtre rien du tout. Un œil dans l'oreiller et l'autre vers l'ouverture, Anna tire sur l'instant, le palpe, le taquine, s'y colle de tout son corps. Les draps sont doux, propres, presque soyeux, tissés dans un coton de qualité extrafine qui glisse sur ses cuisses comme une tendre caresse. Ses seins encore gonflés l'empêchent de se tenir trop longtemps sur le ventre. Elle se tourne d'un quart, à peine, l'avant-bras sous la joue, et pousse l'oreiller qui tombe sur la moquette. Une brise un peu plus forte écarte le battant. Elle devine l'air marin, deux rues plus loin. Un roulement vague s'y mêle. L'océan. Bel et grand océan qui lui tend son rivage. Flux, reflux, dans un mouvement sagace qui sait qu'elle va venir à lui.

Viens ! Viens !

Elle se lève et laisse sa chemise de nuit s'unir au voile de gaze, les narines relevées, la bouche happant grand les promesses d'une journée.

– Bien ! Bien ! dit-elle, même s'il fait frais dehors.

En marchant vers Front Street, Anna prend à droite et s'installe au comptoir devant un gril brûlant sur lequel une main jette des steaks hachés, casse des œufs et rassemble le tout dans de solides assiettes estampillées J.R.

– Qu'est-ce que je vous sers, madame ?

Le type a le teint brun métis, les yeux noirs et l'ombre d'une moustache qui lui donne la vingtaine.

La carte décline des burgers à la pelle, du bacon en pagaille, des jus prétendus frais de papaye ou de banane, des glaces à la vanille, des crèmes aux mirabelles. Elle a un peu d'argent et l'embarras du choix. Elle hésite entre le graillon de droite, bacon sur viande hachée, et le frigo de gauche, plein de crèmes glacées.

– Non, dit-elle. Je vais juste prendre un café.

– Très bien, fait la serveuse qui repart en vadrouille entre les tabourets du bar et les tables alignées le long de la baie vitrée, sous la grande horloge qui affiche clairement qu'il est…

– Mais non ! C'est pas possible !

– Vous dites ? lance le cuistot, un œuf dans une main, et l'autre qui tasse un morceau de barbaque avec sa pelle.

Il est midi et demi. Cela faisait des siècles qu'elle ne s'était pas levée si tard. Ça lui plaît. Ça lui ouvre l'appétit.

– Comme c'est l'heure, je vais prendre une omelette, s'il vous plaît.

– *Muy bien !* répond le petit chef en sarrau, un foulard rouge noué au col.

Mais tout le reste est blanc. Les murs. Le bar. L'assiette. Blanc, le camion qui laisse dans son sillage une plage éblouissante. Blanches, ses cuisses qu'elle dévoile sur la plage, une fois sa robe ôtée. Blancs, ses bras qu'elle lève. Blancs, ses épaules et son ventre révélés par son maillot deux pièces. Blanc, comme la grande serviette qui se déploie derrière elle.

– Tu risques de prendre froid, dit une voix.

Lunettes noires sur le front. Col roulé.

– Billy ?

– Ça fait un bail, n'est-ce pas ?

Pendant que Dingo s'ébroue, elle rabat ses bras nus et cache son bikini. Trompée par tout ce bleu qui dissimule un fond d'air frais, elle frissonne face à lui.

– Comment va ?

Il poursuit sur un ton parfaitement dégagé. Il dit qu'il est le gérant de la concession en montrant les matelas entassés, les chaises repliées, les transats et quelques parasols. C'est la morte saison. Son chien, les surfeurs et les phoques sont les seuls à se baigner.

– Fini, ton juge ? demande-t-elle.

– McCarthy. Oui. Fini. Depuis des années. C'était un drôle de tordu. Un alcoolo de première. Il a démissionné pour s'engager dans l'armée. Et puis à son retour, il s'est piqué de politique. Il a visé le Sénat. Tu te rends compte ! Le Sénat. Il voulait se faire élire. Et il s'est fait élire, mais je te dis pas comment ! Un truc sans foi ni loi. J'avais jamais vu ça. On devrait le foutre en taule, vraiment. Il est dangereux. Je le sais. Je l'ai vu faire. Mais il a du pouvoir. Et avec ses discours radiotélévisés, il devient populaire. Cette commission le rend dingue. T'as jamais entendu parler de sa traque des communistes ?

– Non, répond-elle, moins attentive à ce qu'il dit qu'à ce qu'elle vient de remarquer.

Billy ne porte plus d'alliance.

– Tant mieux ! Tant mieux pour toi, reprend-il. Moi je préfère me tenir à l'écart de ce type et de tout ce qu'il trafique. Je sais ce qu'il peut faire. Même à des gens comme toi.

– C'est-à-dire ?

– Aux acteurs, aux comédiens.

– Ah…, fait-elle en s'écartant.

Mais il revient vers elle.

– Et toi, Anna, tu joues à La Jolla ? T'as une pièce en cours ?

– Non, dit-elle avant de bredouiller qu'elle est venue se baigner.

– Tu ne devrais pas ! Y a un courant glacé, annonce-t-il en poussant la serviette éponge qu'il lui tend depuis le début.

Elle décline poliment et lui préfère son pull.

– J'ai à faire, dit-il. À bientôt ?

La réponse d'Anna reste coincée au fond d'un puits de regrets.

39

Hijiyama est un mamelon élevé, un bourrelet de brun et de vert dressé près du centre de Hiroshima. Quand j'avais toute ma vie et la force de mon âge, j'avalais deux par deux les marches de ses flancs. Je passais mes dimanches à snober la grande ville, à la prendre de haut. L'escalier est détruit. Et ma ville est bancale. Pourtant l'herbe, les arbustes et des fleurs recouvrent Hijiyama. Sur cette petite colline, la vie reprend ses droits. La nature va plus vite que les blouses blanches de la science.

J'ai appris à mâcher d'un côté.

Je sais boire sans que tout dégouline. Plus besoin de cuillère, de main derrière ma nuque et de paille dans ce qui me reste de bouche. Il suffit que j'incline mon verre bien à l'oblique pour que le liquide coule du côté de ma seule joue.

Il faut que je te prévienne. Je peux aussi mordre, cracher, pincer, tenir, plier, pousser, tirer, rouler, m'asseoir, marcher quelques pas, faire demi-tour sans aide, retrouver le chemin de ma chambre, soulever mes draps et te maudire.

J'ai fait cent pas hier.

Sans béquilles.

Les caisses sont vides. Il nous faut plus d'argent pour

acheter des béquilles, des chaises roulantes et des médicaments.

Gagne de quoi les payer. Ou vole de quoi le faire, mais envoie de l'argent. C'est urgent !

Une infirmière m'habille. Chemise longue. Pyjama. Elle tire sur mon poignet pour m'extirper du lit et glisse dans ma poche une feuille cartonnée. Mes derniers résultats. Mon numéro de patiente. La rue dans laquelle j'habitais. Elle me tient le bras doucement jusqu'au bus qui attend. Nous sommes une vingtaine. Des filles de mon âge. J'en connais quelques-unes. Nous faisons chambre à part. Nous portons toutes le même fichu sur nos crânes devenus chauves. Un bout de tissu jaune, en hommage à l'empereur. Depuis que la ville est morte et que tes amis la quadrillent, le jaune fleurit partout où se trouve leur drapeau rouge blanc bleu. C'est notre manière à nous de ne rien oublier, de ne pas renoncer à ce qui a fait notre force, l'empereur Hirohito, toujours vivant, toujours dieu, même défait.

En haut de la colline, tes amis ont hissé une toile sur des piquets, une tente de fortune et un écriteau de bois sur lequel je peux lire les lettres A.B.C.C. Depuis que j'ai servi les pères jésuites, je sais leur alphabet. Il est facile à lire. Il contient seulement une vingtaine de lettres. Ma mère disait que les mots font le monde. Comment avez-vous fait avec si peu de lettres pour nous vaincre alors que nous, nous en comptons presque autant que d'idées ? Vous combinez. Nous désignons. Vous réduisez. Nous exprimons. Je pense « vous », mais c'est toi. C'est toi que je vois.

Tu as entendu dire que la bombe avait fait toutes ces victimes. C'est ce que tes chefs prétendent. Ils ont même publié un long texte, une liste, un nombre de morts. Ce rapport officiel a été imprimé dans la presse, lu à la radio, à la télévision et aux actualités cinématographiques. Un chiffre est arrêté. Comme si les effets de la bombe s'étaient arrêtés net, comme si la mort, que toi et les tiens avez plantée en nous, se réduisait à cela. C'est ce que vous prétendez ! C'est ce que vous faites croire.

Dans ce cas, à quoi bon cette tente ? À quoi bon ces médecins américains qui nous trient comme des chèvres dès la descente du bus ? Ils n'ont pas l'air surpris de lire les résultats inscrits sur la feuille dans nos poches. Tout est déjà écrit. Pourquoi piquer nos bras ? Pourquoi tirer notre sang ?

Un médecin en a versé des gouttes dans une pipette. À cela il a ajouté un peu de colorant. Coloration de Wright. Je l'ai vu l'agiter. La boucher. La filtrer et faire tomber une bille du mélange sur une lamelle en verre. Il l'a calée ensuite sous l'objectif de son gros microscope. Il s'est penché pour l'observer. Il comptait les globules violacés parmi les rose pâle. Il estimait sans doute la proportion de mes leucocytes. Ils sont dix fois plus nombreux que la normale. Je le sais. C'est écrit noir sur blanc. C'est aussi confirmé, en violet.

Ta peste est en moi, pilote.

Ta guerre sème le cancer dans des millions de veines. Bombe à retardement. Bombe lente, mais sûre. Bombe qui ne figure pas dans les rapports d'experts que publient tes grands chefs.

Combien de milliers de vies de plus allez-vous nous voler ?

Et maintenant penche-toi, pilote !

Ces confettis dans l'infini, ce violacé dans le rouge

sang, ces morsures de la mort qui me bouffent la vie, les vois-tu ?

Je te souhaite les mêmes, puisque tu t'es plongé dans le même bain que moi. Chez toi on chasse les rouges. Je serai ton cancer.

40

Anna s'est écroulée. Elle a dormi les poings fermés et se réveille dans la même position. La tête vers la fenêtre, les pieds joints sous les draps, les deux poings rassemblés et crispés, luttant contre ce passé qu'elle voudrait refouler.

Elle s'est acheté un pull, un col roulé, le même que… Un pull en mérinos. Elle déjeune seule au bar. Des œufs. Du café. Un bagel. Pas penser, non, pas lui.

Elle sait qu'il n'est pas loin. Elle fait semblant de traîner. Sous ses lunettes noires, elle regarde les aiguilles de sa montre dorée. Il est tard. Elle observe l'heure tardive, comme un vertige voulu, un défi au hasard. Elle n'a que lui en tête.

– Je vous refais le plein ? demande la serveuse qui tient sa cafetière.

Elle sourit et souffle un oui qui sort tout seul. Après la nuit contre l'arbre et la crise de sa femme, et pendant de longues années, elle s'était retenue de tout : de manger, de respirer, d'attendre, d'espérer et de dire. En apnée de sa vie, elle se sentait couler en émettant des bulles avant de toucher le fond. Puis, les saisons passées, elle a poussé des petits oui minuscules, un peu comme des limaces qui sortaient du bout d'elle, et se rencoquillaient une fois le son formé ; des « ça va » de muraille ; des

« pourquoi pas » fébriles, figés au seuil d'elle-même parce qu'elle n'osait plus croire à l'homme de sa vie.

Jusqu'à Claude Eatherly.

Elle reprend du café. Un autre bagel. Elle retrempe sa cuillère dans le pot de marmelade et l'étale dessus. Copieusement. Pas penser. Non, pas lui. Pas se figurer Billy, assis face à la mer, sur sa chaise dépliée, les doigts sur l'accoudoir tapotant une chamade qu'il lui serinerait bien. Elle a vu ses mèches blanches. Il a quitté sa femme. Pour une autre ? Pour qui ? Un homme comme lui ne reste pas longtemps seul.

– Y a trop de poivre ? s'inquiète la serveuse.

– Non, non, répond Anna.

– Quelque chose ne va pas ? Vous semblez tracassée.

Rien ne va plus, en fait. Les souvenirs caracolent. Celui du sang coulé, du fœtus avorté. Elle qui rêvait déjà d'une fille pour réparer le passé, sa jeunesse, ses parents, ses tristesses, ses regrets… Elle aurait eu ses mains, longues, fines. La belle bouche de Billy, bien pleine, des sourcils dessinés et de l'amour pour l'élever. Il a fallu jeter l'ange.

– Vous pleurez ?

Billy et sa musique. Billy et ses amis haut placés. Billy et ses tendresses. Elle aimait cette façon qu'il avait de laisser ses phrases en suspens. Elle s'imaginait tout, semant de l'absolu mais ne récoltant que le relatif de cet homme déjà pris.

– Ça va, prétend Anna, ça va passer.

La serveuse s'active dans le recoin près de l'entrée. Elle roule son tablier, défait la petite épingle qui lui tenait les cheveux, puis saisit son veston sur le portemanteau. C'est la fin de son service. La plaque du gril devant passe du brun d'huile au gris mat. Elle est sèche. Froide. Le chef tord son torchon et le jette sur son épaule.

– On va bientôt fermer !

– Ah bon ?

– Il est seize heures. On rouvrira ce soir si vous voulez revenir.

Anna cherche sa monnaie. Elle veut retrouver des phrases comme celles que Billy laissait flotter entre eux, avec quelques non-dits dans lesquels elle logeait les plus folles espérances, et puis ses bras, et ses yeux et sa bouche. Elle fait claquer le béton sous les fers de ses talons. Au carrefour, une grosse berline jaune tourne et brise son élan. Elle trépigne en serrant son petit sac contre elle. Le ciel a perdu sa jeunesse de la veille. Il a pris des tons de gris. Le vent traverse les fibres de sa laine d'Espagne. La berline est passée. L'heure aussi.

Elle ôte ses talons et enjambe la rambarde pour sauter à pieds joints dans le sable foncé. Il est humide. Il a donc plu, c'est ça ? Elle n'en a rien vu.

Anna cherche la chaise et son Billy perdu. Elle arpente toute la plage ses chaussures dans une main, traînant ses regrets comme une torche sa fumée. Elle aurait tant voulu…

– Billy ?

Elle fait le tour du chalet dressé contre la digue. Elle frappe à la porte vitrée.

– Billy ? T'es là ? Billy ?

Un couple de trentenaires arpente la digue plus haut en jetant des regards en biais en bas, vers elle. Elle avance à pas gourds dans ce sable glouton. Son col roulé la serre. Elle plonge un doigt dedans et l'écarte pour prendre l'air. Son artère carotide encaisse des battements bêtes, brefs indices de l'angoisse qui remplit tout l'espace de cette scène de plage qui aurait dû se finir par deux corps assortis, deux bouches mêlant leur joie, des cœurs grands ouverts et les mêmes nuits d'antan, avant qu'il dise : avorte !

Elle aperçoit un homme et une longue silhouette. Des lunettes sur un crâne. Une tige de cigarette qui passe d'une bouche à l'autre. Une cascade de cheveux blonds aussi dorés qu'une bière blonde sans col. Le pointu d'une poitrine. Le plat d'un ventre sage contredit par le creux d'une chute de reins somptueuse. Une vamp a pris sa place. Elle tire sur son tabac. Un nuage de blanc sale se superpose au gris. La bouche happe et mord. La bouche formule et crie. La bouche sanglote et râle. La jolie bouche prend tout pendant qu'elle, Anna, grince des dents sans s'en rendre compte.

– Dingo ! Dingo ! siffle-t-elle.

La beauté s'est retournée. Billy aussi.

– C'est toi, Anna ?

– Dingo !

Ils s'approchent et sourient.

– C'est ton chien, Dingo ? C'est lui que tu cherches ?

La beauté colle à Billy. Elle salue des paupières sans se fendre d'un mot. Inutile. Tout dit tout chez la belle.

– J'sais pas où il est passé ! Je le promenais tout à l'heure et puis pffft, envolé.

La beauté tourne la tête vers la rue.

– Toutes ces voitures… Pauvre bête, j'espère que…, dit Billy.

– Oh, non ! non ! non ! fait Anna. Il n'est pas assez fou. Je l'ai bien dressé, tu sais, euh… vous savez.

Il acquiesce.

– Il ne doit pas être loin.

Billy siffle à son tour. Lui revient en mémoire le son de l'harmonica qu'il poussait sur ses lèvres, glissant de droite et de gauche pour fouiller l'émotion de ses rares spectateurs. Il était doué pourtant. Il aurait eu du succès s'il avait poursuivi. Son juge l'accaparait.

– Dingo !

Même la belle s'y met. Ils sont trois, désormais, à arpenter la plage à la recherche d'un chien qui ne s'y trouve pas.

– Dingo !

– Le chien ! Dingo !

Des mouettes éclatent de rire. Les vagues s'esclaffent. Les algues se tirebouchonnent. Des déchets de bouteilles se bidonnent dans l'écume. Des galets se régalent de ce spectacle absurde. Un homme. Deux quilles et un chien.

Pauvre de moi ! pense-t-elle.

Elle aperçoit le tunnel qui passe sous la digue, une volée de marches au bout desquelles elle pourrait se tirer de là. Elle ralentit le pas. Elle et lui poursuivent. Elle, détachée. Lui, amnésique.

– Il est là, s'exclame-t-elle, en montrant le tunnel par lequel elle va pouvoir mettre un terme à cette scène ridicule.

Une échappée pas belle, qui la fera rire sans doute, plus tard, bien plus tard, quand elle sera plus vieille et qu'elle cherchera un peu d'indignité dans ses années passées, des extraits d'incongru. En attendant, elle court, laissant dans sa foulée quelques frissons de honte et le début d'un rire. Le tunnel renvoie tout. Son souffle. Ses pas. Le bruit long et diffus de l'escalier au bout. Et en haut, la lumière, comme un signe du ciel, un clin d'œil de bleu qui va renverser le cours de cette histoire. Elle ne se retournera plus.

Elle a repris son souffle.

Anna retrouve sa chambre et le chien sur son lit. Dingo l'attendait. C'est la deuxième fois qu'il la tire d'un faux pas.

– Viens, dit-elle en claquant des doigts. Viens, mon chien.

Il la fixe en battant l'air de la queue. Il a la langue pendue. Le drap de lit est couvert de ses poils beiges et blancs. Il va lécher ses larmes. Le ventre d'Anna tremble.

RETOUR DE FLAMMES

41

Eatherly est rentré. Il a troqué le bombers pour le velours de la ville. Il porte toujours beau, svelte et son allant d'antan fait tourner les têtes des filles. On ne l'appelle plus major, mais seulement Claude ou Claudy, ou le brave Eatherly. Qu'à cela ne tienne ! La guerre a fait son temps. Le grade n'est pas de mise pour aider Pa' aux champs. Ce n'est plus le même horizon qui se dresse devant lui. Il en a soupé, du grand bleu lagon et du vert cocotier.

Anna perd l'appétit. Elle a l'esprit ailleurs. Elle se refuse souvent. Soit… Le désir a sa paire d'inconnues comme les équations qu'on truffe de x et d'y ; autant de raisons de ne pas faire l'amour. Tous les couples du monde en dépendent, jusqu'à ce qu'un z s'immisce, après quoi rien ne va plus… Mais ils n'en sont pas là.

– Alors quoi ?

Elle prétend que tout va bien, qu'il se fait des idées, mais la petite voix s'en mêle. La petite voix l'a suivi des îles jusqu'ici.

« Elle va te quitter, pilote. Tu l'auras bien cherché. T'es même pas foutu de t'occuper des tiens. T'es vraiment bon à rien. »

Il a secoué la tête pour tenter de la chasser. Un bruit de gravier l'alerte. C'est sa femme qui vient. Elle n'a pas vu qu'il était occupé avec l'étrange voix. Anna ne peut pas se douter qu'elle revient très souvent. Anna ne peut pas savoir et ne doit pas savoir.

Elle porte leur second fils et le secoue pour son rot. De son petit banc de pierre, il la voit qui se rapproche, la tête tournée vers le corps minuscule. Leur aîné ouvre la marche en poussant une balle du pied.

Gaucher, comme moi, pense-t-il.

Le premier lui ressemble tant. Même corps un peu voûté. Même regard dans le vague. Lui aussi fait des rêves et se réveille la nuit. Pourvu qu'il n'ait pas hérité de ce petit quelque chose dans l'imagination qui nourrit les fantômes, comme une porte ouverte aux hantises impalpables, aux sombres métamorphoses de la réalité.

– Papa !

Le fils lance un coup de pied. Sa balle roule sous le banc de pierre.

– Tiens ! dit son père qui l'a ramassée.

– Non, papa ! Viens jouer avec moi.

Il déplie ses longues jambes et se met à dribbler. Le fils répand des rires. La balle valdingue partout, rebondit sur la bêche, frappe le tas de ferraille, vieux socs, grosses charnières, et roule dans l'allée. Claude fait semblant d'être pris. Il écarte ses jambes pour que la balle passe en dessous.

– Oh, le petit pont ! Bien joué !

– Oui, oui, papa, regarde ce que je sais faire !

Son fils arme pour marquer, mais il frappe à côté et c'est son pied qui part sans que le ballon bouge. Manque au but, comme son père ! Le pauvre enfant bascule et tombe.

– Oh !

– Claude ! Fais un peu attention ! lance Anna.

L'aîné pleure. Il s'est fait mal aux fesses, et aux mains et au dos.

– Je suis là ! Je suis là, dit-il en l'époussetant de son mieux comme s'il pouvait chasser la douleur de son gosse, comme ça, du bout des doigts, rien qu'en soufflant dessus.

Les pleurs du fils redoublent. Anna s'accroupit et lui tend le bébé.

– Tu ne sais pas y faire ! dit-elle en relevant l'aîné pour le serrer contre elle.

Il se sent tellement bête. Le petit dernier s'y met. Il pleure, lui aussi, par contagiosité.

– C'est pas possible ! Mais c'est pas possible !

– Qu'est-ce que je peux faire, chérie ? dit-il, désemparé.

– Est-ce qu'on joue au ballon comme ça, comme un gosse ?

– Ben…

Il y jouait bien là-bas, avec les mécanos mexicains. Des parties de football sur le carré de terre dure derrière le bar en bois. Deux sillons qui figuraient les buts. Deux équipes constituées dès qu'ils étaient plus de trois.

« C'était le bon temps, pilote. T'avais rien à penser. Tu te moquais bien du reste. »

C'est vrai que ça l'amusait de courir derrière un ballon de cuir, de passer, de tirer, de se repositionner en réclamant « *la pelota* ». Ça lui vidait la tête. Il gueulait dans leur langue. En argot mexicain. Il insultait les mères, les pères et tout ce qui se présentait avec des phrases d'ailleurs, des mots pleins de roulements et de syllabes crachées. Des mots de ruelle. Jurer dans une autre langue a la vertu de dire sans vraiment signifier, un peu comme une posture, un fleuret moucheté, un pétard mouillé armé d'une très longue mèche qui resterait sans effet. La balle au bout des pieds, les joueurs devenaient des « *hijo de puta* » et, une fois sous la douche, des gosses de femmes saintes qui priaient pour leurs âmes et pour qu'ils reviennent saufs.

Carlos et Juan ne sont jamais revenus. Le premier, bon buteur, s'est plaint de fatigue avant de se noyer. Il a coulé à pic juste après les coraux qui barraient le lagon. Le deuxième, Juan, mauvais joueur, a développé soudain des ganglions à l'aine, puis a craché beaucoup de sang avant d'être évacué. Juan et Carlos faisaient partie de son équipage.

Victimes collatérales de Gilda et de Helen ? Possible. Probable même. Il y en aurait eu d'autres, paraît-il, des victimes des essais. C'est ce qu'on disait sur la base. Mais les sbires du Commodore faisaient tout ce qu'ils pouvaient pour dribbler la rumeur…

Anna lui tourne le dos, son petit de nouveau dans les bras, l'aîné boitant derrière. Lui reste sans rien dire, à se palper le bras, puis l'aine, puis le bas du dos parce qu'il a senti poindre une douleur nouvelle, une sorte de lumbago alors qu'il ne fait rien pour secouer son grand corps.

« Pas encore. Ça viendra. Tu verras ça, pilote. Tu verras ce que toi et ta bombe nous faites subir chaque jour. La mort lente. La mort sourde. La mort qui prend son temps pour nous bouffer du dedans. Tu l'as vu, le champignon. T'en as même eu ta dose. Tu vas voir. C'est pour bientôt, patiente ! »

– Laisse-moi tranquille ! lâche-t-il dans le vide, avant de se reprendre.

Par chance, Anna est trop loin pour l'entendre. Elle pousse la porte et s'engouffre dans la chambre. L'aîné ne pleure plus. Elle allume la radio. La voix d'un type rageur se déverse dans la pièce. Il dénonce les rouges, les communistes cachés, tous ceux qui viennent truffer leur grande et belle nation. Le reporter conclut en rappelant son nom. Il s'appelle McCarthy, il est le sénateur le plus en vue de l'Amérique. Avant, il était juge à Milwaukee. Le chien lève son museau pour tenter de savoir si c'est une voiture ou un cheval qui passe au loin. C'est une voiture. Un pick-up de fermier qui suit la ligne de crête. L'air perd quelques degrés. Eatherly tire sur ses manches. Il se décolle du mur. La cour s'est remplie d'ombre. Il se lève. Il a froid. Il a peut-être un peu faim. Pas un bruit dans le salon. Plus de voix dans son crâne. Ses fils sont couchés. Anna est assise, tournée vers la radio éteinte, une main sur la table et l'autre sur sa cuisse. Elle ne bouge pas d'un cil quand il s'active près d'elle, à farfouiller dans l'évier pour sortir un verre propre. Il cherche la bouteille et lui tend un verre plein. Elle lève ses yeux brillants. Son menton criblé de peine. Une larme sillonne sa joue.

– Je m'ennuie, dit-elle.

Il pousse le verre vers elle.

– C'est pas une vie pour moi.

Il tire la chaise en face. S'assied. Trempe ses lèvres dans l'alcool puis vide son verre d'un coup. Autrefois, il n'y a pas si longtemps, il l'aurait enveloppée. Il aurait essayé tous les mots qu'il savait pour tenter de l'apaiser, pour trouver la formule qui gommerait son chagrin, le motif raisonné qui bifferait ses tourments. Aimer, c'est tout prendre. L'autre et son paysage. L'être et ses interstices, ses attentes et ses doutes. Il a tout aimé d'elle. Il se ressert.

– Je comprends, dit-il.

– Je vais partir, Claude. Soit tu viens avec moi. Soit tu restes là, mais seul. J'ai besoin de la ville. Je ne suis pas née pour ça.

Elle saisit le verre et le sent. C'est du rhum. Elle évoque leurs enfants, l'école et l'annonce publiée dans le journal de Houston pour un job à pourvoir.

– Un théâtre ?

– Non. Je suis trop vieille.

– …

– Une salle de cinéma qui cherche une caissière, dit-elle. C'est un job à mi-temps. Je pourrais gagner un peu et m'occuper des petits ; depuis la fin de la guerre mes origines ne posent plus de problème.

– Oui, je sais. Je suis tellement désolé que t'aies subi tout ça.

– Et toi…

– Et moi ?

– J'ai pensé que ce serait bien que tu t'emploies quelque part. Que tu fasses quelque chose. Ta pension de vétéran couvre à peine un loyer. Je ne regarde plus les maisons. J'ai renoncé à la côte. Je me suis bien fait avoir avec tout ce temps perdu et cet argent que t'as plus.

Il la regarde sans la voir. Ses yeux tournés en lui braqués vers l'idée folle qui vient de le traverser.

« Tu voudrais qu'elle s'en aille ? Elle est mûre. Il suffit de pas grand-chose, regarde. Ce serait peut-être mieux sans elle, n'est-ce pas ? »

Il attend que ça passe. Gamberge. S'abstient dans un silence et finalement abdique.

– Je comprends ! répond-il.

42

C'est mieux. La vue. Le bruit. Son humeur. Ses journées. Les gens du centre-ville. La foule. Même les trois pièces qu'ils louent. Anna va beaucoup mieux.

Depuis quelques semaines, elle a décroché le job. Tous les après-midi, elle confie les petits à la garderie de Sampson Street et roule jusqu'au carrefour d'Union et de Sawyer Street. C'est ici que se dresse le temple de ses rêves, un cinéma tout neuf, avec une haute façade sur laquelle est tendue l'affiche du film du mois. Elle gare sa Ford derrière, dans le parking réservé, puis lève son rideau de fer. La caisse est au milieu, dans une sorte de guérite qui ressemble à un nid-de-pie tourné vers la chaussée. À droite sont les entrées. À gauche, les sorties. Son poste est au milieu, derrière l'hygiaphone et le rouleau de billets qu'elle déchire à la demande. C'est là qu'Anna s'installe avant chaque séance.

Le soir, quand il y a foule, elle seconde sa collègue et enfile une blouse rose, un fichu assorti, avant de caler contre son ventre un panier d'osier plein de barres chocolatées, de pommes d'amour, de crackers, de pop-corn et de sodas qu'elle vend à la volée. Elle se garde aussi un coin pour les moelleux aux noix qu'elle cuisine, ses parts de tarte carrées, parfois ses marmelades. Ce petit complément préparé tard, la veille, vient gonfler ses revenus. Trois dollars de plus. C'est toujours ça de pris.

De la caisse à la vente en passant par sa cuisine, elle a même retrouvé son appétit d'antan. Sa taille s'est adoucie. Ses cannes sont regalbées. Les sifflets ont repris quand elle passe dans les rangs. Ces coups de gringue la requinquent.

Tout a changé, vraiment. La vie. L'oubli. L'estime, même si parfois elle se colle dans un coin pour se laisser prendre au jeu des actrices d'aujourd'hui, comédiennes fabuleuses aux aventures sans fin. Il s'en était fallu de peu qu'elle franchisse la barre et se retrouve projetée à leur place, sur l'écran. À cause de son accent ? Son goût pour le mélo quand il fallait jouer simple ? Possible. Elle compense de son mieux en se faisant des toiles sans dépocher le moindre *cent*. Rita Hayworth l'inspire. Elle voudrait tout voir d'elle, toute sa filmographie pour disséquer son art, désosser son talent et choper un peu l'âme de cette si grande actrice. Et quand elle rentre le soir, Anna y pense encore. Mais le problème, c'est lui.

En mettant la table, pendant que son mari s'extirpe de son fauteuil, elle se voit dans la vitre et cherche l'expression la plus neutre du monde, pour lancer dans le reflet :

– Il était fou, il fallait le tuer.

– Que dis-tu ?

Elle sourit sans répondre. Eatherly insiste. Il a l'air perplexe.

– Je fais comme Elsa Bannister dans le film de Welles.

– Quoi ?

– *La Dame de Shanghai*.

– De quoi tu parles ?

Elle répète la phrase sans se soucier des autres, son mari en bout de table, à sa place ; ses fils qui attendent qu'elle les serve.

– Il était fou, il fallait le tuer, dit-elle en agrippant sa poêle.

Eatherly se raidit.

– Mais pourquoi tu dis ça ?

Elle pose une omelette parfumée de bacon. Il semble guetter la suite. Elle déplie sa serviette sur ses genoux et pique une tranche de lard.

– C'est une réplique du film. La dame de Shanghai veut faire tuer son mari.

– Ah bon. Mais pourquoi ? répète-t-il, la mâchoire palpitante, comme un poisson captif la gueule dans les filets.

– Laisse tomber, mon chéri. C'est un film compliqué. Une histoire de riches qui s'ennuient. C'est du Welles.

Il hésite.

– Tu t'ennuies encore. Je croyais que ça allait mieux ?

– On n'est pas riches, coupe-t-elle.

– Mais tu t'ennuies…

Cette fois, il abuse. En laissant tomber ses couverts elle cogne le bord de l'assiette. Le petit se met à pleurer. L'aîné en rajoute avec des tas de questions.

– Mais elle dit quoi, maman ? Et papa, il a quoi ? C'est qui qu'est fou ?

– C'est malin, lâche-t-elle en jetant sa serviette avant de quitter la table.

Le crissement de sa chaise fait taire son aîné. Le petit s'en mêle. Il pose sa cuillère et se met à grimacer pour faire rire son frère. Mais l'aîné ne rit pas. Il poursuit et tire la langue et postillonne partout.

Une taloche du père vient s'abattre sur sa nuque.

– Ça suffit, hurle Eatherly, rouge d'une colère que personne n'avait vue jusqu'alors.

Le petit se fige, puis blêmit et se met à pleurer. Anna s'interpose et réconforte son fils.

– Non mais ça va pas ? T'es fou ! Mon pauvre ! T'es complètement taré de t'en prendre à mon fils. Il ne t'a rien fait. Personne ne t'a rien fait !

Eatherly prend la porte. Anna couche ses fils, sans dessert, sans toilette, sans tour sur le pot, ce qui lui vaudra, d'ailleurs, de découvrir plus tard un matelas plein de pisse. Tout est sa faute. Elle aurait dû prendre le temps, à peine quelques minutes, pour finir les choses. Il n'a pas bien compris. Il n'a pas vu le film. Il n'aurait jamais dû lever la main sur leur fils, certes. Il a tout confondu, prenant tout contre lui. La vie de famille est truffée de chausse-trappes, d'embûches parties de rien, de simples malentendus qui peu à peu grossissent jusqu'au drame si personne ne prend garde de revenir sur les mots, les idées initiales, les choses dites telles quelles. Elle s'en veut. Elle se lève tôt. Elle va retourner bosser. C'est la première séance du matin. Orson Welles et Rita Hayworth se retrouvent face à face, au milieu des miroirs. Il n'y a plus qu'un peu d'air qui les sépare encore.

– Il était fou. Il fallait le tuer, dit-elle.

Rita voudrait partir avec Orson. Elle l'aime. La fin du film approche.

Dans le noir de la salle, le public est figé par la force de la scène. Anna triture ses mains. Elle a passé la nuit à cuisiner des cakes pour éviter le dos de son mari dans le lit. Il est rentré très tard. Elle a si peu dormi. Mais Houston est une ville. Elle y croise plein de monde. Il n'y a pas que lui.

Les spectateurs s'agitent. La salle croule sous les

spots. Les couples se rhabillent, s'embrassent et puis s'en vont. Anna passe dans les rangs, une poubelle dans une main, ramassant des détritus de l'autre. Elle a moins de dix minutes pour nettoyer la salle de ses gobelets vides et des restes de pop-corn. Ils sont trois pour faire vite. Elle a les rangs de devant. Alice nettoie le milieu et Brice fait ceux du haut pour plaire à cette Alice. Brice est projectionniste. Il n'a pas sa place là. Personne ne lui demande de nettoyer la salle. Mais pour la petite Alice, il quitte autant qu'il peut sa petite pièce, ses bobines et ses machines.

Au milieu du rang F, le sixième en partant du haut, vers le siège 34, ils se retrouvent tous les deux nez à nez. Anna regarde Alice tendre sa poubelle à Brice. Il verse tout dans la sienne, lui sourit, puis l'engage à regagner l'allée. Brice a vingt-cinq ans. Alice en a deux de moins. Elle est blonde comme Rita. Il est grand comme Orson, mais il n'a pas fait la guerre. Il a eu de la chance. Brice a, pour Anna et son major de mari, un respect très ancré, un garde-à-vous d'estime. Chaque fois qu'elle croise son regard, Anna sent la fierté que ce projectionniste a de travailler près de la femme d'un homme pareil.

Pas facile de se confier…

Elle voudrait tant pourtant partager son dépit, relâcher cette pression qu'elle trimballe depuis l'aube. Ce n'est pas ce qu'ils croient. Mais qui pourrait l'entendre ? Elle est la femme de l'homme qui a mis fin à la guerre. Le héros Eatherly. Pilote de Hiroshima. Qui peut imaginer que ce n'est pas ce qu'ils croient ? Il est devenu étrange. Il parle tout le temps tout seul et ses belles épaules pendent de plus en plus bas.

– Bonsoir, madame Eatherly.

– Bonsoir, Brice.

– Bonsoir, Anna. À lundi ?

– Oui, Alice. À lundi.

Anna bourre la poubelle et raccroche sa blouse. Elle a fait sa soirée. Il faut rentrer, maintenant.

Pourvu qu'il dorme.

43

Houston est une ville riche, pleine de grosses bagnoles qui font trente litres aux cent. La Phillips Petroleum Company emploie des milliers de personnes. Elle fournit de l'essence à des millions d'automobilistes et ses grands actionnaires brassent des milliards.

Son directeur local a fait la guerre, lui aussi. Il aime s'entourer de ses anciens frères d'armes. C'est comme ça que le dossier d'Eatherly a atterri devant lui. L'Air Force l'a fait passer, avec mention spéciale.

– Allô, c'est Steve Lehman, directeur de la Phillips…

Eatherly reste calme et répond poliment. Le type au bout du fil est quelqu'un d'important. Il dirige trente stations à travers tout le Texas.

– Seriez-vous disponible ?

– Bien sûr, monsieur Lehman.

– J'ai peut-être un truc pour vous. Venez me voir qu'on s'en parle.

Depuis ce petit coup de fil, Anna part plus légère. Ses fils jouent plus sagement. Sa tête a retrouvé ses traits d'avant la guerre. Yeux clairs, bouche ample. Des manières simples et lentes. Et un peu de ses épaules.

Il a noué la cravate qu'il gardait au cas où. Il a fait un trou de plus dans sa ceinture en cuir. Son pantalon remonté. Ses chaussures sont vernies, mais il évite toujours de se croiser dans le miroir. Anna est partie tôt. Elle a pris la vieille Ford. Il ne reste plus grand-chose de sa pension du mois ni du salaire d'Anna. Une centaine de dollars.

– Caroline Street et Webster ! lance-t-il au chauffeur.

Le taxi redémarre. La vieille banquette en cuir s'affaisse sous lui. Quand le feu passe au rouge, il tourne un peu la tête. Une Buick grise à bandes noires s'avance à sa hauteur. Les deux gars, à l'avant, fixent la route.

« T'as vu ? »

Il a vu.

« Tu l'as reconnue ? »

Le taxi passe devant. La Buick vient de disparaître.

« T'as compris ? »

Il est sous surveillance.

Le chauffeur ralentit devant l'immeuble de la Phillips. Un carré de béton. Il ajuste sa cravate et pénètre en apnée dans un immense hall qui ressemble à un aquarium. Murs de verre comme des parois. Plantes vertes grimpant haut comme des algues. Sol pailleté. Deux sirènes badgées l'accueillent tout sourire. On dirait deux jumelles, issues du même moule. Deux carrés de blond panés. Des bouches rouge corail. Des yeux de galets clairs sur un visage rose pâle. Les bureaux sont prévenus. Ça va vite. Très vite. Il aurait bien voulu s'avachir un instant, profiter de l'attente pour desserrer le nœud coulant de sa cravate. Respirer. Lui revient le souvenir de ces heures passées assis dans son cockpit, quand le soleil tapait et qu'il baignait dans l'air comme un poisson volant.

– Monsieur Claude Eatherly ?

Un type le tire de l'onde. Il ne l'a pas vu venir. Il a jailli d'un coup, comme un passe-muraille, fendant le mur d'en face, gris rocaille, pour se planter devant lui.

– L'ascenseur est en rade. Un petit pépin technique. Cela ne vous ennuie pas si…

– Pas de problème, répond-il.

Sa glotte déborde du col et ses caudales battent l'air pour imprimer au reste de son corps l'impulsion qui le conduira jusqu'en haut, au neuvième, dans le bureau du patron. Il quitte l'aquarium. L'escalier de secours bourdonne du bruit de leurs pas. Le type grimpe devant. Lui suit, sans perdre le rythme jusqu'au dernier étage. Le premier pousse la porte. Un couloir beige sable, des murs lisses comme la nacre.

– C'est tout au bout. Suivez-moi.

« Il va te taper dans le dos, pilote. Il va te féliciter pour tes états de service. T'es fier ? T'es content ? C'est ça, ta récompense ? Tu vas faire ce qu'il faut ? Tu vas lui dire ce qu'on sait, toi et moi ? »

Claude Eatherly émet un bref sifflement.

– Vous savez que je vous connais ? On m'a parlé de vous ! Sacré machin quand même.

Eatherly le laisse dire.

« Je te gêne ? Ce n'est pas le bon moment ? Tu voudrais que je me taise, c'est ça ? T'as peur des types en Buick ? Pauvre type, va ! Tu n'en as pas marre de mentir à ton monde ? »

– Laisse-moi, murmure-t-il, conscient que le type qui le précède pourrait l'entendre.

Il reste quelques pas avant d'atteindre la porte.

« Pffft ! Faut être naïf pour croire que ça va marcher ! Tu te prends pour ce que tu n'es pas. Tu ne vas pas y arriver. Il va te démasquer. »

Une plaque en bronze lustrée. Une vingtaine de lettres. Un titre et une fonction. L'employé croche un doigt pour s'annoncer au boss. Deux coups secs et se retourne.

– Entrez ! lance une voix sûre.

Par la porte entrouverte, il aperçoit le directeur qui quitte son fauteuil dans un crissement de cuir. Derrière lui apparaît un pan de mur décoré. Quelques livres. Des photos. Un poignard militaire posé près du fanion d'un bataillon de marine. Le sigle « Phillips 66 » en chiffres blancs sur fond rouge.

« Il va te broyer la main. »

Eatherly tend la main

– Bonjour, monsieur le directeur.

– Salut, major !

Un salut très viril qui lui secoue le coude, tout le bras jusqu'à l'épaule.

– Quelle poigne ! gémit-il.

– Il en faut ! Il en faut ! s'exclame le crabe d'homme qui dirige trente stations.

« Regarde ça, pilote. Chez moi, on sait se tenir. Ce n'est pas un salut que ce type t'offre. C'est un assaut. Chez nous, on s'incline devant l'autre. On respecte nos distances. »

– Major Eatherly, j'suis bien content de vous recevoir. On m'a dit beaucoup de bien de vous. Ce que vous avez fait, là… Waouh !

« Waouh. »

– Ça suffit ! grommelle Eatherly.

La voix prend trop de place. Elle l'empêche de penser. Le crabe l'a entendu marmonner malgré lui.

– Vous dites ? s'enquiert-il en lui rendant sa main.

Il le scrute, incrédule.

– Pardon. Euh… C'est un honneur, bafouille Eatherly.

« Et maintenant tu te dégonfles. Dis-lui que t'en as rien à faire de sa compagnie de pétrole. »

– Tout l'honneur est pour moi, lui répond le directeur

en regagnant son fauteuil comme s'il pouvait remettre un peu d'ordre dans ce début d'entrevue. Je serais très flatté qu'un grand pilote comme vous travaille avec nous, dans une de nos stations.

Le directeur poursuit. Ce recrutement l'inspire. Il convoque ses souvenirs. Le ball-trap des Mariannes. La chasse et la victoire. Eatherly le laisse dire.

« Et voilà. Ça recommence... »

Pendant que Lehman divague, Eatherly observe son grand bureau de verre. Un porte-documents est posé au milieu. Dedans, il y a probablement une proposition d'embauche. À la fin de sa guerre, le directeur se ravise. Il dit que c'est pas tout ça. Eatherly déglutit et croise les mains sagement.

– J'ai besoin d'un type solide. Un gars de confiance, comme vous. On a des tas de produits à fourguer aux clients. Des trucs pour leurs bagnoles. Des tas de bidons pour bichonner leurs moteurs. Vous vous y connaissez en lubrifiants, n'est-ce pas ?

Eatherly acquiesce. Avec ce qu'il pilotait, il a de l'expérience. Sans être mécano, il a une bonne idée de ce qui fait un moteur.

– J'ai des tas de commerciaux qui vendraient père et mère pour faire un peu de chiffre. C'est eux qu'il faut encadrer.

Eatherly laisse dire. Il s'apprête à prétendre qu'il sait gérer des gars mais le directeur fait tout, les questions, les réponses.

– C'est ce que je me suis dit. Il a fallu les mener, tous vos gars, vers leur cible ! dit Lehman en roulant des yeux de gosse qui se figure une scène de guerre grandiose. Ça a dû être quelque chose, l'explosion, la bombe…

« Tu vas pas lui faire croire que c'est toi qui as tout

fait ? Mais t'en es pas capable ! T'es pas fiable, pilote. Tu fais de loin. Tu dis aux autres : Allez ! Faites ! Lâchez-la, votre grosse bombe. Il fait clair. C'est dégagé. Menteur ! Sale menteur ! Oui, menteur ! C'était pas dégagé. Y avait plein de nuages. Fallait pas donner l'ordre. C'était pas la bonne cible. »

– C'est pas vrai ! C'est pas vrai ! balbutie Eatherly.

« Alors dis-lui. »

– Je ne suis pas…

« Plus fort ! »

– C'est que je n'ai pas vraiment…

« Pauvre type ! »

– C'est que… c'est pas… J'ai pas…

Le directeur grimace. Il a posé ses pinces à plat sur le contrat. Du bout de l'ongle il frotte le coin de feuille qui dépasse.

– Bon, bon. Quelle modestie ! dit-il. Je travaille étroitement avec le Pentagone. Et vous bénéficiez d'un programme de soutien. Ils vous ont à la bonne. Mais ne me la faites pas. Je sais où vous étiez. À Tinian. Au cœur de la bataille, mon vieux.

« Pour la bombe sur l'empereur ? Manqué ! Pour le retour au pays ? Manqué. T'es bon à rien, pilote. Tes frères avaient raison. »

Eatherly a le visage tendu. La main droite agrippée à l'accoudoir de son fauteuil. Des vagues de plis séparent ses arcades sourcilières.

– Major ? Vous m'écoutez ?

– Oui, m'sieur, attentivement. C'est juste que j'ai…, dit-il en tentant de négliger cette voix qui brouille tout.

– Des bourdonnements ?

– Oui, c'est ça.

Le directeur se recule.

– Ça doit pas être simple. Je peux le croire… Les

séquelles, les traumatismes. Comment vous sentez-vous désormais ? Le retour en famille ?

« Voilà. Il ne va pas le faire. Regarde-le. Il sait. Il a enfin compris que t'étais pas le bon type pour ce poste de gérant. »

Le directeur sourit.

« Tu seras jamais patron. T'auras pas ton bureau de directeur commercial. T'es pas prêt. Personne ne voudrait de toi ni travailler pour toi. »

– Mais tu vas la boucler !

« Tu peux rentrer chez toi. C'est fini, pilote. »

– Laisse-moi ! hurle Eatherly en boxant l'air autour comme s'il pouvait cogner cette voix invisible.

Un direct dans le vide. Un crochet qui le fait tournoyer sur lui-même. Il croise le regard effaré du directeur. Il est tendu vers lui. Un employé le plaque au mur. Il ne peut plus bouger, ni ses bras ni ses jambes. La sécurité monte. Deux autres types s'en mêlent, le ceinturent et l'embarquent.

« Lâche ! »

Ils le sortent du bureau.

« Raté ! »

Ils le poussent dans le monte-charge.

« Tu parles d'un héros ! »

– Dégage ! Dégage ! lance-t-il dans la cage brinquebalante jusqu'au rez-de-chaussée.

Il est poussé dehors par les cerbères en veste. Son nœud de cravate est dénoué. Sa manche gauche déchirée. Les vigiles battent des mains en pensant : bon débarras ! Il n'a même pas de quoi se payer le retour.

– J'ai perdu quelque chose !

– Dégage !

– Mon portefeuille est tombé. Laissez-moi. C'est passé. Elle parle plus. Je suis calme…

– Dégage, ou on appelle les flics.

Le bleu tournoyant d'une voiture noir et blanc passe en trombe devant eux. Les vigiles et le major se redressent mine de rien. Le gyrophare s'éloigne.

– Il faut vraiment que…

– Rentre chez toi, vieux !

Il quitte l'aquarium, les deux filles blond pané, le crabe de directeur, son portefeuille perdu et sa réputation.

44

Anna vient d'affronter une grosse journée de rentrée avec un film nouveau qui n'attire pas les foules. *Le Troisième Homme.* Dommage. Encore une belle affiche avec Orson Welles, mais sans Rita Hayworth. On dit que la comédienne la plus célèbre du monde s'est éprise du fils de l'homme le plus riche du monde. Ali Khan a des palais aux quatre coins de la Terre. Il fallait au moins cela pour qu'elle quitte Orson Welles. D'après les magazines, Rita n'a plus ses belles boucles rousses. Elle n'est plus blonde non plus. Elle arbore désormais une longue crinière brune, comme Anna. La mode est italienne. Quelle ironie tout de même ! On dit aussi que Welles a été convoqué devant la commission de McCarthy. On le soupçonne d'avoir des sympathies communistes. Tout cela joue contre son film.

Anna fait sa caisse. Les salles sont nettoyées. Il reste des cookies qu'elle enveloppe de papier pour qu'ils gardent leur moelleux. Elle en a vendu six. C'est la moitié de son stock. Comme tous les lundis soir, elle rentre avant la nuit. Il est à peine sept heures. Le soleil flirte avec le petit muret d'en face. Un soir d'automne tiède. Les rues sont calmes.

Elle ôte ses chaussures pour prendre le volant et se masse les tendons. Ses jambes sont si lourdes. Elle prie pour qu'il ait mis de côté un plat pour elle. Un truc froid. Des légumes. Pas grand-chose. Le soir, elle dîne léger, surtout en fin de mois.

– Oh !

Elle avait oublié. Il avait rendez-vous pour un poste de responsable commercial. Un bon emploi. Une paye bien tombée. Elle n'a pas de nouvelles.

Au carrefour, elle pile. Aucune voiture. Anna passe, pressée d'en avoir le cœur net. Ça leur ferait du bien et puis ça mettrait de l'air dans cet appartement dans lequel il se traîne. Elle se le coltinerait moins. C'est dur de se dire ça, mais c'est si vrai, hélas. Eatherly pue la sueur et le tabac.

Elle se gare à sa place, dans le parking d'en face. La lumière du salon est encore allumée. Elle traverse l'entrée. Monte jusqu'au deuxième étage. Elle pousse la porte coupe-feu et longe le couloir, jusqu'à ce qu'une ombre surgisse et se jette sur ses hanches. Deux bras l'enserrent.

– Mamaaaan !

C'est l'aîné qui s'est rué.

– Mais tu n'es pas couché ? Où est ton père ? Et ton frère ?

La machine maternelle s'est rallumée d'un coup. Dîner. Bain. Pyjamas. Dents. Histoires. Coucher. Anna passe tout en revue, pendant que son garçon reste collé contre elle. Il n'a pas l'air de jouer.

– Mais maman, t'étais où ?

Ses yeux sont boursouflés et un liseré rouge souligne ses paupières.

– T'as pleuré ? Qu'est-ce qui se passe ? demande-t-elle en tentant d'avancer.

Elle va reprendre la main. C'est entendu. Pas de problème. Mais d'abord, elle voudrait déposer sa vieille veste en tweed clair.

– C'est papa ! lance-t-il, le front levé vers elle et l'air bouleversé.

– Quoi ?

– Il est parti.

– Parti ?

– On est restés tout seuls.

– Attends, une seconde, s'il te plaît, fait Anna en repoussant son fils.

Elle a besoin d'espace pour reprendre ses pensées, comprendre ce qui se passe.

– Claude ?

Dans la chambre, un lit vide.

– Claude ?

Elle traverse le salon en regardant partout, comme s'il se tenait caché dans un recoin, derrière le canapé, dans le fauteuil en velours beige tourné vers la fenêtre. Son fils lui colle aux basques, une main crochetée à elle. Dans l'évier de la cuisine, elle découvre une poêle grasse, des couverts maculés, trois assiettes engoncées, coincées verticalement. Le bec du robinet dégoutte tristement. Dans le fond de l'évier, un bout de steak baigne dans l'eau sale.

– Qu'est-ce que c'est que ce bordel ?

– Il est parti, je te dis !

Anna s'accroupit. Stupéfaite. Son regard est plus rond que celui de son fils. Elle le ramène contre elle pour qu'il s'apaise un peu et, aussi, pour que ses pleurs ne réveillent pas son frère.

– Raconte !

Il lui parle du vélo qui n'a plus ses petites roues. Son père les a ôtées en prétendant qu'il était assez grand pour rouler sans. Au début, il l'a tenu, tant qu'il courait près de lui.

– J'avais peur de tomber. Mais je suis une mauviette, tu sais.

– Oui, je sais, mon fils. Et puis ?

Il a recommencé. Sans l'aide de son père, cette fois. Il a pris de la vitesse dans la petite rue derrière, celle qui longe le muret tout autour du parking.

– J'ai eu peur.

– …

– J'suis tombé.

Il a appelé son père qui restait sans bouger. Il avait mal au genou et n'osait pas se relever, peur que son vélo se remette à rouler tout seul. Son père restait là-bas à pester dans le vent. Il chassait quelque chose qu'on ne pouvait pas voir.

– C'était vraiment bizarre ! Il est tellement bizarre des fois, papa !

Une dame a traversé pour le libérer de la roue de son vélo, du guidon sur son genou, du frein qui s'enfonçait contre sa hanche.

– Mme Tanner ?

– J'sais pas, mais regarde, dit-il en abaissant son short.

Anna a vu un bleu comme une petite tache d'encre sur un buvard de chair, comme ceux avec lesquels il apprend à tracer les lettres de l'alphabet. Pas de quoi s'affoler.

– Et ton père ?

Il est venu juste après, remerciant la vieille dame avant de redresser son guidon.

– Je lui ai dit que mon vélo, il était tout cassé. Je peux plus rouler avec. C'est à cause de papa. Fallait pas qu'y retire les petites roues de derrière. Maintenant j'ai pu' d'vélo.

– On va le réparer. T'inquiète pas.

– Non. Mais non, mais pas du tout.

Le fils dit que le père lui a montré sa manche, qu'il

a retourné sa poche, qu'il s'est mis à crier en le traitant d'égoïste, de petit dépensier, à dire qu'il était raide.

– Ça veut dire quoi, raide ?

– Je t'expliquerai.

– J'ai plus de vélo. C'est à cause de papa. Il est méchant. Vraiment, très très méchant. Je l'aime pas !

Ensuite, ils sont rentrés, mais son père n'a rien fait. À table, il n'a rien dit… jusqu'à ce qu'il leur demande d'aller se laver les dents. Au coucher, il s'est tu.

– Après, y était plus. Il est parti, papa.

– Oh, mon fils, mon petit chéri d'amour, dit-elle en le cajolant avec des manières lentes, un souffle calme et profond, pour qu'il cale le sien dessus.

– C'est lui qui a retiré les petites roues.

– Oh, mon petit chéri. J'arrangerai ça.

Elle sent son cœur qui bat une chamade plus douce, puis son front qui s'incline et ses yeux qui palpitent. Son petit frère dort toujours.

– C'est pas ma faute, hein ?

– Mais non, mais non.

– Il va revenir, papa ?

– Bien sûr qu'il va revenir.

Son fils fourre son pouce dans sa bouche encore molle. Sa main libre s'accroche au bras de sa mère qui le porte. Elle ouvre sa chambre du pied. Elle se glisse dans le noir et le dépose sur son lit. Il serre les mains.

– Je suis là. Je reste là, dit-elle.

Elle rabat le premier drap. Puis la couverture bleue. Il se tourne de côté, la tête dans l'oreiller. Elle lui caresse la nuque, puis la tempe, puis le front en attendant que ses paupières tombent.

– Voilà. C'est bien.

Au doux moment de bascule entre la veille et le rêve,

elle lui souhaite une bonne nuit et repousse doucement sa porte.

– Pas complètement, lance-t-il. Ferme pas complètement.

Anna se reprend. Un fil ténu de lumière les relie l'un à l'autre. Elle traverse le salon et se penche sur le poste de télévision. Elle presse le bouton. Le brouillard des ondes hertziennes, le noir et blanc d'usage envahit tout l'écran. Un halo se dessine. Une image s'affirme. Anna tourne vers la gauche le bouton du volume. Moins fort, c'est mieux. Le rituel est en place. C'est le moment où Anna doit rejoindre son mari, dans le canapé en face, pour achever la soirée.

Où est-il passé ?

Elle éteint. Rien ne l'apaise.

Elle retourne vers la chambre, épie le bruit dedans. Ses fils dorment. Bien. Elle renfile ses chaussures, ferme la porte à clé en pestant contre le cliquetis, descend les deux étages et sort. À la fenêtre du rez-de-chaussée, elle cherche Mme Tanner. C'est l'œil de l'immeuble. Une vieille dame sans fonction qui se mêle toujours de ce qui ne la regarde pas.

– Y va mieux, votre petit ?

– Oui, oui, répond Anna. Mais je cherche son papa.

– Il est allé par là ! dit-elle en pointant le doigt vers la gauche. L'avait l'air bien remonté.

Anna remercie et poursuit dans la rue, levant les talons au moment de passer sous les fenêtres des petits. C'est la première fois qu'elle laisse ses enfants seuls. Elle va juste voir à l'angle s'il n'y est pas.

Personne.

La nuit couvre toute la rue. Un bruit de fer l'intrigue. Comme une cannette broyée puis jetée sur l'asphalte. Le son frappe l'inconscient. Il cale les attentions sur des longueurs d'onde floues, comme des signes d'alerte. La vue opère après en précisant les choses. Elle a repéré une ombre. Une silhouette voûtée qui pourrait être celle de son mari jusqu'à ce qu'un éclat de rire vienne secouer cette masse.

– Claude ?

45

Le policier raccroche.

– J'ai bien laissé sonner une vingtaine de fois. Dans le vide.

– Merci, murmure-t-il contre le mur en brique.

Un frisson le secoue. Le mur froid et sa honte. Sa lèvre inférieure lourde de sang coagulé. Son nez sous le sparadrap, qui le démange.

– Attendez, je recommence.

Il tourne les numéros notés sur son calepin, 8-8-7-3-7-2, puis cale l'appareil entre l'épaule et l'oreille. La sonnerie retentit. Il l'entend de sa cellule. Cette fois, Anna décroche.

Le policier se redresse et se présente calmement. Il décline son grade, son adresse et les raisons pour lesquelles son mari est retenu.

– …

– Non il n'est pas blessé.

– …

– Perdu ? Non. Mais laissez-moi parler.

– …

– Il a fallu l'entendre. Il sortira bientôt.

– …

Elle a changé de ton. Du fond de sa cellule, il devine qu'elle pleure.

– Non, madame.

– …

– C'est une affaire compliquée. Il va être jugé.

« Ah bon ? »

Eatherly se rencogne. Il se bouche les oreilles. Elle est de retour.

« Tu vas être jugé ? Mais pourquoi ? Pour quel crime ? Celui que t'as commis ? Le vrai ? Les dizaines de milliers de morts. Nooon. Bien sûr que non, pilote. Pas ça. Ce n'était pas un crime aux yeux de ta justice. Alors quoi ? »

Eatherly ferme les yeux. La scène lui revient par bribes. Il s'est pointé très tard dans cette station-service, bien après l'entretien avec M. Lehman et l'accident de vélo. Il avait envie de boire. Une terrible envie de boire. Y a des moments comme ça où il faut être fin saoul pour supporter sa vie. Il a vu la bouteille.

Il n'a pas vu la Buick qui stationnait pas loin.

Il a tendu ce qui lui restait de fric en poche.

Il s'est retrouvé par terre sans plus savoir pourquoi. Un trou noir dans sa tête. Un voile sur sa mémoire.

« Un joli coup monté ! Ça t'apprendra, pilote. T'es piégé par ton camp. »

Il se souvient seulement des deux masses sur son dos, du canon sur sa tempe. Leur voiture était là avant qu'il pousse la porte. Mais quoi ? Pourquoi ? Il n'a pas le moindre souvenir d'avoir fait quoi que ce soit. Il avait seulement soif.

« C'est le monde à l'envers. Le vrai, le faux, le bien, le mal. Tout est sens dessus dessous. »

Eatherly plisse le front et les yeux et la bouche. Ses lèvres sont gonflées par les coups qu'il a pris. Une dent cisaille sa langue. Elle doit être cassée. Son souffle est raccourci par une douleur aux côtes. Toutefois il se tasse. Il se roule dans un coin, accroupi sur le bat-flanc qui doit servir de lit, la tête dans les genoux et les bras par-dessus. Sa langue passe et repasse sur sa canine aiguë.

– Monsieur Eatherly ? s'inquiète le flic, qui s'approche avec son café chaud en main, pour tenir toute la nuit.

L'odeur embaume la geôle.

Eatherly secoue la tête, grimace sans répliquer. Son voisin de taule s'en mêle. Un pochtron qui grommelle des mots sans queue ni tête, la peau brune de crasse.

Le flic fait tinter sa tasse en fer-blanc contre les gros barreaux. La cloche d'à côté se replie sur une défaite idiote, un soupir de dépit comme un pneu crevé, un pet de bouche de côté, du seul coin encore souple de ce qui lui reste de lèvres.

Un médecin est venu. Eatherly s'est laissé palper le ventre et le cou, les cervicales, les tempes et glisser un bâtonnet jusqu'au fond de la gorge.

– Mais qu'est-ce qui vous a pris ? demande le médecin.

– Rien. Je n'ai rien fait. Je me suis retrouvé à terre avec deux types sur moi et puis après ici.

– Vous ne vous souvenez pas du caissier, du braquage ?

– Mais enfin, quel braquage ?

Le médecin est reparti en remplissant une note qu'il a laissée posée sur la table du flic. Le flic a poussé la grosse porte pour ouvrir au médecin. Ils sont sortis un peu. Ils ont dû se dire des choses. Dehors. Flic et médecin. Le médecin est parti. Le flic est revenu et traînait près de la taule un air de soupçon.

– C'est moi qu'ai appelé ta dame, le tutoie le policier.

– Qu'est-ce qui va m'arriver ?

– Tu verras bien. T'as déjà de la chance qu'on te laisse lui parler. Les types comme toi, on va les tenir à l'œil. Maintenant je sais qui tu es. Le médecin vient de me le dire.

Eatherly n'en revient pas. Mais quoi ? Pourquoi ? Qu'est-ce qu'on va penser de lui ? Le policier a laissé tomber le mot de « traître ».

Pourquoi « traître » ?

Qu'a-t-il fait ?

La voix a raison. Hanaé a raison. C'est une histoire de dingue. Il pense à son pauvre père. Pa' va se faire du mouron si on le soupçonne comme ça. Ce n'est vraiment pas le moment. Il a tellement d'ennuis avec sa solitude et ses dettes de partout.

Et elle ?

Et Anna ?

Il se demande comment elle va prendre cette histoire. Il n'a jamais voulu braquer le type de la station. Il n'a jamais volé. Il n'a pas commis de crime. Rien ! Rien ! Tout ça c'est de la folie. C'est juste pas possible. Il voulait une bouteille. Il a fouillé ses poches et bim !

« T'as raison de t'inquiéter. Ta femme peut pas comprendre. Un héros qui dévisse, c'est le pire scénario. Va donc savoir jusqu'où tu vas te laisser glisser... Elle va pas supporter. Elle va pas tenir longtemps. Elle est belle, ta femme. Elle est jeune. Elle va rouler très vite pour te sortir de là. Elle va prendre des risques. Et puis elle t'en voudra. »

Eatherly est prostré, en prise avec cette voix qui reprend ses tortures.

– Non ! Non. T'occupe pas d'elle. Laisse-la où elle est.

« Tu vas manquer de tout. Tu vas vivre ce que je vis.

Ton estime est une plage sur laquelle je vais déverser des tsunamis de honte jusqu'au retour de la Buick. »

Qui conduisait cette Buick ?

Elle obstrue ses pensées. Elle prend toute la place.

« L'autre soir, à l'hôpital de la Croix-Rouge, j'ai reçu la visite du révérend Kiyoshi Tanimoto. Il portait un costume. Ses cheveux étaient huileux. Le révérend m'a dit qu'il avait une église, dans le quartier des artistes, près du centre, à Nagarekawa. Le quartier est rasé. De son église en pierre il ne reste que des murs et un clocher crevé. Il m'a dit qu'il collectait des fonds pour soigner une vingtaine de jeunes filles. Irradiées, comme moi. Il m'a tendu l'adresse de son association. Il voulait que j'y passe. Le docteur Shigetô m'y a encouragée. »

Il lui enverra de l'argent à lui aussi.

« Mais tu n'as plus d'argent. Tu n'as même plus de quoi payer un vélo à ton fils. »

Il en trouvera.

« Là-bas, j'ai vu ça. Des dos, d'abord. »

Il les voit.

« Des jeunes filles alignées, attelées à leurs tâches. Elles faisaient des petits gestes du bout de l'épaule, des doigts, des mains. Penchées. »

– Oui, marmonne-t-il.

« Écoute le va-et-vient de leurs machines à coudre. Le roulement des bobines. Ouvrières minutieuses. »

Il les entend.

« Regarde celle qui s'incline pour réparer le fil coincé dans la griffe de sa machine. »

Eatherly la trouve belle.

« Belle ? Regarde-la, vraiment. »

La fille a levé la tête. Un trou à la place de l'œil gauche. Deux creux pour faire un nez. Une tête d'insecte sous un carré de cheveux noirs.

« Nous sommes toutes comme elle.

Vingt-cinq exactement.

Vingt-cinq visages meurtris.

Joues. Lèvres. Front. Yeux.

Quel homme voudrait d'elles ? De moi ? De nous ?

Qui aura un mari ? Une famille ? Des enfants ?

Nous sommes les vingt-cinq vierges de Hiroshima et le monde va bientôt découvrir notre histoire. »

46

Elle n'a pas fermé l'œil. Un nuage de remords sature l'air ambiant. Des deux paquets de clopes que son mari gardait, il ne reste plus qu'un tas, un aggloméraat de mégots dans un gros bol en grès. C'est l'heure. Les deux petits traînent un peu dans leur chambre. Anna tire sur son pull, glisse sa tête et entre.

– Les garçons, j'ai un truc à faire. Je reviens dans un instant. Attendez-moi sagement.

– Mais maman… ?

– Cinq minutes !

– Mais maman ?

Face à l'aîné qui renâcle, Anna craque et s'emporte.

– Rien que cinq minutes, bon Dieu ! Non, mais c'est pas possible !

L'aîné laisse son petit train miniature et fait mine de se lever, mais l'œil noir de sa mère lui fait l'effet d'un dragon qu'on ne doit pas contrarier. Il se ravise et se colle contre son petit frère. Une fois qu'elle est partie, il balance sa loco en fer-blanc sur la porte.

Anna est trop préoccupée pour entendre le bruit que fait le jouet fracassé sur le bois. Elle est pressée. Elle sait qu'elle a une heure pour le ramener du poste. Dans le couloir du deuxième, elle sonne chez les Smith. La femme répond à peine derrière sa porte close.

– C'est moi, votre voisine, Mme Eatherly. J'ai un petit service à vous demander.

La mère Smith s'excuse, sans entrouvrir la porte, et prétend qu'elle ne peut pas.

Anna prend l'escalier et descend chez Bill Jones, un brave homme qui vit seul depuis toujours. Il vient de prendre sa retraite. Il aime bien ses enfants. Il devrait faire l'affaire.

– Je suis désolé, Anna. Mais aujourd'hui…

Il décline lui aussi, sans croiser son regard. Sa porte à peine fermée, elle l'entend qui lâche un juron retentissant.

C'est après un refus de Mme Tanner, qui, d'ordinaire, est toujours très serviable, qu'elle commence à comprendre. L'immeuble est au courant. C'est peut-être la radio qui a relayé l'info. À moins que ce ne soit le journal. Elle remonte l'escalier.

Ses fils ont repris leur jeu. L'aîné est le chef de gare. Le petit pousse un train en imitant le chuintement d'une locomotive.

– Bon, c'est bien, prétend-elle sans remarquer des bouts de ferraille éparpillés dans le couloir de l'entrée. Je vois que vous êtes sages.

– Alors quoi ? lance l'aîné, renfrogné.

– Alors je vais chercher papa. Je reviens dans une heure.

– Papa ?

– Oui.

– Il est où ? Il fait quoi ?

– Il a travaillé toute la nuit et il est fatigué. Il ne veut pas prendre le bus. C'est moi qui vais le chercher.

– Mais…

– Stop. Écoutez-moi ! Je vais le chercher et je reviens, d'accord ? Vous n'ouvrez à personne. Pas de vélo. Pas de ballon. Pas de sortie dans le parking. Vous ne sortez pas d'ici.

– Et l'école ?

Elle ravale sa salive. Elle avait oublié. Complètement négligé ce détail parmi d'autres.

– Après…

Le petit retrouve le sourire, trop content de gagner un peu de temps sur la classe. Il déteste sa maîtresse. L'aîné demeure perplexe. Sa surprise initiale se transforme en soupçon. Il n'aime pas l'imprévu. Il a la vie de son âge, pleine de rites immuables dressés comme des totems qui imposent et rassurent. Mais lorsque cet ensemble se fissure, quand le plus petit écart vient remettre en cause l'ordre établi de son monde – dents, toilette, habits, cartable, classe –, il se laisse envahir par une vague de tristesse, un vent mauvais de peines soulevé par la hantise de perdre ce qu'il a.

– Papa ?

– Je vais le ramener, répond-elle en ajoutant « mon fils » avec un ton de soie, de flanelle, de cachemire, un emmaillotement de mère qui insuffle des tendresses par sa simple expression.

Elle découvre les débris. Elle a compris maintenant le bruit contre la porte. Elle s'accroupit et ramasse les morceaux sans rien dire. Elle les loge dans sa main comme des bouts de phrases épars, des morceaux de reproches qu'elle veut bien recevoir. Les regrets tournent aux remords quand il s'agit de sa chair. Elle se faisait de la famille toute une mythologie. Pourvu que ses fils tiennent. Pourvu que son mari recolle à la légende. Pourvu qu'elle soit digne.

Le chien Dingo déboule.

– Ah, t'es là, toi !

L'aîné forme son tout premier sourire de la journée.

Son petit frère reprend le tour du circuit, une main sur le wagon, l'autre qui l'équilibre, à quatre pattes au-dessus de la ligne de chemin de fer, plein d'onomatopées.

– Ding-ding… Pffff. Tchoukou-tchoukou-tchoukou. Tu viens ? dit-il à son aîné.

– OK. T'es qui, alors ?

– Le train de chez Pa'.

– OK. Tu vas où ?

Anna vénère l'aîné. C'est bon. Elle peut y aller. Elle a fermé à clé. La voiture est garée juste en face. Elle lance le démarreur. L'essuie-glace s'actionne par un de ces faux contacts qu'elle fera réparer quand elle aura de quoi payer. L'autoradio se déclenche. Les Andrews Sisters chantent que leur cœur est en mal en point, plein d'illusions perdues, mais qu'elles voudraient pouvoir rêver encore un peu, n'est-ce pas ? Sur le dernier refrain, les larmes lui montent aux yeux. Les sœurs chantent l'océan qui sépare deux amants. Ça lui rappelle le jour de cette quête débile quand elle coursait Dingo pour esquiver cette femme au bras de l'homme de sa vie. Ça lui rappelle le temps de ces lettres timides qui laissaient deviner des vagues d'amour de loin. Toutes ces années de honte, à trembler du ventre creux. Tous ces mois de guerre à combattre l'empereur d'un chapelet de volcans. Toutes ces années passées à buter contre l'idée qu'elle se faisait de lui.

La chanson terminée, l'animateur annonce qu'il sera neuf heures au troisième coup de cloche. L'heure des informations.

« Les récoltes de coton enregistrent une hausse de 17 % cette année. »

« Le président Truman soutient une hausse du salaire minimum. »

« Un ancien héros de guerre, le major Eatherly, aurait

passé la nuit au poste de West Houston & Stadium. Il serait impliqué dans un braqu... »

Anna chope le bouton de son autoradio, le tourne et brouille les ondes. Erreur. La pauvre enrage. C'est le volume qu'elle visait. Elle s'est trompée de bouton. Mais elle capte une autre chaîne qui annonce d'autres infos. Elle s'approche du carrefour, agrippée au volant. Elle s'acharne de son mieux pour supporter l'annonce. Ça recommence. Le pilote. Le braquage. Son mari. Elle voudrait que ça s'arrête. Comment faire pour l'éteindre ? Elle tourne, elle tape, elle tire si bien qu'un bouton finit entre ses doigts. Un klaxonne résonne. L'aile d'une voiture rouge frôle le côté de sa Ford. Son conducteur éructe. Elle a failli le toucher. Sur l'autre voie, à gauche, elle aperçoit la roue arrière d'un camion de livraison. Il est chargé de centaines de bouteilles en cageots. Le camion accélère. Son arrière chasse un peu. Tous ses cageots oscillent dangereusement devant elle. Anna devrait freiner. Dans l'affolement, elle pile au milieu du carrefour. Le camion de lait poursuit. La voiture rouge tourne. Elle se retrouve seule, au milieu d'un croisement. Heureusement pour elle, les feux tardent à changer. Sur l'artère de droite, les conducteurs observent, les mains sur le volant, tous penchés vers le drame qui a failli se produire. Agacés ou lassés, ils seront sans pitié et quitteront leur point mort dès que le vert sera pour eux. La bagnole rend fous tous ses contemporains. Elle constitue un droit monté sur quatre roues, une volonté de puissance aux couleurs de l'orgueil, longue comme une ambition, vorace comme la sottise.

Sa vieille Ford broute. Anna embraye, trouve la première et redémarre. Elle a repris sa route en faisant de son mieux pour éviter de regarder ce qui se passait dans ses rétroviseurs. Elle fixe la ligne devant. Elle s'arme d'œillères mentales. Passe la seconde, la troisième. Décolle un peu ses doigts qui adhèrent au volant. La fenêtre ouverte rafraîchit ses idées. Le poste n'est plus très loin. Elle se cale dans le siège. Elle vérifie que sa jupe n'a pas pris trop de plis. Il va peut-être lui falloir user un peu de ses charmes pour qu'il sorte plus vite. Elle a connu des flics quand elle jouait au théâtre. Il y en avait souvent qui faisaient des contrôles à la sortie des bars. L'uniforme les grise. L'autorité les comble. Pour s'extraire de leurs griffes il faut faire le dos rond, leur ôter toute prise. Être plus lisse qu'une bâche et, de guerre lasse, ils lâchent.

Anna se mord les lèvres pour se les repulper. Elle s'exerce à sourire alors que tout la plombe. Elle lève un peu le bras pour sentir son aisselle. C'est bon. Pas d'odeur. Elle baisse son levier de clignotant avant de tourner à gauche. Ses pneus crissent sur l'asphalte encore chaud de l'été.

Que ne ferait-elle pour lui ? Elle pense encore à lui, presque autant qu'à ses gosses. Il a de la chance. Elle palpe le fond de son sac. Elle n'a plus de cigarettes.

47

Un banc public. Un simple banc de bois sur lequel passent les heures. Deux traits de noir alignés au milieu des passants, des voitures, du tumulte des gens, du brouhaha urbain. Un banc qui n'attend rien. Un banc sans toit pour s'abriter, sans bus pour s'en aller. Un petit bout de rien dans le brouillard du présent. Parfois vide. Parfois plein. Toujours très stoïcien. Un objet qui prend l'air et la pluie et le soleil et la neige, sans jamais être pris, lui-même, très au sérieux. Pourquoi faut-il toujours que les paumés s'y vautrent ? Debout. Assis. Couchés. La main pleine de miettes auréolée d'oiseaux.

Trop longtemps assis dessus, l'occupant prend des tics. Il observe les passants. Puis il les suit du regard. De gauche à droite. De droite à gauche. Il s'imagine des choses. Il jalouse des vies toutes mieux que la sienne. Des canapés moelleux. Des coussins de velours rouge qui feraient moins mal que ce tape-cul de banc. Après le premier froid, il va tendre la main. D'abord, une paume vide. Puis un gobelet de plastique, parsemé de ronds de cuivre et de billets froissés. Les saisons défileront. Certains se mettent à hurler, haranguant tout et rien. Pas lui. Il n'est pas né comme ça. Chez lui on souffre muet ou on se jette dans un trou. Quand l'hiver reviendra, il ne sera plus qu'une loque. Il ne pensera peut-être plus.

Il tendra juste la main pour quémander la fin, la fin de l'hiver, la fin de cette vie qui ne signifie plus rien.

Claude Eatherly se méfie des Buick grises.

Il a changé de parc. Celui de River Oaks en possède une dizaine qu'il partage avec des familles, des ballons, des vélos, deux mésanges et un faon. Il y a passé le printemps. Levy Park, plus au sud, en compte davantage. Mais des âmes charitables y drainent par leurs bontés une horde de pauvres types, vagabonds, traîne-savates, mendigots et crevards dont tout le monde évite les coudoiements crasseux, les côtoiements vineux, les propos sens dessus dessous ; des corps dégingandés comme autant de rappels que la fatalité n'est qu'une banalité qui confine au mesquin. À fuir, donc. Dommage. Levy Park est plus grand, plus beau, plus confortable aussi, avec des bancs plus larges et ses fils le préfèrent à l'autre à cause des balançoires.

– Une dernière fois, papa. S'il te plaît ! S'il te plaît !

Il voudrait se lever, quitter ce banc de bois tailladé de grossièretés, de cœurs moches au couteau. Il a senti le trou qui se formait sous son genou. C'est la troisième fois qu'Anna y repasse l'aiguille. Sa trame doit s'épuiser. Ses points n'accrocheront plus. Comme lui. Il peine à s'accrocher à ce qui lui reste de vie. Il va falloir acheter un autre pantalon, faire de nouvelles dépenses, mais avec quel argent ?

Cela fait deux semaines qu'il est sorti du dispensaire militaire. Deux semaines seulement. Il est encore pétri de toutes ces pilules bleues. Il est tout ramolli par ce qu'on lui a fait prendre. Il n'avait pas le choix. Le juge l'a ordonné. C'était la taule ou ça. Et l'avocat de l'armée a plaidé pour un séjour chez les psys de Waco.

– On va s'occuper de vous.

Voilà ce qu'on lui a dit quand il est arrivé. C'était la

première fois qu'il voyait un truc pareil. Une sorte de base en brique avec des pavillons pour les blessés légers, les blessés plus graves, les traumatisés et le pavillon X, le sien.

On lui a poli la dent et pommadé les côtes. En remontant le couloir du pavillon X, Eatherly est passé devant des pauvres types sanglés, des mecs en camisole, des hébétés au lit. Le docteur Clementine l'attendait tout au bout dans son bureau de chef de service. Ils ont repris du début.

– C'est cette voix que j'entends. Elle vient de Hiroshima.

Le médecin s'est redressé pour ajuster ses fesses sur son assise de bois. Il cherchait les mots justes, comme pour le ménager.

– Vous êtes victime de ce que nous autres psychiatres nous appelons la « névrose de guerre ». On va s'occuper de vous.

– Mais cette voix, ces cauchemars. C'est quoi ? Pourquoi ?

– Ça arrive à tout le monde de se faire des idées. Mais faut pas vous tromper.

– Et tous ces morts…

Du bout de son stylo-plume il tapote son bureau.

– La guerre…

– Soixante mille morts rien que dans cette ville !

Le docteur Clementine note « 60 000 » en marge et rebouche son stylo.

– Écoutez, Eatherly. Vous êtes fragile. Vous avez besoin de nous et le pays a besoin de vous. Vous avez fait ce qui fallait. Vous mettez pas toutes ces choses dans le crâne.

Il tire son ordonnance et rectifie les chiffres alignés devant des molécules.

– Vous avez de la chance. Tout le monde vous aime bien. Vous êtes un sacré type, avec ceux de Tinian. L'armée est fière de vous. Le pays est fier de vous. Mais va falloir vous faire plus discret désormais. Oubliez cette histoire. Ne parlez plus de ces voix.

Il reprend d'un ton neutre.

– Tenez, moi, quand je roule trop vite, j'entends la voix de ma femme qui m'ordonne de lever le pied, même quand elle n'est pas là ! Vous pigez ? Elle peut passer la semaine chez ma maudite belle-mère, quand je conduis ma Bel Air…

– … Bel Air ?

– … Chevrolet, ma Chevrolet Bel Air, précise le docteur Clementine en se tournant vers la fenêtre pour désigner le parking du dispensaire. Elle est juste là, en bas. Vous la voyez ? La bleue, avec des ailes pastel. Je viens de l'acheter. Un six cylindres en ligne. De quoi s'amuser. La vie est belle ! Eh ben non. Faut qu'elle se mêle de tout. Elle ne veut pas que je profite.

– Ce n'est pas la voix de ma femme que j'entends, docteur.

– C'est une image, major. Profitez de la vie. Profitez de ce retour à la vie de tous les jours. L'armée va vous aider. Oubliez le passé. Profitez.

– J'ai donné le feu vert.

– Oui, oui, fait le docteur, tentant de calmer le jeu. Vous êtes un bon pilote.

« C'est un soldat, lui aussi ? Un médecin militaire ? »

Claude Eatherly hésite. Il se demande quoi faire. Il regarde ce médecin qui refuse de comprendre. Il a dit qu'il l'aiderait.

– Mais vous ne l'entendez pas ? lâche-t-il. Y a que moi qui l'entend ?

– Qui ?

« C'est moi ! »

– Elle ! C'est elle ! La voix. La vierge de Hiroshima.

Le médecin le fixe. Se crispe. Arrache la première feuille de son bloc d'ordonnances. La froisse. La jette. Prend sa plume et aligne des mots indéchiffrables sous le tampon de son nom, de son titre de médecin-chef, service de psychiatrie de l'hôpital militaire de Waco, Texas.

– Je vous conseille d'arrêter. Sinon ça va très mal tourner ! Ne parlez plus de ça. Jamais. Vous êtes fragilisé. Ça arrive. Mais arrêtez de répandre ces histoires de voix partout. Il n'y a pas de voix.

Le docteur Clementine se penche comme une barge et fait barrage au reste. Les bras croisés serré. Les épaules remontées. Il se remet à tapoter son bureau de son stylo.

« Ne te laisse pas faire par ce type. Je n'ai pas peur. N'aie pas peur de ce docteur. Je souffre vraiment et j'ai besoin de toi, nous avons toutes besoin de toi ! »

Eatherly garde pour lui les suites de ce tête-à-tête. Il fait comme si plus rien ne se passait. Laissant son front comme vierge. Gardant son regard fixe. Clignant à peine des yeux. Absent. Tellement absent. Combien de temps va passer sans qu'il dise plus rien ? Une minute. Cinq minutes ?

Le docteur se détend. Il s'incline et le regarde. Un rictus lève sa lèvre.

– Prenez du repos, dit-il d'un ton qui sonne plus creux que le fond du puits de sa ferme. Profitez de ce séjour pour dormir tranquillement. Ça va passer, major. Ça vous passera. Comptez sur nous. On va vous aider. Vous irez mieux. Tout va redevenir comme avant. Et on ne parlera plus de ça. D'accord ?

– Combien de temps ?

– Une petite semaine. Quelques jours. C'est l'ordonnance du juge. Dix jours, maximum. On va vous requinquer. Vous rentrerez après. Votre femme vous attendra. Et vos enfants, aussi. Profitez de tout ça…

– Dix jours ?

– L'Amérique vous estime. Écoutez l'Amérique. Il n'y a qu'elle qui compte.

Puis il ajoute plus bas que le reste c'est que des conneries qui lui feront des noises.

Le docteur s'est levé et confie Eatherly aux bons soins des blouses blanches qui l'attendaient devant la porte.

Il repart avec elles, son ordonnance pliée entre ses doigts tremblants. Quelques lignes de médecine. Des grammes de molécules et des mots pour l'achever.

L'infirmière à sa gauche est du même blond que les filles de l'autre jour dans le hall de la Phillips. Celle qui lui tient le bras droit a un profil de chat, avec un front bombé et un petit museau de nez. Mais ses yeux sont bridés. Des cheveux noirs et raides. Les pommettes hautes comme les filles de Guam.

« Comme les miens, pilote. D'où vient-elle ? Demande-lui. »

Claude Eatherly n'ose pas. On lui a dit de se taire. Il voudrait suivre les ordres, s'aligner, dans le seul but d'écourter ce séjour et de retrouver les siens.

Pourtant la fille sourit et lui répond qu'elle est américaine, née en Californie.

« Elle te ment, pilote. Regarde comme elle se méfie. Elle a peur de toi, pilote. Elles ont toutes peur de toi. »

À l'autre bout du couloir, dans le dos d'Eatherly, le docteur Clementine jette un œil à sa montre. Il ajuste son bracelet et dit qu'il faut qu'il y aille. Eatherly l'entend de loin qui ferme sa porte à clé.

À l'étage, les infirmières et lui croisent un groupe de

soldats. Salut. Messes basses. Il sait qu'on le suit des yeux. Cela fait quatre jours qu'il n'a pas eu sa femme au téléphone. Une nuit en garde à vue et trois jours en prison en attendant le jugement. Il n'a pas le droit d'appeler, les dix jours ont passé vite. Ils ont défilé comme une nuit. Il a dormi tout le long et gobé au réveil des centaines de pilules, de poudres amères à boire, de produits injectés dès qu'il ouvrait l'œil. Dix jours dans le silence des limbes.

Il est sorti depuis. Il se sent si brumeux à l'abri de ce parc.

– Les enfants ?

La balançoire est vide.

Il se lève de son banc. Il cherche ses deux garçons. Il y a tant de brouillard.

Où sont-ils ?

48

Anna passe son temps à refaire ses calculs. Sa vie ne se résume plus qu'à cette feuille de papier coupée en deux colonnes. Dépenses. Recettes. Son salaire tombe le 4. Le loyer c'est le 6. L'école coûte trop cher. Elle raye la ligne « cantine ». La viande a augmenté. Deux dollars au lieu de quatre. L'essence fait 50 *cents*. Une veste à repriser. Deux paquets de lessive. Les conserves pour le chien. Elle n'y arrivera pas !

Elle a bien essayé de fourguer d'autres cookies, de dégoter un job sur ses heures de repos. Elle travaille tous les jours de midi à minuit, et un week-end sur deux pour regagner son cube d'immeuble triste, dans cet agglomérat de tout ce qui vit et meurt, aux cloisons tellement fines que les malheurs des uns passent chez les autres comme une poisse, un revers viral.

À Houston, tout est cher. Le moindre mètre carré. Le plus petit bout de boue pour faire pousser de la pelouse, le plus petit bout de plancher pour faire grandir les gosses.

Le soir, dans le lit, elle fait semblant de dormir quand son mari s'agite. Elle grogne pour qu'il s'écarte. Elle s'enveloppe dans sa chemise coincée sous ses genoux qu'elle tire jusqu'aux chevilles. Elle éprouve du dégoût quand sa bouche se balade dans son cou, sur ses seins.

Maintenant, elle ferme les yeux quand elle écarte les cuisses.

Depuis son séjour à Waco il est plus loin que jamais, absent omniprésent. Muet. Lourd. Et tellement triste. C'est sans doute les pilules. Mais qu'est-ce qu'ils lui ont fait ?

Heureusement que la voisine du rez-de-chaussée veille quand ses petits jouent dehors. Lui reste des heures durant, sur un banc la journée, devant la télévision le soir, vissé à son fauteuil, absorbé par l'écran et tout ce qui défile dessus. Journaux. Publicités. Émissions. Comédies. Tragédies. Tout glisse sur lui.

Elle ne compte plus les heures qu'elle a passées à lui dire que ça irait mieux, que tout s'arrangerait. Elle a tout essayé. La bière pour trinquer le soir, les petites sorties à deux, une virée un week-end pendant que Mme Tanner s'occupait des petits. Son mari est collé. Enkysté dans ses pensées opaques.

– J'suis un homme ridicule ! J'suis qu'un homme ridicule !

– Dis pas ça.

– Je ne suis plus personne. Je suis même plus ce que je pense.

Elle a tourné la tête pour éviter la suite.

Aujourd'hui, juste après l'heure du repas, un civil est passé sur son lieu de travail. Il a demandé si tout allait bien à la maison. Il a parlé de Waco. Du séjour. Du passé. Il savait. Anna a prétendu que tout allait mieux, oui. Le type a fait la moue. Elle s'est méfiée d'emblée. Elle n'allait pas confier à un type comme ça qu'ils avaient parlé tard, la veille, qu'il s'était plaint de la voix, qu'il avait dit qu'elle revenait tous les soirs le hanter.

Anna a repris sa caisse. L'inconnu est reparti. Elle a senti un poids sur elle. Elle s'est mise à pleurer.

Ce soir, elle a craqué.

Il a suffi qu'elle croise son regard de chien battu pour que sa colère monte. Son mari allait recommencer. Elle sentait que c'était ça. Il allait lui reparler de ce qui se passait dans sa tête. Elle a froissé ses comptes et quitté le bord du lit.

– Où vas-tu ?

– Dans le salon. Dormir dans le canapé. Je suis crevée ! Lessivée, tu comprends ? Je suis toute seule… Il est une heure du matin et toi, tu fais que te plaindre.

– Je suis désolé.

– Dis plus ça !

– Je me sens tellement…

Elle a jeté son stylo sur lui. Pour le toucher. Mais ce n'est rien, un stylo. C'est léger. C'est sans masse. Toute sa colère demeure. Elle cherche. Ses yeux fouillent la chambre. Elle tombe sur la lampe qui trône sur le bureau. Elle arrache son fil et l'empoigne.

– Mais qu'est-ce que tu fais ?

Elle arme son lancer, tend l'index, vise le mur et la jette de toutes ses forces. Le bruit de sa colère. L'éclat du verre brisé. Voilà ce qu'elle cherchait. Il a levé le coude pour protéger sa tête. La lampe est passée près. Il saigne un peu de l'arcade. Sûrement un bout de verre. Du sang tombe sur les draps. Il glisse sur le côté et s'apprête à se lever. Mais elle n'a pas fini.

– Tu valais mieux que ça ! Reviens, Claude ! Me laisse pas avec ça !

– Ça ? répond-il, vexé.

Elle a gagné un cri. Le sien.

– Oui, ça, dit-elle en désignant le bonhomme qui se tient devant elle, la trace de son mari, le vague souvenir d'une vie à deux, à trois, à quatre qui a si mal tourné.

– Mais c'est pas ma faute ! lâche-t-il, les yeux

exorbités, la main contre la tempe, pour comprimer l'idée qui menace de sortir.

La voix…

Elle recule. Elle a peur. Ses oreilles bourdonnent. Ses acouphènes reviennent comme du temps de son enfance.

Anna n'en pouvait plus. Sur la scène à vingt ans, dans des spectacles idiots qui ne faisaient rire personne, elle plongeait dans les rôles, elle incarnait des vies sous toutes les coutures et dans des tas de postures, mais jamais dans celui de la femme d'un faible, d'une gloire de guerre qui serait revenue barjot.

– Regarde ce que tu m'as fait, dit-il en s'approchant, le côté de l'œil en sang.

Elle se colle contre le mur. Il faut qu'elle se défende

– Et toi, Claude, regarde ce que t'as fait de moi ! T'as pas le droit de me faire ça ! Non ! Tu te souviens de Wendover, quand « tout ton corps fumait de bravoure et d'audace ».

Elle tient cette phrase d'un rôle. Elle a surgi comme ça.

– Tu sortais de ton avion. Et tu me l'as dit, ça, oui ! Je m'en souviens. Tu me l'as jeté là, dit-elle en montrant sa poitrine.

– Pourquoi tu…

– Et moi, pauvre sotte, je t'ai cru. J'ai cru tous les mots que t'avais dits ce jour-là. Tu débordais de bonté.

– Mais…

Il est tout près. Il se rapproche. Les bras tendus, elle le repousse.

– C'est toi, dit-elle. C'est toi qui me l'avais juré. Tu m'avais dit : « Tu verras, on sera heureux, nous deux. »

– Le bonheur…, bredouille-t-il en se tournant d'un quart pour voir le mur derrière, la tête de lit marquée par l'impact sur le mur.

Un trait de noir sur du blanc.

– Je ne te reproche pas le bonheur, Claude. Même pas. Je n'en attends pas tant. Je ne suis pas aussi exigeante, tu sais. Non. C'est pas ça. C'est même pas ça.

Il ramasse un bout de verre.

– Alors quoi ?

Anna colle sa nuque contre le mur. Ses yeux vers le plafond, elle cherche les mots justes. Là. Voilà. Ses lèvres s'entrouvrent.

– Ce sont tes « tu verras » qui me manquent. Tous ces « tu verras » que tu disais. Voilà ce que j'ai aimé. Voilà ce que j'ai cru. J'ai cru à tes visions, à tes plages du Mexique, à tes routes rien que pour nous, à tes maisons pleines de laine, à tes feux de cheminée, à tout ce que tu disais, à tout ce qui pouvait se promettre. Et moi je m'y voyais, dans ta vie pleine de ça. Une vie de « tu verras ».

Eatherly baisse les yeux. Anna rabat son col et l'empoigne pour lui parler sous le nez. Elle sent son cou vibrant. Son artère palpitante.

– L'envie, Claude ! L'envie d'aller voir ça, ce que tu allais me faire voir, tout ce qu'on allait vivre. J'ai cru que tu m'emmènerais plus loin que mon cher théâtre, que les décors, les scènes de vie et de mort, de joie et de tristesse que je connaissais par cœur. Pas pour de faux, Claude. Pour de vrai. La vraie vie qu'on devait vivre.

– Je ne comprends pas…

Elle s'écarte.

– Ce que je veux te dire, c'est que je ne vois plus rien. T'as tout rendu aveugle et sec et morne. T'es mort de l'intérieur. Tes yeux ne brillent plus. Tes mains sont des planches de vieux bois. Ta bouche ne bredouille que tes choses absurdes à tes témoins absurdes. Tes voix, tes trucs bizarres. Il faut que t'y retournes. Il faut que t'ailles travailler. Il faut que tu fermes ta gueule en retroussant tes manches. On a besoin d'argent et moi j'en peux plus de te voir là. Tout le temps. Il faudrait… Il faudrait…

Elle hésite.

– Il faudrait que tu foutes le camp, un peu… de temps en temps.

Il va dans la cuisine. Il revient et s'incline, armé de sa balayette. Anna éclate de rire.

– Mais non. C'est pas possible.

Il la regarde bêtement et ramasse les morceaux.

– Il ne te reste donc plus rien, vraiment ?

– C'était la lampe…

« La lampe de ta mère, pilote. »

– Je sais. Mais on s'en fout, non ? On s'en fout, Claude ! On s'en fout !

Elle tremble de tout son long. Des sanglots longs et lourds. Une tristesse archaïque qui remonte du fond d'elle et la vide de sa rage.

– Et toi, bafouille-t-elle entre deux sanglots. Tu… tu te baisses, hein ! Comme ça.

Il s'approche. Elle l'écarte.

– Où es-tu passé, Claude ? Où ? Qu'est-ce que t'as fait de nous ?

Son regard dévie vers la porte dans son dos. Il a vu ce qu'elle vient de voir. La tête de leur fils calée contre la poignée. Ses mains de part et d'autre.

– Maman, j'arrive pas à dormir…

49

Eatherly est retourné tuer le temps dans son parc, dans le même que la veille, cachant de son mieux le trou de son pantalon en tenant ses jambes serrées, ou croisées. Un type s'est pointé et l'a appelé par son nom.

D'ordinaire il évite tous ces gens qui l'accostent. Ils veulent des autographes et après ils s'installent pour raconter leur guerre. Celui-là était debout, les mains plaquées aux hanches et des poils plein le nez, surpris de le croiser dans ce parc.

– Claude Eatherly ?

– Oui.

– Quelle surprise, dit le type. Mais qu'est-ce que tu fous là ? Et c'est quoi, cette dégaine ?

– Pardon, mais qui… ?

– Roy ! Tu me remets ? Roy Mantooth ! On jouait du temps de tes frères. Tu te souviens pas, Claudy ? On se faisait de ces parties dans le champ de tes parents ! Mais dis, ça fait une paye !

– Ah oui, répondit-il en s'inquiétant soudain de l'absence de ses enfants.

Et puis ça lui revient. Il n'est que deux heures. Ses fils sont à l'école. Ils sortiront plus tard. Tout va bien. Il se rassure.

– Je peux ? demande Roy Mantooth en relevant les pans de son manteau pour prendre place près de lui.

Sa montre brille autant que ses canines. Ils vont parler une heure. Eatherly repart ravi. Une fois rentré chez lui, il est impatient de raconter toute l'histoire à sa femme.

Anna est occupée, les bras pleins de linge propre. Elle a repassé ses chemises, replié la planche et le laisse parler.

Il va et vient dans leur petit salon, et décapsule une bière, alors qu'elle valse-hésite. Pendant qu'il se répand dans ses explications, Anna grille clope sur clope. Des mots sur du silence. Lui, confiant. Elle, méfiante. Deux mouvements opposés au sein d'un même foyer. Lui tente de se refaire. Elle s'accroche à l'instant. Il boit. Elle fume. Il s'épanche. Elle écoute, soupesant ses longues phrases pour mieux fouiller ses mots. Certains couples très anciens n'ont plus rien à se dire et se laissent mourir par d'étouffants silences. Elle, au contraire, vivace, craint plutôt d'en dire trop tant la rouille cloque leur couple. Il le sait. Ça le tue. Il voudrait la convaincre. C'est comme une voie de salut.

– Juste une semaine, Anna !

– …

– Mille dollars en une semaine. Cash. C'est bien pour nous, mille dollars.

– Mais qu'est-ce que c'est que ce truc ?

– C'est légal. Je le dépose à Cuba et ensuite je le ramène. C'est que quelques heures de vol sur un avion de tourisme. Facile à piloter.

Elle écrase son paquet. Ses yeux sont gris de cernes. Elle n'a plus de cigarettes.

– Tu me regardes ! Tu te dis quoi ? Tu penses quoi, Anna ? Parle ! Je n'y reste qu'une semaine là-bas.

– Ah ouais ? Une semaine. Une semaine de combien de mois ?

– Arrête, Anna. Crois-moi.

– Une semaine…

– Oui. Et puis pas loin. C'est à Cuba. J'y suis allé avant, avant les Mariannes et Tinian. Tu te souviens ? Je connaissais bien les côtes. C'est sûr, tu sais. Je ne risque rien… et toi… tu respireras un peu, dis ? Qu'est-ce que t'en dis ?

Anna ouvre un tiroir. Elle fouille le fond, puis celui du dessous. Voilà. Elle a trouvé. Elle déclenche son briquet pour s'allumer une cigarette.

– Alors ?

– Sans licence ? T'as plus le droit de voler, tu le sais bien. Les médecins de Waco t'ont interdit de voler…

– J'ai pas besoin de licence, ment-il en guettant sa réponse comme l'enfant devant l'adulte.

Il voudrait rejouer son rôle de père pilote de l'air. Elle secoue la tête, une torsion de la nuque comme du temps où ses cheveux tombaient jusqu'aux épaules. Mais elle les a coupés. Elle sort de chez le coiffeur. Elle porte un carré court censé la rajeunir, mais qui ne fait que souligner son cou de plus en plus sec.

– Roy Mantooth ! rabâche-t-elle. C'est qui, ce mec avec tout son pognon ? Tu ne sais rien de lui.

Deux sillons de rides partent des coins de sa bouche et convergent sous son nez. Elle ne se maquille plus. Sa peau va du pâle au gris terne. Elle tire sur un mégot, inspire et garde cette fumée qu'il déteste. Le vertige de la perdre. Un sang plein de mouron comme celui qui a tué Belle.

Elle jette un œil à l'extérieur. Elle cherche ses enfants. Ils passent leur vie dehors comme tous les gosses de pauvres quand rien ne va plus chez eux, quand leur foyer se disloque et que leurs parents s'affrontent en monologues acides, en longs réquisitoires chargés de boules puantes et de mots venimeux, un chamboule-tout de reproches jusqu'à l'effondrement. Leur couple ne tient plus qu'à leurs fils.

– Alors, t'en dis quoi ?

Elle tapote son paquet pour faire saillir la clope qu'elle chope du bout des lèvres. Son pouce frotte sur les crans de la roulette du briquet. Son bout s'embrase et brille. La nuit tombe plus vite qu'hier. Ils se demandent comment ils vont tenir cet hiver.

– Je ne sais pas… Sans licence…

Le téléphone sonne. Il hésite, puis s'avance. Il décroche. C'est pour lui. Il reconnaît cette voix.

– C'est Roy Mantooth, mime-t-il en décollant chaque syllabe, la main sur le micro, avant de tirer le fil pour poursuivre tranquillement dans la pièce d'à côté.

Anna en profite pour chasser ses pantoufles, enfiler son manteau, sortir et rabattre les petits, car c'est l'heure du dîner.

Il les voit par la fenêtre. La buée. La nuit. Roy revient sur ses plans.

La porte d'entrée claque. Sa femme et ses fils sont de retour. Eatherly vient de raccrocher.

– Bon. J'ai des nouvelles, dit-il.

Anna pousse les enfants vers la table du salon.

– Ça va te faire plaisir !

Il la suit en cuisine, décapsule une autre bière et s'approche de sa femme. Il a changé d'humeur. Plus confiant, plus léger, un peu saoul, il cherche à déposer un baiser sur sa joue mais n'embrasse que l'air entre eux, épais, froid. Anna se penche pour ouvrir le four.

– Mmmh ! Ça a l'air bon ! C'est quoi ?

L'horloge de la cuisine affiche neuf heures passées.

– Des cookies, pour la salle.

– Je peux ? Juste un ?

Avec tout ce qu'il a bu, il a besoin de sucré. C'est logique. Il en sort un, tout chaud, qui lui brûle les doigts. Le gâteau tombe et se brise. Le chien y colle sa truffe.

– Ah non ! Dégage, toi ! dit-elle en lançant un coup de pied qui fait repartir Dingo, la queue entre les jambes.

Il pose sur la table le repas de ce soir. Les enfants ont appris à tenir leurs couverts. Ils se débrouillent tout seuls.

– On ne part plus à Cuba, dit-il.

– Ah bon ?

– Tout va se passer ici.

– Vraiment ?

– Oui, au Texas. Sur la côte. Un petit bled dont j'ai oublié le nom.

– Et t'y vas en avion ? demande-t-elle.

À ce mot, son fils aîné sursaute.

– Tu vas repartir, papa ? Tu vas refaire la guerre ?

– Non, non, non, balaie-t-il, au grand dépit de son fils qui replonge dans son assiette. Ça aussi, l'avion, ça a…, dit-il, engloutissant une cuillerée de haricots, … changé. On y va en voiture, et…

Il se ressert.

– Pour mille dollars ? lance Anna incrédule.

– … mm, non, mmm. C'est p'u mil', répond-il, la bouche pleine.

Il mâche. Elle attend. Il ajoute un bout de pain.

– Y a plus de bière ?

Elle lui sert de l'eau. Il boit le tout d'un coup. S'apprête à se resservir, mais elle saisit son bras et le presse de dire combien il va toucher.

– Trois cents !

Pendant qu'il sauce le plat, Anna lâche :

– Pourquoi pas.

Trois cents dollars la semaine, c'est une affaire honnête pour jouer les chauffeurs.

– C'est sa voiture, j'espère. Parce que j'ai besoin de la Ford pour aller au cinéma.

– Bien sûr. Ce mec est plein aux as.

– Bon ! dit-elle en se levant. Les enfants, au lit !

Les deux garçons s'échappent, trop pressés de quitter la table et leurs parents. Ils se ruent sur leurs lits.

Eatherly prend le relais. Un baiser sur chaque joue. Un « je t'aime » à chacun. La fin de l'histoire d'hier qu'il a improvisée à propos d'un cheval et d'un soldat perdu. Ses fils sont attentifs. Ils adorent ses histoires.

Il rejoint Anna dans la petite salle de bain. Elle se penche sur le lavabo, saisit un bout de coton, fait couler un peu de crème hydratante et l'applique sur sa peau. Pendant qu'il prend sa douche, une nappe de brume se forme entre elle et lui. Y a de la buée partout. Les murs suintent comme un suaire. Dans le miroir, leurs reflets se disséminent dans des millions de gouttelettes. Le visage d'Anna. La silhouette d'Eatherly, une serviette nouée aux hanches et le ventre qui pointe. Il l'observe du coin de l'œil, avec ses barrettes qui pendent au bout de ses mèches ne retenant plus grand-chose pour plaire à plus grand monde.

Si un peu de cette eau pouvait diluer ses craintes. Celle de la perdre, surtout. Il aime encore cette femme. Mal, mais il l'aime. Bête, mais il l'aime. Fou, sûrement. Faible, hélas. Ces pilules l'abrutissent. Cet alcool l'engourdit. Les pilules et la bière l'ahurissent au carré.

– Qu'allez-vous faire là-bas ?

Il hésite. Elle attend. Il croise son reflet dans le miroir.

– On va plumer des pigeons.

50

« Alors, pilote, tu t'es cru le plus fort ? Tu croyais les battre, tous ces pèquenauds de l'hôtel Eden ? Eh non. C'est tout le contraire. Regarde-toi dans le reflet de ce rétro. Ouvre donc la vitre. Passe ton bras par la fenêtre et tourne-le un peu. Non ? Tu n'oses pas ? Comme tu t'es fait avoir, c'est vraiment pitoyable. T'y as laissé ta nuit, ta mise, ta chemise. Tu as perdu la face. Tu vas perdre l'estime de ta propre famille. Même ton père va te maudire. »

Il voudrait qu'elle arrête, qu'elle épargne son père.

« Tu t'insurges ? »

Eatherly n'aime pas qu'elle mêle Pa' à cela.

« Tu fais le fier, c'est ça ! Tu fais le malin près de ton nouveau copain, ton complice. C'est ça, hein... C'est ça... Allez... Tu ne réponds plus rien. Tu te tais. Tu ne veux pas qu'il sache à quel type il se lie, c'est ça ? Bah, tu as bien raison. Et remonte donc ta vitre. Il fait trop froid là-dedans. Tu vas choper la crève. »

Il tourne la manivelle pour remonter sa vitre.

« Voilà. Comme ça, c'est mieux. Combien tu dois au juste ? »

– Quatre cents dollars.

– Quatre cent cinquante, rectifie Roy Mantooth, allongé à l'arrière, somnolant mais pas dupe.

*« Quatre cent cinquante dollars ? Ça représente quoi ? Deux mois de pension ? Quelle pitié ! Franchement, j'ai pitié de toi. Pourtant tu sais comme je t'ai haï. Je t'ai voué une haine transpacifique, transatlantique, aussi longue qu'un ténia. Je vous ai tellement haïs, toi, tes équipiers, ton escadrille, les pilotes de ton régiment, ton armée et tout ton pays. Un père de la Mission m'a raconté qu'il avait vu Lewis, le copilote de Tibbets, celui de l'*Enola Gay*. Le père Schiffer l'a croisé dans un hôtel de New York, par hasard. Quand la bombe est tombée, le jeune jésuite petit-déjeunait avec ses frères. Il se traîne, depuis lors, plein d'éclats de verre dans le corps. Une quinzaine. Et tu sais quoi ? »*

– Non, quoi encore ?

« Le capitaine Lewis lui a demandé pardon. »

– …

« Il a dit qu'il ignorait qu'il y avait des frères chrétiens, des étrangers à Hiroshima. »

– C'est vrai ?

« Oui. Je te l'ai déjà raconté. En tout cas, le père Schiffer a pardonné Lewis ; et l'ancien capitaine est reparti comblé, plus léger, mais plus sourd que jamais à toutes mes complaintes, si tu vois ce que je veux dire. »

– Lewis…

« Oui, Lewis. »

– J'étais meilleur pilote.

« Crétin. Tu recommences ! Tu es jaloux de ces types ! De Lewis, de Tibbets. Lewis occupe un beau poste. Il dirige une usine de bonbons. Il a des tas de défenses sur lesquelles glisse ma haine. Il est imperméable, comme tous les gens fermés. Je connais un vieil homme qui prétend que la conscience ressemble à l'océan parce que sous la tempête, son fond demeure étal. La sienne est une banquise sur un socle de granit. »

– Et la mienne ?

« Elle a fondu, pilote. Quand tu es venu du large pour guider tes complices, la tempête l'a fait fondre et moi j'ai dragué le fond, j'ai creusé ta conscience, je l'ai retournée comme une crêpe. De l'écume de tes jours à la boue de tes rêves, je suis celle qui brouille tout. Bientôt tu verras. Bientôt, on se retrouvera. »

– Vraiment ?

La voix reste silencieuse jusqu'au prochain panneau.

« Le pasteur Kiyoshi Tanimoto se démène pour nous. Il cherche des mécènes pour couvrir nos frais médicaux. »

Eatherly tend la main, prêt à faire demi-tour pour rattraper la sortie qu'il vient de laisser passer.

« Il a besoin d'argent. Recoudre. Soigner. Ça coûte cher, sans compter le prix de l'estime. Or les caisses sont vides. Le Japon est ruiné. »

– Je sais, dit-il, en se rabattant sur la droite.

« Et si on venait chez toi ? »

– Ça recommence ? maugrée Mantooth en sortant de son coma, affalé à l'arrière. Tu parles encore tout seul ! C'est ta voix ? C'est encore elle ?

Eatherly se rencogne. Confus. Il serre les dents.

51

Elle a guetté les phares jusqu'au petit matin. Deux points jaunes dans la nuit. Le grondement du moteur. Les pas dans l'escalier. La clé dans la serrure. Les draps qui se soulèveraient quand il viendrait la rejoindre. Cendrillon défraîchie, toute grinçante de tristesse. Pendant toute une semaine, elle est allée se coucher en épiant les deux points, le grondement et les pas et le cliquetis. Chaque jour, elle s'est levée dans la continuité de ces jours et de ces nuits enchaînés. Chaque jour, elle est retournée dans sa salle de ciné plus fatiguée que la veille, tendue, sur les nerfs, plombée par un nuage chargé négativement de ses ruminations. Elle n'avait que ça en tête, des orages contre lui, contre son attitude, son retard, son déclin.

Il est revenu penaud. À bout de carburant. La tête basse. Les poches vides. Les orbites tellement creuses qu'elle n'a pu retenir un mouvement de recul en le croisant dans le couloir.

– J'ai tardé, je suis désolé.

– Je dois y aller. On m'attend.

Anna empoche ses clés et de quoi faire un plein. À dix heures pétantes, à l'heure de l'ouverture, elle a pris à gauche plutôt qu'à droite. Elle a mis des miles entre elle et le cinéma. Elle a remonté Main Street. Au feu, elle a vu cette voiture chargée de couples heureux. Deux à l'avant. Deux à l'arrière. De la musique pour tous et des paquets de joie. Elle a remonté sa vitre et brûlé le feu rouge. Garée.

– Vous avez rendez-vous ?

– Oui. Je suis Mme Eatherly. Je viens pour divorcer.

– Ah, c'est vous, chère madame ! dit l'aimable avocat, au crâne luisant de vieillesse, sous une dernière mèche noire. Je vous demande de bien vouloir patienter quelques instants, s'il vous plaît. J'ai une affaire urgente. Je reviens vers vous très vite.

Seule dans la salle d'attente, Anna a franchi le pas. Elle vient de prononcer la formule malheureuse : « Je viens pour divorcer. »

Malheureuse ?

Elle s'attendait à pire, comme un effondrement, un tapis qu'on tirerait ou une charpente tombée. Mais non. Pas du tout. Au contraire. Elle vit bien ce moment. Elle le vit de mieux en mieux.

Quand l'avocat revient pour la conduire au bureau, elle se lève aisément. Elle est déterminée. Ce qui rend fou, c'est l'idée. Seul l'absolu dérange ; il perche tout si haut que son défi nous écrase. Elle s'était persuadée qu'elle devait se conformer au modèle conjugal du meilleur et du pire. Elle a rêvé le meilleur, de toutes ses forces, en vain. Le pire, elle connaît. Elle l'a vécu deux fois. Comme l'enfant de ses parents et comme la mère des siens. Ses fils méritent mieux que le pire. Elle aussi.

– Vous êtes sûre ? dit l'avocat.

– Oh que oui ! lâche-t-elle, soulagée.

– Est-ce un divorce pour faute ? Avez-vous constitué un dossier qui le prouverait ?

– Non. Pas la peine. Nous allons divorcer de notre

plein gré ; et d'un commun accord. C'est bien comme ça qu'on dit, n'est-ce pas ?

L'avocat jette un bras devant lui, pour faire saillir des boutons de manchette et, tout au bout, sa main, grêle, pâle, soignée. Il pose quelques questions pour sonder cet accord. Il tique et penche la tête pour offrir à sa paume son grand front. Il palpe doucement ses rides, d'un air de réflexion.

– Si M. Eatherly n'a pas de liaison, ni de raison valable de divorcer, pourquoi accepterait-il de renoncer à vous ?

L'avocat la déçoit. Il va falloir lui expliquer les choses.

– Parce que je suis devenue quelqu'un d'autre.

– Ah ! Mais lui, qu'en pense-t-il ?

Elle s'agace. Pourquoi n'aurait-elle pas le droit de décider de sa vie ?

– Depuis qu'on se connaît, c'est moi qui assume tout. Emménager. Déménager. Un enfant. Choisir l'école. Changer d'école. Faire les courses. Le menu. Le ménage. Projeter de partir en vacances, même si on ne l'a pas fait. Appeler le pédiatre. Appeler le médecin-chef. Charger son pilulier. Vider son pilulier. Les jeter. Gagner de quoi les payer. Travailler davantage. Payer. Encore payer. Ravauder. Cuisiner. Voler un peu, parfois. J'ai assez fait pour lui. Je veux me retrouver. Je veux être moi-même.

– Et vos enfants, madame ? Y avez-vous pensé ? Qui va s'en occuper ? Pensez-vous réellement que vous pourrez tout faire, travailler pour vivre et élever vos enfants ?

– Oui. Je le fais déjà ! Et, par la même occasion, c'est d'un avocat que j'ai besoin, pas d'un prêcheur. C'est de ma volonté qu'il s'agit. Ma conscience est en paix.

– Je ne voulais pas…, balbutie-t-il.
– Acceptez-vous ?
Elle a poussé deux cents billets vers lui. Il a regagné de sa superbe. Elle a signé le contrat. Il a repris son plume. Elle s'est levée, satisfaite. Il s'est levé, poliment. Elle doutait qu'il accepte. Les temps sont puritains. Les femmes se font discrètes, les épouses serrent les dents. Les ligues de vertu musellent le sentiment. La morale est partout depuis que la guerre froide s'insinue dans les vies, s'immisce dans les chambres, les théâtres et les bâtiments des administrations.
– Rendez-vous dans six mois !
– Six mois ?
Elle s'agrippe à sa chaise. Six mois, c'est bientôt. Après quoi, elle sera rendue à ce Madame sans suite, Madame qui ? Madame comment ? Elle reprendra son nom de jeune fille devenue mère. L'histoire sera clôturée, dépouillée de lendemain. Mais quoi ? Se débiner ? Non. Il fallait qu'elle le fasse.
L'aîné a vu son père traîner deux grosses valises.
– Où il va ?
Il s'était habitué à le voir sur le canapé.
– Travailler ! répond-elle.
Eatherly a calé ses bagages dans le coffre d'une voiture. L'aîné le regarde faire, incrédule. La mère sursaute au bruit du coffre claqué.
– Il ne travaille pas, papa. C'est pas vrai ! Alors, dis, où va-t-il ?
Eatherly remonte chercher quelque chose dans la chambre à l'autre bout du couloir, à l'extrémité d'elle, enfoncée dans le salon, le petit dans les jambes, l'aîné contre elle aussi, qu'elle retient par le ventre. Elle sent son souffle court, son petit cœur plein d'encre noire, sa bouche sèche quand il parle, ses mains impuissantes.

– Papa ? Papa !

Elle retient son aîné pendant que le père lance un rictus abscons, puis balance un gros sac par-dessus son épaule.

– Il a pris quoi ? Il va où ?

Elle serre sa tête contre eux. Ses deux joues compressées par l'épaule de l'un et le petit crâne de l'autre.

– En voyage, répond-elle.

– Il part loin ? C'est la guerre ?

Il a fermé la porte.

– Arrête donc avec ça. C'est pas la guerre, mon fils.

– Même contre les communiss' ? Y disent ça à l'école. Que c'est la guerre froide aux communiss'.

– Mais non, mon fils. Y disent que des bêtises. Les communistes sont loin. Papa ne part pas en guerre. Au contraire, tu verras, c'est pour gagner la paix.

Son aîné se détache. Il a les mêmes yeux que lui, la même bouche ondulée comme la silhouette d'une mouette aux ailes grandes déployées, le même creux au menton. On dit que c'est une chance que les enfants ressemblent au père. Ça évite les méprises. Ça écarte les soupçons. Ça pérennise l'idée de la fidélité. L'aîné est une copie. Avec le petit, c'est pire. Elle aurait préféré qu'ils lui ressemblent moins. Quand il aura passé cette maudite porte moche, quand elle sera certaine qu'il ne reviendra pas, elle se retrouvera avec eux, ses deux germes, les deux surgeons de ce pauvre mec, ses rejetons d'amertume parce qu'elle aura osé casser le moule du père.

– Tu dis n'importe quoi, maman ! peste l'aîné en se débattant.

Il file à toutes jambes vers son père en allé, bataille contre la porte qui se déverrouille mal, dévale l'escalier sans se tenir à la rampe, verse dans le virage du premier étage, rebondit de l'épaule sur le mur, poursuit dans le hall d'entrée, se faufile dehors, traverse et tambourine contre la vitre passager de l'étrange voiture grise.

– Papa ? Papa ? lance-t-il en cognant contre le regard d'un type au cou plein de plis.

L'embrayage grogne et tousse. La voiture soulève ses ailes pour dévoiler les vieux ressorts de ses suspensions. Son père est de l'autre côté, les mains sur le volant. Le fils fait le tour. Le père ôte sa ceinture, ouvre la portière, se déplie, bras et jambes grands ouverts, pour câliner ce gosse qui ne veut pas qu'il parte.

– Oh, mon fils ! Mon chéri, grelotte-t-il.

Collée derrière la fenêtre, des clous dans tout le corps, Anna subit la scène du père qui s'arrache, du fils qui s'accroche, du cafard qui se répand en elle comme une coulée de plomb. Il va falloir tenir, toute seule avec les deux. Comment refaire sa vie quand on n'a plus le temps de vivre ? Est-ce que c'est possible ?

52

Un rectangle de briques rouges. Les locaux d'une ancienne usine. Trois fenêtres sur trente pas. À l'intérieur, des bruits de toux nerveuses, les échos des talons qui claquent sur le béton, et un clodo qui se gratte, un bras tendu devant lui, l'autre plié dessus.

– Installe-toi, je reviendrai tout à l'heure, dit Roy Mantooth.

Claude Eatherly choisit le premier lit de la rangée. Une toile pour matelas. Un pliant en acier hérité des surplus de la Seconde Guerre mondiale. Il n'y a que cela ici, des pauvres types comme lui. Des costards déchus, des vétérans paumés, des hommes en perdition. L'agent chargé de l'accueil lui tend une planchette en bois sur laquelle est fixé le document qu'il doit signer.

Entre son nom de baptême et son nom de famille, il glisse un nom fantoche.

« Pour quoi faire ? À quoi bon ? »

Pour éviter qu'on lui demande si c'est lui, vraiment. Lui, le pilote qui a fait ça. À quoi bon. Tout ce qui suit le trahit. Son grade, les huit chiffres de son matricule. Il a besoin de ce lit. Le bénévole de l'accueil revient les bras chargés d'un carré de draps propres, d'un oreiller orange dont la bourre s'amalgame, et d'une couverture en grosse laine bouillie.

– Vous resterez combien de temps ?

– Pas longtemps.

– C'est ce que vous dites tous, répond l'agent, blasé. Alors ?

Eatherly n'en sait rien.

– Une paire de nuits, lâche-t-il. C'est juste que…

– … Ne vous justifiez pas, le coupe le bénévole. C'est votre lit.

Il pousse ses deux valises sous le lit désigné, cale son sac au pied, palpe ses poches et sort les cigarettes qu'il a piquées ce matin dans le manteau d'Anna.

– Pas de clopes dans le dortoir !

Il sort pour la griller en regardant sa montre. Roy a dit « tout à l'heure ». En relevant le nez, il aperçoit une forme. Il doit plisser les yeux pour la voir plus nettement. C'est fou ce qu'il a perdu, l'œil de lynx est une taupe qui voit à peine plus loin que le bout de cette clope.

– Déjà prêt ? s'étonne Roy.

– Je sors de mon bain moussant. Je suis prêt.

Roy grimace comme un chat qui aurait pris du vinaigre pour du lait. Il n'a aucun humour. Eatherly fait le tour. Roy lui laisse le volant. Il déteste conduire, surtout depuis que les flics lui ont pris son permis. Eatherly s'installe et passe la première. Pendant qu'ils se dirigent vers le centre du bled, il lui demande son plan.

– C'est très simple, répond Roy. Tu vas faire quelques chèques.

– Mais je n'ai rien sur mon compte !

– C'est pas grave ! C'est pas tiré de ton compte.

– Et je n'ai même plus de chéquier.

– Écoute, vieux. Si tu veux te refaire, faut que tu fasses ce que je te dis.

– Oui, balbutie Eatherly. Mais je veux pas de problèmes.

– Quels problèmes ?

Roy Mantooth claque la langue. Il affiche un air fier, avec un brin de mépris. Il soupire en plongeant les mains dans ses deux poches.

– Regarde, répond Roy en sortant de sa poche une liasse de chèques qu'il agite sous son nez.

« C'est pas la gloire, pilote. Il va te faire encaisser des chèques volés. Tu vas retourner en taule, la vraie, cette fois. »

– T'as pas mieux, comme idée ?

Roy rempoche ses chèques.

Eatherly fait le compte. Pas question de taper de l'argent à son père. Pa' est plus que fauché et perd un peu la boule. Le mois dernier, il se serait égaré dans une ferme voisine. Un gars l'a ramené. Ses sœurs, Claire et Nancy, ont d'autres chats à fouetter avec tous les enfants qui leur sont tombés dessus. Et puis, elles vivent si loin… Quant à ses frères, inutile d'y penser. Tout ce qu'ils veulent, désormais, c'est revendre la ferme. Ils ont déjà cédé le champ de blé du haut sans lui en dire un mot ni donner un *cent* à ses sœurs ou à lui. Il faudrait un avocat pour défendre ses droits sur les terres et la ferme. Mais ses deux frères sont forts. Ils sont pleins de volonté et l'appât du gain les rend plus mauvais que jamais.

Il va se faire avoir. Il va perdre, c'est sûr. Eatherly perd toujours tout. Il est devenu minable. Il ne se regarde même plus quand il croise son reflet. Ce qui lui reste de pension revient de fait à Anna. Ça couvre un peu le loyer. À peine. Lui n'a même plus de toit.

Heureusement que Roy est là. Ce gros malin pense pour deux.

Son pied presse la pédale. La grosse bagnole de Roy file droit vers l'illégalité.

« C'est reparti ! »

Ils remontent Union Street, quittent Houston et roulent des miles durant vers une ville inconnue.

– Sors là.

Il est sorti. Il a pris la petite route qui traversait la ville.

– Dis, Roy, tu ne veux tout de même pas que je change ça dans une banque ?

– Mais non, mais non. T'inquiète.

Au carrefour suivant, Roy lui montre le bureau de poste à droite.

– Gare-toi juste là.

Il se gare.

– Coupe le moteur.

Le porte-clés ballotte sous le volant figé.

– Tiens.

Roy sort sa liasse de chèques, les détache et commence à remplir les premiers. Il rédige trois fois le même montant. Eatherly aperçoit le nom écrit dessus. Inconnu.

Roy ajoute un passeport et le lui tend.

– C'est ma photo ! remarque Eatherly.

Le passeport est bien fait. Il ressemble à un vrai.

– Tu t'appelles Claude Elby, tu es né à Hanville, dans le Mississippi. Signe là.

« C'est ridicule ! »

Il signe.

« Tu vas te faire prendre ! »

Il empoche le passeport et cherche une Buick au loin. Il y a du fric au bout. Les chèques sont à l'ordre de Claude Elby, de Hanville. Simple. Facile.

– Tu viens pas avec moi ?

– Pas cette fois, lui dit Roy.

– Mais pourquoi ma photo ? Pourquoi tu le fais pas, toi ?

– Parce que tu présentes bien.

« Mais bien sûr ! Ton Roy est prêt à tout. »

Il n'a plus rien à perdre. Eatherly prend les chèques.

– Un seul. Un seul à chaque fois, précise Roy.

Eatherly inspire et s'extirpe. Il traverse la rue. Il y a du monde dans l'agence. Quatre guichets alignés. Il prend celui du fond et se place en bout de file.

« Claude Elby ? »

– Ça ne sera pas long, dit le portier.

« Claude Elby, de Hanville, né en 1918. La même année que toi. Ça tombe bien, pilote. »

Il plie le chèque en deux en regardant ailleurs.

– Au suivant ! dit le guichetier.

« Dans la gueule du loup ! »

Après un grognement, il s'avance de deux pas. Puis s'arrête. En position d'attente, les talons bien au sol. Vacillant légèrement, il s'occupe l'esprit à faire couiner son cuir. Quand il pense à des choses, la voix peine à revenir. Né le 8 août 1918. C'est écrit dessus. La signature est la sienne.

– Au suivant !

Plus que deux. Un homme et une femme tirent un mandat postal. Voilà. C'est son tour. Il sort le chèque et le passeport. Le guichetier ramasse tout, lève la tête. Bref contrôle. Puis mouille le bout de son pouce pour compter les billets.

– Cent cinquante !

Eatherly n'en revient pas. C'est allé tellement vite.

Il tend le fric à Roy. Soixante-quinze pour lui. Sa part. Il sait où se trouve le prochain bureau de poste. Roy a fait des repérages. Une petite ville discrète qui borde l'autoroute. Pas de queue. Pas d'attente. Et toujours pas de Buick grise.

Le ronflement des pales qui brassent l'air du plafond.

Le tintement d'une grappe de grelots de Shanghai. Le chèque. Un postier aphasique qui traîne un peu ses yeux sur la photo jaunie de son faux passeport.

– C'est pour vous ?

Eatherly hoche la tête.

Il compte les cent cinquante, les empoche, sourit et rejoint son complice qui n'a même pas pris le temps d'éteindre le moteur.

– Voilà, dit-il en reprenant place devant.

– Ça, c'est un homme, dit Roy. Un carré, un poilu, sans tache sur sa vertu. Plus qu'un et on sera bons.

Des gens qui font la queue. À peine trois ou quatre. Cela va être vite vu. Eatherly prend ses aises dans cette arnaque limpide et se paye le luxe d'observer les témoins.

Derrière le guichet, une employée cubique dont le tour de taille fait celui de sa poitrine. Deux grosses joues sanguines. Des fentes pour voir un peu et un bras qui se tend en laissant pendre entre eux un gros paquet de chair molle.

« Tiens, tiens... Tu la reconnais, pilote ? »

– C'est pour un retrait ? demande l'employée d'une voix chevrotante.

Eatherly tend son chèque.

– Identité ?

Il tarde avant de pousser le passeport devant lui.

Elle vient de relever la tête. Elle vient de le regarder. Il retient son passeport. Un vieux souvenir remonte. C'était du temps de l'école, à Sherman.

« C'est bien elle, pilote. Regarde-la bien. C'est ton institutrice ! »

Il avait pour cette femme des amusements de gosse. Quand elle entrait en classe, c'était souvent en trombe. La porte valdinguait. Et pour faire les six pas jusqu'à son grand bureau, elle mettait au supplice les vieilles planches de l'estrade.

Un jour, comme elle tardait, lui et deux petits malins avaient bloqué le pas de la porte avec un coin de bois. Il avait vu que la maîtresse se ramenait. Il avait prévenu les autres. La classe retenait son souffle, les élèves pelotonnés dans leurs coudes, prêts à éclater de rire. Elle avait lancé sa paume pour faire valser la porte. Lui s'était retourné vers ses petits camarades. Amusé. La porte tenait bon. Elle avait dû s'y reprendre une fois, deux fois, puis de l'épaule pour l'ouvrir. Le coin céda enfin ; mais l'élan de la maîtresse était tel qu'elle s'étala de tout son long sur l'estrade. Une cascade de rires vint saluer le triste exploit. Des doigts s'étaient dressés pour mieux viser la honte de la maîtresse rétamée.

« T'en étais... »

La maîtresse blessée en avait pris trois au pif, les pires, toujours les mêmes, ses coupables idéals.

« Et toi ? Rien, c'est ça ? Tu faisais partie du lot. T'as même donné l'alerte, comme pour nous. »

Ses cheveux blancs. Pas une ride. Trois mentons et dessous des lunettes suspendues. Cette femme était obèse. Elle est devenue morbide.

« Pauvre Mme Rosen. »

– Je vous connais, dit la guichetière en prenant son passeport.

– Vous devez vous tromper. Et moi aussi d'ailleurs. Je vais reprendre mon…

Mais elle s'accroche.

– Mais ouiii, dit-elle. C'est ça. Attends, ça va me revenir. Eatherly !

Elle se cramponne au chèque sans le quitter des yeux.

– Oh, ce que ça me fait plaisir de vous revoir ici.

Vous faites quoi ? Vous vivez là ? Oh, remarque, non. Je le saurais. Tout le monde le saurait. On vous connaît. Vous êtes devenu quelqu'un depuis le temps ! s'exclame-t-elle.

« Et elle qui te regarde comme un fils. Traître ! Elle va se faire renvoyer de ce petit boulot de merde. Et ce sera ta faute, pilote ! Encore une fois. »

– Vous devez vous tromper, madame.

– Et comment que non ! Tu étais mon élève. C'est bien toi, Eatherly. Claude Eatherly, pas vrai ?

Elle s'est presque levée. Elle pourrait l'embrasser. Hiroshima. La bombe qui a mis fin à cette foutue guerre. C'est lui ! Elle l'a lu. Y avait même sa photo dans le journal.

– Ce type est un héros, lance-t-elle en prenant tout le bureau à témoin, les employés et les clients aussi.

« Tu parles ! N'importe quoi ! »

Du dehors, du dedans, il est pris en tenaille.

– Mais non ! Mais non ! dit-il à tous ceux qui s'approchent avec de grands sourires pour lui serrer la main ou lui taper dans le dos.

« Menteur ! Menteur ! Dis-leur qui t'es vraiment. Dis-leur, pilote ! »

Son dos est une muraille. Il est tout raide et dur.

– Il était mon élève. Je suis fière, je suis si fière, dit Mme Rosen en rebondissant sur sa chaise.

Partir ! Se tirer de là !

Eatherly plonge le bras devant lui et farfouille le guichet pour reprendre son chèque. Mais la femme le retient. Elle tire de l'autre côté. Une petite fille s'avance et lui tend un stylo.

– Vous pouvez me signer un autographe ?

Il a la tête qui tourne. Tout tourne. Tout se débine.

– Non ! Non, bredouille-t-il en déchirant une moitié

du chèque. Vous vous trompez ! Vous vous trompez tous !

Tout cela n'a plus de sens. La voix. L'insistance de cette femme. Les paires d'yeux qui l'envient. L'admiration trompée. Le mensonge. Tout ce mensonge. Ce chèque qui ne vaut rien et cet argent en poche. Il n'y a plus de vérité. Elle le regarde, éberluée. Ils le regardent, médusés. Il a la tête farcie, embrouillée par la voix et les pilules qu'il prend. Des vertes. Des bleues. Il sort.

– Démarre ! Démarre !

Mais Roy est à l'arrière. Il attendait peinard. Eatherly refait le tour. Cette vie n'a pas de sens. Tragédie ridicule. Comédie insoutenable. Eatherly oscille entre deux vérités. Il est comme le fléau.

Tout cela existe-t-il ?

53

Elle est rentrée fourbue, pliée par ces journées qui comptent triple. La salle de cinéma. Les petits cours de théâtre. Les services au resto entre midi et deux. Elle court d'un boulot à l'autre. La moitié de ses revenus passe dans ses frais de garde. L'autre se dissémine dans le loyer, la bouffe et l'école. Quand elle rentre le soir, ils sont déjà nourris, lavés, changés, prêts à recommencer jusqu'à la fin de la semaine. Le week-end, ils attendent qu'une autre mère, une voisine, vienne les sortir un peu.

Anna est saisie par un spasme nerveux, une vague épileptique partie du haut de sa nuque et enfuie par les pieds. Le sommeil provoque des secousses bouleversantes, comme s'il prenait la main pour chasser des langueurs, balayer ces sales peines accrochées comme des teignes au creux de nos organes, défroisser l'anxiété qui se replie dans le doute, le regret, la volonté bafouée, l'idéal fracassé, tout ce qui nous tempère, nous courbe, nous infléchit, nous tord et, finalement, nous torpille du dedans. Elle va couler.

Elle rumine le mot de Pa' qui dit que c'est à cause d'elle si son fils tourne pas rond. Elle l'a reçu ce matin, avant d'aller bosser. Quelques lignes mal écrites, d'une écriture grossière, avec des tas de ratures et ce mot souligné. Sorcière ! *Strega*. Elle n'y répondra pas. Elle n'en parlera pas. Elle creuse pour enterrer tout ce que contient ce mot. Elle a presque achevé et s'apprête à dormir quand quelque chose de froid se colle sur son nez.

– Mais qu'est-ce que… ? dit-elle en balayant devant elle.

Sa main cogne un objet placé au-dessus d'elle. Mais dans cette chambre obscure elle ne distingue rien. Elle fouille la nuit noire, à tâtons, et chope l'objet brandi qui pèse contre son front. Il est froid. Métallique. Puis la voix de l'aîné.

– Méchante, dit-il.

Il est debout entre elle et son interrupteur. Son fils n'a que neuf ans. Il n'est pas difficile de l'écarter d'une main. Elle agrippe le fil, remonte, appuie sur la bascule et illumine sa chambre.

Les rayures de l'aîné forment un T intriguant, amputé de moitié. Il a un bras tendu et sa main braque le jouet de son dernier Noël. Le flingue dont il rêvait. La réplique en plastique d'un colt de cow-boy.

– Mais qu'est-ce que tu fais là ?

– T'es méchante, maman. Je vais tirer.

Elle tarde à faire le tri entre le vrai et le pire. Elle cherche le verre d'eau qu'elle pose d'ordinaire près de son lit. Sa bouche est pâteuse ; mais comme il reste figé, son arme pointée sur elle, Anna se dit qu'elle rêve pas.

– Range ça tout de suite !

– Non. Je veux pas. Je veux plus de toi. On veut plus de toi, mon frère et moi.

Elle lance son bras pour confisquer l'objet. Il se débat un peu. Il a le regard lourd. Il va bientôt pleurer mais s'accroche à son manche. Son doigt s'entortille sur la virgule de la détente.

– Et voilà ! C'est malin ! Regarde ce que t'as fait, dit-il en lâchant son faux flingue, la détente dans la main. Il est cassé maintenant !

Les deux coins de sa bouche tirent vers le bas. La peau de son menton se crible sous l'effet de la complainte qui monte. L'or de son regard se charge de mine de plomb. Les premières larmes naissent, grossissent et l'envahissent.

– Oh, mon fils ! dit-elle en le tirant vers elle, enveloppant de son mieux ce squelette raide, acerbe et maussade, plein de cette rancœur sombre qu'elle va devoir désarmer, de ce ressentiment qui prend toute sa vie, qui vient troubler ses nuits depuis qu'il est parti.

– Pourquoi y a plus papa ? Pourquoi tu l'as chassé ? Il me manque, à moi. Tellement !

– C'est qu'il a du travail, ment-elle, prise de court.

– Mais non, se débat-il. C'est même pas vrai ! Je t'ai vue faire. Je suis pas bête, tu sais. Les papas travaillent pas.

Pour éviter que son frère ne se lève à son tour, elle attire l'enfant et le couche près d'elle. Elle se colle contre lui. Combien d'heures reste-t-il ? Qu'est-ce qui lui reste de nuit ? Pas beaucoup. Qu'à cela ne tienne, elle se reposera plus tard, quand elle trouvera le temps au milieu de tout ce temps gâché, bouffé par les soucis et cette course infernale.

– Que dois-je faire ?

Gladys est serveuse au bar-restaurant de la Troisième, comme elle. Gladys a dix ans et deux enfants de plus qu'Anna, une face de marionnette placide et le même vide autour d'elle. Gladys n'attend plus rien depuis que son mari l'a plantée pour une jeunette pimpante. Des hommes peuvent faire cela. Tout reprendre du début comme si de rien n'était. Elle a quelques nouvelles, quelques dollars glissés dans une enveloppe timbrée, des dizaines de mots vains et une poste restante. Voilà.

– Il faut que tu leur parles, lui conseille Gladys. Quand le père des miens s'est tiré, je les ai fait s'asseoir, tous les quatre. Je leur ai parlé de l'autre pute. Je leur ai tout déballé pour pas qu'ils se tricotent des espoirs superflus. Après, quand les choses furent dites, quand tout a été clair, j'ai demandé à la grande, Nancy, de s'occuper des petits. Elle pouvait bien me faire ça, ma Nancy.

– Elle a veillé sur eux ?

– Et bien, même. Jusqu'à ce que mon second soit devenu assez grand. C'est lui qu'a pris le relais de ma Nancy chérie, dit-elle en chiffonnant les miettes laissées sur une table.

Un client entre. Il montre une table vide près de la grande baie vitrée.

– C'est libre ? demande-t-il.

– Je vous en prie, dit Anna.

Gladys revient chargée d'une pile de serviettes en papier qu'elle dépose près de la caisse.

– Comme j'étais vraiment raide, j'ai dit à ma Nancy de se retrousser les manches. Elle l'a fait. Et ça tourne ! Moi, je leur cache rien. Je leur dis tout à mes gosses. On s'en sort. Une vraie équipe, dit-elle en gonflant la poitrine.

Gladys porte à merveille le rose bonbon de rigueur, un uniforme cintré qui rend ses formes uniques. Gladys a des seins bien plus gros que les siens. Anna, elle, ne bouge pas. Elle doit tout faire si vite. Le transport. Se changer. Travailler. Rendre compte. Exiger son salaire quand la paye tarde trop. Chercher un autre job si le restaurateur se braque parce qu'elle n'a pas le temps de minauder un peu. C'est le troisième qu'elle fait. Reprendre un autre bus pour gagner le cinéma. Deuxième job. Vérifier les tickets. Faire la caisse et passer le panier de confiseries. Filer. Reprendre un autre bus pour son troisième boulot. Sourire en prenant place devant ses jeunes élèves, apprentis comédiens. Écouter. Conseiller. Cracher ses dernières forces dans des encouragements qu'il faut renouveler quand l'un d'eux bute sur un texte trop ardu ou une mise en scène sotte. Puis rentrer.

– Mais ce soir, à la maison, qu'est-ce que tu me conseilles de faire ?

Gladys passe le chiffon sur la vitrine réfrigérée.

– De leur dire, pardi. De tout leur expliquer. Ton aîné a…

– Neuf ans !

– L'âge de raison, comme on dit. Et le petit ?

– À peine six.

– L'âge de comprendre, lâche-t-elle en regagnant la cuisine où l'attendent deux gros steaks bien saignants pour la douze.

Anna prend une commande. Elle note tout ce qui se dit. Plat. Cuisson. Boisson. Et file accrocher le tout sur le clou de la table treize. En passant près du bar, elle jette un œil vers la pendule murale. Plus que vingt-deux minutes.

– Leur dire quoi ? demande-t-elle à Gladys qui passe avec deux bières pour la table du fond.

– Que leur père est naze, répond Gladys en repartant dans l'autre sens.

Le client du fond insiste pour avoir l'addition.

– Voilà, voilà !

Gladys reprend comme si rien ne les avait interrompues.

– … que tu fais tout le boulot et qu'ils ont intérêt à t'adorer pour ça !

– Mais naze quoi ?

– Naze, ma belle. Zinzin avec ses voix et surtout incapable d'aligner trois kopecks.

– Mais ce pistolet, ce jouet ?

– Tu l'avertis.

– Et s'il recommence ?

Au bar, des clients réclament leurs bières.

– Deux tartes ! répond Gladys.

– À qui tu dis ça ? s'étonne Anna tant ses conseils se perdent dans le brouhaha de la salle.

– À toi, Anna. C'est à toi que je dis « deux tartes ». S'il ose refaire ça, ton gosse, tu lui fais comprendre.

– Mais tu ne crois pas qu'il souffre ? Je m'en veux tellement, si tu savais.

– De quoi ?

– Du divorce. De cette situation.

– T'as pas eu vraiment le choix, ma belle. Et lui non plus. S'il recommence, c'est…

– … deux baffes, oui. Je sais, marmonne-t-elle en repartant aux commandes, ruminant ce conseil qui trottera jusqu'au soir, cherchant en vain une place dans son puzzle de vie, ses éclats de conscience éparpillés en mille. Que faire ? Comment s'y prendre ? C'est qu'un gosse qui ne sait plus. Au cinéma plus tard, elle vend six cookies de plus, puis endosse son sourire devant sa jeune élève apprentie comédienne avant de s'engouffrer dans le hall en laissant derrière les prémices d'une averse.

Anna se dit qu'elle l'a échappé belle, que cette journée aurait pu être pire à quelques minutes près, si elle avait fini sous cette pluie diluvienne. Ses fils sont déjà couchés. Elle salue la nounou, s'affale dans le canapé et souffle ce qui lui reste de souffle.

Quelqu'un sonne à sa porte.

– Oh non, lâche-t-elle. Ça ne s'arrêtera jamais.

– C'est qui, maman ? C'est qui ? s'inquiète son fils aîné qui déboule dans le salon.

– Au lit ! Vite ! dit-elle en remontant le couloir.

Par l'œilleton de la porte elle distingue le bleu, l'étoile et le képi de la police.

– Madame Eatherly, c'est à propos de votre mari, dit l'agent dans le couloir.

Elle sursaute en voyant son aîné dresser son pistolet dans son dos.

– Bang ! Bang ! fait-il en tirant sur une cible imaginaire.

– Mais bon Dieu, ça va pas ! hurle-t-elle en le giflant.

Bam !

La tarte sidère son fils avant de le faire fuir vers sa chambre et son frère.

Elle est seule désormais. Elle s'apprête à ouvrir. Elle n'a plus de pensée. Elle se retrouve rivée aux nouvelles qui menacent dans le couloir.

Gladys avait raison. Faut pas avoir d'attentes. Ça fait que des déceptions.

54

Une brume. Une vraie purée de pois. Ses paupières sont si lourdes. Plus rien.

Son torse et ses bras joints par une sangle de cuir. Il n'a de latitude qu'à partir des épaules. Il se débat un peu. Vaguement. Plus rien.

Un rayon de lumière qui fend le mur d'en face, puis se dilate jusqu'à former un œil grand ouvert. Les sangles ont disparu. La purée de pois aussi.

– Bonjour, major. Comment va ?

Sa langue pèse des tonnes et bute sur les parois d'un palais desséché. Ses lèvres articulent un début de réponse, un souffle silencieux qui ne formule rien. On lui tend un verre d'eau. On lui pousse le dos pour le décoller du lit. Le verre cogne ses dents puis déverse son contenu dans sa caverne de bouche. Il boit et se recouche.

– Pas bien fort, on dirait.

– Mmmh.

Une chambre isolée. Une lucarne pour fenêtre et une porte en fer. Des talons sur des dalles. Le tintement des couverts. Le grincement des gonds de fer. C'est l'heure du dîner. Un cerbère en blouse blanche approche un plateau qui sent bon les boulettes de bœuf aux haricots. Eatherly enfonce ses poings dans le matelas pour se redresser.

– Merci !

Depuis combien de temps est-il enfermé dans cette piaule ? Il plisse les yeux pour lire la série de chiffres inscrits sur son bracelet de plastique. Une date d'admission.

– On est quel jour ?

– Le 13 septembre.

Il fait le compte. Admis le 3 septembre 1953, ça fait déjà dix jours. Dix jours dans le coaltar. Et combien de piqûres, de pilules, de camisoles chimiques administrées malgré lui ? Il se souvient de la Buick. Il se souvient d'un juge qui parlait pour ne rien dire. Il se souvient du bruit qu'a fait l'avocat en découvrant son acte d'accusation. Il voulut faire appel mais un costard derrière lui a fait signe que non. Inutile. Pas la peine. L'avocat est sorti. Eatherly est passé du chaud du tribunal au froid de la camionnette, les mains liées dans le dos et la tête collée contre une grille métallique. De retour à Waco. Le docteur Clementine l'a reçu, embarrassé. Il n'avait pas vieilli.

La porte s'ouvre de nouveau. Le type en blouse s'approche et s'empare du plateau posé près de son lit.

– Mais je n'ai pas terminé.

La blouse laisse le plateau.

– Y a votre dame qui va venir. Faites-vous beau !

Il se demande ce qu'il faut dire. Sa femme ? Son ex-femme ? Il s'embrouille dans les dates. Ils ont peut-être divorcé ? Non ? Non. Pas encore. Ils n'ont pas divorcé. Eatherly pique une boulette de viande froide. Ce sera toujours ça de pris. Il aime la rondeur de cette sauce tomate. Sa mère faisait les mêmes, avec un peu moins de sucre.

– Ça y est ? demande l'infirmier.

Eatherly pousse l'assiette. Encore une dernière. Du

coin de sa serviette il s'essuie la bouche en relevant la tête. Il cale sur ce détail. Pourquoi ont-ils mis des barreaux à cette lucarne ? Il n'y a pas d'autre fenêtre. Ce ne sont que des murs blancs, hormis cette ouverture haut perchée et barrée. Sa chambre pue le graillon, et la sueur, et la pisse dans le pot sous le lit. Eatherly se redresse et déplace ses jambes vers le bord du matelas. Ses talons touchent le sol. Il tente de se lever, mais tout se met à tanguer. Impossible. Il a été drogué. Cette sauce avait un goût bizarre. Quand il reprend conscience, il sent que sa peau tire. Ses joues sont lisses et douces. Comme son crâne rasé. Il n'a pas le moindre souvenir d'avoir été tondu. Une chemise neuve l'habille. Il cherche en vain sa montre. Il se lève pour ouvrir la penderie. Vide. Il est l'homme sans bagages. Il n'a plus d'excédents. C'est pratique. Il devrait se sentir libre.

Il ne sait pas qu'Anna remonte le couloir vers lui. Elle suit une infirmière et entre dans sa foulée.

– Voilà. Je vais vous laisser.

Mais Anna insiste pour que l'infirmière reste.

– J'peux pas, madame, j'ai d'autres visites à faire. Mais ça va bien se passer. Ne vous inquiétez pas.

Ne t'inquiète pas, pense-t-il.

L'infirmière ferme la porte, doucement, comme pour la rassurer. Il tripote la montre qu'on vient de lui rendre. Il tapote la vitre de son cadran.

– Les aiguilles, dit-il. Les aiguilles tournent bien, mais c'est la date qui déconne.

– On est le 17, murmure-t-elle.

Elle porte un gros manteau et des bottines fourrées. Ses paumes à plat dessus. Muette. Elle a les cheveux défaits. Il la trouve belle. Très belle. Tout ça, c'est sa faute. Il reporte ses regrets sur sa montre.

– J'ai plus de point de repère. Je passe mes journées là-dedans. Tout se confond avec tout.

Anna s'adosse au mur. Elle a croisé les jambes. Ses coudes font deux pointes autour de son manteau. Cette minuscule lucarne éclaire le haut de son crâne. Ses cheveux ont poussé depuis la dernière fois. Ils sont longs. Elle est vraiment très belle.

– C'est quand que je t'avais vue la dernière fois ? Tu vois. Je me perds. Et cette foutue montre qui me donne une heure sans date. On est le 17 de quel mois ? Septembre ? Octobre ? Il fait dejà tout gris.

– De quoi tu parles ? Quelle importance ! On s'en fiche de ta montre.

Son manteau s'est ouvert. Une enveloppe dépasse de sa poche intérieure. Elle est venue pour ça. Elle a baissé la tête. Et pourtant, elle hésite.

– C'est pour moi ?

Elle la tire de sa poche.

– C'est ta condamnation.

– Quelle condamnation ? demande-t-il.

Elle la pose sur le lit et se recule rapidement.

Mais il n'est pas dangereux. Il ne lui fera pas de mal. Non. Jamais. Pourquoi elle a fait ça ?

– Tes braquages, reprend-elle. Tes chèques. L'argent. Le faux passeport avec ce nom débile. Ça te dit quelque chose ?

Il a si mal au crâne.

– Je me souviens vaguement, dit-il en se massant les tempes.

– L'institutrice.

Il sourit.

– Oui… Mme Rosen. Je me souviens. Cette pauvre Mme Rosen. Si gentille. Elle a même insisté pour que je prenne l'argent, dit-il en ouvrant grand la bouche pour chasser ce borborygme qui se forme dans sa gorge.

Il aurait voulu rire, mais sa gorge est nouée. Il tousse. Il s'étouffe. Il peine à reprendre son souffle et ça ne fait qu'effrayer un peu plus Anna.

– Il faut que ça s'arrête, Claude. Pour moi, pour tes enfants, pour tout le monde. Il faut que t'arrêtes ça.

– J'avais besoin d'argent.

– Y a pas que ça, dit-elle, en refermant son manteau.

Elle regarde de côté. Elle cherche les mots justes.

– Tes provocations ! Tes délires !

– Quoi ?

– Ce que t'as fait là-bas.

« Elle aussi, pilote. Elle aussi, elle voudrait que tu te taises. Mais t'es pas seul, tu sais. »

– Oh, toi, laisse-moi tranquille !

Sa femme s'est écartée. Elle est au bord des larmes. Elle inspire et le fixe d'un air dépité.

– À qui tu parles, Claude ? À qui tu parles comme ça ?

« Y a plus que toi et moi, et puis ces milliers de morts. »

– À Hanaé.

Elle n'a pas supporté. Elle a quitté la pièce. La porte s'est refermée. Il a regardé sa montre. Il a toqué dessus.

– Pourquoi la date reste-t-elle toujours bloquée sur le 17 ?

55

Anna regrette. Elle n'aurait jamais dû se rendre dans cet asile. Ce docteur Clementine n'est qu'un sombre imbécile. Cet acte du tribunal, tout ça, ça venait de lui. Il prétendait que ça le ferait réagir, prendre conscience des faits, « l'enraciner dans le vrai », qu'il disait. Que des âneries !

Elle freine et tourne à droite. Il reste une place au fond. Ses freins à disque couinent. Il y a des points de rouille partout sur le blanc de sa caisse. Elle ramasse les courses et s'extirpe de sa poubelle. Même sa portière ferme mal. Elle s'y reprend et claque fort.

– Bonne pour la casse, comme moi.

En traversant la rue, son cabas dans une main, Anna croise un type qui la regarde bizarrement. Elle poursuit vers l'immeuble. Le type traverse comme elle, hors passage piétons, hors feu, hors tout.

– Madame Claude Eatherly ?

Elle a failli répondre « oui, mais plus pour longtemps » à force de maudire ce nom et tout de lui. Là-haut, ses fils l'attendent. Il faut pas qu'ils entendent tout le mal qu'elle pense de lui. Elle se retrouve face au type qui l'interpelle.

– C'est quoi ? C'est pour quoi ?

Elle ne l'a jamais vu.

– Je suis du *Texas Chronicle*.

Le dos d'Anna se crispe sous l'acide du stress.

– Que me voulez-vous ?

Le reporter déclenche son sourire de reporter, celui qui se déguise pour mieux vous bouffer l'âme en quelques milliers de signes, avec ou sans photo. Ses épaules sont libres. Pas d'appareil en vue. Aucun carnet en main. Il s'avance doucement.

– Auriez-vous deux minutes ?

– Pas vraiment. Il est tard. Mes enfants m'attendent, désolée.

Elle pousse la porte d'entrée. Il la lui tient d'une main, une épaule en dedans, un air enveloppant.

– Je comprends bien.

Sans lui emboîter le pas, il a sorti sa carte. Un bristol prétentieux avec pleins et déliés imprimés en relief, qu'elle fourre dans sa paume. La porte vitrée se referme. Elle monte les premières marches et découvre le mot qu'il a écrit derrière : « Faut qu'on se parle. »

Elle sonne pour que la nounou lui ouvre. Ses deux fils se jettent dans les bras de leur mère et l'assaillent de questions.

– T'étais où ?

– On mange quoi ?

– Qu'est-ce qu'y a dans ton sac ?

– T'as des bonbons pour nous ?

C'est pour eux deux qu'elle trime, qu'elle retient tout de sa vie, ses envies, ses fatigues, ses griefs, même ses rêves qu'elle préfère éviter. Elle rêve tout de travers. C'est pour ça qu'elle se bourre de médocs pour dormir. Le lendemain, il pleut. Sale automne. Le jour est levé ; bien mieux qu'elle. Ses fils ont sauté dans le premier bus scolaire. Elle s'est vite coiffée et s'apprête à partir travailler. Le type du *Chronicle* surgit dans le hall de l'immeuble en rabattant sa veste.

– Encore vous ? Mais qu'est-ce que vous faites là ?

– Je suis venu pour vous aider, dit-il en levant les yeux au ciel.

– M'aider ?

Anna découvre la pluie.

– Tenez, dit-il en ouvrant son grand parapluie.

Anna se colle contre le manche et traverse rapidement jusqu'au fond du parking. Il formule des tas de phrases qu'elle n'écoute pas vraiment. Sa vieille Ford blanche luit. Presque propre. La portière fait des siennes. Elle s'y prend à deux mains en tirant la poignée.

– Très belle, cette Mercury. C'est un modèle de 1937 ?

Elle force sans répondre. Ça y est, elle s'ouvre.

– Ouf ! fait-elle en se mettant à l'abri.

Ses semelles sont pleines de flotte. Elle les retire et les jette sous le siège passager. Le tambourinement de la pluie envahit l'habitacle. Il plie son accessoire. Elle se demande ce qu'il fait.

Ses cheveux bruns sont plaqués. Une goutte pend sous son nez. Immobile. Elle passe la marche arrière, recule, manœuvre son volant et le voit qui prend l'eau. Sa veste gris clair est devenue gris foncé. Il semble plus jeune qu'elle. Vingt-cinq ans à peu près. Des sourcils qui rebiquent sur de petits yeux clairs.

– Et merde ! lâche-t-elle en moulinant sa vitre.

– Mon bureau est là-bas, dit-il.

– Montez.

– Ah, merci. Je savais bien…

– … vous ne savez rien du tout, le coupe-t-elle, exaspérée de tomber dans le panneau.

Mais la pluie bat si fort qu'il n'a pas entendu.

– Je savais bien que vous aviez du cœur.

– Du cœur ?

Un sourire satisfait se loge au coin des lèvres d'Anna. Il va former une flaque sur ses vieux sièges en cuir. Les vitres sont pleines de buée.

– Y a le chauffage dans cette caisse ? Mon père tenait un garage. Si je me souviens bien, il faut actionner ce levier et ça rabat vers nous la chaleur du V8.

Il se penche sous le pare-brise, palpe le creux sous ses jambes, et se relève.

– Il est cassé. Ça coûte trop cher à réparer, confie-t-elle.

– Je comprends ! Je comprends !

Elle s'amuserait presque de ses curiosités. Ce jeune loup du *Chronicle* est coriace. Mais elle sait bien ce qu'il veut. Il est comme tous les autres. Ce n'est pas la première fois qu'un journaliste se pointe pour des déclarations. Mais elle n'a rien à dire. C'est juste qu'elle a pitié. Anna baisse sa vitre pour évacuer la buée.

– Vous allez me guider, dit-elle.

En approchant du centre-ville, les rues se resserrent. Il amorce des questions, qu'il n'a pas le temps de finir parce qu'elle le coupe tout le temps.

– À droite, non, non, je vous avais dit à droite, madame.

Elle fait semblant de pas voir, de rater des sorties, de prétendre qu'elle ne comprend pas ce qu'il vient de dire. S'arrête à contretemps. Lance des coups de klaxon quand une question menace de se développer malgré elle.

– Il paraît qu'à Tulsa, une plainte est déposée.

– Où ça ?

– À Tulsa, au bureau de poste. Mais non, non, madame. C'est à gauche.

– Tulsa ?

– Non, mon bureau.

Elle va le rendre chèvre, le pauvre, à jouer sur les mots et l'accélérateur. Le caoutchouc des essuie-glaces est tellement usé qu'un bruit de ferraille s'ajoute au tambourinement de la pluie sur la capote. La vieille Ford freine enfin. Le nom du *Texas Chronicle* est inscrit en grandes lettres sur la façade.

– Et voilà ! lance-t-elle, heureuse du bon coup qu'elle vient de faire à ce gamin.

Il lève ses deux mains pour éternuer dedans.

– Atchâââaaa !

– À vos souhaits.

En sortant un mouchoir, il répond justement qu'il souhaiterait bien finir de lui poser quelques questions.

– À propos de ces chèques volés…

– Je suis désolée, jeune homme, mais je suis attendue.

Il s'extirpe du siège dans un couinement grotesque. Cela faisait si longtemps qu'elle ne s'était pas amusée comme ça.

– Vous vous moquez…

– Mais non ! Mais non !

Pourtant, ses rires redoublent. Elle en a mal aux côtes. Et ça reprend de plus belle quand elle le voit dressé sur le trottoir, les deux mains sur la vitre, ses mèches collées au front et son nez tout coulant. Il se retourne et remonte le trottoir vers le nord.

– Mais qu'est-ce qu'il fout ?

Il est neuf heures et quart. Il lui reste trois minutes avant de prendre son service. Elle enclenche la marche arrière et recule jusqu'à lui.

– Vous n'allez pas bosser ? Vos bureaux sont juste là, s'étonne-t-elle.

– Je sais. Mais faut que j'aille récupérer ma voiture.

– Pardon ?

– Elle est garée chez vous, dans le parking en face.

Il hésite. Secoue ses lèvres et reprend :

– Je voulais vous dire aussi…

– Quoi ?

Il tremble sous l'averse. Il regarde à droite, à gauche, avant de se pencher vers la vitre entrouverte.

– Je comprends votre mari.

– Qu'est-ce que vous racontez ?

– Les autres, les gens de Waco, les militaires et la presse officielle font passer votre mari pour… Eatherly n'est pas fou. C'est vraiment criminel de lui faire subir tout ça.

– Qu'est-ce que…

– Vous savez, ce n'était pas très glorieux de balancer cette bombe. Vraiment pas. C'est ce qu'ils ont fait qu'est dingue.

– Je ne veux plus parler de ça ! C'est pas bien ! Je ne veux plus !

– Je comprends, dit le reporter, mais j'ai reçu ce paquet de lettres du Japon. Ce sont des témoignages pour mon enquête. Elles parlent de votre mari.

– Ah bon ? Mais elles disent quoi ?

La pluie s'est arrêtée. Il s'éponge le front.

– Connaissez-vous l'histoire des vingt-cinq vierges de Hiroshima ?

56

L'infirmier entre en trombe. Il déboule en poussant le chariot d'une télévision. C'est le grincement des roues qui le tire de son sommeil.

– Que faites-vous ?

L'infirmier cale le poste devant le lit d'Eatherly et s'active tout autour. Branche l'alimentation. Cherche la bonne fréquence. Triture un peu l'antenne. Un brouhaha surgit de la masse des nuisances. Un son qui ressemble à des applaudissements. L'image suit. Le noir et blanc d'un type qu'Eatherly ne connaît pas. Costume gris. Cravate sombre rayée de bandes plus claires. Une bordée de micros disposée devant lui. Il a le regard mauvais de ces chefs par nature qui scrutent l'assistance pour mieux la dominer. C'est un discours public retransmis en direct. L'infirmier se redresse.

– Écoutez-le, dit-il.

Eatherly tend le bras pour saisir ses lunettes. Une paire qu'on lui a faite, à sa vue. Il lit le bandeau blanc qui s'affiche sous l'image. Joseph Raymond McCarthy, sénateur républicain du Wisconsin. Une vraie tronche de blaireau avec un long museau sur un corps robuste. Des yeux clairs, peut-être bleus. Faudrait le voir en vrai. Ses sourcils en équerre retombent de chaque côté. Un paquet de feuilles annotées recouvre son pupitre. Il tapote un micro, cherche la caméra et s'y rive.

L'infirmier tourne d'un quart le bouton du volume. Le sénateur commence.

« Huit ans après la fin de la Seconde Guerre mondiale, le cœur des hommes est en droit d'espérer une paix durable, et l'esprit des hommes devrait être délesté du fardeau de la guerre et de toutes ses contraintes. Nous le souhaitons, aujourd'hui. Mais ce n'est pas le cas. Nous ne sommes pas en paix. Nous sommes en guerre froide. Le monde est divisé en deux camps hostiles très lourdement armés. »

McCarthy parle haut. Il évoque les secrets de l'atome révélés à Moscou par un couple d'espions, Ethel et Julius Rosenberg, exécutés l'été dernier. Les essais de bombe H dont l'ombre plane sur l'Amérique. La menace nucléaire. L'apocalypse à venir.

Eatherly se demande à quoi tout cela rime, l'infirmier dans sa piaule, qui ne bouge pas d'un cil. La télévision. Le discours.

– J'ai soif. Je peux avoir un verre d'eau ?

L'infirmier se retourne, jette un œil alentour et marmonne une réponse. Inaudible. Il reste là. Deux doigts sur le bouton, puis se raidit soudain. La porte vient de s'ouvrir. C'est un gradé, cette fois. En uniforme. Il adresse un salut au patient, et rejoint l'infirmier qui se détend à peine. Les mains croisées dans le dos, lui aussi suit le discours.

– C'est McCarthy ?

– Oui, colonel. Il vient de commencer.

« Mais c'est quoi, ce cirque ? »

Cela faisait des nuits qu'elle n'était pas revenue, ses frémissements, ses visions, ses fumées. Avec toute l'insuline dont on le bourre chaque jour, il pensait que c'était réglé, qu'elle ne reviendrait plus.

« Mais non, pilote. Je suis plus forte que ça ! »

Le sénateur fait le tri dans ses notes et reprend :

« Aujourd'hui, dit-il, nous sommes engagés dans la dernière bataille, un moment de vérité qui oppose ces chiens de rouges à toute la chrétienté. »

– J'ai vraiment soif ! dit Eatherly.

– Chut ! lui intime l'officier.

Un troisième homme débarque. Plus gradé que le premier. Il ne le salue même pas.

– C'est bien ! C'est bien, dit-il. Augmentez un peu le son. Il faut qu'il l'entende bien.

– À vos ordres, général !

« Regarde ces hypocrites. Ils te tournent le dos. Ils veulent que tu te soumettes, que t'écoutes ce bonhomme avec son long discours. Ça va faire combien de temps qu'il s'exprime maintenant ? Qu'est-ce qu'elle te dit, ta montre ? »

Il déplie ses longues jambes. Ses pieds touchent le sol froid. Il se redresse un peu, sans regarder sa montre.

– Qu'est-ce que vous foutez ? maugrée le colonel.

– C'est que je crève de soif.

L'infirmier cale sa main et pèse sur ses épaules. Pas bouger. Rester là.

– Tout ça, c'est pour vous, Eatherly. Écoutez le sénateur.

« T'es plus sous ses ordres, pilote. T'es plus de l'US Air Force, alors te laisse pas faire. Il doit pas te commander. »

Eatherly se débat, mais l'infirmier s'oppose et l'enfonce dans le matelas. Eatherly en a le souffle coupé.

« À la fin de la guerre, nous étions physiquement la nation la plus puissante du monde et, sur le plan intellectuel et moral, nous étions sur le point de le devenir. Nous aurions dû nous ériger en phare dans un monde dévasté, une preuve brillante, vivante, que notre civilisation ne serait pas détruite. Hélas, nous avons échoué. Nous avons échoué misérablement et tragiquement à saisir cette opportunité. Et la raison de cet échec n'est pas due à l'invasion ennemie sur nos côtes ni à son débarquement. Non. Cet échec, nous ne le devons qu'à nous-mêmes. À notre affaiblissement. Nous le devons à toutes ces traîtrises, à toutes ces trahisons de ceux que notre nation a eu la faiblesse de tolérer. »

Trois têtes se tournent vers Eatherly.

Un vrai peloton muet prolongeant les menaces énoncées dans le poste par ce gros type suintant, gominé, au regard souligné par des sourcils en angle, soupçonneux, mauvais.

– Quoi ? se défend Eatherly. Qu'est-ce que j'ai fait ?

McCarthy évoque les ennemis de l'intérieur et débite des couplets sur la morale, la patrie, la grandeur du pays que des voix dissidentes s'efforcent de miner. Judas est encensé. Une Passion renversée souffle sur les consciences. La chasse aux sorcières est bel et bien ouverte, officiellement, contre tous ceux qui s'écartent du droit chemin du devoir, du respect et de la fidélité.

– T'as pigé, Eatherly ! lui lance le général. On te laissera plus faire. Garde tes doutes sur la bombe. Répands plus tes conneries et fais ce qu'on attend de toi. Fais comme Tibbets. Fais comme Lewis. Fais comme tes camarades. Joue le jeu, Eatherly, sinon…

Devant ces fronts sévères nourris par un discours qui ouvre l'ère du soupçon, le tréfonds d'Eatherly s'insurge. Ses intestins tressaillent, sa bile bronche, sa vésicule rouscaille pour émettre un long pet.

« Tu me fais rire ! »

Sa mère, Belle, prétendait que l'homme était fait de trois choses. Une tête. Un cœur. Un ventre. C'est la sainte trinité de notre humanité. Le reste, précisait-elle, c'est que de la chorale, de la flûte, de l'encens, de la matière à serments.

Sa tête est assiégée, comme toutes celles des patients de Waco. Dans son pavillon X, une vingtaine de doux dingues ne savent même plus leur nom.

Quant au cœur, c'est guère mieux. Depuis qu'Anna a demandé le divorce, son cœur est une tourbière, un marécage stagnant de purée rouge molle qui bat à contretemps du cœur de la nation qui pense sécurité, tranquillité, pelouse et pavillon, barbecue le week-end et volupté d'avoir. Lui, il a tout perdu.

Reste le ventre, donc. Il est le puits sombre de toute notre matière, le creuset de la vie. Il est aussi notre ancre. Le ventre désire et comble. Il exige et succombe. Ce n'est pas un hasard si sa mère est morte de là.

Son pet les rend fous de rage.

L'infirmier le taloche.

Le colonel le menace.

Le général exige qu'on l'inscrive à une série de séances dans la salle de la cour, pour des électrochocs.

– Rien de tel que les mégawatts pour remettre un peu d'ordre dans cet esprit brouillé.

Les autres trouvent cela drôle.

57

Tous les jours, Anna passe devant ce joli pavillon. Une maison de pierres blanches. Un grand perron ouvert. Un rectangle vert pelouse parfaitement entretenu, bordé par deux massifs comme des bras accueillants, et lui qui déplie son échelle. Ce n'est pas la première fois que leurs regards se croisent. Cela s'est déjà produit un jour de l'été dernier. Il arrosait ses plantes. Elle pensait à autre chose. Les vapeurs d'eau du jet formaient un arc-en-ciel. Cette fois, elle l'a regardé grimper sur son échelle. Les manches retroussées sur des bras déliés. Une taille soulignée par une ceinture en cuir. Un pantalon de lin clair. Cet homme est un col blanc qui ne craint pas le froid. Sa Ford est à l'arrêt, derrière un gros camion qui tarde à redémarrer. Tout le quartier est bloqué. Elle prend le temps de l'observer qui s'affaire sur son toit. Il s'apprête à fixer un drapeau sur son mur. Il l'ajuste et le visse juste au-dessus du perron. Il passe la main dedans pour qu'il se gonfle de vent. Les rayures rouges se tendent. La bannière flotte un peu. Les hommes sont patriotes. Ce sénateur, celui qui s'appelle McCarthy, est tellement populaire. On ne parle que de lui. Ses idées se propagent dans tous les bons foyers.

Tûûût ! Tûût !

Une voiture grise klaxonne. Il faut être gris pour

couper ce beau moment, gris costard, gris rond-de-cuir, gris fonctionnaire. Anna aurait voulu répondre au klaxonneur : « Je ne veux plus démarrer », « Je ne veux plus m'en aller », « Je ne veux plus esquinter mes trente ans pour un salaire sans homme, un traitement sans faveur, une paye plate sans pagaille ». Rester là. Se rassasier. Je vous en supplie, mais non. Nouveau coup de klaxon.

Lui esquisse un sourire en repliant son échelle, puis lui adresse un signe de la main auquel elle ose répondre. Qu'est-ce qui lui prend de faire ça ? Ils ne se connaissent pas.

Au resto, ce midi, elle en parle à Gladys.

– Mais quoi ?

– Rien, juste ça. Mais ça m'a fait du bien de sourire ainsi pour rien.

En salle, un peu plus tard, elle se le représente en regardant sur l'écran Brando saisir Vivien Leigh. Le film se déroule dans le quartier français de La Nouvelle-Orléans. Elle oublie Eatherly. Son divorce qui approche. Sa sortie. Elle est vide et si seule.

Le lendemain, en passant devant le pavillon, un gamin traverse sans prévenir. Quand elle freine, sa Ford cale. Le gamin retraverse avec sa balle sous le bras.

– On a frôlé le drame, remarque l'homme en lin, surgi de son jardin comme un diable de sa boîte.

Elle rougit. Balbutie. Elle fait tout le contraire de ce qu'elle voudrait faire en passant la première pour repartir dare-dare.

Au resto, Anna a beaucoup de mal à nouer son tablier. Elle râle et s'y reprend.

– Mal dormi ? lui lance malicieusement Gladys.

– Mal réveillée, plutôt. Je l'ai revu et je suis partie.

– Mais pourquoi ?

– Son parfum.

Romarin. Bergamote. Basilic. Et une pointe de citron. Eatherly n'a jamais voulu se parfumer. Il répondait toujours que c'était pas son truc. Dommage. Elle aime les parfums, même pour les hommes, et surtout celui-là.

Pendant plus d'une semaine, elle passe par Westheimer Road et repique sur Fannin. Le trajet est plus long. Mais elle ne court plus le risque de se trouver coincée devant le pavillon et le parfum et cet homme.

– Anna, encore un retard ! peste Miller, le boss du resto.

D'ordinaire, il se repose sur son chef de salle pour gérer ses affaires. Pas ce matin. Il est là, le ventre tendu devant lui, ses sourcils retombant comme un buisson défait et plein d'avertissements.

Elle a envie de pleurer. Elle se sent tellement bête. Le boss quitte la salle. Il n'y a plus qu'elle, désormais, et Gladys.

– C'est ridicule, enfin. Tu ne le connais même pas ! Pourquoi tu fais tout ça ?

– T'as raison ! T'as raison ! dit-elle avant de se cacher le visage dans les mains.

– Oh, ma pauvre, j'avais pas vu que tu pleurais…, lui dit la brave Gladys, la serrant dans ses bras. Allons ! Allons !

Anna s'est bourré le mou à force de languissements. Elle s'est fait des tas de nœuds dans la tête et autant de détours pour éviter de se dire qu'elle n'en valait plus le coup, qu'elle n'attirait rien d'autre que des brèves mains au cul et des remarques salaces en guise de pourboire. Ces renoncements pèsent lourd. Sa trentaine. Ses nuits. Son estime périmée par les remarques des voisins. Sa candeur laminée par les frais de justice qu'elle doit acquitter seule.

Elle oublie Fannin Street et change de batterie pour éviter de caler. Dix dollars. Elle note que son adresse est sur Eisenhower. Le nom du président. Le grand chef d'Eatherly. En maudissant celui qui lui a pris son homme, elle s'éloigne un peu du 2276.

– Vous ici ?

Romarin. Bergamote et cette pointe de citron. Pas de lin. Dans le hall de l'immeuble, il appelle l'ascenseur.

– Bonjour, dit-elle en ajoutant « monsieur » pour mettre entre elle et lui la distance salutaire, le temps de remettre de l'ordre dans le charivari de ses émotions brutes.

Sa langue colle à son palais. Ses talons s'enfoncent dans le marbre mouvant. 2276 Eisenhower Road. Le drapeau. L'arc-en-ciel. Dieu, qu'elle aime ce parfum !

– Vous allez voir quelqu'un ?

– Oui.

Il a des yeux rieurs qui lui font grimper le rouge, un front un peu bombé qui aspire ses pensées, des golfes dégarnis à la Marlon Brando et une bouche qui se réjouit de la voir enfin en vrai, sans son volant devant, sans portière à côté, sans toutes ces fumées qu'elle laisse dans son sillage.

– Ah ! Vraiment ? Je suis désolée de polluer votre pelouse.

Il s'amuse de la réaction d'Anna. Ce n'est pas sa faute. C'est une question de moteur, de réglage et de filtre.

– Vous êtes mécanicien ?

Sa belle bouche se fend et il éclate de rire. Elle se sent crucifiée.

Une brève sonnerie retentit. Il lisse sa cravate puis tend le bras devant elle pour maintenir la porte ouverte.

– Vous ne montez pas ?

– …

– L'ascenseur ?

Elle s'y plonge.

– Oui, troisième, dit-elle.

– Très bien, madame. Tout à l'heure, garagiste, et maintenant, liftier.

Anna récrimine, balbutie des excuses.

– Mais non, mais non, ça me plaît ! J'aime bien vous être utile.

La cabine d'ascenseur est tapissée de miroirs. Devant. Sur le côté. Derrière. Anna est prise au piège comme la dame de Shanghai. Où que porte son regard, elle ricoche sur lui. Il est pourtant discret. Il se tient dans son coin, les mains sur son veston qu'il boutonne, déboutonne, reboutonne en tournant une idée. De nouveau, la sonnerie. Les portes de l'ascenseur s'ouvrent sur un long couloir. Il retient celle de gauche.

– Merci ! dit-elle.

Il a vu le dossier qu'elle tenait serré contre elle. Le nom d'un avocat, la date d'un jugement. La marque à l'annulaire et sa présence ici. Il a deviné le reste.

– Tenez, dit-il, en équilibre, d'une main tenant la porte, et de l'autre tendant sa carte.

– J'ai déjà un avocat, dit-elle.

– Et un ami ? lance-t-il, laissant à la porte le soin de couper court par un sourire courtois.

L'ascenseur redémarre. Elle regarde la vingtaine de boutons alignés. Le huitième reste figé. Elle range sa carte et s'enfonce dans le couloir, dans le bureau, dans le cuir du fauteuil, dans ses chicaneries sur ses retards de paiement. Du bureau de l'avocat, elle ressort bouleversée comme si on l'avait prise pour un vulgaire monte-charge, ballottée de haut en bas, allant de triste à gaie, de l'espoir au dépit en passant par la gêne. Le pire, c'est la gêne, le sous-sol de l'estime, celle que la honte creuse. Anna doit deux cents balles pour boucler son dossier. Elle y pense chaque fois qu'elle passe devant ce joli pavillon, guettant le ballon d'un gosse ou la panne d'un camion. La carte de visite se délite dans son sac. Quand les feuilles des chênes prennent leurs teintes de miel, ses coins sont biseautés. Ses bords n'ont plus de tranchant. À force de frotter sur ses clés, sur ses pièces, sur ses bâtons de rouge, le relief de ses lettres s'estompe sous les stries. Mais pas son souvenir.

– Allô ? Anna Margetti ?

Ses enfants poussent des cris en jouant dans le salon. Elle enfonce l'appareil contre son oreille pour étouffer la suite.

– Qui ?

Son fils aîné passe en courant devant elle. Il saute sur les coussins et plonge dans le canapé. Son petit frère l'imite. Elle a bien cru entendre qu'on demandait Anna. Mais la suite s'est perdue.

– Madame Margetti ?

C'est son nom de jeune fille. Cela fait des années qu'on ne l'appelle plus comme ça. Elle n'a pas eu le temps de changer ses papiers, son nom, tous les détails de cette procédure. Elle le fera plus tard, peut-être. Elle s'accroche à la ligne. Elle ignore qui appelle. Une voix dans le brouhaha.

– Les enfants, ça suffit ! Je n'entends rien.

58

Devant le pavillon X, une nuée de panamas, d'appareils et de questions s'abattent sur le sortant. Le général en chef affiche un visage confiant. Eatherly lève le coude pour y enfouir ses yeux. Son infirmier le tient pour qu'il ne se dérobe pas. Le médecin-chef prend les devants.

– M. Claude Eatherly, major à la retraite de l'US Air Force, héros de la Seconde Guerre mondiale, va beaucoup mieux !

Ils sont une dizaine massés sur le perron. On l'a prévenu la veille, le 23 février 1954. On lui a dit de se tenir. De se contenter de répondre qu'il avait retrouvé ses esprits. On lui a même glissé un petit paquet de billets pour lui prouver que l'Air Force le soutenait. Vingt dollars par « ça va ». Et cinquante s'il souriait avant de s'en aller. Drôle de deal.

Les reporters sont là. Ils viennent d'un peu partout. Denver. Phoenix. Austin. Houston et même Memphis. Leur ville et le nom de leur journal sont inscrits sur leur badge. Il descend un peu le coude et capte les bribes suivantes. Le docteur parle de lui, de la première bombe larguée, des essais aux Mariannes, des tests radioactifs et de son métabolisme. « Léger dérèglement ».

– Major, un petit mot pour la presse !

Il pense aux vingt dollars et sent la main qui le pousse.

– Ça va ! dit-il.

Bien.

– Et le moral ?

Le général tire son coude pour livrer son visage. Ses yeux affrontent les flashs. Il ressemble à une chouette, un harfang ou une hulotte dont on étire les ailes pour mieux les clouer. Ses yeux sont deux billes. Son âme taxidermée. Eatherly face aux flashs, tragique comme Prométhée qui mit le feu au monde ; perdu comme Hamlet qui clamait des folies pour cacher ses pensées.

– Oui, ça va mieux.

Pendant que les questions fusent, l'infirmier lui suggère de leur offrir un sourire. Il essaie, de travers, avec un regard étrange, rentré, tourné vers l'idée des cinquante dollars.

– Une dernière ! S'il vous plaît, pour le *Texas Chronicle*.

Des paquets de mains s'abattent sur ses frêles épaules. Celle de l'officier supérieur. Celle de son médecin-chef. Celle de cet infirmier qui presse sa clavicule pour qu'il relève la tête. Ce cordon sanitaire l'encadre étroitement pour faire la propagande de cette grande Amérique qui choie ses grands soldats. L'image à dix mille mots et une poignée de dollars.

– Elle est bonne ! lance la nuée avant de s'évanouir.

Une valise glisse sous lui. Les gonds de la grille grincent. Le couloir disparaît. Il se retrouve seul, perdu, hagard, courbé par l'événement comme s'il pesait des deux genoux sur son dos. Il saisit sa valise. Un taxi roule vers lui.

– Où est-ce que je vous dépose ?

Il jette ses affaires sur la banquette arrière. Ça

sent le tabac et le cuir. Le chauffeur guette la suite, mais Eatherly l'ignore. Il n'y avait pas pensé ; pas le temps. Il se souvient vaguement de l'adresse d'un hôtel à Eden, près de Houston. Pas trop cher. Il fouille sa mémoire, il cherche à voix haute et le chauffeur démarre.

– Je le connais. C'est bon, dit-il.

Les pavillons de briques s'alignent sur sa gauche. L'esplanade au drapeau. L'enceinte grillagée et le poste à l'entrée gardé par des agents de la police militaire. Salut. La barrière s'élève comme un long doigt d'honneur dressé vers les orages. Lui s'inquiète de savoir ce que cette course lui coûtera.

– C'est payé, monsieur Eatherly !

– Par l'Air Force ?

– Non, non, monsieur. Par lui, répond le chauffeur en désignant le jeune type qui poireaute au carrefour.

Eatherly se contorsionne. C'est un jeune homme à l'œil vif et futé.

Le chauffeur ralentit.

– Permettez ? dit ce dernier, pour prendre place près de lui.

Eatherly tarde un peu et finalement se décale.

– Euh, oui, bien sûr… Je vous ai déjà vu ? On se connaît ?

– J'étais là tout à l'heure, au moment de votre sortie.

– Ah !

Le chauffeur redémarre. L'autre type se présente et dit qu'il travaille depuis deux ans et demi pour le *Texas Chronicle*. C'est son premier emploi. Son chef lui a d'abord confié la rubrique société. En charge des grands portraits, des reportages sur l'air du temps. Mais ce n'était pas pour lui.

– Et donc, c'est quoi, votre truc ?

Le reporter hésite. Du bout de l'index, il tapote sur la vitre vers les gros nuages noirs.

– Vous ! Votre histoire ! Comme tout le monde, d'ailleurs.

– Ah, ça… Ma déprime, ment mollement Eatherly. Faut pas en faire un foin.

Le reporter plisse les yeux en remontant la bouche pour exprimer ses doutes. Mais ce n'est pas le bon endroit pour livrer ce qui lui reste de pensées. Les taxis des villes ont la réputation de se payer de tous les mots rapportés autant que des miles parcourus. Toutes les indiscrétions coûtent cher à la fin. Eatherly en sait le prix. Il a encore des marques de piqûres plein les bras. Le reporter s'abstient de commenter.

Le chauffeur s'engage sur la voie rapide, en direction de Houston. Un large panneau vert affiche la distance : cent quatre-vingt-cinq miles. Eatherly fait le calcul. Ça fait trois bonnes heures. Peut-être quatre. Le temps risque d'être long si on ne peut rien se dire. L'intrus sort son carnet et griffonne quelque chose. Il semble écrire une lettre. Une pleine page remplie, puis le verso aussi. Il range son stylo, attrape le haut de la feuille, la déchire et la lui tend.

Le mot s'adresse à lui. Le reporter sait ce qu'on lui a fait. La camisole, les injections de neuroleptiques. Il pense que tout cela est inhumain. Le jugement à huis clos, les chèques, les bureaux de poste.

Eatherly bute dessus. La peur s'insinue dans ses veines. Il cherche après l'air et se pousse un peu pour ouvrir sa fenêtre. Mais le reporter reprend. Il écrit vite et gros. Pour qu'il puisse lire en coin.

« J'ai rencontré votre femme aussi. »

– Pour quoi faire ? Laissez-la, s'agace Eatherly.

Le reporter acquiesce d'un coup de paupières, et retourne sa feuille.

Il écrit que c'est elle qui l'a informé de sa date de sortie, qu'il a pu se faire accréditer auprès de l'état-major, qu'ils ont fait une enquête, épluché sa biographie et ses derniers articles. Y en avait deux sur son histoire. Le héros de retour.

Il souligne sa dernière phrase, ajoute : « Ça leur a plu, je crois » et lui lance un clin d'œil que le chauffeur ne capte pas.

Il sait qu'il traverse une période difficile. Il écrit qu'il ne sera pas trop insistant. Il veut faire son portrait.

– Non ! laisse tomber Eatherly, dans l'habitacle étroit de ce taxi lancé à plus de cent miles à l'heure.

Le jeune gars du *Chronicle* refuse de se démonter et reprend son récit en lettres majuscules : « LA BOMBE DE HIROSHIMA A FAIT PLUS DE 100 000 MORTS. »

Eatherly fixe les lèvres du reporter qui articule pour lui le mot « vrai ». Il mime de nouveau le chiffre. Cent mille. Il a fouillé l'histoire. Il a creusé les faits, dépoussiéré le mensonge en tirant sur le fil qui dépassait de loin. Le fil, c'était son oncle. Un membre bien placé qui travaille au Japon, pour la commission militaire chargée d'étudier les effets de la bombe, l'A.B.C.C. Il est ingénieur. Il a trente ans, un profil respectable, aucun soupçon possible de sympathies communistes, mais ce qu'il a vu le sidère. Il a ausculté des milliers de rescapées. Des filles pour la plupart. Elles étaient tellement jeunes quand la bombe est tombée ! Parmi elles, Hanaé.

– Hanaé ?

Hanaé est la voix. C'est elle qui lui parle. Mais qui est-elle au juste ? Un délire, une élucubration, ce que les médecins prétendent ?

– Mon oncle l'a auscultée. Elle lui a parlé de vous.

– Mon Hanaé ?

– Oui, elle et les vingt-quatre autres vierges, poursuit le reporter.

Eatherly n'en revient pas. Serait-ce vrai, alors ? Elle existe ! Pour fixer son vertige, il tripote sa ceinture.

Le reporter écrit que dans une dizaine de miles, ils seront à Buffalo. C'est une petite ville. Il y a laissé sa voiture. Si Eatherly accepte il pourrait indiquer au chauffeur qu'il a changé d'avis. Il les y déposerait et ils pourraient poursuivre leur petite conversation. S'il refuse, il faudrait que le taxi fasse un rapide crochet pour l'y déposer. Le reporter rentrera. Il ne l'embêtera plus.

Eatherly cherche la voix pour savoir que penser. Cela fait deux-trois jours qu'elle n'est pas revenue. Il aperçoit le panneau.

– Sortez à Buffalo, intime-t-il au chauffeur.

– Mais, monsieur, c'est pas le chemin.

– Par là, je vous dis.

Le reporter ramasse ses affaires, sans rien laisser paraître.

Le chauffeur hoche la tête et s'aligne pour sortir.

59

L'homme aime le cinéma allemand, ses cookies et ses seins. Il aime qu'elle lui parle d'elle, savoir ce qu'elle préfère et ce qu'elle attend d'un homme, marcher pendant des heures comme l'autre jour, sous la pluie. C'est rare qu'il pleuve à Houston. Quand le ciel fait des siennes, c'est qu'un ouragan se forme.

Anna va mieux, désormais.

Tout va mieux.

L'air est sec. Anna brille.

Elle fredonne des rengaines en fonction de ses fringues. Du Presley pour ses chemises. Les Chordettes pour ses robes. Tout ce qu'elle porte la moule et découvre ce qu'elle peut d'elle. Épaules. Bras. Chevilles. Mollets. Genoux. Cuisses et pubis quand le vent souffle de face.

Elle aime ses caresses, ses yeux clairs et sa voix, le marbre de sa table, ses gros fauteuils de cuir et sa collection de disques. Ses murs en sont pleins. Il dit qu'il veut l'emmener à Paris ou à Vienne écouter un peu de jazz. Il y était l'an dernier, pour un client français englué dans le pétrole et les affaires texanes. Il a trente ans, comme elle. Il prend souvent l'avion. Il s'appelle Sztankreyjcer. Mais tout le monde l'appelle Sztan. Elle s'est mordu les lèvres pour ne pas la ramener avec son ex-pilote. Il le sait. Il sait tout. Anna lui a tout dit.

– Mais tu l'aimes ? l'interroge Gladys.

De retour au restaurant, pendant que cette dernière s'active, la pelle d'Anna racle le gril. Elle s'abstient de verser la moindre eau savonneuse car elle ne supporte pas de passer des heures dans les vapeurs de viande. Elles sont coriaces. Tenaces. Ce satané graillon s'incruste et tient longtemps. À force de servir, desservir, griller, plaquer, cuire et jeter des bouts de barbaque, elle n'aime plus que les légumes.

– J'en peux plus ! râle-t-elle, récurant de son mieux, les deux mains sur le manche, la crasse sous les ongles.

Elle a prévu de le voir.

– Et tes fils ? demande Gladys.

Sa voisine les gardera contre deux places pour *Un tramway nommé désir*.

– Tu ne m'as pas répondu, insiste Gladys.

– De quoi ? s'étonne-t-elle en redressant le buste, l'avant-bras sur le front pour éponger sa sueur.

Gladys enfonce ses mains dans son torchon, le jette sur son épaule et grimace une malice.

– Ah…

– Ben oui, ah ! fait Gladys.

– Sztan…

Elle s'est beaucoup confiée. Elle en a peut-être trop dit sur l'immeuble, l'ascenseur, le coup de fil, le premier rendez-vous, la nuit sans fermer l'œil, les fleurs, le petit bracelet, le club de jazz de La Nouvelle-Orléans, l'hôtel, les larmes au-dessus du lavabo, ses mots de réconfort, le retour, les questions de son fils aîné, le nouveau bouquet de fleurs, les reproches de l'aîné, ce petit mot adorable, le brunch de dimanche et ses fils accrochés comme des boulets aux pieds quand elle a annoncé qu'elle rentrerait plus tard.

– Donc ?

Gladys sonde ses sentiments en flairant un scrupule. Anna baisse les yeux et inspecte ses ongles sales.

– Faut-il toujours aimer, pour vivre une belle histoire ? J'en ai assez de rêver !

Gladys ouvre de grands yeux et s'apprête à siffler pour saluer le cran d'Anna. Il en faut pour dire cela. Sztan est un homme en or, belle carrière, bonnes manières, plus beaucoup de cheveux, certes, mais des yeux délicieux.

– Alors ça, toi, t'en as ! s'exclame Gladys soufflée par cette franchise.

Anna se remet à l'œuvre, les deux mains vigoureuses, grattant autant qu'en elle, pour délarder le doute, démembrer les scrupules, décrocher les remords comme des plaques de saindoux, ou de cholestérol, et faire peau neuve de tout.

Comme son fils, par exemple.

L'aîné est plein de colère. Il lui reproche tout. Son boulot, ses absences le soir, les dimanches avec elle. Et si, lui aussi, basculait comme son père ? Elle l'a surpris l'autre jour, dans les chiottes. Alertée par une voix plus aiguë que d'habitude, elle a poussé la porte et l'a vu sur le trône, son index levé devant lui, agité comme un ver au son de ses paroles.

– Mais qu'est-ce que tu fais ? lui a-t-elle demandé.

Le fils a tiré la chasse et remonté son froc. Comme elle s'est répétée, il s'est défendu en disant qu'il ne faisait rien de mal.

– Je bavardais.

– Avec qui ?

– Tu peux pas comprendre.

– Si ! Je te rappelle que je suis ta mère et que je peux tout comprendre.

L'enfant a hésité.

– Je parle avec lui, a-t-il dit en montrant son index qu'il pliait et dépliait. C'est mon ami secret.

Anna a longuement hésité avant d'appeler Waco. Le docteur Clementine s'est montré rassurant. Il a dit que les enfants comblaient parfois le manque par un alter ego, un personnage fictif, ami imaginaire qui passait avec l'âge.

– Rien de très inquiétant, a priori. Mais quel âge a votre fils ?

– Dix ans.

– C'est l'âge. Il fait des monologues. Ça passera, normalement.

Il a recommencé. Elle l'a gardé pour elle, comme une strate de plus sur un millefeuille de trouilles. Trouille de dire. Trouille de faire. Trouille de l'avenir. Trouille d'être une mère qui ne sait pas s'y prendre. Trouille qu'Eatherly recommence dès sa sortie de Waco. Autant de trouilles qui l'empêchent de se livrer d'un cœur plus léger à un homme presque parfait.

– Dis donc, beauté, tu m'en sers une ! lance un client au bar.

Anna suspend son geste, mais Gladys la devance et décapsule une blonde qu'elle fait mousser du col dans un verre glacé. Le client la sirote, et pousse une pièce devant lui. Tout s'est passé très vite. Une longue gorgée, cul sec. Un dollar et le visage de Gladys encore tout chamboulé par la beauté du type, qui a dit qu'il reviendrait.

– Il a dit « à ce soir » !

– C'est bien, répond Anna.

– Non, mais t'as vu ce mec !

– Oui, oui, répond Anna, qui se retient de lui dire qu'il n'était pas si beau.

– Pffft, fait Gladys. Tu te fais de ces nœuds au

cerveau, ma pauvre. Profite un peu de la vie. Ça passe vite, tu sais. Lui en demande pas trop.

– À qui ?

– À la vie, ma chérie. Fais comme moi, prends ce qui passe. Chope le moment et garde les yeux ouverts en espérant que ça dure.

– Oui, peut-être.

Soudain Gladys s'alarme.

– Attends ! Attends, il revient.

Le type longe la devanture, pousse la porte et file droit vers le bar.

– Je voulais vous demander. C'est à quelle heure que ça ferme, ici ?

– Vingt-deux heures, dit Gladys.

– Et vous ? dit-il.

– Moi ? demande Anna, gênée de voir le regard du type glisser sur elle.

– Vous finissez à quelle heure ?

Anna hausse les épaules, désolée.

60

Sa main posée sur lui. La chemise roulée haut sur des veines torturées. Des bleus au creux des coudes, dans le cou et sur les tempes aussi. Il a jeté ses pilules. Il a bu un peu de thé. Il a dormi dix heures dans une chambre louée à l'heure, avant de se réveiller dans cette ville sinistre.

Le reporter l'attend. Patient. Doux. Bienveillant. Il a laissé venir ses brouillons de conscience. Il a pris quelques notes sans poser de questions. La voix. Les voix. Ses longues nuits sans sommeil. Des années tourmentées. Il évoque ses errements. Le reporter note tout. Eatherly se délivre en parlant d'Hanaé. Puis ils sont repartis.

Ils roulent vers Houston. Eatherly s'assoupit, vidé, crevé. À une station-service, il se réveille seul. Le reporter est debout, dehors, accroché au fil d'une cabine publique. Il appelle son chef. Eatherly replonge dans son sommeil sans voix. Il rêve de la ferme, des moqueries de ses frères, de sa mère morte qu'il aurait voulu fière. Si sa mère le voyait, elle serait tout sauf fière.

La portière vient de s'ouvrir. Le froid l'a réveillé.

– Je suis vraiment désolé, s'excuse le reporter.

Eatherly plisse les yeux.

– Je peux vous demander un truc ? Je voudrais voir

mes fils. Depuis le temps. Vous voulez bien faire un petit détour ?

– Pour les retrouver ? demande le reporter.

– Non, juste les voir. Je ne suis pas encore prêt pour passer du temps avec eux.

– Allons-y

Eatherly lui indique l'adresse de leur école. Avec un peu de chance ils seront à l'heure pour la sortie. Ils ont trouvé une place, à l'écart de la grille. La sonnerie a retenti. Le moteur coupé, Eatherly colle son nez contre la vitre passager. Il y colle sa paume aussi, juste à côté. Les lignes de sa main pour donner signe de vie. Chance : longue. Amour : courte. Il voit de loin ses fils qui courent vers leur mère, et un grand type près d'elle. L'aîné salue rapidement le grand bonhomme ; le petit en fait le tour pendant qu'il entoure la fine taille d'Anna.

– C'est elle.

– Je sais, dit le reporter.

Ses fils ont vu quelque chose de l'autre côté de l'esplanade. Ils se mettent à courir tout droit vers sa voiture.

– Démarrez, démarrez, supplie Eatherly.

Le moteur grogne. Huit cylindres d'un coup pour déplacer cette tonne. Le caoutchouc des roues crie sur l'asphalte chaud. Le souvenir des douleurs. La brûlure des piqûres. Et le bonhomme près d'elle.

– Vous l'avez vue, derrière ?

– Mais quoi ? demande le reporter.

– La voiture.

– Quelle voiture ? s'inquiète-t-il en fouillant ses rétros.

Une moto, deux camions et un bus emplissent ses rétroviseurs. Mais pas de voiture en vue.

– Prenez là. Tout droit et puis à gauche. Votre chef vous accorde quoi ?

– Deux jours. Je dois remettre mon article dans deux jours.

Le reporter prend à gauche. Il est calme et serein. Il tient un bon papier. Eatherly avale deux pilules bleues, pour calmer ce mal de tête, puis se cale dans son siège et dit :

– Tout droit vers la route de Cypress.

– On repart ?

– Pas très loin.

– Cypress ? Pourquoi Cypress ?

– Vous verrez.

Des miles sans dire un mot. Quelques regards en arrière. Une voie très dégagée devant comme derrière. Le panneau indique Cypress. Une campagne basse et molle. Pas le moindre relief. Et toujours pas de voiture.

– C'est par là, dit-il en scrutant le côté. Encore à droite.

– Vous êtes sûr ?

Leur voiture suit l'ornière. Eatherly se demande où se trouve le marécage. Le reporter se lasse.

– Je suis fatigué, monsieur Eatherly. C'était une longue journée, et là, je ne vous suis plus trop.

– Si vous voulez comprendre mon histoire, faut que je vous montre un truc.

– Mais quoi ?

– Vous allez voir. Faites-moi confiance.

Le reporter ralentit. Il regarde Eatherly avec des yeux de faucon. Ses joues sont couvertes d'une barbe naissante. Sa glotte pointe et se lève à chaque déglutition.

– Hanaé a raison. C'était une bombe pour rien. C'était juste pour dire aux Russes qu'on était les plus forts, avec la plus grosse bombe.

– Le début de la guerre froide…

– Freinez, dit soudain Eatherly. Je crois que c'est là.

La voiture s'arrête.

– Il y avait une mare, autrefois, dit Eatherly.

– Je ne vois rien.

Eatherly ouvre sa vitre. Son oreille est tendue vers la plaine, dehors.

– Pourtant, on les entend, vous et moi, n'est-ce pas ? dit-il.

– On entend quoi ?

– Ben, les coassements. Les crapauds.

Le reporter fait la moue en levant les sourcils. Il voudrait repartir, mais Eatherly se lève et vadrouille alentour. Il fait mine de chercher une prétendue flaque. Il teste l'abstraction du jeune reporter.

– Là, juste là. Mais vous n'entendez pas ?

– Ben non, dit le reporter. Rien. J'entends rien.

– Mais si voyons ! Tendez l'oreille.

Le reporter joue le jeu et arpente les lieux en épiant le moindre bruit. Le craquement d'une branche. Deux cailloux sous le talon. L'herbe rase. C'est tout.

– Là et là, lance Eatherly. Je les entends, pas vous ?

– Sincèrement…

Eatherly lui tourne le dos.

– Je les entends, dit-il, comme j'entendais cette fille. Vous comprenez ? Je l'ai entendue bien avant de savoir qu'elle existait.

Le reporter s'approche pour sonder son regard.

– Vous parlez d'Hanaé ?

– Oui. C'est vous qui avez parlé d'elle avec votre oncle, là-bas, et les lettres des autres vierges. Vous me dites qu'elle existe. Et pourtant où est-elle ? Et ces crapauds, que j'entends, où sont-ils ?

« Il ne sait pas, pilote. »

Le reporter hoche la tête d'un air d'entendement. Il se

dit que les psys de Waco ont dû mettre le paquet pour lui déboiser l'âme.

« Il ne sait pas que j'arrive. Y aura que toi et moi. Il ne peut pas comprendre. »

Ils regagnent le chemin.

La voiture est plus loin.

Le reporter démarre.

Clac ! fait le revolver en heurtant la vitre.

– Argh ! fait le reporter soulevé par le col.

– Non ! hurle Eatherly qui devine ce qui se passe.

La Buick.

Les costards noirs.

Un coup de feu éclate.

« Ne meurs pas, pilote ! Je ne veux pas que tu meures. Je veux que tu vives ! Attends ! Attends-moi. C'est pour toi que je suis venue. J'ai besoin de toi ! »

– C'est bon, lance un costard en jetant une pelle dans le coffre.

Il s'époussette les mains et replace son chapeau.

– Un de plus, répond l'autre. Il était pas bien vieux, celui-là.

– Il avait qu'à se mêler de ses affaires, ce petit gars.

– Tu parles d'un boulot, quand même.

– Tu vas pas t'y mettre, toi aussi, hein ?

– Non, non. Je dis ça pour dire…

– Eh ben, tais-toi. Tant que t'es payé, fais et tais-toi… Allez, démarre, dit-il. Le bureau nous attend.

À l'arrière de la Buick, Eatherly ne bouge plus. Assommé, ligoté, il sombre dans l'inconscience.

61

– Mes fils ont tout gâché, confie-t-elle à Gladys.

Sztan est venu pour eux, à la sortie de l'école, un sachet plein de bonbons dans son imperméable. Quand l'aîné est sorti, elle le lui a présenté.

– C'est M. Sztan, je t'ai déjà parlé de lui.

Il a tendu la main. Il a dit ce qu'il fallait, comme elle lui avait appris :

– Bonjour, monsieur Sztan, je suis enchanté de…

Puis quelque chose derrière a tout fait capoter. Son frère a fait pareil.

– Je te présente M. Sztan.

Le petit a vu l'aîné et s'est mis à courir, laissant la main de Sztan tendue devant lui, dans le vide.

– Mais bon Dieu, c'est pas vrai ! s'est écriée Anna.

Le second comme le premier.

Sztan lui a dit de laisser faire, que ce n'étaient que des gosses, qu'ils avaient tout l'après-midi pour faire connaissance. Il a serré sa taille pour un baiser, furtif, discret par égard pour les passants qui auraient pu les voir. En faisant volte-face elle a vu que l'aîné courait vers leur père assis dans une voiture.

– Y a papa ! Y a papa ! criait-il.

D'autres voitures longeaient l'esplanade. Elle a eu peur pour ses fils. Une auto a freiné brusquement.

– Venez ici ! Tout de suite !

Elle a hurlé si fort que tout le monde s'est figé. Les mères. Les enfants. Les maîtres et les maîtresses. Les passants. Des curieux. Les oiseaux ont renoncé aux graines sur la pelouse pour s'envoler d'un coup.

– Mais maman ! a fait l'aîné avant de se raviser.

Ses fils ont regardé s'éloigner la voiture du reporter, qui emmenait leur père. Le petit a sangloté en marmonnant des haines à l'égard de cette mère qui le privait de son père. Un enfant à chaque bras, elle a retrouvé Sztan, encore plus gêné qu'elle. Il a baissé son chapeau qui tombait sur ses yeux.

– Je vais vous laisser, a-t-il dit.

Anna pose deux Coca sur la table du fond. Une chemise à carreaux contre un petit bustier rose. Un jeune homme et une fille aux épaules collées, impatients qu'elle s'en aille pour plus d'intimité. Au bar, trois tabourets séparent deux vieux mâles attachés à leurs bières. Elle prend la monnaie de l'un et le verre vide de l'autre.

– La même ?

– Oui, répond l'autre.

Anna ne supporte plus cette bière poisseuse à l'odeur de cave moisie et de carton mouillé. La bière est le résultat de la fermentation. Et la fermentation, dit-on, c'est de la vie sans air. Anna est comme la bière. Elle a perdu sa mousse ; elle ne pétille plus.

– Ça fait une semaine !

– De quoi ? demande Gladys d'un air blasé. Y va te rappeler, tu vas voir.

Elle déboutonne son col.

– Je peux plus ! dit Anna avant de s'emparer du savon près de l'évier.

Elle a les mains rêches à force de les laver. Elle peut

les savonner dix ou quinze fois par jour. C'est devenu un tic.

Le soir, quand elle embrasse ses gosses, son aîné se dérobe. Il refuse ses caresses. Il dit que ses mains piquent. Elle a dû acheter de la crème pour s'hydrater. Une marque à cinquante *cents* à base d'eau et d'huile que lui a conseillée Gladys. Elle s'en passe le matin avant de partir travailler, et le soir en rentrant pour embrasser ses fils. Ensuite, elle les enfouit sous son gros oreiller. Elle déteste s'endormir avec la peau huileuse.

– Du coup, je ne dors plus.

– Tu bois ? lui demande Gladys.

– Un verre à peine, mais pas tous les soirs.

– Tu fumes chez toi ?

– Comme tout le monde.

– Tu devrais prendre ça, lui dit sa collègue. Ce sont des somnifères. Moi ça m'aide.

Anna pose deux Coca sur la table du fond. La chemise à carreaux et le petit bustier rose sont assis l'un contre l'autre. Toujours à la même place. Le jeune homme et la fille l'appellent par son prénom, Anna, ou Anita, et lui parlent d'Italie. Ils aimeraient tant voir Rome. Au bar, un vieux mâle boit sa bière. L'autre habitué ne vient plus. On dit qu'il est malade.

– J'ai reçu une lettre.

– De qui ? De ton ex-mari ? demande Gladys.

– Oh, non, pas lui. Il est chez les zinzins. Il n'a pas le droit d'écrire.

– De qui, alors ?

– De Sztan.

Gladys opine mollement.

– Ben, tu vois, je te disais… Qu'est-ce qu'il dit ?

– Il me demande des nouvelles.

– Des nouvelles ! Bon. Ben, t'as qu'à lui répondre.

– Pour dire quoi, Gladys ?

– Raconte-lui donc ta vie.

– Ma vie ? Mais qu'est-ce que je vais lui dire ? Il ne se passe rien dans ma vie.

– Dis-lui qu'il te manque.

– Ah bon ? Tu crois que ça suffira ?

Gladys lance son torchon par-dessus son épaule, dépitée.

Anna pose deux Coca sur la table du fond. La chemise sans carreaux et le petit haut blanc se tiennent par la main. Au bar, un vieux mâle sirote sa bière en regardant la neige tomber.

– Tu pleures ?

– C'est bête, hein ? dit Anna en sortant un mouchoir.

– Qu'est-ce qui se passe ? C'est l'autre ? Il t'a pas répondu ?

– Oh, si, si. Sztan veut venir pour Noël. Il veut le passer chez moi, chez nous, avec mes enfants. Il dit qu'il m'aime et que je lui manque. Il m'a écrit une lettre sublime, une vraie lettre d'amour.

– C'est formidable, ça, Anna. Mais qu'est-ce qui te rend triste ?

Anna se mouche dans son tablier, s'essuie le nez, les mains, puis fixe le fond de la salle avec une moue maussade.

– C'est les deux, là, au fond… Les deux jeunes… Ça fait des semaines qu'ils viennent boire leurs Coca-Cola.

– Oui, je les ai vus, dit Gladys. Et alors ?

– Ils vont se fiancer.

– Et c'est cela qui te rend triste ?

– Oui, balbutie Anna.

– Je ne comprends pas.

– Moi non plus !

Gladys scrute son visage, les mains au repos en bas,

tout au bout de ses gros bras. Ses épaules lourdes et lasses. Ses paupières un peu grasses.

Anna pose deux Coca sur la table du fond. La chemise à carreaux et le pull blanc se bécotent. Au bar, il n'y a personne.

Anna regarde Gladys et n'ose pas lui raconter sa soirée avec Sztan. C'est la troisième fois qu'ils se revoient. Depuis quelques jours, Sztan s'est même mis en tête de lui faire la cuisine. L'autre soir, il a préparé une salade Cæsar. Un trait de mayonnaise en forme de sourire. Anna crispe sa bouche pour dire sa réaction. Mais Sztan a poursuivi. Dans une tomate cerise il a sculpté un cœur.

– Ça va ? lui demande Gladys.

– Oui, ça va.

– T'as pas l'air bien, pourtant.

– Mais si, mais si, ça va, prétend-elle.

Le visage d'Anna est blanc comme la neige qui recouvre tout dehors. Sztan vient de la demander en mariage. Elle n'en parle à personne. Impossible de se réjouir. Elle voudrait. Elle devrait. Elle sait que c'est un type bien, mais c'est coincé au fond.

62

Il a retrouvé son lit et sa chambre à Waco. Gavé de nouvelles pilules, alternant les bains glacés et les électrochocs. Il a cru que ce serait cela jusqu'à la fin de ses jours. Il a guetté longtemps l'entrée du général, mais personne n'a introduit dans sa chambre de poste de télévision. Pas d'officier en vue. Pas de retransmission. McCarthy s'est tu. Il a disparu des ondes à force d'abuser du soupçon et de l'effroi. Sa commission est dissoute. Fin de la chasse aux sorcières.

– C'est bon, Eatherly. Vous allez pouvoir rentrer.

– Comment ça ? Je ne comprends pas.

– Rentrez chez vous, dit le docteur Clementine.

– Chez moi ?

– Oui, c'est fini.

Il hésite un moment avant de quitter son siège face au vieux médecin-chef. Il remonte le couloir, jette un coup d'œil à sa chambre, la lucarne, le lit, et fait son paquetage. Voilà. Eatherly quitte Waco en se retournant parfois, pensant qu'on se moque de lui ou que c'est une épreuve.

Anna ne décroche pas.

Un taxi le dépose.

Il loue une piaule dans cet hôtel minable, à Eden, où Mantooth l'avait amené jouer, autrefois, il y a bien des années. D'ailleurs, il y est encore. L'escroc tape le carton dans la salle au sous-sol. Eatherly le rejoint et perd deux cents dollars. En regagnant sa chambre, il s'écroule dans son lit. Las. Vidé. Quelques heures plus tard, il est réveillé par le refrain des Chordettes qui chantent à tue-tête leur histoire de marchand de sable : « *Mister Sandman, bring me a dream* ».

Il allume la lumière et regarde sa montre. Il est tard. Il a faim. Il commande un plateau et ramasse la bouteille qu'il avait rapportée de la salle de poker, la veille. Un morceau de poulet sans saveur. Il allume la télé.

L'émission va reprendre. Ralph Edwards reçoit le révérend japonais Kiyoshi Tanimoto, rescapé de la bombe. Il témoigne en direct de ce qu'il a vécu, le bruit de la sirène dans le matin de Hiroshima. L'explosion. Les lendemains.

Il n'est pas venu seul. Le révérend conduit un groupe de jeunes filles. « Les vierges de Hiroshima ».

– Bon Dieu, c'était donc vrai ! marmonne Eatherly.

Deux d'entre elles accompagnent le révérend. Elles sont là, dans un coin du plateau. L'animateur vedette prévient les téléspectateurs qu'on ne peut pas les filmer, car leurs visages sont affreusement mutilés.

Eatherly se rapproche. En fixant les images, il lève la bouteille et suçote son whisky. Une lampée, puis une autre, pendant que la caméra filme deux silhouettes de jeunes filles derrière une paroi de verre dépoli. Deux ombres anonymes. Le contour de leurs chevelures. Leurs épaules frémissantes. Un micro les relie au reste du plateau. La première s'exprime avec une voix de tête qui lui semble familière. Elle évoque un oiseau de métal brillant et le château de la Carpe.

– C'est toi, Hanaé ? C'est vraiment toi ? lance Eatherly.

« Oui, c'est moi. »

La voix. L'ombre. Sortie de sa conscience. Le reporter avait dit qu'elle existait, que son oncle l'avait soignée. Hanaé est venue. Elle s'est pointée ici, en chair et en os. Il connaît son histoire. Il sait tout ce qu'elle va dire.

– Quel témoignage bouleversant ! conclut le présentateur.

Mais ce n'est pas terminé. Un autre invité fait son entrée sur scène. Cette fois, c'est un ancien capitaine de l'armée américaine. Il était à Tinian. Le sang d'Eatherly se glace quand il découvre la grosse nuque de Lewis, son torse épais, ses petits yeux enfoncés, sa raie sur le côté. Ralph Edwards présente le copilote de l'avion qui a largué la bombe sur le révérend Tanimoto, Hanaé et tous les habitants de Hiroshima. Son sourire est tendu. Lewis livre ses souvenirs de cette fameuse journée. Le décollage, le largage, la vision du nuage et bredouille des excuses en s'essuyant le front.

– Mon Dieu, qu'avons-nous fait ! dit l'ancien capitaine avant de baisser la tête en attendant la suite.

Dans sa petite chambre minable, Eatherly tarde un peu avant de lever le bras, d'agiter sa bouteille pour faire couler ce qui reste. Il avale tout ce qu'il peut. Sans soif.

À la fin de l'émission, l'ancien capitaine s'avance vers le révérend et lui tend une enveloppe.

« Ce Ponce Pilate ! Il va se laver les mains une deuxième fois. »

Hanaé a raison. Lewis s'apprête à faire un don à Tanimoto.

– C'est de la part de mon ancien équipage, de mon entreprise qui vend des bonbons et de ma merveilleuse famille, dit-il.

C'est pour les vingt-cinq vierges. C'est pour couvrir

les frais de leur opération, au Mont Sinaï, l'hôpital de New York.

Suivent deux autres chèques, deux fois cinq cents dollars, offerts par les sponsors : une marque de shampooing et de produits de beauté.

C'est la fin de l'émission. Lewis a récolté les bravos. La foule a pardonné. C'était la belle histoire du capitaine repentant. Puis le noir et blanc de l'écran s'est mué en blizzard. La neige qui tombait a tapissé sa chambre. Le vrai, le faux, le songe et la réalité, le dedans, le dehors ; tout s'est entremêlé.

Quand Eatherly émerge, un autre jour s'est levé. Il va quitter l'hôtel et déserter cette ville. Loin d'Eden.

Découvrez le premier chapitre
de Léonie B., *la nouveauté*
de Sébastien Spitzer
aux éditions Albin Michel.

1

Au cœur de l'ancien Paris, une colonne de bronze pointe un croissant de lune. Des brouillons de nuages sillonnent un ciel sombre. La place Vendôme est muette. Une fenêtre ouverte jette des éclats de voix.

– Vous êtes loin du compte !

Le ton redescend d'un cran. L'accent vient du Midi. C'est celui de Paul Gaimard, célèbre explorateur. Il s'étire sur sa chaise, content de son effet, dans ce vaste atelier transformé en salon. Des toiles orientalistes sont accrochées aux murs. Des cadres retournés reposent sur le sol. Une table ronde trône au milieu de la pièce. Une nappe blanche dessus. Le haut plafond aspire les fumées de Gaimard, de l'éditeur devant lui qui roule des yeux ronds, et de l'artiste qui les reçoit. Léonie ne fume pas, mais elle boit leurs paroles, surtout celles de Gaimard.

– Vous êtes très loin du compte, répète l'explorateur. Cette grande expédition va nous coûter le triple !

– Incroyable ! remarque l'éditeur, un marquis sur le retour, habitué des faillites. Mais qui paiera pour cela ?

L'artiste François Biard fait signe à sa servante de poser ses fruits là, au centre de la table. La corbeille déborde de mûres, de myrtilles et de belles fraises charnues. Léonie pousse le pot de crème vers Gaimard.

– La Marine nationale, l'Académie des sciences et le Bureau des longitudes.

– Le Bureau des longitudes ? s'étonne l'éditeur.

– Drôle de machin, n'est-ce pas ? dit Gaimard avant d'éclater de rire. Je m'amuse et pourtant c'est sérieux. Le Bureau est la clef de notre puissance. Il a été fondé il y a plus de quarante ans, en pleine Révolution, par l'abbé Grégoire. Il repose sur l'idée qu'une puissance maritime maîtrise les éléments. Les marées. Les courants. Les vents et les tempêtes. Tout ce qui peut nous porter.

– Et tout ce qui peut nous nuire, ajoute le peintre.

– Voilà ! Vous l'avez très bien dit… Et tout ce qui peut nous nuire. Vous le savez comme moi, d'ailleurs, mon cher Biard. Vous aussi, vous avez parcouru quelques mers, dit Gaimard en montrant les grandes fresques ramenées de ses voyages à Chypre et en Égypte.

– Seulement la Méditerranée, précise le peintre Biard. Tandis que vous, Gaimard, vous avez fait le tour du monde.

– Oui, deux fois. D'abord comme médecin, puis comme naturaliste.

Gaimard ajoute un peu de crème sur ses fraises. Gourmand, affable, c'est un homme agréable. Un grand front carré au-dessus d'une paire d'yeux clairs. Des cheveux poivre et sel. Un nez court et marqué par une vie de bourlingue pour tenter de percer les mystères de la mer, les secrets de l'océan. Léonie ne se lasse pas de l'écouter parler. Elle voyage avec ses mots. Il pourrait être son père : les trois hommes à cette table frisent la cinquantaine, et elle n'a pas dix-neuf ans. Ils ont de la bedaine. Elle voudrait que cette soirée dure toute la nuit.

– Continuez, dit-elle, les coudes sur la table, le menton dans les mains.

– C'est une exploration d'un genre particulier. Pour affronter le climat et les glaces de l'Arctique, nous avons dû blinder la structure de notre navire.

– Blinder ? Mais comment ?

– La coque est composée de couches de bois et de fer. Une première de chêne. Une deuxième d'orme canadien et le tout est recouvert de grandes plaques d'acier d'un bon pouce d'épaisseur de la proue jusqu'aux flancs. Les mâts et les épars sont renforcés aussi.

– Tout ça pour un peu de glace !

– Vous ne vous rendez pas compte, ma chère amie. Les glaces qu'on appelle mobiles peuvent couler un navire. Des équipages anglais se sont retrouvés pris, en cherchant le passage du Nord-Ouest. Beaucoup ont disparu.

– Mais vous allez revenir ? s'alarme Léonie en se tournant vers Biard.

– Ne vous inquiétez pas, répond Gaimard. Je vous le ramènerai. Enfin, pour être précis, le capitaine Fabvre qui commande ce navire nous ramènera tous, sains et saufs. Je ne commande pour ma part qu'un petit groupe de savants.

– Et le temps ? demande Biard.

L'explorateur Gaimard tourne sa langue dans sa bouche, sans doute pour y puiser l'accent charmant du Var. Il cherche le meilleur ton pour rassurer son hôte, roulant sur les voyelles et les bons sentiments. Il a besoin de lui pour cette mission hors norme. Ses croquis sur le vif. Sa palette nuancée. Sa bonne réputation. Le roi a ordonné que le peintre fasse partie de l'expédition. Le trône veut des preuves.

– La corvette est au Havre. Elle sera bientôt prête pour cette nouvelle mission. Mais le temps presse, il est vrai. Il ne faut pas traîner. À la fin de l'été, la longue nuit polaire va venir tout compliquer. Avec l'hiver arctique, les températures chutent. Il faut que nous profitions du jour tant qu'il y en a et de températures à peu près supportables. Vous avez tout ce qu'il faut ?

– Oui, dit Biard d'une voix étranglée en montrant le coffre en bois posé près du couloir dans lequel il a rangé ses petites laines, sa flanelle et sa peau d'ours.

– Bien, bien, réplique Gaimard en piochant des myrtilles qu'il jette dans sa gorge.

L'éditeur s'efforce d'imiter son voisin, mais la bille violette rebondit sur sa joue. Il tente encore sa chance et finit à côté. Las et bête, il repose les baies dans son assiette. Il saisit sa cuillère et joue distraitement avec. Une question le taraude.

– Vous m'avez invité à dîner avec vous et depuis le début vous parlez d'une mission, d'une exploration, d'un voyage vers le Pôle sous l'égide d'un Bureau dont j'apprends l'existence. Mais je dois vous avouer que ces histoires de Pôle n'intéressent pas grand monde. J'ai publié un texte de notre cher Hugo. L'histoire confuse d'un jeune mineur norvégien qui s'appelait Norbith et d'un ogre surnommé, d'après mes souvenirs, Han d'Islande. J'en ai vendu soixante… Alors, vous comprendrez que ces histoires boréales me laissent un peu froid, si je puis dire. Où allez-vous ? Qu'allez-vous faire, exactement ?

Léonie a en tête quelques idées là-dessus. Biard lui a parlé d'un voyage au Spitzberg, d'un peuple appelé Lapons, d'une commission de savants et d'une poignée de Français et de Scandinaves qui y ont passé l'hiver et qu'il faudra ramener. Le départ est prévu dans trois semaines.

Avant de répondre à l'éditeur, Gaimard se redresse. Il pose ses deux mains bien à plat sur la table et laisse poindre un sourire au coin de ses lèvres fines. Il ménage son effet pendant que la servante débarrasse. Sur la pile d'assiettes, elle ajoute les cuillères puis s'éclipse.

– Ce que nous cherchons ? dit-il presque en chantant. Je vais vous le dire, monsieur. C'est l'origine du monde !

– Pardon ?

La servante se fige sur le seuil du salon. Léonie en apnée ne bouge pas d'un iota. Même Biard semble pris de court. Pourtant, lui devrait savoir.

– Vous avez bien entendu, poursuit Paul Gaimard. Nous allons rechercher l'origine de notre monde.

L'éditeur hoche la tête. Il bute sur l'idée.

– Mais quoi ? Quelle origine ?

– Vous vous souvenez du Livre de la Genèse ?

– Oui, bien sûr.

– Noé, l'arche, le déluge…

– Bien sûr que je sais cela. C'est mon fonds de commerce, s'impatiente l'éditeur.

Gaimard balaie des miettes de sa main, inspire, arrime son regard à celui de l'éditeur et se met à réciter :

– « Il entra dans l'arche auprès de Noé, deux à deux, un mâle et une femelle, comme Dieu l'avait ordonné. Sept jours après, les eaux du déluge furent sur la terre. L'an six cent de la vie de Noé, le second mois, le dix-septième jour du mois, en ce jour-là toutes les sources du grand abîme jaillirent, et les écluses des cieux s'ouvrirent. La pluie tomba sur la terre quarante jours et quarante nuits… »

Il tourne la tête vers la servante, derrière lui, qui libère sa main droite pour faire le signe de croix.

– Nous avons retrouvé des traces de cet abîme.

À l'abri de son couloir, la servante pousse un cri, un petit cri étouffé, suivi d'une vague prière. L'éditeur est sceptique. Il sait que cette histoire risque de lui coûter cher. Ce n'est sûrement pas pour rien que Gaimard et Biard l'ont invité ce soir. Combien de milliers de francs veulent-ils ?

D'un air très dégagé, Gaimard pioche dans la poche de son veston de soie un petit objet qui tient dans le creux de sa main. Puis il tend le bras gauche vers le centre de la table, pour que tout le monde puisse voir. Il retourne sa main et dévoile une petite boîte cerclée de cuivre. Une sorte de médaillon sur lequel est gravé un arbre assez banal. On dirait un pommier. Et, à son pied, une pomme qui semble entamée. Léonie distingue une forme qui serpente, quelque chose sur son tronc, mais Gaimard déclenche le petit bouton-poussoir qui ouvre son couvercle.

– Une boussole ! s'écrie-t-elle.

– Elle indique le nord.

– Je me suis longtemps trompé, comme vous, mes chers amis. Cette chose, dit Gaimard en faisant claquer son ongle sur la vitre de la boîte, est le plus grand des miracles. Et pendant des années, je n'ai pas su le voir. Je passais à côté. Je tirais des caps. Je visais des longitudes, des latitudes et des degrés. Je calculais les positions par triangulation ou distance aux amers. Je ne comprenais pas ce que me disait cet objet. Il a fallu que je croise un vieux bonhomme hirsute pour apprendre à le lire. C'était il y a plusieurs années, à quelques pas d'ici, dans la bibliothèque du Bureau des longitudes. Gaspard de Prony avait trois quarts de siècle, mais toujours cet œil vif, porté sur l'absolu. Il m'a montré l'objet que vous avez devant vous. Cette petite boîte toute simple, sans valeur. Et pourtant. Il a fait ce que je fais. Il a tapoté dessus, pour réveiller l'aiguille. Il a sollicité celui dont je prononce le nom avec respect.

– Qui ? demande Léonie.

– La science ? risque l'éditeur.

– Dieu, coupe Gaimard. Dieu ! Regardez cette aiguille. Voyez ce qu'elle nous dit. Elle s'acharne à pointer la même direction. Obstinément. Et cette aiguille, madame, savez-vous comment Prony l'appelait ? *Il dito di Dio.*

– Qu'est-ce cela veut dire ?

– Le doigt de Dieu, madame ! Et c'est le Pôle qu'il montre. L'Arctique avec ses glaces plus hautes que toutes les pyramides, plus élevées que les temples du Pérou ou que les tours de Notre-Dame. Il nous dit d'y aller… ou d'y retourner. C'est pour cela que j'ai monté toute cette expédition. Biard et moi, nous serons accompagnés des plus grands savants vivants, géographes, géologues, naturalistes, physiciens, météorologistes, botanistes, et un théologien.

– Et moi ! dit Léonie. Je veux en être, moi aussi. Emmenez-moi.

La soirée s'est achevée. Léonie est ainsi, toute pétrie d'utopies. Dans l'atelier rangé, les tréteaux de la table sont poussés dans un coin. Une bouteille entamée est posée près du chevalet. Biard remplit son verre et observe une toile qu'il vient d'achever. Un couple au bord d'une rivière, marchant bras dessus bras dessous. Il n'a pas dit un mot. Il lui tourne le dos. Léonie sait qu'il lui en veut d'avoir attiré leur attention vers elle. Elle arpente l'atelier. Elle rumine cette idée. Léonie fait le tour et se place devant lui. Sans rien lui demander, elle s'empare de son verre et le boit d'un coup. Ses yeux clairs le défient.

– Je veux y aller, dit-elle.

Biard voudrait tellement domestiquer cette femme, la faire rentrer dans le rang, qu'elle incline sa nuque blonde et accepte sa place auprès de son grand homme, gentiment, paisiblement, à l'image de ce couple en goguette près de l'Yonne. Le tableau est presque sec. Il s'est beaucoup inspiré de sa chère Léonie.

Les Éditions Points s'engagent pour la protection de l'environnement et une production française responsable

Ce livre a été imprimé en France, sur un papier certifié issu de forêts gérées durablement, chez un imprimeur labellisé Imprim'Vert, marque créée en partenariat avec l'Agence de l'eau, l'ADEME (Agence de l'environnement et de la maîtrise de l'énergie) et l'UNIIC (Union nationale des industries de l'impression et de la communication).

La marque Imprim'Vert apporte trois garanties essentielles :

- La suppression totale de l'utilisation de produits toxiques
- La sécurisation des stockages de produits et de déchets dangereux
- La collecte et le traitement de produits dangereux

RÉALISATION : NORD COMPO À VILLENEUVE-D'ASCQ
IMPRESSION : CPI FRANCE
DÉPÔT LÉGAL : MARS 2024. N° 152634-2 (2077028)
IMPRIMÉ EN FRANCE